Das Gewaltmonopol des Staates als Grenze der Privatisierung
von Staatsaufgaben

STUDIEN UND MATERIALIEN ZUM ÖFFENTLICHEN RECHT

Herausgegeben von Herbert Bethge

Band 33

PETER LANG
Frankfurt am Main · Berlin · Bern · Bruxelles · New York · Oxford · Wien

Eva Maria Schimpfhauser

Das Gewaltmonopol des Staates als Grenze der Privatisierung von Staatsaufgaben

Dargestellt am Beispiel des Strafvollzuges

PETER LANG
Internationaler Verlag der Wissenschaften

Bibliografische Information der Deutschen Nationalbibliothek
Die Deutsche Nationalbibliothek verzeichnet diese Publikation in der Deutschen Nationalbibliografie; detaillierte bibliografische Daten sind im Internet über <http://www.d-nb.de> abrufbar.

Zugl.: Passau, Univ., Diss., 2008

D 739
ISSN 1433-1500
ISBN 978-3-631-57948-0

www.peterlang.de

Inhaltsverzeichnis

Vorwort

Die vorliegende Arbeit wurde im Wintersemester 2007/2008 von der Juristischen Fakultät der Universität Passau als Dissertation angenommen. Rechtsprechung und Literatur wurden bis Februar 2008 berücksichtigt.

Mein herzlichster Dank gilt meinem Doktorvater, Herrn Professor Dr. Herbert Bethge, der mich bei meinem Promotionsvorhaben stets unterstützt und gefördert hat. Die Tätigkeit als Wissenschaftliche Mitarbeiterin an seinem Lehrstuhl von 2004 bis 2007 habe ich nicht nur für meine Promotion als große Bereicherung empfunden.

Herrn Professor Dr. Christian von Coelln danke ich sehr für die Erstellung des Zweitgutachtens innerhalb kürzester Zeit.

Weiterhin danke ich Frau Dr. Sibylle von Coelln, Frau Johanna Dittmann, Frau Claudia Scheuenpflug und Frau Michaela Weigl für ihre große Hilfe beim Korrekturlesen. Besonderer Dank gilt Herrn Achim Kinsky für die zahlreichen weiterführenden Gespräche.

Ich widme diese Arbeit meinen Eltern, die mich während meiner gesamten juristischen Ausbildung in jeder nur erdenklichen Weise unterstützt haben.

München, im April 2008 Eva Schimpfhauser

Einleitung

Das Schlagwort der Privatisierung ist nach wie vor Gegenstand gesellschaftlicher und juristischer Diskussion. Der Begriff wird von vielen synonym für Fortschrittlichkeit, Modernisierung, Wirtschaftlichkeit verwendet. Auch der Bereich des Strafvollzugs wurde von dieser Modernisierungswelle erfaßt. In der juristischen Literatur sieht man sich zu Wortschöpfungen wie „penal-institution-private-partnership“ oder „penitentiary-private-partnership“ veranlaßt.[1] Getrieben von dem Mißstand der Überfüllung staatlicher Vollzugsanstalten und der Knappheit öffentlicher Finanzmittel wurden sowohl im inner- als auch im außereuropäischen Ausland in unterschiedlichem Maße Private mit (Teil-)Aufgaben des Strafvollzugs betraut. Vor- und Spitzenreiter auf diesem Gebiet waren und sind die USA. Dort befinden sich viele Gefängnisse komplett in privater Hand. Börsennotierte Aktiengesellschaften haben sich den Vollzug von Freiheitsstrafen zum Geschäftsgegenstand gemacht. Eine der größten derartigen Gesellschaften ist die Correction Corporation of America (CCA). Sie hält derzeit insgesamt über 72.000 Haftplätze in 65 Einrichtungen bereit. Die Aktionäre der CCA können sich jederzeit über den Wert ihrer Gesellschaftsanteile und über die finanzielle Situation des Unternehmens, die sich wiederum auf den Wert ihrer Anteile auswirkt, informieren. Der Jahresbericht des Unternehmens ist mit „focused on shareholder value“ überschrieben. Konkurrierende Einrichtungen werden von der Geo Group betrieben. Es bedarf nicht eines ausgeprägten wirtschaftlichen Verständnisses, um einzusehen, wonach derartige Unternehmen primär streben. Nicht der Umstand, daß sich die Organe dieser Gesellschaften oder die Anleger einer öffentlichen Aufgabe oder dem Staat besonders verpflichtet fühlen, veranlaßt sie zur Übernahme ihrer Aufgaben, zur Investition in das Unternehmen. Vielmehr ist das Streben nach Gewinn das ausschlaggebende Motiv.

Vergleichbare Ansätze finden sich auch innerhalb der europäischen Grenzen. In England beispielsweise sind private Gefängnisse keine Ausnahme mehr, bei denen alle vollzuglichen Aufgaben von einer privaten Firma übernommen werden. Ein staatlicher Kommissar führt nur noch die Oberaufsicht.

In Deutschland ist die Entwicklung hin zu einem umfassenden Einsatz Privater im Strafvollzug noch nicht so weit fortgeschritten. Erste Tendenzen sind je-

1 So z.B. *Stober*, Penal-Private-Partnership? – Zur Kooperation zwischen Staat und Privat im Strafvollzug, in: Stober, Privatisierung im Strafvollzug?, 2001, S. 2.

doch auch hierzulande schon erkennbar. Vor dem Hintergrund des Themas dieser Arbeit noch nicht so relevant ist der Einfluß Privater in rein finanzieller Hinsicht wie beispielsweise beim Investorenmodell, bei dem eine Anstalt von einem privaten Investor errichtet wird und der Staat diese neue Anlage dann aufgrund vertraglicher Regelungen als Vollzugsanstalt nutzen darf. Bei dieser Form der Einbeziehung privater Kräfte kommen Private nicht mit den Gefangenen in Kontakt, Berührungspunkte mit dem Grundsatz des staatlichen Gewaltmonopols sind nicht ersichtlich.

Ein intensiverer Einsatz Privater wird allerdings beim Bürener Abschiebehaftmodell oder bei der teilprivatisierten Justizvollzugsanstalt Hünfeld betrieben. Die Beispiele ließen sich noch um einige mehr erweitern. In Hünfeld sind die Bereiche der Versorgung, der Ausbildung, der Freizeitgestaltung, der sozialen Betreuung und Teile der Anstaltsverwaltung Privaten übertragen. In Büren werden private Sicherheitskräfte sogar mit der Bewachung der Häftlinge betraut.

Die Grundlagen für einen weitergehenden Einsatz Privater in Justizvollzugsanstalten scheinen damit auch in Deutschland gelegt zu sein. Ob es allerdings jemals vollprivatisierte Anstalten geben wird, bleibt abzuwarten.

Die folgenden Untersuchungen zeigen einige Grenzen der Privatisierung auf. Als Ausgangspunkt soll das staatliche Gewaltmonopol dienen, das als ein Kernelement der Staatlichkeit an sich anzusehen ist. Ziel der Arbeit ist es, ein allgemeines Schema hinsichtlich einer aus dem staatlichen Gewaltmonopol abgeleiteten und im Grundgesetz verwurzelten Privatisierungsschranke zu entwickeln. Das Beispiel des Strafvollzugs drängt sich aufgrund dessen starken Gewaltbezugs geradezu auf. Da verschiedene der Durchführung des Strafvollzugs vorgelagerte Themen wie die Planung oder die Errichtung von Strafanstalten noch nicht direkt mit dem gewaltgeprägten Vollzug an sich zu tun haben, wird auf sie nicht eingegangen werden.

Teil 1: Das staatliche Gewaltmonopol

Eine entscheidende Schranke für Privatisierungsvorhaben ergibt sich aus dem staatlichen Gewaltmonopol und dem darin eingeschlossenen Kernbereich originärer Staatsfunktionen. Das Gewaltmonopol des Staates findet zwar im Grundgesetz keine ausdrückliche, den Begriff als solchen aufgreifende geschriebene Rechtsgrundlage. Doch setzt das Grundgesetz als rechtliche Grundlage des Staates[2] die Staatlichkeit, die Staatsgewalt und damit auch das Gewaltmonopol des Staates voraus.

A) Das Gewaltmonopol des Staates als Emanation der Staatlichkeit der Bundesrepublik Deutschland

I. Das Verhältnis zwischen Staat und Verfassung

Das Grundgesetz ist die rechtliche Grundlage der Bundesrepublik. Es setzt die Staatlichkeit des von ihm konstituierten Gemeinwesens voraus und spricht das Phänomen in einer Vielzahl von Bestimmungen, Prinzipien und Kautelen zumindest mittelbar an, mag auch die Staatlichkeit als solche nicht in der Verfassung konstitutiv festgeschrieben sein.[3]

1. Der Sprachgebrauch des Grundgesetzes

Einen Ansatz liefern die verfassungsgestaltenden Grundentscheidungen bzw. Staatsstrukturprinzipien: Das Grundgesetz spricht in Art. 20 Abs. 1 von der Bundesrepublik Deutschland als einem demokratischen und sozialen Bundesstaat. Das Homogenitätsprinzip des Art. 28 Abs. 1 S. 1 GG erwähnt den Rechtsstaat. Die föderalistischen Kompetenzabgrenzungsregeln des Art. 30 GG in Verbindung mit den Art. 70 ff., 83 ff. und 92 ff. GG dienen der Abschichtung der staatlichen Aufgaben und Befugnisse. Staatszielbestimmungen (Sozialstaat, Umwelt-

---

2 Zur Verfassung als rechtlicher Grundlage des Staates schon *Kägi*, Die Verfassung als rechtliche Grundordnung des Staates, 1945.

3 Siehe dazu auch *Hillgruber*, JZ 2007, 209.

schutz) finden sich in Art. 20 Abs. 1, 28 Abs. 1 und 20 a GG. Der Staat übernimmt die Verantwortung für Amtspflichtverletzungen seiner Bediensteten (Art. 34 S. 1 GG). Die primäre Bindungswirkung der Grundrechte bezieht sich auf Verwaltung, Gesetzgebung und Rechtsprechung (Art. 1 Abs. 3 GG), also auf die klassischen Staatsfunktionen. Auch die *Gewalt* des Staates wird schon terminologisch nicht ausgeblendet. Die entscheidenden Rechtsschutzgarantien der Art. 19 Abs. 4 GG und Art. 93 Abs. 1 Nr. 4 a GG sprechen von der öffentlichen Gewalt. Gemeint ist damit die im weitesten Sinne staatlich verantwortete Gewalt.[4] Und schließlich wird der Grundsatz der Volkssouveränität in Art. 20 Abs. 2 S. 1 GG damit umschrieben, daß alle Staatsgewalt von Volke ausgeht.

Das alles zwingt zu dem Schluß, daß das Grundgesetz die Staatlichkeit voraussetzt und daß sich eine konstitutive Regelung daher erübrigt. Vielmehr befaßt sich die Verfassung mit der konkreten Ausgestaltung des Staates und nicht mit der Staatlichkeit an sich.[5]

2. *Der Staat als regelmäßiger Gegenstand der Verfassung*

a) Die Aussage der modernen Staatslehre

Der Staat bildet auch nach modernem westeuropäischen Verständnis den Gegenstand der Verfassung.[6] Für das Grundgesetz gilt nichts anderes. Würde das Grundgesetz den Staat nicht voraussetzen, so wäre es aus sich heraus nicht zu verstehen.[7] Was wäre dann die demokratische Ordnung, die Art. 20 Abs. 1 GG regelt und auf die unter anderem in den Art. 10 Abs. 2, 11 Abs. 2, 18 und 21 Abs. 2 GG zurückgegriffen wird? Eine Ordnung setzt immer etwas zu ordnendes voraus, ein Objekt, auf das sich die Ordnung erstrecken kann. Dieses Bezugsobjekt ist der Staat; er bildet den Wirkbereich der Verfassung. Der Staat wird von

---

4 Dazu *Bethge*, in: Maunz/Schmidt-Bleibtreu/Klein/Bethge, Bundesverfassungsgerichtsgesetz, 26. EL, Stand Februar 2007, § 90 Rn. 176 ff., 182.

5 *Isensee*, Staat und Verfassung, in: Isensee/Kirchhof, HStR, Bd. II, 3. Aufl. 2004, § 15 Rn. 22, 24.

6 *Isensee*, Staat und Verfassung, in: Isensee/Kirchhof, HStR, Bd. II, 3. Aufl. 2004, § 15 Rn. 1, 22, 137, 192; *ders.*, Der Verfassungsstaat als Friedensgarant, in: Mellinghoff/Morgenthaler/Puhl, Die Erneuerung des Verfassungsstaates, 2003, S. 25 f.; *Kirchhof*, Die Identität der Verfassung, in: Isensee/Kirchhof, HStR, Bd. II, 3. Aufl. 2004, § 21 Rn. 25, 69; *Bleckmann*, Staatsrecht I – Staatsorganisationsrecht, 1993, S. 5 f.; *Hillgruber*, JZ 2007, 209.

7 *Isensee*, Staat und Verfassung, in: Isensee/Kirchhof, HStR, Bd. II, 3. Aufl. 2004, § 15 Rn. 1; *Bleckmann*, Staatsrecht I – Staatsorganisationsrecht, 1993, S. 5 f.

der Verfassung geformt[8] und ausdifferenziert[9]. Er kann sich in ihr entfalten und aktualisieren.[10] Der Staat wächst so zur „planvollen Schöpfung" des Verfassungsgebers.[11] Indem die Verfassung dem Staat eine konkrete Ordnung gibt, z.B. bestimmten Organen durch eine Kompetenzordnung Macht zuweist, Freiheit durch Grundrechte gewährt und/oder Verwaltungsstrukturen schafft, erhält dieser sein individuelles Gepräge und wird von anderen Staaten unterscheidbar.[12]

b) Der Verfassungsstaat

Staat und Verfassung stehen so, da der Staat zwingende Voraussetzung einer Verfassung ist, zwar in enger Verbindung, sie bilden aber verschiedene Abstraktionsebenen.[13] Völlige Identität erlangen Staat und Verfassung auch nicht im Verfassungsstaat. Der Verfassungsstaat zeichnet sich dadurch aus, daß die Verfassung nicht mehr nur eine äußere Grenze einer voraussetzungslos zur Kenntnis genommenen Staatlichkeit, sondern die zwingende rechtliche Basis eines Staates darstellt. Elemente wie beispielsweise die Volkssouveränität, die Grundrechte oder die Rechtsstaatlichkeit werden in ihr konstituiert. So gesehen ist der Verfassungsstaat gleichzeitig die Krönung eines Staates. Das führt aber nicht zur Verschmelzung von Staat und Verfassung. Der Staat geht nicht in der Verfassung auf. Die Staatlichkeit ist der Verfassung vorgelagert.

---

8 *Isensee*, Staat und Verfassung, in: Isensee/Kirchhof, HStR, Bd. II, 3. Aufl. 2004, § 15 Rn. 137, 187; *ders.*, Das staatliche Gewaltmonopol als Grundlage und Grenze der Grundrechte, in: Franßen/Redeker/Schlichter/Wilke, Bürger – Richter – Staat, Festschrift für Horst Sendler, 1991, S. 56; *ders.*, Der Verfassungsstaat als Friedensgarant, in: Mellinghoff/Morgenthaler/Puhl, Die Erneuerung des Verfassungsstaates, 2003, S. 25 f.; *Schmitt Glaeser*, Individuelle Verhaltenssteuerung im Bereich der inneren Sicherheit, in: Kirchhof/Lehner/Raupach/Rodi, Staaten und Steuern, Festschrift für Klaus Vogel, 2000, S. 355.

9 *Isensee*, Staat und Verfassung, in: Isensee/Kirchhof, HStR, Bd. II, 3. Aufl. 2004, § 15 Rn. 138.

10 *Isensee*, Staat und Verfassung, in: Isensee/Kirchhof, HStR, Bd. II, 3. Aufl. 2004, § 15 Rn. 34; *Schmitt Glaeser*, Individuelle Verhaltenssteuerung im Bereich der inneren Sicherheit, in: Kirchhof/Lehner/Raupach/Rodi, Staaten und Steuern, Festschrift für Klaus Vogel, 2000, S. 355.

11 *Isensee*, Staat und Verfassung, in: Isensee/Kirchhof, HStR, Bd. II, 3. Aufl. 2004, § 15 Rn. 179.

12 *Isensee*, Staat und Verfassung, in: Isensee/Kirchhof, HStR, Bd. II, 3. Aufl. 2004, § 15 Rn. 34, 169, 187; *ders.*, Das staatliche Gewaltmonopol als Grundlage und Grenze der Grundrechte, in: Franßen/Redeker/Schlichter/Wilke, Bürger – Richter – Staat, Festschrift für Horst Sendler, 1991, S. 56.

13 *Isensee*, Staat und Verfassung, in: Isensee/Kirchhof, HStR, Bd. II, 3. Aufl. 2004, § 15 Rn. 19.

3. *Die Selbständigkeit des Staates gegenüber der Verfassung und der Schutz des Staates durch die Verfassung*

a) Keine Disposition über die Staatlichkeit

Wenn die Staatlichkeit also eine der jeweiligen Verfassung vorgelagerte Frage betrifft, eine zwingende Voraussetzung einer Verfassung darstellt, folgt daraus, daß eine Verfassung auch nicht über das „Ob" eines Staates disponieren kann.[14] Eine Verfassung kann weder konstitutiv einen Staat als solchen erschaffen[15] noch ihn abschaffen. Sie kann den Staat nur gestalten, das „Wie" eines Staates regeln. In diese Systematik paßt auch, daß das Grundgesetz nach dem zweiten Weltkrieg keinen neuen Staat gründen wollte, sondern lediglich dem bereits existierenden Staat eine neue Ordnung geben wollte.[16] Im Grundgesetz selbst findet sich für die Unabhängigkeit des Staates von der konkreten Verfassung in Art. 146 GG ein Anhaltspunkt: Das Staatsvolk als Staatselement[17] kann das Grundgesetz überleben. Mit einer neuen Verfassung ist nicht gleichzeitig das Ende eines „alten" und der Beginn eines „neuen" Staates verbunden.

b) Die Staatlichkeit als Schutzgut des Grundgesetzes

Wie noch zu zeigen sein wird, steht und fällt ein Staat mit der effektiven Behauptung seines Gewaltmonopols,[18] welches zugleich als Schranke für Privatisierungsvorhaben des Staates fungiert. Der einfachste Weg, Privatisierungen in größerem Umfang zu ermöglichen, wäre, das Gewaltmonopol wenn auch nicht abzuschaffen, so doch aufzuweichen. Daß das jedoch nicht möglich ist, ergibt sich nicht zuletzt aus dem Grundgesetz. Nicht nur die Staatlichkeit an sich, sondern auch die Verfassung stehen einer schleichenden Verabschiedung vom Staat und somit vom Gewaltmonopol entgegen.

---

14 *Kirchhof*, Die Identität der Verfassung, in: Isensee/Kirchhof, HStR, Bd. II, 3. Aufl. 2004, § 21 Rn. 25, 69; *Isensee*, Staat und Verfassung, in: Isensee/Kirchhof, HStR, Bd. II, 3. Aufl. 2004, § 15 Rn. 33; *ders.*, Der Verfassungsstaat als Friedensgarant, in: Mellinghoff/Morgenthaler/Puhl, Die Erneuerung des Verfassungsstaates, 2003, S. 25 f.

15 *Isensee*, Staat und Verfassung, in: Isensee/Kirchhof, HStR, Bd. II, 3. Aufl. 2004, Rn. 24; *Kirchhof*, Die Identität der Verfassung, in: Isensee/Kirchhof, HStR, Bd. II, 3. Aufl. 2004, § 21 Rn. 25, 69; *Bleckmann*, Staatsrecht I – Staatsorganisationsrecht, 1993, S. 6.

16 BVerfGE 16, 1, 16; *Isensee*, Staat und Verfassung, in: Isensee/Kirchhof, HStR, Bd. II, 3. Aufl. 2004, § 15 Rn. 33; *Bleckmann*, Staatsrecht I – Staatsorganisationsrecht, 1993, S. 6; *Hillgruber*, JZ 2007, 210.

17 Dazu sogleich unter II.1.a), S. 27 ff.

18 Siehe dazu unten unter A)III.2.a)aa), S. 60 f., und B) I., S. 70 ff.

aa) Der Staat als Schutzobjekt

Zwar kann das Grundgesetz nicht über die Staatlichkeit an sich disponieren. Doch heißt das nicht, daß die Staatlichkeit nicht vom Grundgesetz geschützt werden könnte. Davon zeugen u.a. die Art. 21 Abs. 2, 91 Abs. 1 und 96 Abs. 5 Nr. 5 GG, die den Bestand der Bundesrepublik Deutschland, mithin also die Existenz, Struktur und Funktion der deutschen Staatlichkeit, als verfassungsrechtliches Schutzobjekt nennen.[19] Auch das Bundesverfassungsgericht erkennt den Staat als Schutzobjekt des Grundgesetzes an:[20] „Die Sicherheit des Staates als verfaßter Friedens- und Ordnungsmacht und die von ihm zu gewährleistende Sicherheit der Bevölkerung sind Verfassungswerte, die mit anderen im gleichen Rang stehen und unverzichtbar sind (...)."

bb) Die Ewigkeitsgarantie des Art. 79 Abs. 3 GG

Auf einem anderen Blatt steht jedoch, ob die Staatlichkeit der Bundesrepublik auch unter dem Schutz des Art. 79 Abs. 3 GG steht. Nicht jeder Verfassungsgrundsatz wird von der Ewigkeitsklausel geschützt. Im Gegenteil, die wenigen verfassungsrevisionsfesten Grundsätze sind in Art. 79 Abs. 3 GG prinzipiell abschließend aufgezählt.[21] Nach dem Wortlaut des Art. 79 Abs. 3 GG fällt die Staatlichkeit an sich nicht darunter. Genannt werden allerdings die Staatsformmerkmale des Art. 20 GG (insbesondere Demokratiestaatsprinzip, Bundesstaatsprinzip, Sozialstaatsprinzip) und Art. 1 GG. Folgerte man mit vereinzelten Literaturstimmen daraus, daß die Staatlichkeit deswegen nicht unter dem Schutz der Ewigkeitsgarantie steht,[22] ließe man eine wichtige Tatsache außer Acht: Die Staatlichkeit ist eine zwingende Voraussetzung für die unter dem Schutz des Art. 79 Abs. 3 GG stehenden Staatsformmerkmale.[23] Ohne einen Staat ist auch das Demokratiestaatsprinzip ohne Bedeutung.[24] Außerdem ist dieser Ansicht entgegenzuhalten, daß das Grundgesetz dann den Niedergang seiner Vorausset-

---

19 *Isensee*, Staat und Verfassung, in: Isensee/Kirchhof, HStR, Bd. II, 3. Aufl. 2004, § 15 Rn. 196.

20 BVerfGE 49, 24, 56 f.; siehe auch BVerfGE 20, 162, 222; 30, 1, 9 f.; 49, 202, 209.

21 Statt vieler *Lücke*, in: Sachs, Grundgesetz, 3. Aufl. 2003, Art. 79 Rn. 21 mit weiteren Nachweisen.

22 *Zacharias*, Die sog. Ewigkeitsgarantie des Art. 79 Abs. 3 GG, in: Thiel, Wehrhafte Demokratie, 2003, S. 57, 81 ff.; nicht ganz eindeutig *Hilf*, Europäische Union: Gefahr oder Chance für den Föderalismus in Deutschland, Österreich und der Schweiz?, in: VVDStRL 53 (1994), S. 23; weitere Vertreter dieser Ansicht bei *Isensee*, Staat und Verfassung, in: Isensee/Kirchhof, HStR, Bd. II, 3. Aufl. 2004, § 15 Rn. 198 Fn. 432.

23 Vgl. dazu oben unter I., S. 19 ff.

24 Vgl. dazu oben unter I., S. 19 ff.

zung und somit seiner selbst hinnehmen würde.[25] *Isensee* führt zu recht an, daß die für eine Verfassungsänderung zuständigen Organe nicht über die Grundlagen (insbesondere das Fundament der Staatlichkeit) disponieren dürften, denen sie ihre Existenz und Kompetenz verdankten,[26] denn alle Staatsorgane seien als Organe der Staatsgewalt auf einen existierenden Staat angewiesen.

Aus diesen Gründen muß sich der Schutz des Art. 79 Abs. 3 GG auch auf die Frage des „Ob" eines Staates erstrecken. Die deutsche Staatlichkeit ist somit zur verfassungsrevisionsresistenten Kernsubstanz des Grundgesetzes zu zählen,[27] die bezeichnenderweise auch nicht über Art. 23 GG zur Disposition gestellt werden kann. Die deutsche Staatlichkeit ist somit europafest.[28] Man könnte die Staatlichkeit schließlich als „mittelbares Schutzobjekt" bezeichnen, um zum Ausdruck zu bringen, daß die Staatlichkeit als zwingende Voraussetzung der ausdrücklich von Art. 79 Abs. 3 GG genannten Schutzobjekte mit von dessen Wirkung umfaßt ist.

Durch dieses Ergebnis entsteht auch kein Widerspruch zu der Aussage, daß eine Verfassung nicht über das „Ob" der Staatlichkeit disponieren kann.[29] Es bleibt dabei, daß das Grundgesetz nicht über die Frage der Staatlichkeit bestimmen kann, da diese Frage nach tatsächlichen Verhältnissen zu beurteilen[30] ist und eine Verfassung sich auf die Ordnung eines bereits existierenden Staates beschränkt. Zum einen folgt jedoch aus der Feststellung, daß die Verfassung die Staatlichkeit an sich nicht konstitutiv regeln kann, logischerweise noch nicht, daß die Verfassung die Staatlichkeit nicht trotzdem schützen kann. Die Verfassung kann nämlich ihre Schutzobjekte unabhängig davon bestimmen, ob sie diese auch begründen kann. Zum anderen erhält diese Diskussion praktische Bezüge, wenn es um das Problem einer „Entstaatlichung nach innen" geht.[31] Verän-

---

25 So auch schon *Isensee*, Staat und Verfassung, in: Isensee/Kirchhof, HStR, Bd. II, 3. Aufl. 2004, § 15 Rn. 198.

26 *Isensee*, Staat und Verfassung, in: Isensee/Kirchhof, HStR, Bd. II, 3. Aufl. 2004, § 15 Rn. 198 mit weiteren Nachweisen in Fn. 440.

27 *Kirchhof*, Die Identität der Verfassung, in: Isensee/Kirchhof, HStR, Bd. II, 3. Aufl. 2004, § 21, Rn. 25, 69 und 84; *Bethge*, Das Staatsgebiet des wiedervereinigten Deutschlands, in: Isensee/Kirchhof, HStR, Bd. VIII, 1995, § 199 Rn. 26; *Isensee*, Staat und Verfassung, in: Isensee/Kirchhof, HStR, Bd. II, 3. Aufl. 2004, § 15 Rn. 198; so auch *Dreier*, in: Dreier, Grundgesetz-Kommentar, Bd. 2, 2. Aufl. 2006, Art. 79 Abs. 3 Rn. 55 f.

28 BVerfGE 89, 155, 188 ff.; *Streinz*, in: Sachs, Grundgesetz, 4. Aufl. 2007, Art. 23 Rn. 84; *Scholz*, in: Maunz/Dürig, Komm. z. GG, 50. EL, Stand Juni 2007, Art. 23 Rn. 88.

29 Siehe oben unter 3.a), S. 22 f.

30 Dazu sogleich unter II., S. 25 ff.

31 *Isensee*, Staat und Verfassung, in: Isensee/Kirchhof, HStR, Bd. II, 3. Aufl. 2004, § 15 Rn. 199.

derungen der Lebensverhältnisse, die durch eine Verfassungsänderung beeinflußt und gesteuert werden können, vermögen eine tatsächliche Entwicklung nach sich zu ziehen, so daß ab einem bestimmten Punkt nicht mehr von einem Staat gesprochen werden kann (dies beurteilt sich nach den tatsächlichen Verhältnissen)[32]. Beispielsweise dürfte der Staat gemäß Art. 79 Abs. 3 GG nicht so viel Hoheitsgewalt auf Private übertragen, daß er sich seiner Durchsetzungsmöglichkeiten gegenüber widerstreitenden Privatmächten entledigte.[33] Dies wäre der Beginn vom Ende der Staatlichkeit.

II. Die Bundesrepublik Deutschland als Staat

Es bleibt die Frage, ab wann überhaupt von einem Staat gesprochen werden kann, welche Voraussetzungen für die Existenz eines Staates vorliegen müssen. Die Verfassung baut auf der Staatlichkeit auf. Für die Interpretation des Grundgesetzes ist es wichtig, sich Gedanken darüber zu machen, von welchem Staatsbild die Verfassung ausgeht.[34] Insbesondere ist dies für die hier zu beantwortende Frage nach den Grenzen der Privatisierung staatlicher Hoheitsaufgaben vor dem Hintergrund des staatlichen Gewaltmonopols entscheidend.

1. Der Staatsbegriff

Das Wort „Staat" entwickelte sich aus dem lateinischen Wort „status" (Stand, Stellung, Zustand, Verfassung, Rang).[35] Die sprachliche Wurzel sagt aber noch nichts über die heutige inhaltliche Bedeutung dieses Begriffes aus.

Ein Staat ist nicht nur ein Gebilde menschlicher Vorstellung, nicht nur ein theoretisches Konstrukt. „Staat ist Wirklichkeit."[36] Er begegnet uns regelmäßig im alltäglichen Leben, sei es, daß eine rote Ampel im Straßenverkehr zum Anhalten veranlaßt oder daß das Finanzamt zur Kasse bittet.

Trotz dieser „Allgegenwärtigkeit" des Staates ist es schwierig, den Staat begrifflich zu erfassen, ihn zu definieren. Begriffe sind statisch, der Staat als Teil

---

32 Hierzu anschließend unter II., S. 25 ff.

33 *Isensee*, Staat und Verfassung, in: Isensee/Kirchhof, HStR, Bd. II, 3. Aufl. 2004, § 15 Rn. 199. Zur Notwendigkeit hoheitlicher Staatsgewalt siehe unten unter II.3.a), S. 36 ff., und III., S. 56 ff.

34 *Isensee*, Staat und Verfassung, in: Isensee/Kirchhof, HStR, Bd. II, 3. Aufl. 2004, § 15 Rn. 29; *ders.*, Das Grundrecht auf Sicherheit, 1983, S. 3.

35 Duden, Das Herkunftswörterbuch, Band 7, 1963.

36 *Isensee*, Staat und Verfassung, in: Isensee/Kirchhof, HStR, Bd. II, 3. Aufl. 2004, § 15 Rn. 46.

der Lebenswirklichkeit hingegen dynamisch.[37] Hinzu kommt, daß sich jeder Beschreibungsansatz im Spannungsverhältnis zwischen einem möglichst hohen Abstraktionsgrad – die Definition soll Allgemeingültigkeit haben, sonst müßte man jeden Einzelfall für sich beschreiben – und größtmöglicher Realitätsnähe – der Staat als Ausschnitt der sich ständig wandelnden Lebenswirklichkeit soll tatsachengetreu in der Beschreibung abgebildet werden – befindet.[38] Je nachdem, aus welcher Perspektive man den Staat zu beschreiben versucht, ob aus soziologischer, politischer, moralischer, philosophischer, ökonomischer oder juristischer Sicht, stellen sich unterschiedliche Anforderungen.[39] Ein absoluter, alle Aspekte berücksichtigender Begriff wird daher schwer zu finden sein.[40]

Angesichts dieser Schwierigkeiten stellt sich die Frage, ob es sich überhaupt lohnt, die Mühen einer Definition auf sich zu nehmen. Man könnte den Staat doch einfach als gegeben hinnehmen. Dem wäre allerdings zu entgegnen, daß eine Definition unentbehrlich ist, um den Staat als Ausschnitt aus der Lebenswirklichkeit rechtlich erfassen zu können,[41] um also nicht in rechtlicher Ungewißheit und Unbestimmtheit zu leben. Das Grundgesetz wäre auf Sand gebaut, würde es auf einem unsicheren Begriff gründen und einen „unbeschreiblichen" Staat zum Gegenstand haben. Begriffliche Bestimmtheit ist Voraussetzung einer rechtlichen Ordnung;[42] es muß feststehen, was rechtlich – höchstrangig in der Verfassung – geordnet werden soll. Das Grundgesetz selbst verlangt also bereits nach einer brauchbaren Definition. Die Vielzahl aller jemals vertretenen Definitionsansätze umfassend zu würdigen, würde den Umfang jeder Arbeit sprengen. Ein exemplarischer Überblick muß genügen.

---

37 *Isensee*, Staat und Verfassung, in: Isensee/Kirchhof, HStR, Bd. II, 3. Aufl. 2004, § 15 Rn. 46; *Volkmann*, JuS 1996, 1058.

38 *Katz*, Staatsrecht, 16. Aufl. 2005, Rn. 20.

39 *Katz*, Staatsrecht, 16. Aufl. 2005, Rn. 21; *Isensee*, Staat und Verfassung, in: Isensee/Kirchhof, HStR, Bd. II, 3. Aufl. 2004, § 15 Rn. 46.

40 *Katz*, Staatsrecht, 16. Aufl. 2005, Rn. 21 f.; *Volkmann*, JuS 1996, 1058.

41 *Isensee*, Staat und Verfassung, in: Isensee/Kirchhof, HStR, Bd. II, 3. Aufl. 2004, § 15 Rn. 46.

42 *Isensee*, Staat und Verfassung, in: Isensee/Kirchhof, HStR, Bd. II, 3. Aufl. 2004, § 15 Rn. 46.

a) Die Drei-Elemente-Lehre

aa) Der Staatsbegriff nach der Drei-Elemente-Lehre

Georg Jellinek definiert den Staat in rechtswissenschaftlicher Hinsicht als eine Erscheinung, die eine Gemeinschaft von Menschen auf einem bestimmten Teil der Erdoberfläche unter einer hoheitlichen Gewalt zusammenfaßt: „Als Rechtsbegriff ist der Staat demnach die mit ursprünglicher Herrschermacht ausgestattete Gebietskörperschaft."[43] Die staatlichen Begriffsmerkmale lassen sich nach *Jellinek* in drei prägnanten Elementen zusammenfassen: Staatsvolk, Staatsgebiet und Staatsgewalt.[44]

Dabei ist das Staatsgebiet ein abgegrenzter und im Kernbestand gesicherter Teil der Erdoberfläche, der zum Aufenthalt von Menschen geeignet ist und der so einen räumlichen Herrschaftsbereich gegenüber anderen abgrenzt.[45] Das Volk ist als rechtliche und politische Schicksalsgemeinschaft ein dauerhafter Personenverband, der in diesem Gebiet seßhaft ist.[46] Im Merkmal der Staatsgewalt kommt – an dieser Stelle vorab vereinfacht ausgedrückt – die Bedeutung einer originären, einheitlichen und selbstorganisationsfähigen Herrschaftsmacht über das Volk und das Gebiet zum Ausdruck.[47] Nach innen verlangt die Staatsgewalt, daß ihre Regelungen, Anordnungen oder Befehle vom Volk eingehalten werden und daß sie diese wenn nötig durchzusetzen vermag. Nach außen versteht sich die Staatsgewalt als völkerrechtliche Eigenschaft im Sinne rechtlicher Unabhängigkeit; ein Staat darf von keinen weiteren rechtlichen Autoritäten über sich abhängig sein, solche des internationalen Rechts ausgenommen.[48] Entscheidend

---

43 *Jellinek*, Allgemeine Staatslehre, unveränderter Nachdruck des 5. Neudrucks der 3. Aufl., 1976, S. 183. *Katz*, Staatsrecht, 16. Aufl. 2005, Rn. 23, bezeichnet die Definition nach der Drei-Elemente-Lehre als den „klassischen juristisch-völkerrechtlichen Staatsbegriff".

44 *Jellinek*, Allgemeine Staatslehre, unveränderter Nachdruck des 5. Neudrucks der 3. Aufl., 1976, S. 394 ff.; vgl. auch *Stein/Frank*, Staatsrecht, 20. Aufl. 2007, S. 14.

45 *Isensee*, Staat und Verfassung, in: Isensee/Kirchhof, HStR, Bd. II, 3. Aufl. 2004, § 15 Rn. 51; *Katz*, Staatsrecht, 16. Aufl. 2005, Rn. 24; *Sodan/Ziekow*, Grundkurs Öffentliches Recht, 2. Aufl. 2007, S. 13.

46 *Isensee*, Staat und Verfassung, in: Isensee/Kirchhof, HStR, Bd. II, 3. Aufl. 2004, § 15 Rn. 52; *Katz*, Staatsrecht, 16. Aufl. 2005, Rn. 25; *Sodan/Ziekow*, Grundkurs Öffentliches Recht, 2. Aufl. 2007, S. 13.

47 *Katz*, Staatsrecht, 16. Aufl. 2005, Rn. 26; *Volkmann*, JuS 1996, 1059; *Sodan/Ziekow*, Grundkurs Öffentliches Recht, 2. Aufl. 2007, S. 13; vgl. auch *Volkmann*, in: v. Mangoldt/Klein/Starck, GG III, 5. Aufl. 2005, Art. 91 Abs. 1 Rn. 15.

48 *Isensee*, Staat und Verfassung, in: Isensee/Kirchhof, HStR, Bd. II, 3. Aufl. 2004, § 15 Rn. 53.

kommt es nach dieser Lehre auf die Faktizität der Herrschaft in ihren territorialen und personalen Dimensionen an;[49] erst eine tatsächliche, effektive und dauerhafte Herrschaftsordnung macht einen Staat aus. Die Drei-Elemente-Lehre knüpft damit an bestimmte feststellbare Größen aus der Lebenswirklichkeit an.[50]

bb) Kritik an der Drei-Elemente-Lehre

Wie fast jede Theorie sieht sich auch die Drei-Elemente-Lehre mancher Kritik ausgesetzt. Es wird ihr entgegengehalten, daß sie das Wesen eines so komplexen, sich immer wandelnden Gebildes nicht zufriedenstellend erfassen und beschreiben könne; sie würde die Staatslehre in „Irrwege räumlich-statischen Denkens" führen.[51] *Katz* ist der Ansicht, die Drei-Elemente-Lehre verhindere eine Berücksichtigung der für einen demokratischen Staat ausschlaggebenden Aspekte wie der Willensbildung in der organisierten Gemeinschaft, des Staatsbewußtseins oder der politischen Integration.[52]

cc) Stellungnahme zu den vorgebrachten Kritikpunkten

Kein vorgebrachter Kritikpunkt vermag die Bedeutung der Lehre von *Georg Jellinek* zu mindern. Denn was der Drei-Elemente-Lehre als deren Mängel vorgeworfen wird, geht an der Zielsetzung dieser Theorie vorbei. *Georg Jellinek* kommt es darauf an, mittels der Drei-Elemente-Lehre eine Beschreibung bzw. Definition für Ausschnitte aus der Lebenswirklichkeit zu finden; er definiert einen Staat anhand gegebener, feststellbarer Größen.

Diese Lehre kann zwar nicht erklären, warum es zur Staatenbildung gekommen ist – das will sie aber auch gar nicht. Dafür gibt es andere Erklärungsansätze und Theorien, die nach der Rechtfertigung oder den Zwecken eines Staates fragen.[53]

Genauso verhält es sich mit dem Einwand, die Drei-Elemente-Lehre könne das Wesen des Staates nicht erklären. Auch das will sie nicht.[54] Die Frage der

49 *Isensee*, Staat und Verfassung, in: Isensee/Kirchhof, HStR, Bd. II, 3. Aufl. 2004, § 15 Rn. 50; *Katz*, Staatsrecht, 16. Aufl. 2005, Rn. 23, 26.

50 *Stein/Frank*, Staatsrecht, 20. Aufl. 2007, S. 14.

51 Kritik dargestellt bei *Katz*, Staatsrecht, 16. Aufl. 2005, Rn. 27.

52 *Katz*, Staatsrecht, 16. Aufl. 2005, Rn. 27; in diese Richtung auch *Volkmann*, JuS 1996, 1058.

53 Siehe dazu unter 3. und 4., S. 35 ff.

54 So auch *Katz*, Staatsrecht, 16. Aufl. 2005, Rn. 27; *Bleckmann*, Staatsrecht I – Staatsorganisationsrecht, 1993, S. 3.

Definition ist von der Frage des Wesens des Staates zu trennen.[55] Die Drei-Elemente-Lehre hat einen praktikablen Staatsbegriff als Zielvorgabe, sie will bestimmten Erscheinungen einen Namen, den Namen „Staat“ geben. Sie arbeitet auf terminologischem Gebiet. Davon ist die Frage nach dem Wesen des Phänomens Staat zu unterscheiden. Das Wesen beschreibt den Charakter, die Substanz, die inhaltliche Figur, das Zusammenwirken der drei Elemente. Auch dafür gibt es andere, gesonderte Erklärungsansätze.

Gegen den Einwand von *Katz* ist anzuführen, daß beispielsweise Fragen der Willensbildung im Staat das „Wie“ eines Staates betreffen und somit im Zusammenhang mit der jeweiligen Verfassung erörtert werden sollen. Als Kritikpunkt an einer Lehre, die sich damit auseinandersetzt, ab wann man begrifflich von einem Staat sprechen kann, die also das „Ob“ eines Staates betrifft, taugt dieser Einwand nicht.

dd) Vorteile der Drei-Elemente-Lehre

Die Abstraktheit der Lehre *Georg Jellineks* und deren strenge Trennung zwischen Innen-[56] und Außenverhältnis sind gerade ihr großer Vorteil. So können möglichst viele Völker mit unterschiedlicher innerer Ordnung als individualisierbare, gleichberechtigte Rechtssubjekte am Völkerrechtsverkehr teilnehmen.[57] Revolutionäre Verfassungswechsel oder Umwälzungen der Staatsform rühren nicht an der Kontinuität eines Staates oder an der Identität des Rechtssubjektes – und entbinden so auch nicht von eingegangenen völkerrechtlichen Verpflichtungen.[58] Weiter kommt diese Lehre ohne subjektive Elemente, wie sie bei vielen anderen Theorien herangezogen werden,[59] aus, was die Drei-Elemente-Lehre unabhängig von einem bürgerlichen „guten Willen zum Staat“ macht.[60] *Katz* gesteht der Lehre auch heute noch Bedeutung zu, was er insbesondere auf deren „internationale Handlichkeit“ stützt.[61] Er bezeichnet sie als „kleinste(n) gemeinsame(n), aber noch taugliche(n) Nenner“.[62]

---

55 *Bleckmann*, Staatsrecht I – Staatsorganisationsrecht, 1993, S. 3, 6 f.

56 Das Innenverhältnis beurteilt sich nach der jeweiligen Verfassung eines Staates. Darauf kommt es bei dieser verfassungsneutralen Lehre nicht an, vgl. dazu auch *Isensee*, Staat und Verfassung, in: Isensee/Kirchhof, HStR, Bd. II, 3. Aufl. 2004, § 15 Rn. 47, 55.

57 *Katz*, Staatsrecht, 16. Aufl. 2005, Rn. 21, 31 a.

58 *Isensee*, Staat und Verfassung, in: Isensee/Kirchhof, HStR, Bd. II, 3. Aufl. 2004, § 15 Rn. 55.

59 Vgl. dazu nur die nachfolgend geschilderten Erklärungsansätze.

60 Vgl. zur Integrationslehre *Katz*, Staatsrecht, 16. Aufl. 2005, Rn. 29.

61 *Katz*, Staatsrecht, 16. Aufl. 2005, Rn. 27.

62 *Katz*, Staatsrecht, 16. Aufl. 2005, Rn. 27.

Doch enthält die Drei-Elemente-Lehre ebenso für das nationale Staatsrecht wichtige Ansätze.[63] Der Staat ist als Teil der Lebenswirklichkeit der Verfassung vorgegeben. Das Grundgesetz kann geändert werden oder gar komplett außer Kraft treten, wenn sich das deutsche Volk eine neue Verfassung gibt (vgl. Art. 146 GG). Der Staat hingegen bestünde unverändert fort, nur seine innere Ordnung änderte sich. Er wäre das statische Element bei einer Verfassungsneugebung. Genauso wie völkerrechtliche Rechte und Pflichten bestehen bleiben, wenn sich die innere Ordnung eines Staates von Grund auf ändert, blieben bei einer Ablösung des Grundgesetzes durch eine neue Verfassung (oder auch nur bei einer Verfassungsänderung) elementare Staatsaufgaben, die sich schon aus der Staatlichkeit ergeben wie beispielsweise die Sorge für Frieden und Sicherheit oder die Gewährleistung eines effektiven Rechtsschutzsystems,[64] und apriorische Bürgerpflichten wie Rechtsgehorsam und Friedlichkeit erhalten. Die durch dieses Staatsverständnis vermittelte Sicherheit und Beständigkeit machen einen großen Vorteil der Drei-Elemente-Lehre aus.

Zusammenfassend kann man sagen, daß es sich bei dem Staatsbegriff nach der Drei-Elemente-Lehre um einen unkomplizierten Begriff handelt, der statische (der Staat ist unabhängig von der jeweiligen Verfassung) mit dynamischen (der Staat überlebt jede politische Entwicklung, jede Änderung der Staatsform) Elementen vereint. Auch die Bundesregierung griff 1973 auf diesen Staatsbegriff zurück. So heißt es in einer Erklärung des parlamentarischen Staatssekretärs im Auswärtigen Amt *Moersch*:[65] „Die Anerkennung eines neuen Staates setzt voraus, daß sich ein Staat gebildet hat mit einem Staatsvolk, einem Staatsgebiet und einer Staatsgewalt, die durch eine effektive, handlungsfähige Regierung verkörpert wird, die ihre Hoheitsgewalt über den größten Teil des Territoriums und die Mehrzahl der Einwohner effektiv ausübt und die sich mit Aussicht auf Dauer behaupten kann." Ein anderer, vollends zufriedenstellender Ansatz ist bis heute nicht gefunden worden.[66]

---

63 Vgl. auch *Siekmann*, Staat und Staatlichkeit am Ende des 20. Jahrhunderts, in: Burmeister, Verfassungsstaatlichkeit, Festschrift für Klaus Stern, 1997, S. 350 f.; *Landau*, NStZ 2007, 126.

64 Vgl. dazu unten unter 3. und 4., S. 35 ff.

65 Abgedruckt in ZaöRV 35 (1975), S. 777. Ähnliche Worte fand das OVG Münster bei der (negativen) Beantwortung der Frage, ob Palästina im Jahr 1985 ein Staat war, NVwZ 1989, 790 f.

66 So auch *Starck*, Staatsrecht, 2003, S. 19. Vgl. auch *Volkmann*, in: v. Mangoldt/Klein/Starck, GG III, 5. Aufl. 2005, Art. 91 Abs. 1 Rn. 14.

b) Die Lehre vom Staat als Rechtsordnung

Nach dieser Lehre, als deren wichtigster Vertreter *Kelsen* gilt, wird ein Staat durch eine Normenordnung konstituiert.[67] Der Staat bilde den normativen Sinngehalt der objektiven Rechtsordnung. Allein durch die Rechtsordnung werde eine staatliche Einheit festgelegt.

Gegen diese Lehre ist anzuführen, daß ein Staatsbegriff, der bloß aus einer Rechtsordnung besteht, praxisfremd ist und nicht dem wirklichen, gelebten Staat entspricht.[68] *Zippelius* überträgt diesen Gedanken zur Verdeutlichung auf ein musikalisches Konzert.[69] Das Konstitutive am Konzert sei hiernach die Komposition. Das Konzert bestehe nach der Lehre von *Kelsen* gerade aus der Komposition. Daß dem nicht so ist, liegt auf der Hand. Sicher gibt es ohne Komposition kein (oder ein reines Improvisations-) Konzert. Ohne Instrumente und Musiker wird es aber für die allermeisten Musikliebhaber kein Klangerlebnis geben.

Es bleibt unklar, welche Folgen es haben soll, wenn sich die Rechtsordnung grundlegend ändert, an Wirksamkeit verliert oder ihre Verbindlichkeit von der Bevölkerung nicht anerkannt wird.[70] Findet dann eine „alte" Epoche der Staatlichkeit ihr Ende und entsteht ein „neuer", anderer Staat? Außerdem fehlt eine Erklärung dafür, wer oder was die Rechtsordnung, die den Staat konstituieren soll, formt und woher die Rechtsordnung kommt, die den Staat identifizierbar machen soll.

c) Die Integrationslehre

Nach der Integrationslehre von *Smend* versteht sich der Staat als Lebensprozeß, als dynamisches Gefüge.[71] Die Lehre geht davon aus, daß die Menschen sich

---

67 *Katz*, Staatsrecht, 16. Aufl. 2005, Rn. 28; *Bull*, NVwZ 1989, 803; *Volkmann*, JuS 1996, 1061; *Zippelius*, Allgemeine Staatslehre, 15. Aufl. 2007, S. 26; *Starck*, Staatsrecht, 2003, S. 20.

68 *Katz*, Staatsrecht, 16. Aufl. 2005, Rn. 28; *Schmitt Glaeser*, Individuelle Verhaltenssteuerung im Bereich der inneren Sicherheit, in: Kirchhof/Lehner/Raupach/Rodi, Staaten und Steuern, Festschrift für Klaus Vogel, 2000, S. 362; *Volkmann*, JuS 1996, 1062.

69 *Zippelius*, Allgemeine Staatslehre, 15. Aufl. 2007, S. 26.

70 *Zippelius*, Allgemeine Staatslehre, 15. Aufl. 2007, S. 27.

71 *Smend*, in: Herzog/Kunst/Schlaich/Schneemelcher, EStL, Bd. I, 3. Aufl. 1987, Sp. 1354 ff. zu Integration; *Volkmann*, JuS 1996, 1062; *Badura*, Staatsrecht, 3. Aufl. 2003, A Rn. 12.

stets in den Staat integrieren.[72] Dieser Integrationsprozeß schaffe eine fortlaufend kooperierende Gesellschaft. Der Staat gründe somit auf einer ständigen Bejahung durch die Bürger, die gemeinsam miteinander leben wollen und ihr Verhalten auf dieses Zusammenleben einstellen.[73] Die Aufgabe des Staates wird darin gesehen, sich dauernd selbst zu erneuern. Der Staat existiert nach dieser Theorie als „geistig-soziale Wirklichkeit".[74]

Ein regelmäßiger Blick in die Zeitung oder auf die täglichen Nachrichten zeigt, daß diese Theorie nicht immer mit der Wirklichkeit übereinstimmt. Nicht immer erfährt der Staat ausschließlich Zustimmung aus der Bevölkerung, nicht immer integrieren sich alle Bürger in den Staat. Nicht in jeder Lebenslage läßt sich staatliche Einheit nur durch „moralische, geistig-soziale Phänomene" erreichen.[75] Das deutsche Strafgesetzbuch kennt viele Straftatbestände, die den Staat und seine Organe – sozusagen gegen Versuche der Desintegration – schützen wollen. Als Beispiele seien nur § 81 StGB (Hochverrat gegen den Bund), § 90 f. (Verunglimpfung des Bundespräsidenten oder des Staates) und § 113 StGB (Widerstand gegen Vollstreckungsbeamte) genannt. Mit anderen Worten liegt das Problem dieser Theorie darin, daß sie einen fortwährenden „guten Willen zum Staat" voraussetzt, der nach der allgemeinen Lebenserfahrung nicht immer vorliegt.

d) Die wirkungswissenschaftliche Lehre

Diese von *Heller* begründete Lehre sieht den Staat als Aktionseinheit, indem sie vorrangig auf das bewußte, planmäßige und organisierte Zusammenwirken der Bürger abstellt.[76] Sie baut aber nicht wie die vorgenannte Theorie auf einer geistig-sozialen Wirklichkeit auf, sondern geht von einer faktischen Koordination

---

72 *Katz*, Staatsrecht, 16. Aufl. 2005, Rn. 29; *Smend*, in: Herzog/Kunst/Schlaich/Schneemelcher, EStL, Bd. I, 3. Aufl. 1987, Sp. 1354 ff. zu Integration; *Stein/Frank*, Staatsrecht, 20. Aufl. 2007, S. 14 f.; *Starck*, Staatsrecht, 2003, S. 20.

73 *Katz*, Staatsrecht, 16. Aufl. 2005, Rn. 29; *Stein/Frank*, Staatsrecht, 20. Aufl. 2007, S. 14 f.

74 *Katz*, Staatsrecht, 16. Aufl. 2005, Rn. 29; *Volkmann*, JuS 1996, 1062; *Stein/Frank*, Staatsrecht, 20. Aufl. 2007, S. 14 f.; *Starck*, Staatsrecht, 2003, S. 20; *Badura*, Staatsrecht, 3. Aufl. 2003, A Rn. 12.

75 *Katz*, Staatsrecht, 16. Aufl. 2005, Rn. 29; *Schmitt Glaeser*, Individuelle Verhaltenssteuerung im Bereich der inneren Sicherheit, in: Kirchhof/Lehner/Raupach/Rodi, Staaten und Steuern, Festschrift für Klaus Vogel, 2000, S. 362; *Zippelius*, Allgemeine Staatslehre, 15. Aufl. 2007, S. 26; *Stein/Frank*, Staatsrecht, 20. Aufl. 2007, S. 14 f.

76 *Katz*, Staatsrecht, 16. Aufl. 2005, Rn. 30; *Bull*, NVwZ 1989, 803; *Volkmann*, JuS 1996, 1062; *Stein/Frank*, Staatsrecht, 20. Aufl. 2007, S. 15 f.; *Starck*, Staatsrecht, 2003, S. 20.

des Wirkens der Bürger aus, um gemeinsame Ziele erreichen zu können (funktionsorientierter Staatsbegriff). Dieses tatsächliche Zusammenwirken soll erforderlichenfalls durch Zwang sichergestellt werden, denn jedem souveränen Staat seien Durchsetzungsmöglichkeiten immanent.[77]

Dieser Theorie ist zunächst dasselbe wie der Integrationslehre entgegenzuhalten; auch diese Lehre baut auf einem (nur eben jetzt faktischen) „guten Willen zum Staat" auf. Außerdem enthält die Annahme, daß jedem souveränen Staat Durchsetzungsmöglichkeiten innewohnten, einen Zirkelschluß. Es soll doch gerade ein Staatsbegriff gefunden werden. Es geht um die Frage, ab wann man von einem Staat sprechen kann, was einen Staat ausmacht („Ob" des Staates). Die Beschreibung des Staates darf dann nicht auf Durchsetzungsmöglichkeiten angewiesen sein, sollen diese sich wiederum aus der Staatlichkeit ergeben.

e) Zwischenergebnis

Vorzugswürdig ist die Drei-Elemente-Lehre *Georg Jellineks*. Die folgenden Erörterungen sollen daher auf ihr aufbauen. Insbesondere das Merkmal der Staatsgewalt verkörpert den Ausgangspunkt des staatlichen Gewaltmonopols, welches im folgenden als Schranke für Privatisierungsmöglichkeiten herangezogen wird.

2. Das Wesen des Staates

Die oben angedeuteten Begriffsbeschreibungen ermöglichen, bestimmte Erscheinungsformen des menschlichen Zusammenlebens als Staaten zu bezeichnen. Noch nicht geklärt ist damit aber, was das Wesen, den Charakter, die Natur eines Staates ausmacht.

a) Die religiöse Theorie

Nach der theologischen bzw. religiösen Theorie ist der Staat eine von Gott gegebene Institution. Die Staatsgewalt sei von Gott verliehen worden (Staat als Gottesgnadentum).[78] Diese Lehre kann heute nicht mehr als Erklärungsansatz dienen. Es gibt weder nur ein herrschendes Gottesbild noch eine bestimmende Glaubensrichtung. Das moderne Leben ist von einer Weltanschauungs- und Glaubensgemeinschaftspluralität gekennzeichnet; immer weniger Menschen sind

---

77 *Katz*, Staatsrecht, 16. Aufl. 2005, Rn. 30.

78 *Katz*, Staatsrecht, 16. Aufl. 2005, Rn. 33; vgl. auch *Jellinek*, Allgemeine Staatslehre, unveränderter Nachdruck des 5. Neudrucks der 3. Aufl., 1976, S. 186 ff. und 239.

bereit, eine religiöse Begründung staatlicher Strukturen anzuerkennen.[79] Daher gelten Kirche und Staat – jedenfalls nach deutschem Verständnis – als zwei zu trennende Institutionen.[80]

b) Die Machttheorie

Die Machttheorie erkennt das Wesen eines Staates in der „Organisation und Wahrnehmung der Macht, die ohne Rücksicht auf Gut und Böse, Recht oder Unrecht zur Aufrechterhaltung des Gemeinwesens einzusetzen ist."[81] Diese (historische) Theorie sieht den Staat als Herrschaftsapparat, als durch die Natur begründete Herrschaft des Starken über den Schwachen.[82] Sie erreichte ihren Höhepunkt im 17. und 18. Jahrhundert zur Zeit der absolutistischen Fürstenstaaten und ist daher für das heutige Verständnis nur noch rechtshistorische Reminiszenz.

c) Die Vertragstheorie

Die Vertragstheorie beschreibt das Wesen des Staates als ein Gemeinwesen, das auf einem Vertrag, mithin auf einer Rechtsbeziehung zwischen dem Volk und seinem Herrscher beziehungsweise – nach *Hobbes* – zwischen den Menschen untereinander, beruht.[83] In diesem Vertrag werden gegenseitige Pflichten (Friedenswahrung) übernommen und Rechte (Rechtsfrieden) gewährt.[84] Charakteristisch sind der freiwillige Zusammenschluß und die freiwillige Unterordnung unter einen Herrscher.[85]

---

79 *Isensee*, Der Verfassungsstaat als Friedensgarant, in: Mellinghoff/Morgenthaler/ Puhl, Die Erneuerung des Verfassungsstaates, 2003, S. 18 und 24; *ders.*, JZ 1999, 269.

80 Dies kommt auch in der Verfassung in Art. 140 GG i.V.m. Art. 137 Abs. 1 WRV zum Ausdruck.

81 *Katz*, Staatsrecht, 16. Aufl. 2005, Rn. 34.

82 *Katz*, Staatsrecht, 16. Aufl. 2005, Rn. 34; *Jellinek*, Allgemeine Staatslehre, unveränderter Nachdruck des 5. Neudrucks der 3. Aufl., 1976, S. 192.

83 *Hobbes*, Leviathan, or The Matter, Forme, & Power of a Commonwealth Ecclesiasticall and Civill, London 1651, Part 2. Chapter 17, S. 87 f.; vgl. auch *Katz*, Staatsrecht, 16. Aufl. 2005, Rn. 35: wichtigste Vertreter Hobbes, Locke, Rousseau, Kant; *Jellinek*, Allgemeine Staatslehre, unveränderter Nachdruck des 5. Neudrucks der 3. Aufl., 1976, S. 208 f.; *Isensee*, JZ 1999, 273.

84 *Katz*, Staatsrecht, 16. Aufl. 2005, Rn. 35.

85 *Hobbes*, Leviathan, or The Matter, Forme, & Power of a Commonwealth Ecclesiasticall and Civill, London 1651, Part 2. Chapter 17, S. 87 f.; vgl. auch *Katz*, Staatsrecht, 16. Aufl. 2005, Rn. 35; *Jellinek*, Allgemeine Staatslehre, unveränderter Nachdruck des 5. Neudrucks der 3. Aufl., 1976, S. 208 f.

Problematisch an der Vertragslehre ist, daß sie die absolute Bindungswirkung des Gesellschaftsvertrages nicht erklärt, diese vielmehr als „nicht weiter anzuzweifelndes Dogma" aufstellt.[86] Ohne absolute Bindung könnten sich die Menschen jederzeit wieder vom Vertrag und somit vom Staat lossagen.[87] Es fehlt noch die Erkenntnis, daß eine feste „gesellschaftliche Organisation" erforderlich ist, um dem freiwilligen Zusammenschluß Halt zu geben.[88]

d) Die organschaftliche Theorie

Nach heute allgemein vertretener Ansicht ist der Staat ein eigenes Rechtssubjekt, eine juristische Person des öffentlichen Rechts.[89] *Jellinek* bezeichnet den Staat als eine „mit ursprünglicher Herrschermacht ausgestattete Gebietskörperschaft".[90] Diese Lehre baut insofern auf der Vertragstheorie auf, als der Zusammenschluß des Volkes auch nicht als durch Zwang erzeugt, sondern als freiwillig angesehen wird; nur handelt es sich bei dieser Lehre um eine „entindividualisierte" Konstruktion, das heißt, der Staat ist nicht auf eine bestimmte natürliche Person als Herrscher festgelegt. Der Staat ist selbst eine organisierte und organisierende Rechtsperson.[91]

3. Die Rechtfertigung des Staates

Wenn es so schwierig ist, einen geeigneten Staatsbegriff und eine Vorstellung über das Wesen das Staates zu gewinnen, stellen sich die Fragen, ob es denn der Mühe überhaupt lohnt und warum über Jahrhunderte hinweg versucht wurde, den Staat zu erklären. Diese Fragen müssen mit *Isensee* noch tiefer gefaßt werden:[92] Warum bedarf es überhaupt des Staates? Warum läßt es sich nicht besser

---

86 *Jellinek*, Allgemeine Staatslehre, unveränderter Nachdruck des 5. Neudrucks der 3. Aufl., 1976, S. 217.

87 *Jellinek*, Allgemeine Staatslehre, unveränderter Nachdruck des 5. Neudrucks der 3. Aufl., 1976, S. 216 f.

88 *Jellinek*, Allgemeine Staatslehre, unveränderter Nachdruck des 5. Neudrucks der 3. Aufl., 1976, S. 216.

89 *Katz*, Staatsrecht, 16. Aufl. 2005, Rn. 36 ff. Erste Ansätze zu diesem Verständnis des Wesens des Staates 1837 bei *Eduard Albrecht*: Der Staat sei als die Verkörperung eines höheren Gesamtinteresses notwendig „als juristische Person zu denken", zitiert nach *Volkmann*, JuS 1996, 1060.

90 *Jellinek*, Allgemeine Staatslehre, unveränderter Nachdruck des 5. Neudrucks der 3. Aufl., 1976, S. 183.

91 *Katz*, Staatsrecht, 16. Aufl. 2005, Rn. 36.

92 *Isensee*, JZ 1999, 265, 267.

in Anarchie leben, in der kraft Natur der Sache alles „privatisiert" und dem freien Spiel der gesellschaftlichen Kräfte überlassen ist? Wie kann eine derart komplexe Konstruktion, insbesondere im Hinblick auf die Staatsgewalt, gerechtfertigt werden? Warum begeben sich die Menschen ihres eigenen Gewaltpotentials und übertragen es auf den Staat, der einheitlich Staatsgewalt ausübt?[93] Sicher nicht allein um des Staates selbst willen.

a) Der Staat als Garant von Frieden und Sicherheit

Die Antwort darauf liefert zum einen ein Blick in die Geschichte und zum anderen eine Betrachtung des alltäglichen Lebens in der Gegenwart.

Isensee berichtet von der politischen Zwietracht aus der Glaubensspaltung und den Bürgerkriegen der frühen Neuzeit als dem „archaische(n) Schreckbild, (dem) Urtrauma" der Organisation Staat.[94] *Hobbes* bezeichnet den natürlichen Urzustand menschlichen Zusammenlebens als das „bellum omnium contra omnes".[95] Der Mensch lebe naturgemäß in einem „Zustand der Friedlosigkeit und allseitige(r) Bedrohtheit in der Anarchie".[96] Diese Zustände werden für die Entstehung der Staaten verantwortlich gemacht und aus ihnen folgt die fundamentale Legitimation der staatlichen Strukturen.[97] Die Gegensätze in der Gesellschaft,

---

93 *Jellinek*, Allgemeine Staatslehre, unveränderter Nachdruck des 5. Neudrucks der 3. Aufl., 1976, S. 220.

94 *Isensee*, Staat und Verfassung, in: Isensee/Kirchhof, HStR, Bd. II, 3. Aufl. 2004, § 15 Rn. 66; vgl. auch *ders.*, Das staatliche Gewaltmonopol als Grundlage und Grenze der Grundrechte, in: Franßen/Redeker/Schlichter/Wilke, Bürger – Richter – Staat, Festschrift für Horst Sendler, 1991, S. 48; *ders.*, Das Grundrecht auf Sicherheit, 1983, S. 4; *ders.*, Der Verfassungsstaat als Friedensgarant, in: Mellinghoff/Morgenthaler/Puhl, Die Erneuerung des Verfassungsstaates, 2003, S. 20; *ders.*, JZ 1999, 269; so auch *Bull*, NVwZ 1989, 803; *Merten*, Rechtsstaatsdämmerung, in: Schreiber, Polizeilicher Eingriff und Grundrechte, Festschrift für Rudolf Samper, 1982, S. 40; *Zippelius*, Allgemeine Staatslehre, 15. Aufl. 2007, S. 101 ff.; *Badura*, Staatsrecht, 3. Aufl. 2003, A Rn. 2; *Volkmann*, JuS 1996, 1059.

95 *Hobbes*, De Cive, Ausgabe von Warrender, Oxford 1983, Praefatio unter Nr. 14, S. 81; *ders.*, Leviathan, or The Matter, Forme, & Power of a Commonwealth Ecclesiasticall and Civill, London 1651, Part 1. Chapter 13, S. 61-63 („Warre of every one against every one").

96 *Isensee*, Staat und Verfassung, in: Isensee/Kirchhof, HStR, Bd. II, 3. Aufl. 2004, § 15 Rn. 66 mit Verweis auf Thomas Hobbes; *ders.*, Der Verfassungsstaat als Friedensgarant, in: Mellinghoff/Morgenthaler/Puhl, Die Erneuerung des Verfassungsstaates, 2003, S. 23; *ders.*, JZ 1999, 269.

97 *Di Fabio*, NJW 2008, 422; *Isensee*, Staat und Verfassung, in: Isensee/Kirchhof, HStR, Bd. II, 3. Aufl. 2004, § 15 Rn. 66; *ders.*, Das Grundrecht auf Sicherheit, 1983, S. 3; *ders.*, Der Verfassungsstaat als Friedensgarant, in: Mellinghoff/Morgenthaler/Puhl, Die Erneuerung des Verfassungsstaates, 2003, S. 12; *ders.*, JZ

die verschiedenen konkurrierenden und nach Geltung strebenden Individualinteressen forderten eine Koordination durch eine übergeordnete Institution – eben den Staat.[98] Die aus dieser Notlage heraus geschaffene Organisation sollte einen Ausgleich dieser Gegensätze hervorbringen und so gegenüber dem Pluralismus eine Einheit, gegenüber dem Antagonismus den Frieden und mit diesem die Unversehrtheit elementarer Lebensgrundlagen – kurz: Schutz vor Übergriffen anderer – gewährleisten.[99] Auf diese Weise ist der Staat als Konstruktion gerechtfertigt, „welche die Menschen sich zu ihrem Nutzen geschaffen haben, damit er ihnen das Dasein auf Erden sichere und Frieden gebe".[100] Der Staat ist mithin als

---

1999, 269; *Bull*, NVwZ 1989, 801, 803; *Merten*, Rechtsstaatsdämmerung, in: Schreiber, Polizeilicher Eingriff und Grundrechte, Festschrift für Rudolf Samper, 1982, S. 40; *Schmitt Glaeser*, Individuelle Verhaltenssteuerung im Bereich der inneren Sicherheit, in: Kirchhof/Lehner/Raupach/Rodi, Staaten und Steuern, Festschrift für Klaus Vogel, 2000, S. 353; *Zippelius*, Allgemeine Staatslehre, 15. Aufl. 2007, S. 101 ff.; *Badura*, Staatsrecht, 3. Aufl. 2003, A Rn. 1; *Hillgruber*, JZ 2007, 211 und 213; *Pitschas*, JZ 1993, 857; *Kniesel*, ZRP 1996, 485.

98 *Isensee*, Staat und Verfassung, in: Isensee/Kirchhof, HStR, Bd. II, 3. Aufl. 2004, § 15 Rn. 67; *ders.*, Der Verfassungsstaat als Friedensgarant, in: Mellinghoff/Morgenthaler/Puhl, Die Erneuerung des Verfassungsstaates, 2003, S. 18, 23.

99 *Isensee*, Staat und Verfassung, in: Isensee/Kirchhof, HStR, Bd. II, 3. Aufl. 2004, § 15 Rn. 67, 83; *ders.*, Der Verfassungsstaat als Friedensgarant, in: Mellinghoff/Morgenthaler/Puhl, Die Erneuerung des Verfassungsstaates, 2003, S. 18, 20, 22 f.; *Bull*, NVwZ 1989, 801; *Hillgruber*, JZ 2007, 213 mit Verweis auf das Sondervotum der Richterin am Bundesverfassungsgericht *Haas* zu BVerfG JZ 2006, 906 ff.; *Zippelius*, Allgemeine Staatslehre, 15. Aufl. 2007, S. 101 ff.; *Pitschas*, JZ 1993, 857; *Volkmann*, JuS 1996, 1059; *Landau*, NStZ 2007, 125 ff.

100 *Isensee*, Staat und Verfassung, in: Isensee/Kirchhof, HStR, Bd. II, 3. Aufl. 2004, § 15 Rn. 79; In seiner Schrift „Das Grundrecht auf Sicherheit", 1983, zitiert *Isensee* auf Seite 4 Hobbes' Philosophie der Sicherheit: „Zum Frieden ist vor allem notwendig, daß jeder gegen die Gewalttätigkeit der übrigen so weit geschützt werde, daß er sicher leben kann, d.h., daß keiner einen gerechten Grund habe, andere zu fürchten, solange er selbst ihnen kein Unrecht zufügt. Allerdings ist es unmöglich, die Menschen gänzlich vor gegenseitigen Schädigungen zu schützen, so daß sie weder durch Unrecht verletzt noch getötet werden können; darauf darf es hier also nicht ankommen. Dagegen kann man Vorsorge treffen, daß kein gerechter Grund zur Furcht bestehe. Denn Sicherheit ist der Zweck, weshalb die Menschen sich anderen unterwerfen; und wenn diese nicht erlangt werden kann, so gilt die Unterwerfung unter andere nicht als geschehen und das Recht der Selbstverteidigung kraft Urteils in eigener Sache nicht als verloren. Denn man kann nicht annehmen, daß jemand eher sich zu etwas verpflichtet oder sein Recht auf alles aufgegeben habe, als bis für seine Sicherheit gesorgt ist.", Originaltext bei *Hobbes*, De Cive, Ausgabe Warrender, Oxford 1983, Cap. VI.3, S. 138 „Imprimis autem paci necessarium est, ut unusquisque in tantum protegatur contra coeterorum violentiam, ut possit secure viuere (...) quam securitati eius sit prospectum.". Vgl. auch *Götz*, Innere Sicherheit, in: Isensee/Kirchhof, HStR, Bd. III, 2. Aufl. 1996, § 79 Rn. 8.

Friedensgarant und Retter vor einem Untergang im Bürgerkrieg, als Sicherheitsgarant gegen einen Untergang im ubiquitären Machtkampf der Individualinteressen geschaffen worden.[101] Wenn eine Vielzahl menschlicher Willen und Interessen zusammengefaßt und in eine einheitliche Richtung geführt werden soll, damit jene nicht mehr jeder für sich unkoordiniert und mit allen Mitteln nach Geltung und Durchsetzung streben, ist eine feste und konstante Verbindung nötig, eine dauerhafte Organisation: der Staat.[102] Mit vereinten Kräften können Störungen besser abgewehrt werden; Aufgaben können miteinander statt gegeneinander effizienter erledigt werden.[103]

Damit der Staat als Ausgleich und als „Widerlager" aller gesellschaftlichen Interessengegensätze dienen kann,[104] muß er ein Mindestmaß an Distanz gegenüber allen privaten Sonderinteressen wahren und insbesondere in der Lage sein, seiner neutralen, ausgleichenden Position Geltung zu verschaffen.[105] Hierzu benötigt er die Macht, unabhängig von Individualinteressen zu entscheiden und seine Ergebnisse und Vorgaben auch gegen das mächtigste Privatinteresse durchzusetzen.[106] Sonst könnte der Staat den natürlichen Zustand, in welchem immer der Stärkere seinen Willen durchzusetzen vermag, nicht überwinden.

---

101 *Isensee*, Das Grundrecht auf Sicherheit, 1983, S. 3; *ders.*, Der Verfassungsstaat als Friedensgarant, in: Mellinghoff/Morgenthaler/Puhl, Die Erneuerung des Verfassungsstaates, 2003, S. 12; *Götz*, Innere Sicherheit, in: Isensee/Kirchhof, HStR, Bd. III, 2. Aufl. 1996, § 79 Rn. 7; *Zippelius*, Allgemeine Staatslehre, 15. Aufl. 2007, S. 46, 94, 101 ff.; *Badura*, Staatsrecht, 3. Aufl. 2003, A Rn. 1; *Hillgruber*, JZ 2007, 213 mit Verweis auf das Sondervotum der Richterin am Bundesverfassungsgericht *Haas* zu BVerfG JZ 2006, 906 ff.

102 *Jellinek*, Allgemeine Staatslehre, unveränderter Nachdruck des 5. Neudrucks der 3. Aufl., 1976, S. 222; *Bull*, NVwZ 1989, 801.

103 *Jellinek*, Allgemeine Staatslehre, unveränderter Nachdruck des 5. Neudrucks der 3. Aufl., 1976, S. 222; *Kirchhof*, Mittel staatlichen Handelns, in: Isensee/Kirchhof, HStR, Bd. V, 3. Aufl. 2007, § 99 Rn. 12, 81, 83.

104 *Isensee*, Staat und Verfassung, in: Isensee/Kirchhof, HStR, Bd. II, 3. Aufl. 2004, § 15 Rn. 67; *Steegmann*, Die Privatisierung polizeilicher Aufgaben, in: Gusy, Privatisierung von Staatsaufgaben: Kriterien – Grenzen – Folgen, 1998, S. 243.

105 *Isensee*, Staat und Verfassung, in: Isensee/Kirchhof, HStR, Bd. II, 3. Aufl. 2004, § 15 Rn. 67; *Badura*, Staatsrecht, 3. Aufl. 2003, A Rn. 1, 4, der es als eine „Fehlentwicklung" bezeichnet, wenn „die staatlichen Aufgaben und Machtmittel zugunsten einzelner politischer Gruppen oder einer ‚herrschenden' Klasse instrumentalisiert werden".

106 *Isensee*, Staat und Verfassung, in: Isensee/Kirchhof, HStR, Bd. II, 3. Aufl. 2004, § 15 Rn. 67; *Kirchhof*, Mittel staatlichen Handelns, in: Isensee/Kirchhof, HStR, Bd. V, 3. Aufl. 2007, § 99 Rn. 12, 14, 81, 83; *Herzog*, Ziele, Vorbehalte und Grenzen der Staatstätigkeit, in: Isensee/Kirchhof, HStR, Bd. IV, 3. Aufl. 2006, § 72 Rn. 26; *Steegmann*, Die Privatisierung polizeilicher Aufgaben, in: Gusy, Privatisierung von Staatsaufgaben: Kriterien – Grenzen – Folgen, 1998, S. 243.

Dieser staatliche Machtanspruch kommt strukturell in der Staatsgewalt zum Ausdruck.

Diese Erwägungen tragen die Staatlichkeit auch heute noch. Hinter dem Begriff der inneren Sicherheit versteckt sich die ständig präsente Sicherheitsforderung, deren Erfüllung jedermann zu jeder Zeit vom Staat erwartet.[107] An der Natur des Menschen hat sich nicht viel geändert.[108] Fast täglich berichten Nachrichtenmagazine oder Tageszeitungen von Gewalttaten oder Betrügereien. „Wieder mehr hinter Gittern – Höchststand beim Strafvollzug“ lautete unlängst ein Bericht in der Frankfurter Allgemeinen Zeitung.[109] Immer noch existieren divergierende Privatinteressen, die teilweise um jeden Preis verfolgt werden. Unterschiede zwischen „dem Starken und dem Schwachen, dem Rücksichtslosen und dem Mitleidigen, dem Gütigen und dem Schurken“ wird es auch in Zukunft geben.[110] Diese kann zwar die Staatsgewalt nicht aufheben. Doch können sie von ihr eingedämmt und in rechtliche Bahnen gelenkt werden. So trifft folgende Aussage von *Jellinek* nach wie vor zu:[111] „Wenn irgendein Satz richtig ist, so der, daß das bellum omnium contra omnes die notwendige Folge des Fehlens von Staat und Recht wäre.“

Als anschauliches modernes Beispiel kann die Belastung der Natur durch Umweltverschmutzung vor Augen geführt werden. Die Chancen sind gering, daß allein gesellschaftliche Kräfte effektiv eine Lösung des Problems hervorbringen werden. Bei vielen Menschen steht der Gedanke der wirtschaftlichen Rentabilität im Vordergrund. Wie soll sich da „die immense Anstrengung, die zur Rettung der Erde erforderlich ist, durch freie Assoziation“ schaffen lassen, wenn nicht durch verbindliche und allgemeingültige Normen, die der Staat vorgibt und nötigenfalls auch durchsetzt.[112] Ohne Staat würde doch nur jeder seine individuellen Interessen versuchen durchzusetzen. Die bloße Einsicht vieler (aber eben nicht aller) Individuen wird nicht ausreichen.[113]

---

107 *Di Fabio*, NJW 2008, 422; *Götz*, Innere Sicherheit, in: Isensee/Kirchhof, HStR, Bd. III, 2. Aufl. 1996, § 79 Rn. 1, 7, 18.

108 Vgl. insbesondere *Zippelius*, Allgemeine Staatslehre, 15. Aufl. 2007, S. 103.

109 *Schmitt*, Frankfurter Allgemeine Zeitung vom 12.12.2006, S. 11. Vgl. auch *Hoffmann-Riem*, JZ 1999, 421.

110 *Jellinek*, Allgemeine Staatslehre, unveränderter Nachdruck des 5. Neudrucks der 3. Aufl., 1976, S. 226, 227; vgl. auch *Zippelius*, Allgemeine Staatslehre, 15. Aufl. 2007, S. 103.

111 *Jellinek*, Allgemeine Staatslehre, unveränderter Nachdruck des 5. Neudrucks der 3. Aufl., 1976, S. 226. Ähnlich auch *Isensee*, Das Grundrecht auf Sicherheit, 1983, S. 5.

112 *Bull*, NVwZ 1989, 805.

113 *Bull*, NVwZ 1989, 805.

b) Begriffliche Klarstellung

Die *Legitimation des Staates* als solchen ist von der *demokratischen Legitimation,* wie sie das Grundgesetz in Art. 20 Abs. 1 und Abs. 2 fordert, zu unterscheiden.

Die Legitimation des Staates betrifft die oben erörterte Frage nach der Rechtfertigung der Staatlichkeit an sich.

Die demokratische Legitimation gemäß Art. 20 Abs. 1 und Abs. 2 GG bezieht sich auf die Ausübung der Staatsgewalt, mithin auf das „Wie" des staatlichen Handelns und setzt einen (gerechtfertigten) Staat als Handlungssubjekt voraus. Die demokratische Legitimation, die für staatliches Handeln erforderlich ist, ist Ausdruck der verfassungsrechtlichen Entscheidung für die Demokratie. Demokratie kann aber nicht den Staat an sich rechtfertigen bzw. legitimieren, sie baut auf diesem auf.[114] Denn das Demokratieprinzip entspringt der Verfassung, und diese ist von einem bestehenden Staat als Ordnungsobjekt abhängig.[115] Der Demokratiegrundsatz legt fest, von wem die Staatsgewalt ausgehen darf: nämlich vom Volk, Art. 20 Abs. 2 S. 1 GG. Wenn die Staatsgewalt aber vom Volk ausgehen soll, so setzt dies voraus, daß sie überhaupt existiert. Diesem vorgelagerten Problem widmet sich die Frage nach der Existenz und der Rechtfertigung des Staates im allgemeinen und nach der Rechtfertigung der Staatsgewalt im besonderen.

Zusammenfassend bleibt festzuhalten, daß sich die Rechtfertigung bzw. die Legitimation des Staates aus seiner Idee der Gewährleistung von Frieden und Sicherheit ergibt. Daraus folgt jedoch noch keine Präferenz für eine bestimmte Ordnung oder Form des Staates. Wie der Staat organisiert wird, ist hinsichtlich seiner Rechtfertigung gleichgültig, solange er sein Ziel effektiv verfolgen kann.

4. Der Staatszweck

Mit dem Gedanken, daß der Staat Frieden und Sicherheit zu gewährleisten hat, kann – wie soeben gezeigt – die Idee der Staatlichkeit an sich, das heißt die bloße Existenz von Staaten gerechtfertigt werden. Es geht um die Legitimation, um die Verteidigung der Konstruktion Staat. Die Frage nach der Rechtfertigung des Staates beginnt mit dem grundlegenden Thema, *ob* es des Staates überhaupt bedarf.[116] Sie setzt sich fort in der Frage, *wieviel* Staat es braucht, also in der Suche nach den Zwecken und Aufgaben eines Staates, die ein geordnetes, gutes Zu-

---

114 *Isensee*, JZ 1999, 274.
115 Vgl. dazu oben unter I., S. 19 ff.
116 *Isensee*, JZ 1999, 270.

sammenleben ermöglichen sollen. Gerade das Thema des „wie viel" ist für die hier interessierende Frage der Grenze der Privatisierung ausschlaggebend.

Jellinek sieht in der allgemeinen Rechtfertigung der Staatlichkeit eine Aufforderung an jeden konkreten Staat, „sein Dasein mit einem materiell gerechtfertigten Inhalt zu erfüllen".[117] Er bezieht sich damit sozusagen auf das tatsächliche Spiegelbild oder die Umsetzung, die Transformation der abstrakten, allgemeinen Idee der Staatlichkeit. Nun geht es darum, was im Einzelfall aus dem abstrakten Konstrukt der Staatlichkeit gemacht wird, um den jeweiligen Sinn eines Staates.[118] Ein Staat in seiner konkreten Ausgestaltung, in der Fülle seines geschichtlichen Daseins werde, so *Jellinek*, nur gerechtfertigt durch die Zwecke, die er verfolgt, mithin durch die Aufgaben, die er erfüllt. Hierbei geht es um die Ziele, Aufgaben, Funktionen oder den Nutzen eines konkreten Staates.

Die verschiedenen Lehren zum Zweck des Staates beziehen sich daher nicht mehr auf die Institution Staat allgemein, sondern befassen sich mit Staaten in deren konkreter, individueller Ausformung. Die Zwecke eines konkreten Staates aktualisieren sich in dessen diversen Aufgaben. Eine rein formale Staatsdefinition, auch wenn man von der Rechtfertigung der Staatlichkeit an sich ausgeht, die nicht auf die Staats*zwecke* eingeht, könnte kein vollkommenes Bild vom Staat als Ausschnitt der Lebenswirklichkeit abgeben.[119] Die verschiedenen Pflichten, die der konkrete Staat seinen Bürgern abverlangt (z.B. die Wehrpflicht oder die Steuerpflicht) ließen sich ohne bestimmte Staatszwecke nicht erklären.[120] Es würde zudem an einem Merkmal fehlen, durch das man den Staat von anderen, gemeinschaftlichen Organisationen unterscheiden könnte. *Jellinek* zieht die mittelalterliche Kirche als Beispiel heran, welche alle drei (formalen) Elemente der Staatlichkeit aufwies.[121] Warum die Kirche aber trotzdem nicht Staat, sondern Kirche war (und noch ist), konnte (und kann) hauptsächlich aus dem Unterschied der Zwecke erklärt werden. Denn die Kirche ist primär auf ein Leben

117 *Jellinek*, Allgemeine Staatslehre, unveränderter Nachdruck des 5. Neudrucks der 3. Aufl., 1976, S. 229.

118 *Bull*, NVwZ 1989, 802 f.; *Herzog*, Ziele, Vorbehalte und Grenzen der Staatstätigkeit, in: Isensee/Kirchhof, HStR, Bd. IV, 3. Aufl. 2006, § 72 Rn. 22. Vgl. auch *Siekmann*, Staat und Staatlichkeit am Ende des 20. Jahrhunderts, in: Burmeister, Verfassungsstaatlichkeit, Festschrift für Klaus Stern, 1997, S. 350 f.

119 *Jellinek*, Allgemeine Staatslehre, unveränderter Nachdruck des 5. Neudrucks der 3. Aufl., 1976, S. 235.

120 *Jellinek*, Allgemeine Staatslehre, unveränderter Nachdruck des 5. Neudrucks der 3. Aufl., 1976, S. 236.

121 *Jellinek*, Allgemeine Staatslehre, unveränderter Nachdruck des 5. Neudrucks der 3. Aufl., 1976, S. 235 f.

nach dem Tod, auf das Jenseits, auf Gott ausgerichtet, der Staat hingegen auf das Leben im Diesseits.[122]

a) Absolute Staatszwecklehren

aa) Überblick

Das Spezifikum der absoluten Staatszwecklehren besteht darin, daß sie sich auf einen von vornherein festgelegten, für alle Zeit gültigen Staatszweck stützen. Alle Staatsaufgaben und Staatsziele sind nach diesen Theorien unabhängig von der räumlichen Umgebung und vom historischen Kontext auf ein endgültiges Ziel ausgerichtet.[123] Zu nennen sind an dieser Stelle zum Beispiel die ethische Theorie, nach welcher ein Staat vorgegebene sittliche und moralische Ideen verwirklichen muß, und die religiöse Lehre, nach welcher es die Aufgabe eines Staates ist, den Willen Gottes auf Erden zu verwirklichen. Auch die Wohlfahrtstheorie (eudämonistisch-utilitarische Theorie) rechnet zu den absoluten Lehren. Sie sieht den Zweck eines Staates darin, neben der äußeren und inneren Sicherheit das Bruttosozialprodukt zu steigern, die soziale Sicherheit und den Wohlstand der Bevölkerung zu fördern und so das größtmögliche Glück einer größtmöglichen Zahl von Bürgern zu ermöglichen.[124]

Da die Staatsaufgaben, insbesondere die Förderung des Allgemeinwohls, nach diesen Lehren eine sehr umfassende und tiefgreifende Staatstätigkeit erfordern und eine schrankenlose Staatstätigkeit begünstigen – der Polizeistaat des 18. Jahrhunderts dient als Beispiel[125] – werden sie unter dem Sammelbegriff der Lehre von den expansiven Staatszwecken zusammengefaßt.[126]

---

122 *Jellinek*, Allgemeine Staatslehre, unveränderter Nachdruck des 5. Neudrucks der 3. Aufl., 1976, S. 236; *Isensee*, Der Verfassungsstaat als Friedensgarant, in: Mellinghoff/Morgenthaler/Puhl, Die Erneuerung des Verfassungsstaates, 2003, S. 22; *ders.*, JZ 1999, 269.

123 *Katz*, Staatsrecht, 16. Aufl. 2005, Rn. 40; *Jellinek*, Allgemeine Staatslehre, unveränderter Nachdruck des 5. Neudrucks der 3. Aufl., 1976, S. 242; *Bull*, NVwZ 1989, 803.

124 *Katz*, Staatsrecht, 16. Aufl. 2005, Rn. 41 ff.; *Herzog*, Ziele, Vorbehalte und Grenzen der Staatstätigkeit, in: Isensee/Kirchhof, HStR, Bd. IV, 3. Aufl. 2006, § 72 Rn. 5; *Würtenberger*, JuS 1986, 346, schildert den „productive state“.

125 *Katz*, Staatsrecht, 16. Aufl. 2005, Rn. 43; *Jellinek*, Allgemeine Staatslehre, unveränderter Nachdruck des 5. Neudrucks der 3. Aufl., 1976, S. 243 mit weiteren Nachweisen; *Herzog*, Ziele, Vorbehalte und Grenzen der Staatstätigkeit, in: Isensee/Kirchhof, HStR, Bd. IV, 3. Aufl. 2006, § 72 Rn. 5; *Würtenberger*, JuS 1986, 346.

126 *Jellinek*, Allgemeine Staatslehre, unveränderter Nachdruck des 5. Neudrucks der 3. Aufl., 1976, S. 242 ff.

Das Gegenstück dazu oder besser die Reaktion darauf bilden die Lehren von den limitierenden Staatszwecken.[127] Diese Theorien beschränken jegliches staatliche Handeln auf die Zwecke der öffentlichen Sicherheit und Ordnung, der Freiheit der Bürger oder der Wahrung der Rechtsordnung.[128] Danach ergeben sich aus dem Zweck des Staates primär Schranken für staatliches Tätigwerden statt Kompetenzen oder Handlungsaufträge. Als negatives Schlagwort ist der „Nachtwächterstaat" des 19. Jahrhunderts bekannt.[129] Den eher positiven Fall stellt der liberale Rechtsbewahrstaat dar.

bb) Kritik an den absoluten Staatszwecklehren

Sowohl die expansiven als auch die limitierenden Staatszwecklehren sehen sich starker Kritik ausgesetzt. So ist den expansiven Theorien vorzuwerfen, daß sie kein inneres Maß für eine Begrenzung der Staatstätigkeit kennen.[130] Dem Polizeistaat wäre Tür und Tor geöffnet. Außerdem stellt sich die Frage, wem das Recht (und die Pflicht) zukommen soll(en), zu bestimmen, worin das sittlich beste oder in religiöser Hinsicht erstrebenswerteste Handeln des Staates besteht.[131] Es gibt eben weder eine einzige noch zumindest eine allgemein herrschende Gottesvorstellung.[132] Allein die Pluralität der christlichen Konfessionen kann dies bezeugen.

Die limitierenden Lehren hingegen fordern zu wenig. Ein Staat, der nur die Einhaltung der Rechtsordnung zum Ziel hat, kann laut *Jellinek* nicht existie-

---

127 *Jellinek*, Allgemeine Staatslehre, unveränderter Nachdruck des 5. Neudrucks der 3. Aufl., 1976, S. 246 ff.; vgl. *Isensee*, Das Grundrecht auf Sicherheit, 1983, S. 10; *Herzog*, Ziele, Vorbehalte und Grenzen der Staatstätigkeit, in: Isensee/Kirchhof, HStR, Bd. IV, 3. Aufl. 2006, § 72 Rn. 5.

128 *Katz*, Staatsrecht, 16. Aufl. 2005, Rn. 44; *Jellinek*, Allgemeine Staatslehre, unveränderter Nachdruck des 5. Neudrucks der 3. Aufl., 1976, S. 246; vgl. *Isensee*, Das Grundrecht auf Sicherheit, 1983, S. 10; *Herzog*, Ziele, Vorbehalte und Grenzen der Staatstätigkeit, in: Isensee/Kirchhof, HStR, Bd. IV, 3. Aufl. 2006, § 72 Rn. 5; *Würtenberger*, JuS 1986, 346 f., schildert den „protective state".

129 *Katz*, Staatsrecht, 16. Aufl. 2005, Rn. 44.

130 *Jellinek*, Allgemeine Staatslehre, unveränderter Nachdruck des 5. Neudrucks der 3. Aufl., 1976, S. 248; *Herzog*, Ziele, Vorbehalte und Grenzen der Staatstätigkeit, in: Isensee/Kirchhof, HStR, Bd. IV, 3. Aufl. 2006, § 72 Rn. 5.

131 *Jellinek*, Allgemeine Staatslehre, unveränderter Nachdruck des 5. Neudrucks der 3. Aufl., 1976, S. 246; *Isensee*, Der Verfassungsstaat als Friedensgarant, in: Mellinghoff/Morgenthaler/Puhl, Die Erneuerung des Verfassungsstaates, 2003, S. 18, 24.

132 *Isensee*, Der Verfassungsstaat als Friedensgarant, in: Mellinghoff/Morgenthaler/Puhl, Die Erneuerung des Verfassungsstaates, 2003, S. 18; *ders.*, JZ 1999, 269.

ren.[133] Zumindest auf seine eigene internationale Sicherheit müsse jeder Staat bedacht sein, auch wenn diese in absoluten Härtefällen nicht immer mit dem Schutz der Bürger parallel verlaufe.[134] So bildeten auch Aufgaben der Verteidigung und damit zusammenhängende, insbesondere vorbereitende Verwaltungstätigkeiten einen notwendigen Zweck des Staates, der nicht schon im bloßen Zweck, für die Einhaltung der Rechtsordnung zu sorgen, aufgeht. *Katz* weist wie viele andere noch darauf hin, daß die limitierenden Staatszwecklehren soziale Fragestellungen und Probleme nicht bewältigen können.[135] Diese Einwände sind in der Tat berechtigt.

Nach alldem kommt man mittels der absoluten Staatszwecklehren zu keinem zufriedenstellenden Ergebnis.

b) Die Lehre von den relativen Staatszwecken

aa) Die Idee der relativen Staatszwecke

Nach dieser, ebenfalls von *Georg Jellinek* entwickelten,[136] Lehre gibt es keinen nur einzigen, von vornherein feststehenden und für immer gültigen Staatszweck.[137] Vielmehr müsse dieser den sich ständig wandelnden Lebensverhältnissen (z.B. höhere örtliche Flexibilität und Mobilität der Bürger, Fortschritte in Wissenschaft und Technik, wachsendes Erkenntnis- und Wissensniveau) und Bedürfnissen der Bevölkerung angepaßt werden.[138] Auf diese Weise ergeben sich stets neue, zusätzliche Gebiete der Staatstätigkeit – der Staat beansprucht potentielle oder virtuelle Allzuständigkeit.[139] Jede beliebige Aufgabe, der sich

---

133 *Jellinek*, Allgemeine Staatslehre, unveränderter Nachdruck des 5. Neudrucks der 3. Aufl., 1976, S. 248.

134 *Jellinek*, Allgemeine Staatslehre, unveränderter Nachdruck des 5. Neudrucks der 3. Aufl., 1976, S. 248; *Herzog*, Ziele, Vorbehalte und Grenzen der Staatstätigkeit, in: Isensee/Kirchhof, HStR, Bd. IV, 3. Aufl. 2006, § 72 Rn. 5.

135 *Katz*, Staatsrecht, 16. Aufl. 2005, Rn. 44; vgl. *Isensee*, Das Grundrecht auf Sicherheit, 1983, S. 12 mit weiteren Nachweisen.

136 *Jellinek*, Allgemeine Staatslehre, unveränderter Nachdruck des 5. Neudrucks der 3. Aufl., 1976, S. 250 ff.

137 *Bethge*, DVBl. 1989, 842; *Herzog*, Ziele, Vorbehalte und Grenzen der Staatstätigkeit, in: Isensee/Kirchhof, HStR, Bd. IV, 3. Aufl. 2006, § 72 Rn. 7.

138 *Katz*, Staatsrecht, 16. Aufl. 2005, Rn. 45; *Jellinek*, Allgemeine Staatslehre, unveränderter Nachdruck des 5. Neudrucks der 3. Aufl., 1976, S. 254 f.; *Herzog*, Ziele, Vorbehalte und Grenzen der Staatstätigkeit, in: Isensee/Kirchhof, HStR, Bd. IV, 3. Aufl. 2006, § 72 Rn. 3 f., 14 ff., 22; *Isensee*, JZ 1999, 270.

139 *Korioth*, in: Maunz/Dürig, Komm. z. GG, 50. EL, Stand Juni 2007, Art. 30 Rn. 9; *Isensee*, Staat und Verfassung, in: Isensee/Kirchhof, HStR, Bd. II, 3. Aufl. 2004, § 15 Rn. 115 f.; *v. Heimburg*, Verwaltungsaufgaben und Private, 1982, S. 14 f.;

der Staat zulässigerweise annimmt, avanciert dadurch im Umfang ihrer Wahrnehmung zur Staatsaufgabe.[140] Er hat die „Kompetenz-Kompetenz".[141] Hinter den jeweiligen Entscheidungen für eine neue Staatsaufgabe oder für die Rückgabe einer bisherigen Staatsaufgabe an die Gesellschaft stehen (verfassungs-) politische Erwägungen.[142]

Von dem Begriff der Staatsaufgabe ist der Begriff der öffentlichen Aufgabe zu unterscheiden. Mit dem letztgenannten Ausdruck ist noch keine Zuordnung entweder zum staatlichen oder zum gesellschaftlichen Bereich verbunden.[143] Er trifft also keine Aussage über den jeweiligen Aufgabenträger.[144] Öffentliche

---

Isensee, Gemeinwohl und Staatsaufgaben im Verfassungsstaat, in: Isensee/Kirchhof, HStR, Bd. III, 2. Aufl. 1996, § 57 Rn. 156, 158; ausführlich zu den Staatsaufgaben *Burgi*, Funktionale Privatisierung und Verwaltungshilfe, 1999, S. 41 ff., insb. S. 61; *ders.*, Privatisierung, in: Isensee/Kirchhof, HStR, Bd. IV, 3. Aufl. 2006, § 75 Rn. 2; *Stern*, Das Staatsrecht der Bundesrepublik Deutschland, Band II, Staatsorgane, Staatsfunktionen, Finanz- und Haushaltsverfassung, Notstandsverfassung, 1980, S. 745; *Jachmann/Strauß*, ZBR 1999, 296.

140 BVerfGE 12, 205, 243; *Korioth*, in: Maunz/Dürig, Komm. z. GG, 50. EL, Stand Juni 2007, Art. 30 Rn. 9; *v. Heimburg*, Verwaltungsaufgaben und Private, 1982, S. 14 f.; *Bull*, Die Staatsaufgaben nach dem Grundgesetz, 1973, S. 50; *Isensee*, Gemeinwohl und Staatsaufgaben im Verfassungsstaat, in: Isensee/Kirchhof, HStR, Bd. III, 2. Aufl. 1996, § 57 Rn. 137 und 156; *Burgi*, Funktionale Privatisierung und Verwaltungshilfe, 1999, S. 61; *ders.*, Privatisierung, in: Isensee/Kirchhof, HStR, Bd. IV, 3. Aufl. 2006, § 75 Rn. 2; *Ossenbühl*, Staatshaftungsrecht, 5. Aufl. 1998, S. 24 Fn. 70; *Heintzen*, Beteiligung Privater an der Wahrnehmung öffentlicher Aufgaben und staatliche Verantwortung, VVDStRL Heft 62 (2003), S. 228; *Weiner*, Privatisierung von staatlichen Sicherheitsaufgaben, 2001, S. 31 f.; *Schoch*, DVBl. 1994, 962; *Jachmann/Strauß*, ZBR 1999, 296.

141 *v. Heimburg*, Verwaltungsaufgaben und Private, 1982, S. 14; *Bull*, Die Staatsaufgaben nach dem Grundgesetz, 1973, S. 91; *Isensee*, Gemeinwohl und Staatsaufgaben im Verfassungsstaat, in: Isensee/Kirchhof, HStR, Bd. III, 2. Aufl. 1996, § 57 Rn. 156.

142 *Isensee*, Staat und Verfassung, in: Isensee/Kirchhof, HStR, Bd. II, 3. Aufl. 2004, § 15 Rn. 115, 117; *Bull*, NVwZ 1989, 805.

143 *Korioth*, in: Maunz/Dürig, Komm. z. GG, 50. EL, Stand Juni 2007, Art. 30 Rn. 14; *v. Heimburg*, Verwaltungsaufgaben und Private, 1982, S. 13; *Isensee*, Gemeinwohl und Staatsaufgaben im Verfassungsstaat, in: Isensee/Kirchhof, HStR, Bd. III, 2. Aufl. 1996, § 57 Rn. 136; *Stern*, Das Staatsrecht der Bundesrepublik Deutschland, Band II, Staatsorgane, Staatsfunktionen, Finanz- und Haushaltsverfassung, Notstandsverfassung, 1980, S. 746.

144 *Korioth*, in: Maunz/Dürig, Komm. z. GG, 50. EL, Stand Juni 2007, Art. 30 Rn. 14; *Bull*, Die Staatsaufgaben nach dem Grundgesetz, 1973, S. 50; *Isensee*, Gemeinwohl und Staatsaufgaben im Verfassungsstaat, in: Isensee/Kirchhof, HStR, Bd. III, 2. Aufl. 1996, § 57 Rn. 136; *Burgi*, Privatisierung, in: Isensee/Kirchhof, HStR, Bd. IV, 3. Aufl. 2006, § 75 Rn. 2.

Aufgaben kennzeichnen solche Bereiche des gemeinschaftlichen Zusammenlebens, die sich nicht nur für bestimmte Individuen als relevant erweisen, sondern die Allgemeinheit betreffen, deren Erfüllung also aus Allgemeinwohlgründen im öffentlichen Interesse liegt.[145] Öffentliche Aufgaben können somit – müssen aber nicht – zugleich auch Staatsaufgaben sein; Staatsaufgaben müssen hingegen immer öffentliche Aufgaben sein.[146]

Die Vielseitigkeit der Staatsaufgaben bedeutet freilich nicht, daß nicht alle einzelnen staatlichen Aufgaben unter einem großen Klammerbegriff zusammengefaßt werden könnten. Genauso wie es einem Individuum letztlich um die Erhaltung seiner Existenz und um sein eigenes Wohlbefinden geht, was konkret aber auf viele verschiedene Weisen erreicht werden kann – jeder soll nach seiner Fasson glücklich werden -, ebenso gibt es für alle staatlichen Aufgaben und Zwecke einen Grund- oder Hauptzweck. Dieser soll sich in vielen einzelnen, nicht abschließend festzuhaltenden Bereichen entwickeln und verwirklichen.[147] Als alle einzelnen, relativen Zwecke umfassender Grundzweck ist die Förderung des Gemeinwohls anerkannt; das heißt, daß der Staat eine friedliche und sozial gerechte Ordnung auf Dauer sichern, Gerechtigkeit wahren und eine vorsorgende Politik betreiben soll.[148] *Bethge* verweist in diesem Zusammenhang auf eine Formulierung des Abgeordneten des Parlamentarischen Rates *Süsterhenn* im Rahmen der Verfassungsberatungen von 1948, nach der der Staat um des Menschen willen da sei, nicht der Mensch um des Staates willen.[149] Das Wohl des Einzelnen in einer geordneten Gemeinschaft stand damit auch zu dieser Zeit im Blickfeld der Verfassungsväter.

---

145 *Korioth*, in: Maunz/Dürig, Komm. z. GG, 50. EL, Stand Juni 2007, Art. 30 Rn. 14; *v. Heimburg*, Verwaltungsaufgaben und Private, 1982, S. 13; *Isensee*, Gemeinwohl und Staatsaufgaben im Verfassungsstaat, in: Isensee/Kirchhof, HStR, Bd. III, 2. Aufl. 1996, § 57 Rn. 136 mit Rn. 134 und 135; *Burgi*, Funktionale Privatisierung und Verwaltungshilfe, 1999, S. 43; *Weiner*, Privatisierung von staatlichen Sicherheitsaufgaben, 2001, S. 31.

146 *Burgi*, Funktionale Privatisierung und Verwaltungshilfe, 1999, S. 44.

147 Beispiel bei *Jellinek*, Allgemeine Staatslehre, unveränderter Nachdruck des 5. Neudrucks der 3. Aufl., 1976, S. 235, zum übergeordneten Grundzweck auch auf S. 263; *Bethge*, DVBl. 1989, 842; *Herzog*, Ziele, Vorbehalte und Grenzen der Staatstätigkeit, in: Isensee/Kirchhof, HStR, Bd. IV, 3. Aufl. 2006, § 72 Rn. 3 f., 14 ff.; *Zippelius*, Allgemeine Staatslehre, 15. Aufl. 2007, S. 110 f.

148 *Katz*, Staatsrecht, 16. Aufl. 2005, Rn. 45; *Isensee*, Staat und Verfassung, in: Isensee/Kirchhof, HStR, Bd. II, 3. Aufl. 2004, § 15 Rn. 115; *Bethge*, DVBl. 1989, 841 ff. Auch das BVerfG (E 42, 312, 332) sieht den Staatszweck in der Wahrung des Gemeinwohls zusammenlaufen: „Das Grundgesetz hat (...) den Zweck des Staates materialiter auf die Wahrung des Gemeinwohls beschränkt, in dessen Mitte Freiheit und soziale Gerechtigkeit stehen.".

149 *Bethge*, DVBl. 1989, 841, 843.

Im Hinblick auf die Verfolgung dieses Grundzweckes lassen sich folgende konkrete Einzelzwecke ableiten.

bb) Einzelne Staatszwecke

An erster Stelle muß die Friedens- und Sicherungsfunktion des Staates sowohl nach innen als auch nach außen genannt werden.[150] Durch innere und äußere Selbstbehauptung muß der Staat sein Volk vor Gefahren schützen. Diese Aufgabe fällt mit *Georg Jellinek* ausschließlich dem Staat zu.[151] Er unterscheidet zwischen Staatsaufgaben, die wie die vorgenannte vom Staat allein erledigt werden müssen, und solchen, bei denen er sich auf eine bloß fördernde, ordnende Tätigkeit beschränken darf. Die Abwehr äußerer Gefahren als Ausdruck der staatlichen Selbstbehauptung und des Schutzes der Bürger nach außen, aber auch die Erledigung bestimmter Aufgaben nach innen zur Erhaltung des Staates und der Integrität seiner Wirkungsweise (wie z.B. die Finanzierung der Staatstätigkeit, eine funktionierende Polizei- und Strafrechtspflege) sowie gleichzeitig der Schutz von Individualrechtsgütern zählen daher in erster Linie zu den staatlichen Aufgaben.[152] Im Zusammenhang mit der Friedensfunktion ist als weitere aus-

150 *Katz*, Staatsrecht, 16. Aufl. 2005, Rn. 46; *Bull*, NVwZ 1989, 801, 803; *Isensee*, Das Grundrecht auf Sicherheit, 1983, S. 11; *ders.*, Der Verfassungsstaat als Friedensgarant, in: Mellinghoff/Morgenthaler/Puhl, Die Erneuerung des Verfassungsstaates, 2003, S. 12; *Götz*, Innere Sicherheit, in: Isensee/Kirchhof, HStR, Bd. III, 2. Aufl. 1996, § 79 Rn. 2 f.; *Herzog*, Ziele, Vorbehalte und Grenzen der Staatstätigkeit, in: Isensee/Kirchhof, HStR, Bd. IV, 3. Aufl. 2006, § 72 Rn. 14 f., 20, 25 f., 38; *Starck*, in: v. Mangoldt/Klein/Starck, GG I, 5. Aufl. 2005, Präambel Rn. 33; *Bethge*, DVBl. 1989, 842, 844, 847; *Rudolf*, VVDStRL Heft 37 (1979), S. 185 ff.; *Hillgruber*, JZ 2007, 210 und 213; *Pitschas*, JZ 1993, 857 f. (innere Sicherheit als „spezifische Staatsaufgabe"); *Stern*, Das Staatsrecht der Bundesrepublik Deutschland, Band II, Staatsorgane, Staatsfunktionen, Finanz- und Haushaltsverfassung, Notstandsverfassung, 1980, S. 745; *Di Fabio*, JZ 1999, 591; *Landau*, NStZ 2007, 125 ff. Insbesondere ist *innere Sicherheit* eben nicht nur ein „unjuristisches und politisch weitgehend beliebig auffüllbares Schlagwort" (so aber *Kniesel*, ZRP 1996, 485) sondern ein Begriff, der fundamentale staatsrechtliche Grundlagen beschreibt (s.o. unter A)II.3.a), S. 36 ff. und im folgenden).

151 *Jellinek*, Allgemeine Staatslehre, unveränderter Nachdruck des 5. Neudrucks der 3. Aufl., 1976, S. 255; *Hillgruber*, JZ 2007, 210, 213.

152 *Jellinek*, Allgemeine Staatslehre, unveränderter Nachdruck des 5. Neudrucks der 3. Aufl., 1976, S. 256; *Bull*, NVwZ 1989, 805; *Schmitt Glaeser*, Individuelle Verhaltenssteuerung im Bereich der inneren Sicherheit, in: Kirchhof/Lehner/Raupach/Rodi, Staaten und Steuern, Festschrift für Klaus Vogel, 2000, S. 353 f.; *Isensee*, Verfassungsrecht als „politisches Recht", in: Isensee/Kirchhof, HStR, Bd. VII, 1992, § 162 Rn. 90 und 93; *Herzog*, Ziele, Vorbehalte und Grenzen der Staatstätigkeit, in: Isensee/Kirchhof, HStR, Bd. IV, 3. Aufl. 2006, § 72 Rn. 26, 49; *Rudolf*,

schließliche Staatsaufgabe die Fortbildung und Aufrechterhaltung der Rechtsordnung zur Ablösung der Selbstjustiz und zur Perpetuierung geordneter Bahnen im gesellschaftlichen wie staatlichen Leben festzuhalten.[153]

Unter der Überschrift „Gemeinwohlförderung“ ist im gleichen Atemzug die Gewährleistung individueller und kooperativer Freiheit zu nennen.[154] Weiter fallen u.a. die soziale Sicherheit der Bürger, der Ausbau des Verkehrsnetzes zur Erhöhung der Mobilität, die Fortbildung der Kommunikationsmöglichkeiten und die Förderung des Gesundheitswesens zur Stärkung des Staatsvolkes darunter.[155] Da das Volumen der für die Staatstätigkeit zur Verfügung stehenden finanziellen Mittel von den gesamtwirtschaftlichen Verhältnissen in einem Staat abhängig ist, zählt mittelbar auch die Förderung der Wirtschaft zum Aufgabenkreis eines Staates.[156]

Die verschiedenen Staatsaufgaben spiegeln sich auch im Grundgesetz als dem verfassungsrechtlichen Fundament des gemeinschaftlich organisierten Zusammenlebens in der Bundesrepublik Deutschland wider.[157] An vielen Stellen kommt zum Ausdruck, daß sich der von ihm gestaltete[158] Staat der Sicherung der Existenzgrundlagen des Einzelnen und dessen menschlicher Entfaltungsmöglichkeiten,[159] der Sicherung der wirtschaftlichen Grundlagen des Gemein-

---

VVDStRL Heft 37 (1979), S. 185 ff.; *Hillgruber*, JZ 2007, 210; *Pitschas*, JZ 1993, 858; siehe auch *Korioth*, in: Maunz/Dürig, Komm. z. GG, 50. EL, Stand Juni 2007, Art. 30 Rn. 12.

153 *Jellinek*, Allgemeine Staatslehre, unveränderter Nachdruck des 5. Neudrucks der 3. Aufl., 1976, S. 256 f.; *Isensee*, Das Grundrecht auf Sicherheit, 1983, S. 4; *Herzog*, Ziele, Vorbehalte und Grenzen der Staatstätigkeit, in: Isensee/Kirchhof, HStR, Bd. IV, 3. Aufl. 2006, § 72 Rn. 26, 38, 43; *Stern*, Das Staatsrecht der Bundesrepublik Deutschland, Band II, Staatsorgane, Staatsfunktionen, Finanz- und Haushaltsverfassung, Notstandsverfassung, 1980, S. 745. So auch *Höfling/Augsberg*, JZ 2005, 1087, im aktuellen Kontext der Luftsicherheit und terroristischer Bedrohungen.

154 Zum Freiheitsgedanken des Grundgesetzes siehe unten unter B)II. und III., S. 99 ff.

155 *Katz*, Staatsrecht, 16. Aufl. 2005, Rn. 45 ff.; vgl. auch *Herzog*, Ziele, Vorbehalte und Grenzen der Staatstätigkeit, in: Isensee/Kirchhof, HStR, Bd. IV, 3. Aufl. 2006, § 72 Rn. 15 ff.

156 *Jellinek*, Allgemeine Staatslehre, unveränderter Nachdruck des 5. Neudrucks der 3. Aufl., 1976, S. 258; *Herzog*, Ziele, Vorbehalte und Grenzen der Staatstätigkeit, in: Isensee/Kirchhof, HStR, Bd. IV, 3. Aufl. 2006, § 72 Rn. 27.

157 Dazu umfassend *Bull*, Die Staatsaufgaben nach dem Grundgesetz, 1973, S. 211 ff.; *Bethge*, DVBl. 1989, 841 ff. Zur Staatsaufgabe Sicherheit auch *Götz*, Innere Sicherheit, in: Isensee/Kirchhof, HStR, Bd. III, 2. Aufl. 1996, § 79 Rn. 2 f.

158 Zum Verhältnis von Staat und Verfassung siehe oben unter A)I., S. 19 ff.

159 Vgl. hierzu die Grundrechte des Grundgesetzes.

wesens[160] und der friedlichen Ordnung des Zusammenlebens verpflichtet fühlt.[161]

Auch wenn sich auf einem bestimmten Gebiet eine Staatsaufgabe entwickelt hat, bedeutet das noch nicht, daß der Staat diese seine Aufgabe auch ganz alleine erfüllen muß. Im Rahmen seiner Aufgaben darf er sich grundsätzlich fremder Hilfe bedienen, solange eine staatliche Kontrolle gewährleistet ist.[162] Inwieweit zur Erledigung von Staatsaufgaben aber eigenes, staatliches Personal (insbesondere Beamte) eingesetzt werden muß, hängt von verschiedenen Merkmalen ab. Das Grundgesetz nimmt sich dieser Frage in Art. 33 Abs. 4 GG an. Hierauf wird zurückzukommen sein.[163]

cc) Staatliche Pflichtaufgaben

Wenn sich nun der Staat prinzipiell in jedem Bereich des gemeinschaftlichen Zusammenlebens kraft seiner potentiellen Allzuständigkeit Staatsaufgaben zu eigen machen kann, stellt sich umgekehrt die Frage, ob es auch einen bestimmten Aufgabenkanon gibt, dessen sich der Staat zwingend annehmen muß.[164]

(1) Aus der Rechtfertigung der Staatlichkeit an sich

Staatsaufgaben resultieren nicht zuletzt aus politischen Entscheidungen.[165] Eine apriorische Festlegung auf bestimmte Aufgaben gibt es daher auf den ersten Blick nicht. Die Untergrenze muß sich für den Staat aber aus seiner eigenen Legitimation, nämlich für Frieden und Sicherheit zu sorgen, also aus der Staatlichkeit an sich ergeben.[166] Wenn sich der Staat nicht einmal derjenigen Aufgaben

---

160 Diese Aufgabe findet in zahlreichen Verfassungsbestimmungen – wenn auch nur unvollkommen – Ausdruck: Art. 109; 104 a ff., insbesondere 104 a Abs. 4; 73 Nr. 4, 5; 74 Abs. 1 Nr. 11, 11a, 15, 16, 17, 18, 19a, 21, 22 und 23 GG.

161 Vgl. hierzu insbesondere Art. 73 Abs. 1 Nr. 1, 4, 6, 6a, 10 und Art. 74 Abs. 1 Nr. 1, 4a, 22, 24 GG.

162 BVerwG NVwZ 1994, 1104; BVerfGE 73, 301, 316 ff.; *Voßkuhle*, Beteiligung Privater an der Wahrnehmung öffentlicher Aufgaben und staatliche Verantwortung, VVDStRL Heft 62 (2003), S. 275; *Ronellenfitsch*, DVBl. 2005, 68.

163 Zu Art. 33 Abs. 4 GG siehe unten unter B)I.4.b), S. 76 ff.

164 Diese Aufgaben werden auch als obligatorische, originäre, notwendige oder genuine Staatsaufgaben bezeichnet, vgl. *Korioth*, in: Maunz/Dürig, Komm. z. GG, 50. EL, Stand Juni 2007, Art. 30 Rn. 12; *Isensee*, Gemeinwohl und Staatsaufgaben im Verfassungsstaat, in: Isensee/Kirchhof, HStR, Bd. III, 2. Aufl. 1996, § 57 Rn. 152.

165 *Isensee*, Staat und Verfassung, in: Isensee/Kirchhof, HStR, Bd. II, 3. Aufl. 2004, § 15 Rn. 115, 117; *Wallerath*, JZ 2001, 215.

166 Im Ergebnis auch *Isensee*, Staat und Verfassung, in: Isensee/Kirchhof, HStR, Bd. II, 3. Aufl. 2004, § 15 Rn. 115; vgl. auch *Korioth*, in: Maunz/Dürig, Komm. z. GG, 50.

annähme, deren Erfüllung ihn überhaupt rechtfertigt, so würde es auch keinen Grund mehr geben, an der Staatlichkeit an sich festzuhalten. Daher zählen der Staatszweck der inneren wie äußeren Sicherheit und somit alle Aufgaben im Bereich der Gewährleistung dieser Sicherheit zum zwingenden Kernbereich staatlicher Aktivität.[167] Die allgemeinen staatlichen Grundfunktionen der Gesetzgebung zur Schaffung einer rechtlichen, allgemeinverbindlichen Rahmenordnung für die Organisation Staat und der Rechtsprechung zur Ablösung der Selbstjustiz fallen in diesen Bereich.[168] Im besonderen sind Aufgaben der Gefahrenabwehr, der Strafverfolgung, des Strafvollzugs, der sonstigen gerichtlichen Vollstreckung und der Landesverteidigung als unbedingt vom Staat zu übernehmende Aufgaben zu nennen.

EL, Stand Juni 2007, Art. 30 Rn. 12; *Götz*, Innere Sicherheit, in: Isensee/Kirchhof, HStR, Bd. III, 2. Aufl. 1996, § 79 Rn. 2 f.; *Isensee*, Gemeinwohl und Staatsaufgaben im Verfassungsstaat, in: Isensee/Kirchhof, HStR, Bd. III, 2. Aufl. 1996, § 57 Rn. 152; *Krölls*, GewArch 1997, 448 f.; *Ronellenfitsch*, DVBl. 2005, 66 f.; *Landau*, NStZ 2007, 125 ff.; so auch *Rose*, On the Priorities of Government: A Developmental Analysis of Public Policies, European Journal of Political Research, Bd. 4, 1976, S. 249 f.: „What activities are, by definition, necessary if a modern state is said to exist? (...) It follows that the defining attributes of the state are activities concerned with the protection of its territory and exercising the authority of law within these boundaries. Stated negatively, if a state does not maintain its territorial integrity and enforce its laws, then it ceases to be a state. It may collapse because of external invasion, or by an internal uprising. If both occur, then it will disappear from the political map.".

167 *Bethge*, Modernisierung der Verwaltung durch Abbau von Verwaltungsmonopolen?, in: Heckmann, Modernisierung von Justiz und Verwaltung, 2007, S. 304; *Korioth*, in: Maunz/Dürig, Komm. z. GG, 50. EL, Stand Juni 2007, Art. 30 Rn. 12; *Isensee*, Staat und Verfassung, in: Isensee/Kirchhof, HStR, Bd. II, 3. Aufl. 2004, § 15 Rn. 115; *Hillgruber*, JZ 2007, 210; *Götz*, Innere Sicherheit, in: Isensee/Kirchhof, HStR, Bd. III, 2. Aufl. 1996, § 79 Rn. 2 f.; *Schuppert*, in: AK-GG, 3. Aufl., 2. AufbauL 2002, Art. 33 Abs. 4 Rn. 29, 32; *Kruis*, ZRP 2000, 3; *Peilert*, DVBl. 1999, 284; *Ronellenfitsch*, DVBl. 2005, 66 f.; *Scholz*, NJW 1997, 15; *Di Fabio*, JZ 1999, 591; *Stober*, NJW 1997, 890; *Krölls*, GewArch 1997, 448 f.; *Landau*, NStZ 2007, 125 ff. Vgl. auch *Burgi*, Privatisierung, in: Isensee/Kirchhof, HStR, Bd. IV, 3. Aufl. 2006, § 75 Rn. 11, 16, der dabei primär auf eine Interpretation der Verfassung abstellt.

168 *Korioth*, in: Maunz/Dürig, Komm. z. GG, 50. EL, Stand Juni 2007, Art. 30 Rn. 12; *v. Heimburg*, Verwaltungsaufgaben und Private, 1982, S. 22; *Bull*, Die Staatsaufgaben nach dem Grundgesetz, 1973, S. 102; *Isensee*, Gemeinwohl und Staatsaufgaben im Verfassungsstaat, in: Isensee/Kirchhof, HStR, Bd. III, 2. Aufl. 1996, § 57 Rn. 153; *Wallerath*, JZ 2001, 215.

Daß das Grundgesetz auf der Ebene der Verfassung dem Staat noch weitere Aufgaben zuschreibt,[169] ändert an dieser nicht nur staatstheoretisch gebotenen Untergrenze nichts.

(2) Das Subsidiaritätsprinzip

Für die Frage, welche Aufgaben zwingend als Staatsaufgaben zu führen sind, kann als zweites Abgrenzungskriterium das Prinzip der Subsidiarität herangezogen werden. Der Staat muß spätestens dann Aufgaben an sich ziehen, sich einen bestimmten Zweck setzen, wenn Einzelne oder gesellschaftliche Verbände bestimmte Probleme, die einem am Wohlergehen aller orientierten Zusammenleben hinderlich sind, gar nicht oder nicht zufriedenstellend lösen können.[170] Die oben genannten Fallgruppen gehören auch nach dieser Abgrenzungsmethode zu den genuinen Staatsaufgaben. Denn unzweifelhaft können gesellschaftliche Kräfte nicht gleich wirksam Recht setzen oder Recht sprechen.[171] Wenn sie es doch könnten, hätte es der Organisation Staat als verfaßter Friedens- und Ordnungsmacht nicht bedurft. Es wäre nicht einzusehen, warum ein Bürger das von seinem Mitbürger gesetzte Recht befolgen sollte. Im Ergebnis würde der physisch Stärkere nach seinem freien Belieben über die Schwächeren herrschen. Nur durch eine staatliche, am Gemeinwohl orientierte Gesetzgebung und Durchsetzung dieser per Gesetz getroffenen Wertentscheidungen ist hingegen eine konkurrierende Interessen ausgleichende, weitsichtige und zukünftige Probleme berücksichtigende Ordnung des Gemeinwesens möglich.[172] Neben den oben genannten besonderen Sachgebieten notwendiger Staatsaufgaben gehören diejeni-

---

169 Siehe dazu zuvor unter bb), S. 47 ff.

170 *Bull*, NVwZ 1989, 805; so auch schon *Jellinek*, Allgemeine Staatslehre, unveränderter Nachdruck des 5. Neudrucks der 3. Aufl., 1976, S. 259; *Isensee*, Gemeinwohl und Staatsaufgaben im Verfassungsstaat, in: Isensee/Kirchhof, HStR, Bd. III, 2. Aufl. 1996, § 57 Rn. 166; *ders.*, Das Grundrecht auf Sicherheit, 1983, S. 11 mit Verweis auf Adam Smith („(...) erstens die Pflicht, die Nation gegen Gewalttätigkeiten und Angriffe anderer unabhängiger Nationen zu schützen, zweitens die Pflicht, jedes Mitglied der eigenen Nation, so weit wie möglich, vor den unrechtmäßigen Übergriffen seiner Mitbürger zu bewahren, d.h. eine zuverlässige Rechtspflege einzurichten, und schließlich drittens, die Pflicht, bestimmte öffentliche Einrichtungen zu schaffen und zu unterhalten, deren Errichtung und Unterhaltung von privater Initiative nicht zu erwarten sei.“) und auf Seite 36 f. mit Verweis auf das polizeirechtliche Subsidiaritätsprinzip. Vgl. auch *Burgi*, Privatisierung, in: Isensee/Kirchhof, HStR, Bd. IV, 3. Aufl. 2006, § 75 Rn. 20; *Wallerath*, JZ 2001, 215; *Zippelius*, Allgemeine Staatslehre, 15. Aufl. 2007, S. 100 f.

171 *Wallerath*, JZ 2001, 215.

172 *Bull*, NVwZ 1989, 805.

gen Bereiche hierher, bei denen für das Staatsganze sinnvollerweise einheitliche Regelungen getroffen werden müssen, wie beispielsweise Bestimmungen über Zeit, Maßeinheiten und das Währungswesen.[173]

dd) Systematische Gliederung der Staatszwecke

Nach den Ausführungen zum Verhältnis zwischen Staat und Verfassung, zu der Rechtfertigung des Staates an sich und zu den einzelnen Staatszwecken lassen sich die einzelnen Staatszwecke in eine systematische Ordnung bringen; sie bilden eine Art „Stufenpyramide".[174] Wenn man die drei wichtigsten Zwecke, innere und äußere Sicherheit, individuelle Freiheit und soziale Sicherheit näher betrachtet, erschließt sich folgende Rangfolge:

(1) Die erste Stufe: Innere Sicherheit

Den Sockel der Pyramide muß der Staatszweck der Sicherheit bilden.[175] Primär sind die Bürger vor Übergriffen anderer Mitbürger zu schützen, um so die Angst vor einem gesellschaftlichen Chaos und letztlich die Angst vor einem Bürgerkrieg aus dem Alltagsleben zu verbannen. Der Staat soll ein Garant der Sicherheit der Bürger voreinander sein. Diese erste Stufe ergibt sich schon aus der Staatlichkeit an sich.[176]

---

173 *Korioth*, in: Maunz/Dürig, Komm. z. GG, 50. EL, Stand Juni 2007, Art. 30 Rn. 12; *v. Heimburg*, Verwaltungsaufgaben und Private, 1982, S. 22.

174 *Isensee*, Staat und Verfassung, in: Isensee/Kirchhof, HStR, Bd. II, 3. Aufl. 2004, § 15 Rn. 118; *ders.*, Das Grundrecht auf Sicherheit, 1983, S. 17 f.; *ders.*, JZ 1999, 271.

175 *Isensee*, Staat und Verfassung, in: Isensee/Kirchhof, HStR, Bd. II, 3. Aufl. 2004, § 15 Rn. 118; *ders.*, Der Verfassungsstaat als Friedensgarant, in: Mellinghoff/Morgenthaler/Puhl, Die Erneuerung des Verfassungsstaates, 2003, S. 12; *ders.*, JZ 1999, 271; *Bull*, NVwZ 1989, 803; *Schmitt Glaeser*, Individuelle Verhaltenssteuerung im Bereich der inneren Sicherheit, in: Kirchhof/Lehner/Raupach/Rodi, Staaten und Steuern, Festschrift für Klaus Vogel, 2000, S. 353 f.; *Götz*, Innere Sicherheit, in: Isensee/Kirchhof, HStR, Bd. III, 2. Aufl. 1996, § 79 Rn. 9; *Starck*, in: v. Mangoldt/Klein/Starck, GG I, 5. Aufl. 2005, Präambel Rn. 33; *Hillgruber*, JZ 2007, 210 f.; vgl. auch *Haas* in ihrem Sondervotum zu BVerfG JZ 2006, 906 ff. auf S. 915 f.

176 *Isensee*, Der Verfassungsstaat als Friedensgarant, in: Mellinghoff/Morgenthaler/Puhl, Die Erneuerung des Verfassungsstaates, 2003, S. 25 f.; *Götz*, Innere Sicherheit, in: Isensee/Kirchhof, HStR, Bd. III, 2. Aufl. 1996, § 79 Rn. 2; *Starck*, in: v. Mangoldt/Klein/Starck, GG I, 5. Aufl. 2005, Präambel Rn. 33; *Hillgruber*, JZ 2007, 210.

(2) Die zweite Stufe: Freiheit

Auf der zweiten Stufe steht die Idee der individuellen Freiheit. Denn nicht nur von gesellschaftlichen Kräften können Gefahren für ein sicheres Zusammenleben ausgehen. Die Bürger sind auch vor (willkürlichen) Übergriffen eines übermächtigen Staates zu schützen.[177] Daher wird auf zweiter Stufe der Ruf nach Freiheitsrechten der Bürger gegenüber dem Staat – kurz: Sicherheit vor dem Staat – laut. Wieweit die Staatsgewalt zugunsten der Freiheit der Bürger gebunden werden soll und welche Freiheits(grund)rechte den Bürgern zuteil werden sollen, wird in der jeweiligen Staatsverfassung geregelt.[178] Entscheidungen hierzu sind identitätsstiftende Elemente der konkreten Staatsform, rütteln hingegen nicht mehr an der Frage der Staatlichkeit an sich.

(3) Die dritte Stufe: Soziale Sicherheit

Auf der dritten Stufe bewegt sich dann das Staatsziel der sozialen Sicherheit, welches im Grundgesetz unter anderem im Sozialstaatsprinzip in Art. 20 Abs. 1 GG verankert ist.

(4) Das Verhältnis der verschiedenen Stufen zueinander

Wie das Beispiel der Stufenpyramide zeigt, lagert ein Staatszweck auf dem anderen, setzt ihn zwingend voraus.[179] Freiheit ohne Sicherheit wäre kein erstrebenswertes Ziel. Was nützt dem Bürger jede erdenkliche Freiheit, wenn er es aus (Un-)Sicherheitsgründen nicht wagen könnte, die eigenen vier Wände zu verlassen. Freiheit kann nur in Frieden und in Sicherheit gelebt werden.[180] So entbin-

---

177 *Isensee*, Staat und Verfassung, in: Isensee/Kirchhof, HStR, Bd. II, 3. Aufl. 2004, § 15 Rn. 118; *ders.*, Das Grundrecht auf Sicherheit, 1983, S. 5 f.; *ders.*, JZ 1999, 271; *Kniesel*, ZRP 1996, 485; *Götz*, Innere Sicherheit, in: Isensee/Kirchhof, HStR, Bd. III, 2. Aufl. 1996, § 79 Rn. 8; *Zippelius*, Allgemeine Staatslehre, 15. Aufl. 2007, S. 45; *Starck*, in: v. Mangoldt/Klein/Starck, GG I, 5. Aufl. 2005, Präambel Rn. 33.

178 *Isensee*, Der Verfassungsstaat als Friedensgarant, in: Mellinghoff/Morgenthaler/Puhl, Die Erneuerung des Verfassungsstaates, 2003, S. 25 f.; zum Grundgesetz vgl. *Bethge*, DVBl. 1989, 843 f.

179 *Isensee*, Staat und Verfassung, in: Isensee/Kirchhof, HStR, Bd. II, 3. Aufl. 2004, § 15 Rn. 118; *ders.*, Das Grundrecht auf Sicherheit, 1983, S. 18; *ders.*, JZ 1999, 271 f.

180 Dazu näher unten unter B)II., S. 99 ff. Siehe auch *Di Fabio*, NJW 2008, 422; *Isensee*, Der Verfassungsstaat als Friedensgarant, in: Mellinghoff/Morgenthaler/Puhl, Die Erneuerung des Verfassungsstaates, 2003, S. 27 f.; *ders.*, JZ 1999, 271 f.;

det die allgemeine Handlungsfreiheit aus Art. 2 Abs. 1 GG die Bürger nicht von deren Friedenspflicht, sondern setzt diese voraus. Genauso verhält es sich mit der dritten Stufe: Die Sozialversicherung oder sonstige Sozialleistungen ersetzen nicht die Berufsfreiheit oder die Versammlungsfreiheit. Die höhere Rangstufe kommt ohne die niedrigere(n) nicht aus. Insbesondere können immer weitere Zwecke dazukommen, je nachdem, wovon gerade eine Bedrohung für ein friedliches, gemeinschaftliches Zusammenleben ausgeht. In heutiger Zeit könnte man daran denken, den Umweltschutz als vierte Stufe aufzunehmen, da auch von umweltbedingten Veränderungen wie beispielsweise dem (drohenden) Klimawandel gesundheitliche Gefahren für die Bevölkerung ausgehen können.[181]

(5) Vergleich mit dem Verhältnis zwischen Staat und Verfassung

Dieses Stufenverhältnis ergibt sich insbesondere auch aus dem oben geschilderten Verhältnis von Staat und Verfassung. Eine Verfassung setzt einen existierenden Staat voraus. Der Staat legitimiert sich aus der Gewährleistung von Frieden und Sicherheit,[182] daher kann das Grundgesetz den Staatszweck der inneren Sicherheit stillschweigend voraussetzen. Der Freiheitsgedanke ist Leitbild und Thema des Grundgesetzes – die Gewährleistung der Freiheitsrechte wird dem (existierenden) Staat aufgegeben.[183] Nun schließt sich der Kreis: Wie eine Verfassung einen bestehenden Staat voraussetzt, so setzt der Freiheitsgedanke bestehenden Frieden und Sicherheit voraus.[184]

ee) Innere Sicherheit

Leuchtet man den Begriff der inneren Sicherheit etwas näher aus, zeigen sich angesichts des Erfordernisses, daß alle Staatsbürger friedlich miteinander in einer Gemeinschaft leben und keine gegenseitigen Übergriffe befürchten müssen, insbesondere zwei zu unterscheidende Aspekte:

Schmitt Glaeser, Individuelle Verhaltenssteuerung im Bereich der inneren Sicherheit, in: Kirchhof/Lehner/Raupach/Rodi, Staaten und Steuern, Festschrift für Klaus Vogel, 2000, S. 353 f.; *Starck*, in: v. Mangoldt/Klein/Starck, GG I, 5. Aufl. 2005, Art. 1 Abs. 1 Rn. 12; *Hillgruber*, JZ 2007, 211; vgl. auch *Haas* in ihrem Sondervotum zu BVerfG JZ 2006, 906 ff. auf S. 915 f.

181 In diese Richtung auch *Bull*, NVwZ 1989, 805; *Isensee*, JZ 1999, 272.

182 Vgl. dazu oben unter A)II.3.a), S. 36 ff.

183 *Bethge*, JA 1985, 259; vgl. auch oben unter A)II.4.b)dd), S. 52 ff., zur Freiheit als zweiter Stufe.

184 Siehe dazu näher unter B)II., S. 99 ff.

(1) Verbot der Selbsthilfe

Zum einen dürfen sich die Bürger, um ihre Rechte und Interessen durchzusetzen, nicht auf ihr eigenes Rechtsempfinden verlassen und dieses eigenmächtig – notfalls mit Gewalt – durchsetzen. Diese Dimension kommt im Verbot der Selbsthilfe als einem Merkmal des staatlichen Gewaltmonopols zum Ausdruck.[185]

(2) Keine private Sanktionsgewalt

Zum anderen dürfen sich die Bürger (erst recht) nicht als „Erzieher“ ihrer Mitbürger aufspielen und dürfen keine eigene Strafgewalt unabhängig von der Verteidigung oder Durchsetzung eigener Rechtspositionen für sich in Anspruch nehmen.[186] Unter dem Begriff der Strafgewalt zählen die Verbrechensverhütung (Prävention), die Strafverfolgung und damit zusammenhängend der Strafvollzug als Ausprägungen der Staatsaufgabe der inneren Sicherheit zu den staatlichen Hoheitsrechten.[187] Sie müssen nicht extra im Grundgesetz als solche festgelegt werden, da sie sich schon aus der Staatlichkeit ergeben.[188] Ohne das Strafrecht inklusive seiner Vollstreckungsmöglichkeiten wären die Rechtfertigung und der oberste Zweck des Staates lediglich eine gedankliche Angelegenheit, eine leere Drohung für (potentielle) Unruhestifter.[189]

5. Zusammenfassung

Mit den Worten des Bundesverfassungsgerichts und des Bundesverwaltungsgerichts läßt sich der Staat zusammenfassend als eine „verfaßte Friedens- und Ord-

---

185 Dazu näher unten unter B), S. 70 ff.; vgl. auch *Herzog*, Ziele, Vorbehalte und Grenzen der Staatstätigkeit, in: Isensee/Kirchhof, HStR, Bd. IV, 3. Aufl. 2006, § 72 Rn. 38, 41, 43; *Bethge*, DVBl. 1989, 845 f.

186 *Herzog*, Ziele, Vorbehalte und Grenzen der Staatstätigkeit, in: Isensee/Kirchhof, HStR, Bd. IV, 3. Aufl. 2006, § 72 Rn. 41.

187 BVerfGE 45, 187, 254 ff.; vgl. auch *Götz*, Innere Sicherheit, in: Isensee/Kirchhof, HStR, Bd. III, 2. Aufl. 1996, § 79 Rn. 5, 27; *Herzog*, Ziele, Vorbehalte und Grenzen der Staatstätigkeit, in: Isensee/Kirchhof, HStR, Bd. IV, 3. Aufl. 2006, § 72 Rn. 41.

188 Siehe dazu oben unter A)II.4.b)cc), S. 49 ff.; *Götz*, Innere Sicherheit, in: Isensee/Kirchhof, HStR, Bd. III, 2. Aufl. 1996, § 79 Rn. 3 ff.

189 *Götz*, Innere Sicherheit, in: Isensee/Kirchhof, HStR, Bd. III, 2. Aufl. 1996, § 79 Rn. 5; *Zippelius*, Allgemeine Staatslehre, 15. Aufl. 2007, S. 44.

nungsmacht“ beschreiben.[190] In seiner Entscheidung bringt das Bundesverfassungsgericht wichtige Kernpunkte der erörterten Lehren über den Staat zum Ausdruck:[191] „Es wäre eine Sinnverkehrung des Grundgesetzes, wollte man dem Staat verbieten, terroristischen Bestrebungen, die erklärtermaßen die Zerstörung der freiheitlichen demokratischen Grundordnung zum Ziel haben und die planmäßige Vernichtung von Menschenleben als Mittel zur Verwirklichung dieses Vorhabens einsetzen, mit den erforderlichen rechtsstaatlichen Mitteln wirksam entgegenzutreten. Die Sicherheit des Staates als verfaßter Friedens- und Ordnungsmacht und die von ihm zu gewährleistende Sicherheit seiner Bevölkerung sind Verfassungswerte, die mit anderen im gleichen Rang stehen und unverzichtbar sind, weil die Institution Staat von ihnen die eigentliche und letzte Rechtfertigung herleitet.“ In einer anderen Entscheidung formuliert das Gericht ähnlich:[192] „Staaten stellen in sich befriedete Einheiten dar, die nach innen alle Gegensätze, Konflikte und Auseinandersetzungen durch eine übergreifende Ordnung in der Weise relativieren, daß diese unterhalb der Stufe der Gewaltsamkeit verbleiben und die Existenzmöglichkeiten des Einzelnen nicht in Frage stellen, insgesamt also die Friedensordnung nicht aufheben.“

III. Die Staatsgewalt

Die Staatsgewalt bildet ein Element des Staatsbegriffes. Geht man von dem Gedanken zur Rechtfertigung des Staates aus, daß er als Ausgleich, als neutraler Richter im gesellschaftlichen Interessenwettstreit dienen und so letztlich für Frieden und Sicherheit sorgen soll, so erfordert diese Aufgabe eine gewisse Machtposition, diese (seine) Ziele auch gegen widerstreitende Interessen durchzusetzen.[193] Der Staat muß fähig sein, verbindliche Regeln für die Organisation

---

190 BVerfGE 49, 24, 56; BVerwGE 49, 202, 209; auf diese Terminologie wird auch in der Literatur zurückgegriffen: *Bethge*, VVDStRL Heft 57 (1998), S. 11 mit Verweis auf *Dreier*, Dimensionen der Grundrechte, 1993, S. 32 Fn. 110.

191 BVerfGE 49, 24, 56.

192 BVerfGE 80, 315, 334.

193 BVerfGE 80, 315, 334; *Isensee*, Staat und Verfassung, in: Isensee/Kirchhof, HStR, Bd. II, 3. Aufl. 2004, § 15 Rn. 83 ff.; *ders.*, Das Grundrecht auf Sicherheit, 1983, S. 3; *Merten*, Rechtsstaatsdämmerung, in: Schreiber, Polizeilicher Eingriff und Grundrechte, Festschrift für Rudolf Samper, 1982, S. 41; *Isensee*, JZ 1999, 273; *Badura*, Staatsrecht, 3. Aufl. 2003, A Rn. 1; *Herzog*, Ziele, Vorbehalte und Grenzen der Staatstätigkeit, in: Isensee/Kirchhof, HStR, Bd. IV, 3. Aufl. 2006, § 72 Rn. 26; *Zippelius*, Allgemeine Staatslehre, 15. Aufl. 2007, S. 44; *Landau*, NStZ 2007, 125 ff.; *Kirchhof*, Mittel staatlichen Handelns, in: Isensee/Kirchhof, HStR, Bd. V, 3. Aufl. 2007, § 99 Rn. 12, 14, 53, 81, 83: „Der Staat mag empfehlen, wird letztlich aber be-

eines friedlichen Zusammenlebens im Staat aufzustellen und seine Entscheidungen im Ernstfall auch zu erzwingen. Jede Organisation, die eine Mehrheit von Willen zusammenfassen will – wie der Staat – , erfordert ein gewisses Maß an Koordination durch Regeln und eine Ausrüstung mit Disziplinar- und Machtmitteln, um zu existieren und um ihre Zwecke durchzusetzen, wenn nicht verschieden starke Individualinteressen konkurrieren und sich nur die kräftigsten behaupten sollen.[194] Frieden und Sicherheit sollen durch Machteinheit im Gegensatz zu Machtpluralität und Chaos verwirklicht werden.[195] *Jellinek* attestiert dem, der glaubt, daß Normen allein – also ohne Durchsetzungszwang – als Bedingung eines sozialen Lebens genügen, eine „falsche und einseitige Grundansicht vom Wesen des Menschen, indem er in unklarem Optimismus den Menschen für sozial vollkommen hält und die Schwächen der menschlichen Natur nicht ihr, sondern den äußeren Verhältnissen zuschreibt".[196] „Wunschdenker" werden sich oft „von der Wirklichkeit persönlich beleidigt" fühlen müssen.[197]

Dieses Machtpostulat des Staates kommt in der Staatsgewalt als tauglichem Mittel zum Zweck zum Ausdruck. Sie ist dazu mit elementaren Merkmalen wie zum Beispiel dem staatlichen Gewaltmonopol ausgestattet.[198]

---

fehlen; er wird die Verständigung suchen, bei fehlender Übereinstimmung jedoch anordnen; er wird fordern und bei Nichterfüllung vollstrecken; er beansprucht Gefolgschaft, die er bei Verweigerung erzwingt."

194 *Jellinek*, Allgemeine Staatslehre, unveränderter Nachdruck des 5. Neudrucks der 3. Aufl., 1976, S. 222 f., 226; *Isensee*, Staat und Verfassung, in: Isensee/Kirchhof, HStR, Bd. II, 3. Aufl. 2004, § 15 Rn. 3, 84 f.; *ders.*, JZ 1999, 273; *Merten*, Rechtsstaatsdämmerung, in: Schreiber, Polizeilicher Eingriff und Grundrechte, Festschrift für Rudolf Samper, 1982, S. 41; *Kirchhof*, Mittel staatlichen Handelns, in: Isensee/Kirchhof, HStR, Bd. V, 3. Aufl. 2007, § 99 Rn. 12, 14, 53; *Zippelius*, Allgemeine Staatslehre, 15. Aufl. 2007, S. 44; *Landau*, NStZ 2007, 125 ff.

195 *Isensee*, Staat und Verfassung, in: Isensee/Kirchhof, HStR, Bd. II, 3. Aufl. 2004, § 15 Rn. 82; *ders.*, Das Grundrecht auf Sicherheit, 1983, S. 3; *Badura*, Staatsrecht, 3. Aufl. 2003, A Rn. 1.

196 *Jellinek*, Allgemeine Staatslehre, unveränderter Nachdruck des 5. Neudrucks der 3. Aufl., 1976, S. 223 f.; so auch *Bull*, NVwZ 1989, 805.

197 *Isensee*, Der Verfassungsstaat als Friedensgarant, in: Mellinghoff/Morgenthaler/Puhl, Die Erneuerung des Verfassungsstaates, 2003, S. 10.

198 *Isensee*, Staat und Verfassung, in: Isensee/Kirchhof, HStR, Bd. II, 3. Aufl. 2004, § 15 Rn. 82; *ders.*, Das Grundrecht auf Sicherheit, 1983, S. 4; *Schmitt Glaeser*, Individuelle Verhaltenssteuerung im Bereich der inneren Sicherheit, in: Kirchhof/Lehner/Raupach/Rodi, Staaten und Steuern, Festschrift für Klaus Vogel, 2000, S. 356; *Landau*, NStZ 2007, 125 ff.; vgl. dazu auch unten unter B), S. 70 ff.

1. Die Staatsgewalt nach dem Grundgesetz

Die Staatsgewalt stellt einen zentralen Regelungspunkt des Grundgesetzes dar.[199] Um sie dreht sich in der Hauptsache die konkrete Ordnung des vom Grundgesetz verfaßten Staates. Die Bundesrepublik Deutschland wird beispielsweise dadurch als Demokratiestaat konstituiert (Art. 20 Abs. 2 S. 1 GG), daß der Ursprung aller Staatsgewalt beim Volk liegen muß.[200] Neben der Entscheidung für die Demokratie legt sich das Grundgesetz auf das Bundesstaatsprinzip (Art. 20 Abs. 1 GG) und das Rechtsstaatsprinzip (Art. 20 Abs. 3 GG)[201] fest. Beides sind Grundsätze, die nicht zuletzt die Staatsgewalt im Blick haben. Nach dem Bundesstaatsprinzip teilt sich die Staatsgewalt vertikal zwischen Bund und Ländern auf, da sowohl der Bund als auch die Länder Staatsqualität besitzen (sog. „vertikale Gewaltenteilung").[202] Ein wesentliches Merkmal des Rechtsstaatsprinzips ist die horizontale Gewaltenteilung, das heißt die Aufteilung der Staatsgewalt in Legislative, Exekutive und Judikative. Dahinter steckt beide Male das Ziel, eine Machtkonzentration in einer Hand zu verhindern, Herrschaftsmacht zu verteilen und zu mäßigen und eine gegenseitige Kontrolle zu ermöglichen.[203] Machtstrukturen in einem Staat, das heißt die Verteilung der Staatsgewalt sowie deren Begrenzung und Steuerung werden somit durch die Verfassung herausgebildet.[204] Genauso wie aber das Grundgesetz nicht die Staatlichkeit an sich konstitutiv festsetzen kann und will,[205] verhält es sich mit der Staatsgewalt. Es führt diese nicht ein und gibt auch keine Definition vor, was

---

199 *Isensee*, Staat und Verfassung, in: Isensee/Kirchhof, HStR, Bd. II, 3. Aufl. 2004, § 15 Rn. 24.

200 *Isensee*, Staat und Verfassung, in: Isensee/Kirchhof, HStR, Bd. II, 3. Aufl. 2004, § 15 Rn. 24.

201 Statt vieler *Degenhart*, Staatsrecht I, 23. Aufl. 2007, Rn. 255. Daß das Rechtsstaatsprinzip auf der Ebene des Bundes gilt, ist im Grundgesetz zwar nicht ausdrücklich geregelt. Doch läßt sich mittelbar aus Art. 28 Abs. 1 S. 1 GG darauf schließen. Außerdem werden einzelne Ausprägungen des vielschichtigen (multivalenten) Rechtsstaatsprinzips ausdrücklich geregelt, vgl. z.B. der Grundsatz der Gewaltenteilung in Art. 20 Abs. 2 S. 2 GG, die Bindung an Recht und Gesetz in Art. 20 Abs. 3 GG, die Bindung aller staatlichen Gewalt an die Grundrechte gem. Art. 1 Abs. 3 GG.

202 *Hesse*, Grundzüge des Verfassungsrechts der Bundesrepublik Deutschland, 20. Aufl., 1995, Rn. 231; *Degenhart*, Staatsrecht I, 23. Aufl. 2007, Rn. 461, 463 und 467.

203 BVerfGE 3, 225, 247; 95, 1, 15; *Hesse*, Grundzüge des Verfassungsrechts der Bundesrepublik Deutschland, 20. Aufl. 1995, Rn. 229 f.; *Degenhart*, Staatsrecht I, 23. Aufl. 2007, Rn. 465.

204 *Isensee*, Staat und Verfassung, in: Isensee/Kirchhof, HStR, Bd. II, 3. Aufl. 2004, § 15 Rn. 24.

205 Vgl. dazu oben unter I.2. und 3., S. 20 ff.

genau unter der Staatsgewalt zu verstehen ist, sondern setzt auch sie – als Element der Staatlichkeit – voraus.[206] Raum für Regelungen bleibt für das „Wie" der Staatsgewalt, wie diese wirken und sich entfalten darf.

2. Die Dimensionen des Begriffes der Staatsgewalt

Da eine Definition der Staatsgewalt im Grundgesetz fehlt, diese aber als Grundlage des Gewaltmonopols dienen soll, muß deren Bedeutungsinhalt näher untersucht werden. Löst man die Wortverbindung *Staatsgewalt* in *Gewalt des Staates* auf, werden deren zwei Bestandteile sichtbar, nämlich *Staat* und *Gewalt*. Der Begriff, das Wesen und die Rechtfertigung des Staates wurden oben behandelt.[207] Es bleibt, zum Merkmal der Gewalt Stellung zu beziehen.

a) Differenzierungen innerhalb des Gewaltbegriffes

Im täglichen Sprachgebrauch taucht der Begriff Gewalt primär dann auf, wenn über Auseinandersetzungen berichtet wird, bei denen es zu physischer Kraftentfaltung gekommen ist, und wenn Beteiligte an der Auseinandersetzung körperlichen Schaden genommen haben. Wenn dieser Aspekt der Gewalt auch ein zentraler ist, so deckt er doch nicht das komplette Spektrum des Begriffes ab. Sehr veranschaulichend stellt *Isensee* die Dimensionen des Gewaltbegriffes dar, indem er auf die Lateinische Sprache zurückgreift. Im Lateinischen existieren zwei Worte für Gewalt, nämlich *vis* und *potestas*, die ihre beiden Bedeutungen widerspiegeln.[208] In einigen aktiven Sprachen wird diese Differenzierung immer noch weitergeführt, zum Beispiel *violence* und *power* im Englischen oder *violence* und *pouvoir* im Französischen. Die sprachliche Differenzierung bringt immer die beiden Teilaspekte von *Gewalt* zum Ausdruck. *Vis* bezieht sich auf körperliche Kraftentfaltung, auf physischen Zwang, *potestas* hingegen beschreibt einen Zustand von Macht und Herrschaft.

So ist auch die Staats*gewalt* zweidimensional zu verstehen, als Macht und Herrschaft des Staates einerseits und als physisches Zwangspotential des Staates andererseits.

---

206 *Isensee*, Staat und Verfassung, in: Isensee/Kirchhof, HStR, Bd. II, 3. Aufl. 2004, § 15 Rn. 24.

207 Vgl. dazu oben unter II., S. 25 ff.

208 *Isensee*, Staat und Verfassung, in: Isensee/Kirchhof, HStR, Bd. II, 3. Aufl. 2004, § 15 Rn. 87; *ders.*, Das Grundrecht auf Sicherheit, 1983, S. 24 f. Ihm folgend *Sommermann*, in: v. Mangoldt/Klein/Starck, GG II, 5. Aufl. 2005, Art. 20 Abs. 2 Rn. 145.

aa) Gewalt in der Bedeutung von vis

Zu dieser Ausprägung von Gewalt im staatlichen Bereich zählen beispielsweise die Bereiche, in denen es zur Anwendung von physischem Zwang kommen kann, hauptsächlich also Heer, Polizei, Verwaltungsvollstreckung oder gerichtliche Zwangsvollstreckung.[209] Diese Art staatlicher Gewalt taucht im Grundgesetz unter anderem bei den Vorschriften zur Kompetenzverteilung in Art. 73 und 74 auf. So spricht das Grundgesetz in Art. 73 Abs. 1 Nr. 10 c) dem Bund eine ausschließliche Gesetzgebungskompetenz für den Bereich der „Zusammenarbeit des Bundes und der Länder (...) zum Schutze gegen Bestrebungen im Bundesgebiet, die durch Anwendung von *Gewalt* oder darauf gerichtete Vorbereitungshandlungen auswärtige Belange der Bundesrepublik Deutschland gefährden, (...)" zu; in Art. 74 Abs. 1 Nr. 10 GG findet sich eine konkurrierende Gesetzgebungskompetenz für Regelungen auf den Gebieten „Kriegsgräber und Gräber anderer Opfer des Krieges und Opfer von *Gewalt*herrschaft".[210] In beiden Fällen geht es bei *Gewalt* um unrechtmäßige, körperliche Gewaltanwendung und nicht um Macht- und Herrschaftsverhältnisse.

Das staatliche Gewaltmonopol[211] bezieht sich auf dieses Verständnis der Staatsgewalt.[212] Will der Staat eine dauerhafte Ordnung des Friedens und der Sicherheit gewährleisten, kann es nur ihm allein erlaubt sein, körperlichen Zwang anzuwenden. Nur der Staat allein darf physische Gewalt als Mittel einsetzen, um seine Ziele durchzusetzen. Er steht und fällt mit der effektiven Behauptung seines Gewaltmonopols gegenüber nichtstaatlichen Kräften.[213] Bei einem nicht mehr kontrollierbaren Durchbruch privater Gewalt kann er sich nicht mehr legitimieren.

---

209 *Isensee*, Staat und Verfassung, in: Isensee/Kirchhof, HStR, Bd. II, 3. Aufl. 2004, § 15 Rn. 87; *Sommermann*, in: v. Mangoldt/Klein/Starck, GG II, 5. Aufl. 2005, Art. 20 Abs. 2 Rn. 145.

210 Die beiden kursiven Hervorhebungen stammen vom Autor.

211 Näher dazu unten unter B), S. 70 ff.

212 *Götz*, Innere Sicherheit, in: Isensee/Kirchhof, HStR, Bd. III, 2. Aufl. 1996, § 79 Rn. 29; *Sommermann*, in: v. Mangoldt/Klein/Starck, GG II, 5. Aufl. 2005, Art. 20 Abs. 2 Rn. 145.

213 *Isensee*, Staat und Verfassung, in: Isensee/Kirchhof, HStR, Bd. II, 3. Aufl. 2004, § 15 Rn. 86; *ders.*, Das Grundrecht auf Sicherheit, 1983, S. 24 f.; *Merten*, Rechtsstaatsdämmerung, in: Schreiber, Polizeilicher Eingriff und Grundrechte, Festschrift für Rudolf Samper, 1982, S. 40; *Zippelius*, Allgemeine Staatslehre, 15. Aufl. 2007, S. 45; *Landau*, NStZ 2007, 127.

bb) Gewalt in der Bedeutung von potestas

Unter diesem Aspekt bedeutet Staatsgewalt die Herrschaftsmacht des Staates.[214] Das Prinzip der *Gewalten*teilung als Ausprägung des Rechtsstaatsprinzips oder die Staats*gewalt*, die nach dem Demokratieprinzip vom Volke ausgeht (Art. 20 Abs. 2 S. 1 GG) sprechen die *potestas* der Bundesrepublik Deutschland an. Die politische Führung durch Parlament und Regierung sind auch Ausdruck dieser Dimension der Staatsgewalt.[215]

cc) Das Verhältnis von vis und potestas zueinander

Beide Bereiche stehen nicht unabhängig nebeneinander. Sie überschneiden sich. *Vis* bildet eine Teilmenge von *potestas*, denn bloßer Herrschaftsmacht mangelt es an Durchsetzungsmöglichkeiten.[216] Diese werden durch *vis*, das heißt durch Zwangsandrohung und nötigenfalls durch Zwangsanwendung geschaffen. Normen, oder noch allgemeiner: Regeln, die der Staat zur Lenkung der diversen Individualinteressen und zur Ordnung des gesellschaftlichen Lebens (als Ausdruck von *potestas*) seinen Bürgern aufgibt, um eine zivile Austragung von Interessenkollisionen zu verhindern, erhalten erst durch die potentielle Durchsetzbarkeit mittels (körperlichen) Zwangs (als Ausdruck von *vis*) ihre Stringenz.[217] Herrschaftsmacht alleine ist unvollkommen, wäre eine leere Drohung für potentielle Unruhestifter. Die Möglichkeit des Staates, körperlichen Zwang anzudrohen oder anzuwenden, verhilft ihm zu seiner tatsächlichen rechtlichen Überordnung, nicht nur zu einer idealen.[218] Beispiele aus dem täglichen Leben gibt es viele: Die Motivation, eine Geschwindigkeitsbegrenzung einzuhalten, steigt mit der Wahrscheinlichkeit, von der Polizei ertappt und entsprechend bestraft zu werden. Ähnlich verhält es sich mit dem Gebot, an einer Straßenampel bei rotem Licht anzuhalten. Was wenn nicht die Furcht vor einer verkehrsrechtlichen Ahndung samt Vollstreckung würde dagegensprechen, weiterzufahren, nachdem man sich versichert hat, daß sich kein anderer Verkehrsteilnehmer der Kreuzung

---

214 *Isensee*, Staat und Verfassung, in: Isensee/Kirchhof, HStR, Bd. II, 3. Aufl. 2004, § 15 Rn. 87; *ders.*, Das Grundrecht auf Sicherheit, 1983, S. 24 f.

215 *Isensee*, Staat und Verfassung, in: Isensee/Kirchhof, HStR, Bd. II, 3. Aufl. 2004, § 15 Rn. 88.

216 *Isensee*, Staat und Verfassung, in: Isensee/Kirchhof, HStR, Bd. II, 3. Aufl. 2004, § 15 Rn. 88; *Sommermann*, in: v. Mangoldt/Klein/Starck, GG II, 5. Aufl. 2005, Art. 20 Abs. 2 Rn. 145.

217 *Isensee*, Staat und Verfassung, in: Isensee/Kirchhof, HStR, Bd. II, 3. Aufl. 2004, § 15 Rn. 88 f.; *Zippelius*, Allgemeine Staatslehre, 15. Aufl. 2007, S. 45.

218 *Isensee*, Staat und Verfassung, in: Isensee/Kirchhof, HStR, Bd. II, 3. Aufl. 2004, § 15 Rn. 89.

nähert. Eine Organisation des Staates ohne *vis* wäre nicht effektiv; dessen Legitimation wäre nicht abgesichert, da er seine Idee von Frieden und Sicherheit nicht durchzusetzen im Stande wäre. *Potestas* ohne *vis* mag in einer idealen Welt ausreichen, nicht aber in der realen.

Umgekehrt ist *vis* als Durchsetzungsmittel auf Vorgaben angewiesen, welche (konkreten) Ziele verwirklicht werden sollen. Diese Zielvorgaben stammen von der Staatsgewalt in Form der *potestas*, nämlich von der politischen Führung in einem Staat. So ist auch das Gewaltmonopol kein Führungs-, sondern ein Vollzugsinstrument.[219]

Potestas kann sich im übrigen auch im gesellschaftlichen Bereich herausbilden. Zu nennen sind beispielsweise die wirtschaftliche Macht der Unternehmen, das Erziehungsrecht der Eltern oder der Informationseinfluß der Medien.[220] Legitime *vis*-Gewalt kann ihnen in einem Staat aber nicht zugebilligt werden.[221] Der Staat soll willkürliche Selbstjustiz verhindern; Fehderechte gehören der Geschichte an. Er würde seine Legitimation verlieren und in das „Urtrauma"[222] zurückfallen, aus dem heraus er entstanden ist.

Zusammenfassend kann man an dieser Stelle festhalten, daß das Gewaltmonopol als Eigenschaft der Staatsgewalt der *Durchsetzung* der staatlichen Sicherheits- und Friedensidee dient. Im folgenden soll unter Gewalt im Hinblick auf das staatliche Gewaltmonopol immer deren Bedeutung als körperliche Zwangsgewalt (*vis*) verstanden werden.

b) Gewalt als körperlicher Zwang

Das staatliche Gewaltmonopol ermächtigt einzig und allein den Staat, physische Zwangsmittel einzusetzen. „Körperlicher Zwang", wie *Isensee* Gewalt definiert,[223] ist Privaten, bis auf einige wenige Ausnahmen, verwehrt. Das folgt schon aus der Staatlichkeit der Bundesrepublik Deutschland. Fraglich ist aber, ab wann eine Umgangsart im gesellschaftlichen Bereich die Schwelle der Ge-

---

219 *Isensee*, Staat und Verfassung, in: Isensee/Kirchhof, HStR, Bd. II, 3. Aufl. 2004, § 15 Rn. 88.

220 *Isensee*, Staat und Verfassung, in: Isensee/Kirchhof, HStR, Bd. II, 3. Aufl. 2004, § 15 Rn. 88.

221 *Isensee*, Staat und Verfassung, in: Isensee/Kirchhof, HStR, Bd. II, 3. Aufl. 2004, § 15 Rn. 88; *ders.*, Das Grundrecht auf Sicherheit, 1983, S. 4.; *Merten*, Rechtsstaatsdämmerung, in: Schreiber, Polizeilicher Eingriff und Grundrechte, Festschrift für Rudolf Samper, 1982, S. 40 ff.

222 *Isensee*, Staat und Verfassung, in: Isensee/Kirchhof, HStR, Bd. II, 3. Aufl. 2004, § 15 Rn. 66.

223 *Isensee*, Staat und Verfassung, in: Isensee/Kirchhof, HStR, Bd. II, 3. Aufl. 2004, § 15 Rn. 87.

walt überschreitet und wie lange sich ein Verhalten im noch unproblematischen Bereich bewegt, sich gegebenenfalls als bloße alltägliche Belästigung darstellt.

Das Grundgesetz gibt keine Definition vor. Der Begriff Gewalt in der Bedeutung von *vis* taucht nur vereinzelt im Verfassungstext auf (so beispielsweise bei Art. 73 Abs. 1 Nr. 10 c, Art. 74 Abs. 1 Nr. 10 oder Art. 87 Abs. 1 GG). Die Kommentierungen zu diesen Stellen sind im Hinblick auf eine genaue Bestimmung des Gewaltbegriffes nicht ergiebig.

Gebräuchlicher ist der Begriff hingegen im Strafrecht. Dort wird der Begriff nicht einheitlich verstanden. Während beispielsweise bei § 177 StGB von der Rechtsprechung ein restriktiver Gewaltbegriff bevorzugt wird,[224] war der Gewaltbegriff im Rahmen des Nötigungstatbestandes (§ 240 StGB) Gegenstand eines langwierigen Entwicklungsprozesses. Das Spektrum reichte von der „Entfaltung von körperlicher Kraft durch den Täter zur Überwindung eines geleisteten oder erwarteten Widerstands"[225] über die Ansicht, daß es entscheidend auf die „Einwirkung auf den Körper des Opfers"[226] ankomme bis zum weitesten Verständnis, wonach „allgemein auf eine die Freiheit der Willensentschließung oder Willensbetätigung beeinträchtigende Zwangswirkung"[227] abzustellen sei. Wieder enger wurde der Gewaltbegriff in einer jüngeren Entscheidung ausgelegt, wonach es nun im Strafrecht wie zu Beginn der Entwicklung auf eine aktive Kraftentfaltung beim Täter und eine physische Zwangswirkung beim Opfer ankommen solle.[228]

Letztlich kann aber der strafrechtliche Gewaltbegriff nicht entscheidend sein; nicht zuletzt deshalb, weil er selbst für das StGB nicht einheitlich verstanden wird. Insbesondere kann aber das einfache Recht nicht über die Auslegung der Verfassung oder sogar einzelner Merkmale der Staatlichkeit bestimmen.[229]

aa) Anhaltspunkt im Grundgesetz

Bei näherem Hinsehen gibt es in der Verfassung aber noch einen weiteren Anhaltspunkt, den man sich zur Bestimmung des Gewaltbegriffes zunutze machen

---

224 *Tröndle/Fischer*, Strafgesetzbuch, 54. Aufl. 2007, § 177 Rn. 5 mit vielen Nachweisen aus der Rechtsprechung des BGH.
225 BVerfGE 73, 206, 240 mit Verweis auf RGSt 56, 87 und 64, 113.
226 BVerfGE 73, 206, 240 mit Verweis auf BGHSt 1, 145.
227 BVerfGE 73, 206, 240 mit Verweis auf BGHSt 8, 102; 19, 263; 23, 46 und 23, 126.
228 *Tröndle/Fischer*, Strafgesetzbuch, 54. Aufl. 2007, § 240 Rn. 20 ff.
229 *Isensee*, Das staatliche Gewaltmonopol als Grundlage und Grenze der Grundrechte, in: Franßen/Redeker/Schlichter/Wilke, Bürger – Richter – Staat, Festschrift für Horst Sendler, 1991, S. 44 mit weiteren Nachweisen; zum konkreten Fall auch *Gusy*, in: v. Mangoldt/Klein/Starck, GG I, 5. Aufl. 2005, Art. 8 Rn. 22.

kann. Das Grundrecht auf Versammlungsfreiheit (Art. 8 GG) enthält einen geschriebenen Friedlichkeitsvorbehalt. Vom Schutzbereich des Art. 8 GG werden nur friedliche Versammlungen erfaßt. Bei diesem Friedlichkeitsvorbehalt handelt es sich nach allgemeiner Meinung um eine Schutzbereichsbeschränkung.[230] An dieser Stelle greift das Grundgesetz ausdrücklich die Friedenspflicht der Bürger als ein Wesensmerkmal des modernen Staates und somit auch das ihr spiegelbildlich entsprechende Gewaltmonopol des Staates auf.[231] Frieden kann am besten negativ – nämlich als die Abwesenheit von physischem Zwang – definiert werden.[232] Diese (singuläre) spezielle Normierung rührt daher, daß die Versammlungsfreiheit mehr als die anderen Grundrechte die Gefahr von Massenaufgeregtheit, Exzessen, Aggressivität und Gewalt in sich birgt.[233] So kann es gelingen, die Bedeutung von Gewalt mit Hilfe des Friedlichkeitsvorbehalts aus Art. 8 Abs. 1 GG und den dazu veröffentlichten Ansichten zu bestimmen.

bb) Weites Verständnis des Schutzbereichs des Art. 8 GG

Nach der herrschenden Kommentarliteratur ist eine Versammlung friedlich, wenn sie weder einen gewalttätigen noch einen aufrührerischen Verlauf

---

230 Siehe nur *Gusy*, in: v. Mangoldt/Klein/Starck, GG I, 5. Aufl. 2005, Art. 8 Rn. 22; *Schulze-Fielitz*, in: Dreier, Grundgesetz-Kommentar, Bd. 1, 2. Aufl. 2004, Art. 8 Rn. 40; vgl. dazu auch unten unter B)II., S. 99 ff.

231 *Schmitt Glaeser*, Die Beurteilung politisch motivierter Privatgewalt durch das Bundesverfassungsgericht, in: Maurer, Das akzeptierte Grundgesetz, Festschrift für Günter Dürig, 1990, S. 97 f.; *Isensee*, Staat und Verfassung, in: Isensee/Kirchhof, HStR, Bd. II, 3. Aufl. 2004, § 15 Rn. 28 und 82; *ders.*, Der Verfassungsstaat als Friedensgarant, in: Mellinghoff/Morgenthaler/Puhl, Die Erneuerung des Verfassungsstaates, 2003, S. 26; *Bethge*, ZBR 1988, 209; *Merten*, Rechtsstaatsdämmerung, in: Schreiber, Polizeilicher Eingriff und Grundrechte, Festschrift für Rudolf Samper, 1982, S. 41; *Götz*, Innere Sicherheit, in: Isensee/Kirchhof, HStR, Bd. III, 2. Aufl. 1996, § 79 Rn. 21; *Starck*, in: v. Mangoldt/Klein/Starck, GG I, 5. Aufl. 2005, Präambel Rn. 33; *Bethge*, DVBl. 1989, 845.

232 *Isensee*, Der Verfassungsstaat als Friedensgarant, in: Mellinghoff/Morgenthaler/Puhl, Die Erneuerung des Verfassungsstaates, 2003, S. 9, 14; *ders.*, Staat und Verfassung, in: Isensee/Kirchhof, HStR, Bd. II, 3. Aufl. 2004, § 15 Rn. 94; *Höfling*, in: Sachs, Grundgesetz, 4. Aufl. 2007, Art. 8 Rn. 28 mit weiteren Nachweisen.

233 *Isensee*, Das staatliche Gewaltmonopol als Grundlage und Grenze der Grundrechte, in: Franßen/Redeker/Schlichter/Wilke, Bürger – Richter – Staat, Festschrift für Horst Sendler, 1991, S. 55; *ders.*, Das Grundrecht auf Sicherheit, 1983, S. 18; *Depenheuer*, in: Maunz/Dürig, Komm. z. GG, 50. EL, Stand Juni 2007, Art. 8 Rn. 78; *Merten*, Rechtsstaatsdämmerung, in: Schreiber, Polizeilicher Eingriff und Grundrechte, Festschrift für Rudolf Samper, 1982, S. 41.

nimmt.[234] Der strafrechtliche Begriff der Gewalt sei dafür zu weit, so daß auf ihn nicht zurückgegriffen werden könne.[235] Versammlungen seien unfriedlich, wenn Handlungen von einiger Erheblichkeit oder einiger Gefährlichkeit (wie etwa aggressive Ausschreitungen gegen Personen oder Sachen oder sonstige Gewalttätigkeiten) stattfinden.[236] Diese Kommentierungen werden hauptsächlich auf bundesverfassungsgerichtliche Entscheidungen gestützt. Das Bundesverfassungsgericht lehnt ebenfalls einen Rückgriff auf den „weiten Gewaltbegriff des Strafrechts" ab.[237] Es stellt zur Beurteilung des schutzbereichsbeschränkenden Merkmals der Friedlichkeit auf „äußerliche Handlungen von einiger Gefährlichkeit wie etwa Gewalttätigkeiten oder aggressive Ausschreitungen gegen Personen oder Sachen" ab.[238] Daß eine Versammlung somit nicht vom Schutzbereich des Art. 8 GG erfaßt wird, erfordert nach diesem Verständnis ein gesteigertes Gefahrenpotential für die physische Integrität von Personen oder Sachen.

cc) Stellungnahme

Diese Ansichten geben allerdings Anlaß zu kritischer Hinterfragung. Fordert man für ein unfriedliches Verhalten Handlungen von einiger Gefährlichkeit und somit ein gesteigertes Gefahrenpotential, bedeutet dies umgekehrt, daß Versammlungen mit einem geringen Gefährdungs- und Gewaltpotential unter grundrechtlichem Schutz stehen (von der Möglichkeit eines rechtfertigungsfähigen Eingriffs abgesehen). Neben der durch diesen Abgrenzungsversuch mit dem Merkmal „einiger Gefährlichkeit" geschaffenen Rechtsunsicherheit[239] würde man einer Versammlung, bei der es zu einfacher oder leichter Gewalt kommt, verfassungsrechtlichen Wert verschaffen.[240] Dies würde aufgrund zu befürch-

234 *Jarass/Pieroth*, Grundgesetz, 9. Aufl. 2007, Art. 8 Rn. 8; *Höfling*, in: Sachs, Grundgesetz, 4. Aufl. 2007, Art. 8 Rn. 28; *Schulze-Fielitz*, in: Dreier, Grundgesetz-Kommentar, Bd. 1, 2. Aufl. 2004, Art. 8 Rn. 40; *Gusy*, in: v. Mangoldt/Klein/Starck, GG I, 5. Aufl. 2005, Art. 8 Rn. 23.

235 *Jarass/Pieroth*, Grundgesetz, 9. Aufl. 2007, Art. 8 Rn. 8; *Höfling*, in: Sachs, Grundgesetz, 4. Aufl. 2007, Art. 8 Rn. 30; *Gusy*, in: v. Mangoldt/Klein/Starck, GG I, 5. Aufl. 2005, Art. 8 Rn. 22. Dazu siehe auch oben unter III.2.b), S. 62 ff.

236 *Jarass/Pieroth*, Grundgesetz, 9. Aufl. 2007, Art. 8 Rn. 8; *Höfling*, in: Sachs, Grundgesetz, 4. Aufl. 2007, Art. 8 Rn. 31.

237 BVerfGE 73, 206, 248; vgl. auch BVerfGE 104, 92, 106.

238 BVerfGE 73, 206, 248; ähnlich auch BVerfGE 104, 92, 106.

239 *Depenheuer*, in: Maunz/Dürig, Komm. z. GG, 50. EL, Stand Juni 2007, Art. 8 Rn. 80 in Fn. 8.

240 So auch *Depenheuer*, in: Maunz/Dürig, Komm. z. GG, 50. EL, Stand Juni 2007, Art. 8 Rn. 80; auch gegen jede Form von Gewalt im Schutzbereich des Art. 8 Abs. 1 GG *Bethge*, ZBR 1988, 209.

tender Gewöhnungseffekte bezüglich Versammlungen, bei denen Gewaltformen sichtbar werden, einer „Eskalationsspirale gewaltbereiter und gewalttätiger Minderheiten“ Vorschub leisten.[241] Auch wäre nicht auszuschließen, daß „unter dem Schutz der Versammlungsfreiheit rechtmäßig private Gewalt gegenüber anderen Grundrechtsträgern ausgeübt werden kann“.[242] *Depenheuer* verweist zu Recht auf die den sozialen Entwicklungsprozessen inhärente Logik, daß Gewöhnungseffekte durch noch auffälligeres – hier gewaltbereiteres – Verhalten kompensiert zu werden drohen. Er stellt auf das von einer Versammlung ausgehende Drohpotential in Bezug auf potentielle Gewaltopfer (mithin auf einen Zustand psychischen Zwangs) ab – ohne dabei auf das Merkmal körperlicher Kraftentfaltung beim Anwender der Gewalt zu verzichten.[243] So könnten bei einer Versammlung schon Verhaltensweisen wie besonders „martialisches Gehabe, Getrommel, Marschtritt“ etc. die Schwelle der Unfriedlichkeit überschreiten, wenn sich ein unbefangener Beobachter davon bedroht fühlen wird. Nach *Isensee* wird diese Schwelle überschritten, wenn für das Opfer eine unwiderstehliche Situation geschaffen wird.[244] Ab wann von Unwiderstehlichkeit ausgegangen werden kann, hänge von der Beschaffenheit des Opfers, seiner „Robustheit oder Empfindlichkeit, der Zumutbarkeit oder Unzumutbarkeit der Hinnahme der Gefährdung“ –

---

241 *Depenheuer*, in: Maunz/Dürig, Komm. z. GG, 50. EL, Stand Juni 2007, Art. 8 Rn. 80; in die gleiche Richtung *Kloepfer*, Versammlungsfreiheit, in: Isensee/Kirchhof, HStR, Bd. VI, 2. Aufl. 2001, § 143 Rn. 44. Sehr eindringlich *Merten*, Rechtsstaatsdämmerung, in: Schreiber, Polizeilicher Eingriff und Grundrechte, Festschrift für Rudolf Samper, 1982, S. 42 f. und 46; vgl. auch *Götz*, Innere Sicherheit, in: Isensee/Kirchhof, HStR, Bd. III, 2. Aufl. 1996, § 79 Rn. 30 und *Isensee*, Der Verfassungsstaat als Friedensgarant, in: Mellinghoff/Morgenthaler/Puhl, Die Erneuerung des Verfassungsstaates, 2003, S. 29.

242 So Richterin *Haas* in ihrer abweichenden Meinung zu BVerfGE 104, 92 ff. auf Seite 116.

243 *Depenheuer*, in: Maunz/Dürig, Komm. z. GG, 50. EL, Stand Juni 2007, Art. 8 Rn. 80 und 81; so auch *Isensee*, Das staatliche Gewaltmonopol als Grundlage und Grenze der Grundrechte, in: Franßen/Redeker/Schlichter/Wilke, Bürger – Richter – Staat, Festschrift für Horst Sendler, 1991, S. 43 und *Kloepfer*, Versammlungsfreiheit, in: Isensee/Kirchhof, HStR, Bd. VI, 2. Aufl. 2001, § 143 Rn. 45; *Schmitt Glaeser*, Die Beurteilung politisch motivierter Privatgewalt durch das Bundesverfassungsgericht, in: Maurer, Das akzeptierte Grundgesetz, Festschrift für Günter Dürig, 1990, S. 98 f.

244 *Isensee*, Das staatliche Gewaltmonopol als Grundlage und Grenze der Grundrechte, in: Franßen/Redeker/Schlichter/Wilke, Bürger – Richter – Staat, Festschrift für Horst Sendler, 1991, S. 61; so auch *Schmitt Glaeser*, Die Beurteilung politisch motivierter Privatgewalt durch das Bundesverfassungsgericht, in: Maurer, Das akzeptierte Grundgesetz, Festschrift für Günter Dürig, 1990, S. 99.

also auch von der psychischen Zwangswirkung – ab.[245] Versammlungen sollen schon durch die Körperlichkeit an sich wirken und dürfen nicht durch furchteinflößende Verhaltensweisen verstärkt werden.[246] Wohlgemerkt leugnet niemand das Erfordernis körperlichen Einsatzes; rein geistige Auseinandersetzungen sind in einer Demokratie – im Gegensatz zu einer verfassungsfremden Meinungserzwingung – erwünscht.[247]

Nach diesem Ansatz sind auch die umstrittenen Sitzblockaden, bei denen es als Primärziel auf das Errichten einer Sperre ankommt und Behinderungen nicht wie bei einfachen Versammlungen oder Demonstrationen nebenbei eintreten,[248] zur Verstärkung der kollektiven Meinungskundgabe als unfriedlich und mithin gewaltsam einzustufen.[249] Die Blockadeopfer sind unwiderstehlichem Zwang ausgesetzt, der durch körperliche Kraftentfaltung verursacht wird. Eine Blockade beeinträchtigt gleich mehrere Grundrechtspositionen der Blockierten:[250] Die Selbstbestimmung über den Aufenthaltsort, die negative Meinungsfreiheit gegenüber der aufgedrängten Meinung durch die Blockierer und nicht zuletzt die Menschwürde, da die Blockierten quasi als Geiseln gezwungen werden, Mittel für das Ziel der Blockierer zu sein, Aufmerksamkeit zu erregen. Die Möglich-

---

245 *Isensee*, Das staatliche Gewaltmonopol als Grundlage und Grenze der Grundrechte, in: Franßen/Redeker/Schlichter/Wilke, Bürger – Richter – Staat, Festschrift für Horst Sendler, 1991, S. 61; so auch *Schmitt Glaeser*, Die Beurteilung politisch motivierter Privatgewalt durch das Bundesverfassungsgericht, in: Maurer, Das akzeptierte Grundgesetz, Festschrift für Günter Dürig, 1990, S. 98 f.

246 So auch *Depenheuer*, in: Maunz/Dürig, Komm. z. GG, 50. EL, Stand Juni 2007, Art. 8 Rn. 81.

247 *Kloepfer*, Versammlungsfreiheit, in: Isensee/Kirchhof, HStR, Bd. VI, 2. Aufl. 2001, § 143 Rn. 37; so auch *Bethge*, ZBR 1988, 209; *Merten*, Rechtsstaatsdämmerung, in: Schreiber, Polizeilicher Eingriff und Grundrechte, Festschrift für Rudolf Samper, 1982, S. 43; *Höfling/Augsberg*, JZ 2005, 1086.

248 Sinngemäß BVerfGE 73, 206, 250.

249 So auch *Isensee*, Das staatliche Gewaltmonopol als Grundlage und Grenze der Grundrechte, in: Franßen/Redeker/Schlichter/Wilke, Bürger – Richter – Staat, Festschrift für Horst Sendler, 1991, S. 61 und 62; *Kloepfer*, Versammlungsfreiheit, in: Isensee/Kirchhof, HStR, Bd. VI, 2. Aufl. 2001, § 143 Rn. 43; *Schmitt Glaeser*, Die Beurteilung politisch motivierter Privatgewalt durch das Bundesverfassungsgericht, in: Maurer, Das akzeptierte Grundgesetz, Festschrift für Günter Dürig, 1990, S. 98 f. So ebenfalls die abweichende Meinung der Richter *Seidl*, *Söllner* und *Haas* zu BVerfGE 92, 1 ff. auf den Seiten 21 f.

250 Vgl. hierzu auch *Isensee*, Das staatliche Gewaltmonopol als Grundlage und Grenze der Grundrechte, in: Franßen/Redeker/Schlichter/Wilke, Bürger – Richter – Staat, Festschrift für Horst Sendler, 1991, S. 62; *Schmitt Glaeser*, Die Beurteilung politisch motivierter Privatgewalt durch das Bundesverfassungsgericht, in: Maurer, Das akzeptierte Grundgesetz, Festschrift für Günter Dürig, 1990, S. 99. So auch *Haas* in ihrer abweichenden Meinung zu BVerfGE 104, 92 ff. auf Seite 116 f.

keit, der Unwiderstehlichkeit des Zwanges mittels Gegengewalt (im schlimmsten Fall durch das Überfahren mit einem Kraftfahrzeug) zu begegnen, kann in einer verfaßten Friedensordnung keine Handlungsalternative sein, die das Unwiderstehlichkeitsmoment entfallen läßt.[251] Ebensowenig schlägt das (auch) psychische Zwangsmoment auf Seiten der Opfer auf die Qualifizierung der Blockade als nicht-körperlich durch. Die Blockierer setzen ihre Körper als Sperre ein und bilden somit ein körperliches Hindernis.[252]

dd) Zwischenergebnis

Aus staats- und verfassungsrechtlicher Sicht ist also über grundsätzlich jedes private Verhalten, welches durch körperliche Einwirkung bei einem anderen eine körperliche oder psychische Zwangswirkung auslöst, ein Unwerturteil gefällt. Kurz gesagt: Physisch vermittelter physischer oder psychischer Zwang ist Privaten prinzipiell nicht gestattet.[253] Hier beginnt die Schwelle zur Gewalt in der Bedeutung von *vis*, wie sie Privaten vorenthalten ist. Wenn sich überhaupt jemand zur Durchsetzung seiner Ziele derartiger Verhaltenweisen bedienen darf, dann nur der Staat. Freilich darf aber auch der Verfassungsstaat gewaltsame Handlungen nicht willkürlich vornehmen; er ist insbesondere den Bindungen der Grundrechte und des Rechtsstaatsprinzips unterworfen.

Hinsichtlich staats- und verfassungsrechtlich mißbilligter Privatgewalt ist jedoch die Frage nach der Strafbarkeit derartiger Verhaltensweisen zu unterscheiden.[254] Denn nur weil ein Verhalten nicht in den Schutzbereich eines Grundrechts fällt, muß es umgekehrt nicht automatisch strafbar sein. Diese Entscheidung ist durch ordnungs- und strafrechtliche Normen zu regeln und dem Gesetzgeber anvertraut.

---

251 So auch *Kloepfer*, Versammlungsfreiheit, in: Isensee/Kirchhof, HStR, Bd. VI, 2. Aufl. 2001, § 143 Rn. 45; *Isensee*, Das staatliche Gewaltmonopol als Grundlage und Grenze der Grundrechte, in: Franßen/Redeker/Schlichter/Wilke, Bürger – Richter – Staat, Festschrift für Horst Sendler, 1991, S. 62.

252 Ebenso *Isensee*, Das staatliche Gewaltmonopol als Grundlage und Grenze der Grundrechte, in: Franßen/Redeker/Schlichter/Wilke, Bürger – Richter – Staat, Festschrift für Horst Sendler, 1991, S. 62; *Kloepfer*, Versammlungsfreiheit, in: Isensee/Kirchhof, HStR, Bd. VI, 2. Aufl. 2001, § 143 Rn. 43. So auch die abweichende Meinung der Richter *Seidl, Söllner* und *Haas* zu BVerfGE 92, 1 ff. auf Seite 22.

253 So auch *Kloepfer*, Versammlungsfreiheit, in: Isensee/Kirchhof, HStR, Bd. VI, 2. Aufl. 2001, § 143 Rn. 45.

254 *Isensee*, Das staatliche Gewaltmonopol als Grundlage und Grenze der Grundrechte, in: Franßen/Redeker/Schlichter/Wilke, Bürger – Richter – Staat, Festschrift für Horst Sendler, 1991, S. 59 f.

3. Staatsgewalt und Souveränität

Eine rechtliche Eigenschaft oder ein weiteres Schlagwort zur Beschreibung der Staatsgewalt – jetzt im umfassenden Sinne verstanden – ist die Souveränität.[255] Es wird zwischen der inneren und der äußeren Souveränität unterschieden.[256]

Letztere beschreibt die rechtliche Unabhängigkeit eines Staates im Verhältnis zu anderen Staaten und Völkerrechtssubjekten. Staaten sollen im Völkerrechtsverkehr ein einheitliches Bild abgeben.[257] Die äußere Souveränität kollidiert nicht mit internationalen Verpflichtungen, solange diese freiwillig eingegangen worden sind. Kein souveräner Staat kann gegen seinen Willen an neues Völkerrecht gebunden werden.[258] Sollen ihm gegenüber Verpflichtungen wirksam sein, so muß er selbst an deren Entstehung mitbeteiligt gewesen sein.

Die innere Souveränität kennzeichnet hingegen die Wirkung der Staatsgewalt in den staatlichen Innenbereich und zwar in ihren beiden Ausprägungen als *potestas* und *vis*. Das heißt, daß dem Staat die höchste Macht zukommt und er so allen gesellschaftlichen Kräften überlegen und von ihnen unabhängig in seinen Entscheidungen ist.[259] Man spricht in diesem Zusammenhang auch von der *„Einzigkeit"* und der *„Einseitigkeit"* der Staatsgewalt.[260] *Einzigkeit* bedeutet hier, daß es neben der souveränen Staatsgewalt keine gleichstarke andere geben kann. Andere, nichtstaatliche Gewalten können sich nur im Rahmen der von der

---

255 *Randelzhofer*, Staatsgewalt und Souveränität, in: Isensee/Kirchhof, HStR, Bd. II, 3. Aufl. 2004, § 17 Rn. 3, 23; *Isensee*, Staat und Verfassung, in: Isensee/Kirchhof, HStR, Bd. II, 3. Aufl. 2004, § 15 Rn. 53.

256 *Isensee*, Staat und Verfassung, in: Isensee/Kirchhof, HStR, Bd. II, 3. Aufl. 2004, § 15 Rn. 53; *Kirchhof*, Mittel staatlichen Handelns, in: Isensee/Kirchhof, HStR, Bd. V, 3. Aufl. 2007, § 99 Rn. 43.

257 *Randelzhofer*, Staatsgewalt und Souveränität, in: Isensee/Kirchhof, HStR, Bd. II, 3. Aufl. 2004, § 17 Rn. 7 f., 23; *Kirchhof*, Mittel staatlichen Handelns, in: Isensee/Kirchhof, HStR, Bd. V, 3. Aufl. 2007, § 99 Rn. 43.

258 *Randelzhofer*, Staatsgewalt und Souveränität, in: Isensee/Kirchhof, HStR, Bd. II, 3. Aufl. 2004, § 17 Rn. 25 ff.

259 *Randelzhofer*, Staatsgewalt und Souveränität, in: Isensee/Kirchhof, HStR, Bd. II, 3. Aufl. 2004, § 17 Rn. 5, 23; *Isensee*, Staat und Verfassung, in: Isensee/Kirchhof, HStR, Bd. II, 3. Aufl. 2004, § 15 Rn. 53, 98; *Zippelius*, Allgemeine Staatslehre, 15. Aufl. 2007, S. 51 f.

260 *Randelzhofer*, Staatsgewalt und Souveränität, in: Isensee/Kirchhof, HStR, Bd. II, 3. Aufl. 2004, § 17 Rn. 35 ff., der im Zusammenhang mit der Einseitigkeit der Staatsgewalt darauf verweist, daß damit nicht gesagt sei, daß die Staatsgewalt nur von einem einzigen Organ ausgeübt würde oder von wem sie sich ableiten muß; dies sind Fragen, welche die jeweiligen Verfassungen, beispielsweise durch die Entscheidung für die Demokratie regeln.

Staatsgewalt geschaffenen Rechtsordnung entfalten.[261] *Einseitigkeit* meint, daß die Staatsgewalt zu ihrer Durchsetzung nicht der Zustimmung der von ihr Betroffenen bedarf.[262] Sie setzt sich eo ipso durch.

Innere Souveränität soll einen Staat in die Lage versetzen, durch die Ausschaltung privater Gewalt und deren Ersetzung durch eine oberste Staatsgewalt inneren Frieden und innere Sicherheit zu gewährleisten.[263] Sie äußert sich in erster Linie in der Rechtsetzungsbefugnis und der Kompetenz der Staatsgewalt, letztverbindliche Entscheidungen mit dem Anspruch auf Rechtsgehorsam für das gemeinschaftliche Zusammenleben zu treffen.[264] Die innere Souveränität ist somit wieder auf das staatliche Gewaltmonopol als Durchsetzungsmittel angewiesen. Wenn die Staatsgewalt souverän sein soll, so muß sie (allein) imstande sein, ihre Ziele, Anordnungen und Regeln wirksam durchzusetzen, notfalls mittels physischen Zwangs.[265] Einer souveränen Staatsgewalt steht eine verfassungsrechtliche Bindung, wie sie beispielsweise das Rechts- und das Demokratiestaatsprinzip vorsehen, nicht entgegen – sie kann gleichwohl die höchste Macht im Staat sein.

B) Die Bedeutung des staatlichen Gewaltmonopols

I. Aussagen des staatlichen Gewaltmonopols

1. Das Verbot physischer Gewaltanwendung im gesellschaftlichen Bereich

Das staatliche Gewaltmonopol dient als terminus technicus, als „Schlüsselbegriff" für die staatstheoretische Aussage, daß es in einer als Staat organisierten

---

261 *Randelzhofer*, Staatsgewalt und Souveränität, in: Isensee/Kirchhof, HStR, Bd. II, 3. Aufl. 2004, § 17 Rn. 35 ff.

262 *Randelzhofer*, Staatsgewalt und Souveränität, in: Isensee/Kirchhof, HStR, Bd. II, 3. Aufl. 2004, § 17 Rn. 35 ff.

263 *Randelzhofer*, Staatsgewalt und Souveränität, in: Isensee/Kirchhof, HStR, Bd. II, 3. Aufl. 2004, § 17 Rn. 7 f.; *Kirchhof*, Mittel staatlichen Handelns, in: Isensee/Kirchhof, HStR, Bd. V, 3. Aufl. 2007, § 99 Rn. 43; *Landau*, NStZ 2007, 125 ff.

264 *Randelzhofer*, Staatsgewalt und Souveränität, in: Isensee/Kirchhof, HStR, Bd. II, 3. Aufl. 2004, § 17 Rn. 39; *Krölls*, GewArch 1997, 448; *Landau*, NStZ 2007, 125 ff.

265 *Bethge*, DVBl. 1989, 844; *Isensee*, Staat und Verfassung, in: Isensee/Kirchhof, HStR, Bd. II, 3. Aufl. 2004, § 15 Rn. 101; *Randelzhofer*, Staatsgewalt und Souveränität, in: Isensee/Kirchhof, HStR, Bd. II, 3. Aufl. 2004, § 17 Rn. 40; *Kirchhof*, Mittel staatlichen Handelns, in: Isensee/Kirchhof, HStR, Bd. V, 3. Aufl. 2007, § 99 Rn. 43; *Zippelius*, Allgemeine Staatslehre, 15. Aufl. 2007, S. 51 f.; *Krölls*, GewArch 1997, 448; *Landau*, NStZ 2007, 125 ff.

Gemeinschaft keinem Individuum als Teil der Gesellschaft und keiner gesellschaftlichen Gruppe erlaubt sein kann, ohne Legitimation durch den Staat aus eigener Machtvollkommenheit physische Gewalt anzuwenden.[266] Es konstituiert den Staat als Friedenseinheit.[267] Ein Staat darf neben sich keine andere Macht akzeptieren, die für sich in Anspruch nimmt, legitim körperliche Gewalt anwenden zu dürfen.[268] Der Staat legitimiert sich daraus, daß er den Bürgern Sicherheit vor Übergriffen ihrer Mitbürger und Frieden gewährleistet. Dieser, seiner ihn legitimierenden Aufgabe kann er nur durch die Beanspruchung eines staatlichen Gewaltmonopols gerecht werden.[269] Duldete er zivile Gewalt oder erlaubte er sie gar ausdrücklich beziehungsweise hieße sie für gut, setzte er sich in Widerspruch zu seiner Legitimation. In Fällen, in denen – aus welchen Gründen auch immer – das Aufkommen privater Gewalt nicht verhindert werden kann, gilt es sicherzustellen, daß dieser privaten Gewalt nicht irgendeine allgemeine Akzep-

---

266 *Isensee*, Staat und Verfassung, in: Isensee/Kirchhof, HStR, Bd. II, 3. Aufl. 2004, § 15 Rn. 53; *ders.*, Das staatliche Gewaltmonopol als Grundlage und Grenze der Grundrechte, in: Franßen/Redeker/Schlichter/Wilke, Bürger – Richter – Staat, Festschrift für Horst Sendler, 1991, S. 46; *ders.*, Das Grundrecht auf Sicherheit, 1983, S. 4; *Merten*, Rechtsstaatsdämmerung, in: Schreiber, Polizeilicher Eingriff und Grundrechte, Festschrift für Rudolf Samper, 1982, S. 40; *Götz*, Innere Sicherheit, in: Isensee/Kirchhof, HStR, Bd. III, 2. Aufl. 1996, § 79 Rn. 29; *Burgi*, Privatisierung, in: Isensee/Kirchhof, HStR, Bd. IV, 3. Aufl. 2006, § 75 Rn. 19; *Kirchhof*, Mittel staatlichen Handelns, in: Isensee/Kirchhof, HStR, Bd. V, 3. Aufl. 2007, § 99 Rn. 81; *Herzog*, Ziele, Vorbehalte und Grenzen der Staatstätigkeit, in: Isensee/Kirchhof, HStR, Bd. IV, 3. Aufl. 2006, § 72 Rn. 38 ff.; *Siekmann*, Staat und Staatlichkeit am Ende des 20. Jahrhunderts, in: Burmeister, Verfassungsstaatlichkeit, Festschrift für Klaus Stern, 1997, S. 354 f.; *Bethge*, DVBl. 1989, 844; *Stober*, DÖV 2000, 263.

267 *Di Fabio*, NJW 2008, 422; *Isensee*, Das staatliche Gewaltmonopol als Grundlage und Grenze der Grundrechte, in: Franßen/Redeker/Schlichter/Wilke, Bürger – Richter – Staat, Festschrift für Horst Sendler, 1991, S. 48; *Götz*, Innere Sicherheit, in: Isensee/Kirchhof, HStR, Bd. III, 2. Aufl. 1996, § 79 Rn. 29; *Classen*, in: v. Mangoldt/Klein/Starck, GG III, 5. Aufl. 2005, Art. 92 Rn. 1; *Steegmann*, Die Privatisierung polizeilicher Aufgaben, in: Gusy, Privatisierung von Staatsaufgaben: Kriterien – Grenzen – Folgen, 1998, S. 243.

268 *Isensee*, Staat und Verfassung, in: Isensee/Kirchhof, HStR, Bd. II, 3. Aufl. 2004, § 15 Rn. 84; *Merten*, Rechtsstaatsdämmerung, in: Schreiber, Polizeilicher Eingriff und Grundrechte, Festschrift für Rudolf Samper, 1982, S. 40. Vgl. auch *Braum*, Strafrechtliche Grenzen der Privatisierung, in: Schriftenreihe der Strafverteidigervereinigungen, 1999, S. 163 ff.

269 So auch *Krölls*, GewArch 1997, 448; *Siekmann*, Staat und Staatlichkeit am Ende des 20. Jahrhunderts, in: Burmeister, Verfassungsstaatlichkeit, Festschrift für Klaus Stern, 1997, S. 354 f.

tanz in der Bevölkerung zuwächst.[270] Ein Staat steht und fällt mit der effektiven Behauptung seines Gewaltmonopols, indem er durch die Rechtsordnung nicht nur den aktuellen Einsatz privater Gewalt untersagt, sondern auch schon im Vorfeld geeignete Maßnahmen ergreift, um Gewalt zu verhindern, wie beispielsweise freien Waffenbesitz, Privatpolizei, Privatgerichtsbarkeit oder Privatarmeen verbietet.[271] Insbesondere hat der Staat aber auch schleichenden Prozessen entgegenzuwirken, die die Totalität und Exklusivität staatlicher Gewaltanwendung zu verwässern oder aufzuweichen drohen.[272] Er muß dafür Sorge tragen, daß beispielsweise nicht das Mittel der Sprache mißbraucht wird, um Gewaltausübung durch Private zu verharmlosen. So ist es unter diesem Aspekt bedenklich, wenn „Gewaltakte gegen Sachen als Einwirkung auf den Prozeß der politischen Bewußtseinsbildung (...) ausgegeben, organisierte Verkehrs- und Betriebsblockaden als nachdrückliche Meinungsäußerung hingestellt, Gewaltdrohungen und Gewaltanwendungen durch Studenten als aktiver Streik deklariert" werden.[273] Gewalt darf nicht allgegenwärtig und als alltägliches Phänomen in Erscheinung treten, wie gelegentlich Begriffe wie „strukturelle", „politische", „technologische" oder „ökonomische Gewalt" oder Bagatellisierungen in der Berichterstattung der Medien glauben lassen (sollen).[274]

---

270 *Isensee*, Staat und Verfassung, in: Isensee/Kirchhof, HStR, Bd. II, 3. Aufl. 2004, § 15 Rn. 86. In diese Richtung auch *Braum*, Strafrechtliche Grenzen der Privatisierung, in: Schriftenreihe der Strafverteidigervereinigungen, 1999, S. 163 ff.

271 *Isensee*, Staat und Verfassung, in: Isensee/Kirchhof, HStR, Bd. II, 3. Aufl. 2004, § 15 Rn. 86; *ders.*, Das Grundrecht auf Sicherheit, 1983, S. 24 f. und S. 60 Fn. 142; *Merten*, Rechtsstaatsdämmerung, in: Schreiber, Polizeilicher Eingriff und Grundrechte, Festschrift für Rudolf Samper, 1982, S. 40, der das Gewaltmonopol zu den „vitalen Lebensinteressen des Staates" zählt, da jede „Beeinträchtigung zu einer Gefährdung der Staatlichkeit" führe.

272 *Merten*, Rechtsstaatsdämmerung, in: Schreiber, Polizeilicher Eingriff und Grundrechte, Festschrift für Rudolf Samper, 1982, S. 42 ff.; *Isensee*, Der Verfassungsstaat als Friedensgarant, in: Mellinghoff/Morgenthaler/Puhl, Die Erneuerung des Verfassungsstaates, 2003, S. 29.

273 *Merten*, Rechtsstaatsdämmerung, in: Schreiber, Polizeilicher Eingriff und Grundrechte, Festschrift für Rudolf Samper, 1982, S. 42 mit weiteren Nachweisen; eindringlich auch *Schmitt Glaeser*, Individuelle Verhaltenssteuerung im Bereich der inneren Sicherheit, in: Kirchhof/Lehner/Raupach/Rodi, Staaten und Steuern, Festschrift für Klaus Vogel, 2000, S. 357 ff. und 363 ff. mit vielen Beispielen.

274 *Merten*, Rechtsstaatsdämmerung, in: Schreiber, Polizeilicher Eingriff und Grundrechte, Festschrift für Rudolf Samper, 1982, S. 43; *Schmitt Glaeser*, Individuelle Verhaltenssteuerung im Bereich der inneren Sicherheit, in: Kirchhof/Lehner/Raupach/Rodi, Staaten und Steuern, Festschrift für Klaus Vogel, 2000, S. 357. In diese Richtung auch *Isensee*, JZ 1999, 277.

2. *Das staatliche Gewaltmonopol als Kompetenz und pflichtige Gewährleistung des Staates*

Das staatliche Gewaltmonopol konstituiert – wie es vielleicht auf den ersten Blick scheinen mag – nicht nur das Recht oder die Befugnis des Staates, körperliche Zwangsgewalt anzuwenden. Das staatliche Gewaltmonopol nimmt den Staat auch in Pflicht: Frieden und Sicherheit *muß* der Staat gegebenenfalls mittels Gewalt – nach unserer Verfassungsordnung natürlich rechtsstaatlich gebunden – durchsetzen, will er seine Legitimation behalten.[275] Er *muß* dafür sorgen, daß gesellschaftliche Konflikte in geordneten, rechtlichen Bahnen ausgetragen werden, daß nicht jedes individuelle Rechtsempfinden nach eigenem Geschmack durchgesetzt wird, daß Selbstjustiz und Fehde nicht um sich greifen. Der Staat *muß*, um effektiv Sicherheit herstellen zu können und selbst nicht wehrlos zu werden, im Konfliktfall präventiv oder repressiv Gewalt anwenden und zivile Verstöße gegen das Gewaltmonopol sanktionieren.[276] Er erfüllt seine Sicherheitsaufgabe nicht allein durch den Erlaß von Gesetzen, sondern insbesondere auch durch deren Vollzug.[277] Aus dieser Perspektive ist der Staat gefordert. Er darf nicht pazifistischen Gewaltverzicht leisten, darf sich nicht zurückziehen und die Streitschlichtung anderen überlassen.[278] Das staatliche Gewaltmonopol birgt also nicht nur Kompetenzen, sondern auch Pflichten des Staates.

---

275 *Isensee*, Staat und Verfassung, in: Isensee/Kirchhof, HStR, Bd. II, 3. Aufl. 2004, § 15 Rn. 84, 90; *ders.*, Das Grundrecht auf Sicherheit, 1983, S. 4, 21; *ders.*, Der Verfassungsstaat als Friedensgarant, in: Mellinghoff/Morgenthaler/Puhl, Die Erneuerung des Verfassungsstaates, 2003, S. 31; *Merten*, Rechtsstaatsdämmerung, in: Schreiber, Polizeilicher Eingriff und Grundrechte, Festschrift für Rudolf Samper, 1982, S. 48 f.; *Götz*, Innere Sicherheit, in: Isensee/Kirchhof, HStR, Bd. III, 2. Aufl. 1996, § 79 Rn. 6 und 30 f.; *Bethge*, DVBl. 1989, 849; *Zippelius*, Allgemeine Staatslehre, 15. Aufl. 2007, S. 45; *Pitschas*, JZ 1993, 859.

276 *Hillgruber*, JZ 2007, 211; *Götz*, Innere Sicherheit, in: Isensee/Kirchhof, HStR, Bd. III, 2. Aufl. 1996, § 79 Rn. 6 und 30 f.

277 *Isensee*, Das Grundrecht auf Sicherheit, 1983, S. 21; *ders.*, Der Verfassungsstaat als Friedensgarant, in: Mellinghoff/Morgenthaler/Puhl, Die Erneuerung des Verfassungsstaates, 2003, S. 31; *Herzog*, Ziele, Vorbehalte und Grenzen der Staatstätigkeit, in: Isensee/Kirchhof, HStR, Bd. IV, 3. Aufl. 2006, § 72 Rn. 42; *Bethge*, DVBl. 1989, 849.

278 *Götz*, Innere Sicherheit, in: Isensee/Kirchhof, HStR, Bd. III, 2. Aufl. 1996, § 79 Rn. 31.

3. Keine zufriedenstellenden Alternativen

Kommt der Staat seinen soeben geschilderten Sicherungsfunktionen nicht ausreichend nach, insbesondere sobald sich die Bevölkerung nicht mehr sicher fühlt (hier sind auch subjektive Einschätzungen in Rechnung zu stellen),[279] wird es zu Erscheinungen kommen, die nicht nur im Ausland als „neighbourhood-watches“ oder „community-policing“ bekannt sind, sondern auch in unseren Kreisen als „Bürgerwehren“ diskutiert werden.[280] Das Urbedürfnis nach Sicherheit darf nicht als „altmodisch“ aus dem politischen und rechtswissenschaftlichen Geschehen verdrängt werden. Sonst werden Ersatzmittel selbst – das heißt privat – organisierter Natur gesucht und sicher auch gefunden werden. Es bestünde die Gefahr, daß in die Durchsetzung des eigenen Rechtsempfindens mehr Vertrauen gelegt würde als in die Handlungsmöglichkeiten des Staates. Mag es noch rechtlich nicht zu beanstanden sein, daß Hausrecht und Notwehrbefugnisse gewerblich ausgeübt werden, so kann es beispielsweise nicht angehen, „privaten ‚Polizeien‘ autonome Spielräume eigener Sicherheitspolitik einzuräumen“, will man nicht an den Grundmauern der deutschen Staatlichkeit rütteln.[281]

4. Personelle Anforderungen

a) Allgemeine Vorgaben

Zur Erfüllung seiner Sicherheitsaufgaben muß der Staat ausreichend eigenes Personal, das nach seiner Begabung, Qualifikation und Zuverlässigkeit den ho-

---

279 *Di Fabio*, NJW 2008, 422.

280 *Götz*, Innere Sicherheit, in: Isensee/Kirchhof, HStR, Bd. III, 2. Aufl. 1996, § 79 Rn. 30; *Pitschas*, JZ 1993, 860 mit weiteren Nachweisen.

281 *Götz*, Innere Sicherheit, in: Isensee/Kirchhof, HStR, Bd. III, 2. Aufl. 1996, § 79 Rn. 30; *Pitschas*, JZ 1993, 860. *Stober*, ZRP 2001, 265, befürwortet den Einsatz privater „Hilfspolizeibeamter“. Der Sache nach handelt es sich dabei um einen Fall der Verwaltungshilfe. Privatpersonen als Hilfspolizei*beamte* zu bezeichnen, ist allerdings ein Widerspruch in sich. Beamte stehen mit dem Staat als ihrem Dienstherren in einem öffentlich-rechtlichen Dienst- und Treueverhältnis. Wer in seiner Funktion als Beamter auftritt handelt im und für den Staat und nicht als Privatperson. Diese hingegen entfalten sich im gesellschaftlichen, freiheitsgeprägten Bereich. Durch die Bezeichnung „Hilfspolizeibeamter“ kann der Rechtsschein entstehen, diese (privaten) Hilfspolizeibeamten unterlägen wie „echte“ Beamte denselben strengen rechtsstaatlichen und grundrechtlichen Bindungen. Zudem wird sich ein Durchschnittsbürger gegenüber einem Hilfspolizeibeamten faktisch sofort in einer Unterordnungssituation wie gegenüber einem ordentlichen Polizeibeamten sehen. Es sollte daher vermieden werden, von Hilfspolizeibeamten zu sprechen.

hen, sich aus dem staatlichen Handlungsauftrag ergebenden Anforderungen genügt, zur Verfügung stellen.[282] Nur geeignetes, sorgfältig ausgewähltes Personal, das bereit ist, zur Verwirklichung der staatlichen Ziele „voller Hingabe an das Amt" beizutragen, und das nicht nach individueller Selbstverwirklichung durch Verfolgung privater Interessen im Dienst strebt, kann den Verfassungsstaat garantieren.[283] Durch die strenge Gesetzesgebundenheit der ausgewählten Personen wird die demokratische Rechtfertigung staatlichen Handelns, wie sie das Demokratieprinzip fordert, abgesichert. Willkürfreiheit, Unparteilichkeit und Kontrollierbarkeit werden erreicht.[284] Der Staat kann „eine Dienstbereitschaft zu angemessenen aber ungemessenen Diensten" fordern.[285] Bezeichnend ist, daß Beamten das Arbeitskampfmittel des Streiks zur Durchsetzung persönlicher Interessen genommen ist;[286] die Alimentierung oder sonstige Dienstbedingungen werden nicht durch kollektive wirtschaftliche Kampfmaßnahmen erstritten, sondern einseitig durch Gesetz festgelegt.[287]

---

282 *Kirchhof*, Mittel staatlichen Handelns, in: Isensee/Kirchhof, HStR, Bd. V, 3. Aufl. 2007, § 99 Rn. 92; *Herzog*, Ziele, Vorbehalte und Grenzen der Staatstätigkeit, in: Isensee/Kirchhof, HStR, Bd. IV, 3. Aufl. 2006, § 72 Rn. 42.

283 *Kirchhof*, Mittel staatlichen Handelns, in: Isensee/Kirchhof, HStR, Bd. V, 3. Aufl. 2007, § 99 Rn. 92 ff.; *Isensee*, Gemeinwohl und Staatsaufgaben im Verfassungsstaat, in: Isensee/Kirchhof, HStR, Bd. III, 2. Aufl. 1996, § 57 Rn. 155; *Di Fabio*, JZ 1999, 591; *Krölls*, GewArch 1997, 451.

284 *Kirchhof*, Mittel staatlichen Handelns, in: Isensee/Kirchhof, HStR, Bd. V, 3. Aufl. 2007, § 99 Rn. 96 ff.

285 *Kirchhof*, Mittel staatlichen Handelns, in: Isensee/Kirchhof, HStR, Bd. V, 3. Aufl. 2007, § 99 Rn. 96.

286 BVerfGE 8, 1, 17; 44, 249, 264; BVerwGE 63, 293, 300; 73, 97, 102 f.; *Masing*, in: Dreier, Grundgesetz-Kommentar, Bd. 2, 2. Aufl. 2006, Art. 33 Rn. 84; *Jachmann*, in: v. Mangoldt/Klein/Starck, GG II, 5. Aufl. 2005, Art. 33 Rn. 33; *Lecheler*, in: Friauf/Höfling, Berliner Kommentar, 20. EL, Stand April 2007, Art. 33 Rn. 49; *Maunz*, in: Maunz/Dürig, Komm. z. GG, 50. EL, Stand Juni 2007, Art. 33 Rn. 32; *Dollinger/Umbach*, in: Umbach/Clemens, Grundgesetz, Mitarbeiterkommentar und Handbuch, Bd. I, 2002, Art. 33 Rn. 82; *Sannwald*, in: Schmidt-Bleibtreu/Klein, GG, 10. Aufl. 2004, Art. 33 Rn. 102; *Battis*, in: Sachs, Grundgesetz, 4. Aufl. 2007, Art. 33 Rn. 53; *Jachmann/Strauß*, ZBR 1999, 291.

287 BVerfGE 8, 1, 17; 8, 28, 35; 19, 303, 321 f.; 44, 249, 264 f.; *Kirchhof*, Mittel staatlichen Handelns, in: Isensee/Kirchhof, HStR, Bd. V, 3. Aufl. 2007, § 99 Rn. 98; *Masing*, in: Dreier, Grundgesetz-Kommentar, Bd. 2, 2. Aufl. 2006, Art. 33 Rn. 82 ff.; *Jachmann*, ZBR 2000, 186.

b) Der Funktionsvorbehalt des Art. 33 Abs. 4 GG

Das Grundgesetz greift diesen Aspekt in Art. 33 Abs. 4 GG auf.[288] Nach dieser Vorschrift ist die Ausübung hoheitsrechtlicher Befugnisse als ständige Aufgabe in der Regel Angehörigen des öffentlichen Dienstes zu übertragen, die in einem öffentlich-rechtlichen Dienst- und Treueverhältnis stehen. Damit sind vornehmlich die Rechtsverhältnisse der Berufsbeamten angesprochen; diese verbindet ein öffentlich-rechtliches Dienst- und Treueverhältnis mit dem Staat.[289] Die Regelung legt im Zusammenhang mit Art. 33 Abs. 5 GG die Zweispurigkeit der öffentlichen Dienstverhältnisse fest, indem sie die Grundlage für die Unterscheidung zwischen Beamten einerseits und Arbeitern und Angestellten andererseits schafft.[290]

aa) Funktionsvorbehalt und institutionelle Garantie des Berufsbeamtentums

Art. 33 Abs. 4 GG verpflichtet alle Träger öffentlicher Gewalt unmittelbar, die ständige Ausübung hoheitsrechtlicher Befugnisse in der Regel Beamten zu übertragen. Die Norm verbürgt zur Sicherung des Funktionierens des Staatsapparats und damit letztendlich auch zum Wohl der Allgemeinheit die Existenz und einen Mindesteinsatzbereich von Berufsbeamten.[291] Man spricht in diesem Zusammenhang auch von einem Funktionsvorbehalt zugunsten des Berufsbeamtentums, da durch diese Norm bestimmte Funktionen im Rahmen der öffentlichen

---

288 Zum personellen Zusammenhang zwischen dem Gewaltmonopol und Art. 33 Abs. 4 GG vgl. *Krölls*, GewArch 1997, 451 und 452 („funktionale Kongruenz").

289 *Sannwald*, in: Schmidt-Bleibtreu/Klein, GG, 10. Aufl. 2004, Art. 33 Rn. 99 ff.; *Jachmann*, in: v. Mangoldt/Klein/Starck, GG II, 5. Aufl. 2005, Art. 33 Rn. 30; *Lecheler*, in: Friauf/Höfling, Berliner Kommentar, 20. EL, Stand April 2007, Art. 33 Rn. 34; *Kunig*, in: v. Münch/Kunig, GGK II, 5. Aufl. 2001, Rn. 39; *Masing*, in: Dreier, Grundgesetz-Kommentar, Bd. 2, 2. Aufl. 2006, Art. 33 Rn. 63; *Dollinger/Umbach*, in: Umbach/Clemens, Grundgesetz, Mitarbeiterkommentar und Handbuch, Bd. I, 2002, Art. 33 Rn. 69 ff.; *Battis*, in: Sachs, Grundgesetz, 4. Aufl. 2007, Art. 33 Rn. 45.

290 *Masing*, in: Dreier, Grundgesetz-Kommentar, Bd. 2, 2. Aufl. 2006, Art. 33 Rn. 60; *Battis*, in: Sachs, Grundgesetz, 4. Aufl. 2007, Art. 33 Rn. 45; *Isensee*, Öffentlicher Dienst, in: Benda/Maihofer/Vogel, Handbuch des Verfassungsrechts der Bundesrepublik Deutschland, 2. Aufl. 1994, S. 1529.

291 *Masing*, in: Dreier, Grundgesetz-Kommentar, Bd. 2, 2. Aufl. 2006, Art. 33 Rn. 60, 65; *Jachmann*, in: v. Mangoldt/Klein/Starck, GG II, 5. Aufl. 2005, Art. 33 Rn. 29; *Dollinger/Umbach*, in: Umbach/Clemens, Grundgesetz, Mitarbeiterkommentar und Handbuch, Bd. I, 2002, Art. 33 Rn. 69; *Schuppert*, in: AK-GG, 3. Aufl., 2. AufbauL 2002, Art. 33 Abs. 4 Rn. 28.

Aufgabenerfüllung der Erledigung durch Beamte vorbehalten sind.[292] Durch die Gewährleistung eines Mindesteinsatzbereichs konstituiert Art. 33 Abs. 4 GG (in Verbindung mit Art. 33 Abs. 5 GG) wesensmäßig eine institutionelle Garantie des Berufsbeamtentums.[293]

bb) Sinn und Zweck des Funktionsvorbehalts

Durch die Gewährleistung, daß bestimmte Funktionen im Rahmen der öffentlichen Aufgabenerledigung von staatlichen Bediensteten, die in einem besonders engen Abhängigkeitsverhältnis zum Staat stehen,[294] nämlich von Beamten wahrgenommen werden, will die Verfassung gesteigertes Sachwissen, persönliche Qualifikation, Loyalität und eine hohe Leistungsbereitschaft als Motor des Staatsapparats nutzen.[295] Zwischen Arbeitern und Angestellten im öffentlichen Dienst einerseits und Beamten andererseits bestehen wichtige strukturelle Unterschiede: Erstgenannte stehen zu ihrem Dienstherrn in einem privatrechtlichen Arbeitsvertragsverhältnis. Dessen Konditionen sind prinzipiell Gegenstand der Privatautonomie, welche aber in großem Umfang von der Tarifautonomie der Gewerkschaften und der öffentlichen Arbeitgeber überlagert wird.[296] Im Gegensatz dazu wird das Beamtenrecht durch bereichsspezifisches Sonderrecht des öf-

---

292 *Masing*, in: Dreier, Grundgesetz-Kommentar, Bd. 2, 2. Aufl. 2006, Art. 33 Rn. 58; *Jachmann*, in: v. Mangoldt/Klein/Starck, GG II, 5. Aufl. 2005, Art. 33 Rn. 29; *Dollinger/Umbach*, in: Umbach/Clemens, Grundgesetz, Mitarbeiterkommentar und Handbuch, Bd. I, 2002, Art. 33 Rn. 73 f.; *Sannwald*, in: Schmidt-Bleibtreu/Klein, GG, 10. Aufl. 2004, Art. 33 Rn. 86; *Battis*, in: Sachs, Grundgesetz, 4. Aufl. 2007, Art. 33 Rn. 45; *Maunz*, in: Maunz/Dürig, Komm. z. GG, 50. EL, Stand Juni 2007, Art. 33 Rn. 32; *Kunig*, in: v. Münch/Kunig, GGK II, 5. Aufl. 2001, Rn. 39.

293 *Masing*, in: Dreier, Grundgesetz-Kommentar, Bd. 2, 2. Aufl. 2006, Art. 33 Rn. 58, 60; *Jachmann*, in: v. Mangoldt/Klein/Starck, GG II, 5. Aufl. 2005, Art. 33 Rn. 29; *Sannwald*, in: Schmidt-Bleibtreu/Klein, GG, 10. Aufl. 2004, Art. 33 Rn. 87; *Battis*, in: Sachs, Grundgesetz, 4. Aufl. 2007, Art. 33 Rn. 45; *Kunig*, in: v. Münch/Kunig, GGK II, 5. Aufl. 2001, Rn. 39.

294 *Maunz*, in: Maunz/Dürig, Komm. z. GG, 50. EL, Stand Juni 2007, Art. 33 Rn. 32.

295 BVerfGE 7, 155, 162; 76, 256, 324; *Kunig*, in: v. Münch/Kunig, GGK II, 5. Aufl. 2001, Rn. 40; *Sannwald*, in: Schmidt-Bleibtreu/Klein, GG, 10. Aufl. 2004, Art. 33 Rn. 103; *Maunz*, in: Maunz/Dürig, Komm. z. GG, 50. EL, Stand Juni 2007, Art. 33 Rn. 32; *Dollinger/Umbach*, in: Umbach/Clemens, Grundgesetz, Mitarbeiterkommentar und Handbuch, Bd. I, 2002, Art. 33 Rn. 72, 82. Durch nichts zu rechtfertigen sind die Bemerkungen von *Wohlgemuth*, Vom Segen der Konkurrenz, in: Stober, Privatisierung im Strafvollzug?, 2001, S. 87 ff., zum deutschen Beamtentum.

296 *Battis*, in: Sachs, Grundgesetz, 4. Aufl. 2007, Art. 33 Rn. 46; *Isensee*, Öffentlicher Dienst, in: Benda/Maihofer/Vogel, Handbuch des Verfassungsrechts der Bundesrepublik Deutschland, 2. Aufl. 1994, S. 1529, spricht von der Mediatisierung des einzelnen Arbeitnehmers durch die Gewerkschaften.

fentlichen Rechts geregelt. Entsprechend wird das Beamtenverhältnis durch einen Verwaltungsakt begründet. Sein Inhalt wird einseitig und verbindlich durch Gesetz bestimmt. Damit gehört es nicht wie das öffentliche Arbeitsverhältnis dem Privatrecht, sondern dem öffentlichen Recht an.[297] Aus dem durch die Ernennung begründeten und in Art. 33 Abs. 4 GG verfassungsrechtlich verankerten öffentlich-rechtlichen Dienst- und Treueverhältnis resultiert eine beiderseitige, Dienstherrn und Beamten umspannende Treuepflicht.[298] Dem staatlichen Dienstherrn obliegt eine Fürsorge- und Schutzpflicht zugunsten der Beamten (§§ 48 BRRG, 79 BBG). Die Treuepflicht der Beamten (§ 2 Abs. 1 BRRG) konkretisiert sich in zahlreichen Einzelvorschriften zum Beamtenrecht, wie beispielsweise der Amtsführungs- und der Gehorsamspflicht in §§ 52 Abs. 1 und 55 BBG. Insbesondere zählen zur beamtenrechtlichen Treuepflicht auch das Streikverbot und die Befugnis des Dienstherrn, das Dienstverhältnis einseitig auszugestalten.[299]

Das beamtenrechtliche Dienst- und Treueverhältnis soll das Funktionieren des Staatsapparates sicherstellen. Um sich legitimieren und seine Aufgaben erfüllen zu können, muß eine effektive und stabile Verwaltung der Organisation Staat garantiert sein.

(1) Frieden und Sicherheit durch Neutralität

Der Staat soll als Ausgleich, als „Widerlager" zu gesellschaftlichen Interessenkonflikten dienen und so Frieden und Sicherheit gewährleisten.[300] Dies kann er nur, wenn er Neutralität und Distanz zu den einzelnen Individualinteressen hält und auf das Gemeinwohl ausgerichtet ist. Hier kommt die beamtenrechtliche Treuepflicht zum Zug: Die besondere statusrechtliche Absicherung durch das Lebenszeitprinzip und die Alimentation soll einen verantwortlichen und von gesellschaftlichen Kräften unabhängigen, neutralen Gesetzesvollzug gewährleis-

---

297 *Isensee*, Öffentlicher Dienst, in: Benda/Maihofer/Vogel, Handbuch des Verfassungsrechts der Bundesrepublik Deutschland, 2. Aufl. 1994, S. 1529.

298 *Sannwald*, in: Schmidt-Bleibtreu/Klein, GG, 10. Aufl. 2004, Art. 33 Rn. 102; *Masing*, in: Dreier, Grundgesetz-Kommentar, Bd. 2, 2. Aufl. 2006, Art. 33 Rn. 85, 86; *Battis*, in: Sachs, Grundgesetz, 4. Aufl. 2007, Art. 33 Rn. 46, 51; *Jachmann*, in: v. Mangoldt/Klein/Starck, GG II, 5. Aufl. 2005, Art. 33 Rn. 30; *Dollinger/Umbach*, in: Umbach/Clemens, Grundgesetz, Mitarbeiterkommentar und Handbuch, Bd. I, 2002, Art. 33 Rn. 82; *Battis/Schlenga*, ZBR 1995, 254.

299 *Battis*, in: Sachs, Grundgesetz, 4. Aufl. 2007, Art. 33 Rn. 52 f.; *ders./Schlenga*, ZBR 1995, 258 f.; *Sannwald*, in: Schmidt-Bleibtreu/Klein, GG, 10. Aufl. 2004, Art. 33 Rn. 102; zum Streikverbot siehe BVerfGE 8, 1, 17; 44, 249, 264; BVerwGE 63, 293, 300; 73, 97, 102 f.

300 Siehe oben unter A)II.3.a), S. 36 ff., und A)II.4.b)bb) und cc), S. 47 ff.

ten.[301] In der Treuepflicht schwingt der Appell an den Beamten mit, sich mit einer gesetzmäßigen, gemeinwohlorientierten und unparteiischen staatlichen Aufgabenerfüllung zu identifizieren.[302] Auch die Remonstrationspflicht ist in diesem Zusammenhang zu nennen, die einen an Recht und Gesetz gebundenen Verwaltungsvollzug sicherstellen und der Bevorzugung einzelner Interessen entgegenwirken soll.[303]

(2) Frieden und Sicherheit durch eine kontinuierliche staatliche Aufgabenerfüllung

Zudem muß der Staat in der Lage sein, seine Ziele effektiv durchzusetzen.[304] Es muß ihm gelingen, eine allgemeinverbindliche Rechtsordnung für ein friedliches Zusammenleben aufzustellen, aufrechtzuerhalten und nötigenfalls auch zu vollstrecken. Dies erfordert einen gleichmäßig und jederzeit verläßlich arbeitenden, also „funktionierenden" Staat. Der Funktionsvorbehalt soll durch die besondere Pflichtenstellung der Beamten und durch ihre Loyalität zum Staat eine effiziente, stabile Verwaltung durch eine dienstrechtlich abgesicherte Verläßlichkeit und Verfügbarkeit des Verwaltungspersonals gewährleisten.[305] So kann das Berufs-

---

301 *Jachmann*, in: v. Mangoldt/Klein/Starck, GG II, 5. Aufl. 2005, Art. 33 Rn. 28, 30 und 33; *dies.*, ZBR 2000, 181, 186, 188; *dies./Strauß*, ZBR 1999, 292; *Kunig*, in: v. Münch/Kunig, GGK II, 5. Aufl. 2001, Rn. 40; *Dollinger/Umbach*, in: Umbach/Clemens, Grundgesetz, Mitarbeiterkommentar und Handbuch, Bd. I, 2002, Art. 33 Rn. 72, 75; *Masing*, in: Dreier, Grundgesetz-Kommentar, Bd. 2, 2. Aufl. 2006, Art. 33 Rn. 28 und 66; *Haug*, NVwZ 1999, 817; *Willenbruch/Bischoff*, NJW 2006, 1777; so auch StGH Bremen NordÖR 2002, 63.

302 BVerfGE 7, 155, 162 f.; 8, 1, 16; 11, 203, 216 f.; 21, 329, 345; 39, 196, 210; 44, 249, 265; 56, 146, 162; 70, 69, 80; *Jachmann*, in: v. Mangoldt/Klein/Starck, GG II, 5. Aufl. 2005, Art. 33 Rn. 30, 33; *dies.*, ZBR 2000, 186, 188; *dies./Strauß*, ZBR 1999, 292 f.; *Kunig*, in: v. Münch/Kunig, GGK II, 5. Aufl. 2001, Rn. 40; *Dollinger/Umbach*, in: Umbach/Clemens, Grundgesetz, Mitarbeiterkommentar und Handbuch, Bd. I, 2002, Art. 33 Rn. 75; *Masing*, in: Dreier, Grundgesetz-Kommentar, Bd. 2, 2. Aufl. 2006, Art. 33 Rn. 28; *Haug*, NVwZ 1999, 817; *Willenbruch/Bischoff*, NJW 2006, 1777.

303 *Jachmann*, in: v. Mangoldt/Klein/Starck, GG II, 5. Aufl. 2005, Art. 33 Rn. 30, 33; *dies.*, ZBR 2000, 188; *dies./Strauß*, ZBR 1999, 292.

304 Siehe oben unter A)II.3.a), S. 36 ff., und unter A)III., S. 56 ff.

305 BVerfGE 7, 155, 162; *Battis*, in: Sachs, Grundgesetz, 4. Aufl. 2007, Art. 33 Rn. 56; *Schuppert*, in: AK-GG, 3. Aufl., 2. AufbauL 2002, Art. 33 Abs. 4 Rn 29; *Sannwald*, in: Schmidt-Bleibtreu/Klein, GG, 10. Aufl. 2004, Art. 33 Rn. 103; *Kunig*, in: v. Münch/Kunig, GGK II, 5. Aufl. 2001, Rn. 40; *Dollinger/Umbach*, in: Umbach/Clemens, Grundgesetz, Mitarbeiterkommentar und Handbuch, Bd. I, 2002, Art. 33 Rn. 74 f.; *Masing*, in: Dreier, Grundgesetz-Kommentar, Bd. 2, 2. Aufl. 2006, Art. 33 Rn. 28; *Jachmann*, in: v. Mangoldt/Klein/Starck, GG II, 5. Aufl.

beamtentum die Kontinuität der Erfüllung hoheitlicher Staatsfunktionen sicherstellen.[306] Das Streikverbot für Beamte verhindert Ausfälle oder Beeinträchtigungen einer gleichmäßigen und stetigen Staatsarbeit.[307]

(3) Die Sicherung der persönlichen Freiheit der Bürger durch an Recht und Gesetz gebundenes Staatshandeln

Die Gewährleistung persönlicher Freiheit und Schutz vor unverhältnismäßigen, willkürlichen Beeinträchtigungen der bürgerlichen Rechtspositionen durch einen zu mächtigen, unkontrollierten Staatsapparat zählen zu den wichtigen Staatsaufgaben.[308] Diesem Ziel dient das beamtenrechtliche Treueverhältnis wieder im Hinblick auf die Sicherstellung eines verfassungs- und gesetzeskonformen Verwaltungshandelns insbesondere durch seine rechtsstaatliche Ausrichtung.[309] Der Staat benötigt ein rechtsstaatlich verpflichtetes Personal. Prinzipien wie der Vorrang und der Vorbehalt des Gesetzes sind Paradebeispiele für die Rechtmäßigkeitsgewähr, die das Berufsbeamtentum bietet. Der rechtsstaatliche Aspekt wird durch einen demokratiestaatlichen ergänzt: Die Tätigkeit der Berufsbeamten ist auf eine möglichst gleichmäßige und effektive Durchsetzung des im parlamentarischen Verfahren gebildeten Mehrheitswillens ausgerichtet.[310] Raum für Willkür verbleibt nicht. Das Berufsbeamtentum ist dadurch seinerseits demokratisch legitimiert. Es steht aufgrund der hierarchischen Struktur unter der Weisung der

---

2005, Art. 33 Rn. 33; *dies.*, ZBR 2000, 181, 188; *dies./Strauß*, ZBR 1999, 292 f.; *Isensee*, Gemeinwohl und Staatsaufgaben im Verfassungsstaat, in: Isensee/Kirchhof, HStR, Bd. III, 2. Aufl. 1996, § 57 Rn. 155; *Haug*, NVwZ 1999, 817; *Willenbruch/Bischoff*, NJW 2006, 1777; *Krölls*, GewArch 1997, 451.

306 BVerfGE 88, 103, 114; *Jachmann*, ZBR 2000, 188; *Krölls*, GewArch 1997, 451.

307 *Sannwald*, in: Schmidt-Bleibtreu/Klein, GG, 10. Aufl. 2004, Art. 33 Rn. 102; *Jachmann*, in: v. Mangoldt/Klein/Starck, GG II, 5. Aufl. 2005, Art. 33 Rn. 33; *dies.*, ZBR 2000, 181, 188; *dies./Strauß*, ZBR 1999, 292 f.; *Isensee*, Gemeinwohl und Staatsaufgaben im Verfassungsstaat, in: Isensee/Kirchhof, HStR, Bd. III, 2. Aufl. 1996, § 57 Rn. 155; *Haug*, NVwZ 1999, 817.

308 Siehe oben unter A)II.4.b)bb), S. 47 ff., und dd), S. 52 ff.

309 BVerfGE 7, 155, 162 f.; 8, 1, 16; 11, 203, 216 f.; 21, 329, 345; 39, 196, 210; 44, 249, 265; 56, 146, 162; 70, 69, 80; *Jachmann*, in: v. Mangoldt/Klein/Starck, GG II, 5. Aufl. 2005, Art. 33 Rn. 30 und 33 f.; *dies.*, ZBR 2000, 181, 186; *dies./Strauß*, ZBR 1999, 290 und 292 f.; *Dollinger/Umbach*, in: Umbach/Clemens, Grundgesetz, Mitarbeiterkommentar und Handbuch, Bd. I, 2002, Art. 33 Rn. 72, 74 f., 80; *Masing*, in: Dreier, Grundgesetz-Kommentar, Bd. 2, 2. Aufl. 2006, Art. 33 Rn. 28; *Haug*, NVwZ 1999, 817; so auch StGH Bremen NordÖR 2002, 63.

310 *Jachmann*, in: v. Mangoldt/Klein/Starck, GG II, 5. Aufl. 2005, Art. 33 Rn. 30 und 33 f.; *dies./Strauß*, ZBR 1999, 292 f.; *Masing*, in: Dreier, Grundgesetz-Kommentar, Bd. 2, 2. Aufl. 2006, Art. 33 Rn. 28; *Haug*, NVwZ 1999, 817.

Regierung, die ihrerseits parlamentarisch kontrolliert wird. Der „ununterbrochenen demokratischen Legitimationskette“ (*E.-W. Böckenförde*) ist Genüge getan.

(4) Die Sicherung der Freiheit der Bürger durch Mäßigung der Staatsgewalt im Prinzip der Gewaltenteilung

Abschließend verdient die Stabilisierungsfunktion des Beamtentums – wieder im Hinblick auf das Rechtsstaatsprinzip, diesmal aber unter dem Aspekt der Gewaltenteilung, die einer (gegebenenfalls freiheitsbeschränkenden) Machtkonzentration in einer Hand vorbeugen soll – noch eine kurze Erwähnung. Angesichts der strengen Gesetzesgebundenheit müssen sich Beamte nicht nur gegenüber gesellschaftlichen Individualinteressen, sondern auch parteipolitisch neutral verhalten.[311] Daraus resultiert ihre dienstliche Eigenständigkeit. Gegenüber den Grundsätzen der Wahlperiodizität und Diskontinuität, wechselnden Mehrheitsverhältnissen im Parlament und gegenüber der Macht politischer Parteien stellt das Beamtentum eine neutrale Basis einer eigenverantwortlichen, schlicht gesetzesvollziehenden Verwaltung dar.[312] Das Berufsbeamtentum ist damit durch die Verwirklichung einer von den Organen der Legislative unabhängigen Exekutive eine wichtige Stütze der Gewaltenteilung.

(5) Zwischenergebnis

Diese genannten Funktionen des Berufsbeamtentums rechtfertigen einerseits die besondere Pflichtenbeziehung des Beamten zum Staat und andererseits die dem Beamten vorbehaltenen Privilegien. Die Hintergründe der institutionellen Garantie und des Funktionsvorbehalts scheinen klar und plausibel. Über die Reichweite der einzelnen Tatbestandsmerkmale des Art. 33 Abs. 4 GG herrschen jedoch weitgehende Meinungsunterschiede. Insbesondere zwei Merkmale der Norm verdienen im Hinblick auf die folgenden Untersuchungen tiefergehende Erörterung. Zum einen ist zu prüfen, was unter der Ausübung hoheitsrechtlicher Befugnisse zu verstehen ist. Zum anderen verpflichtet Art. 33 Abs. 4 GG nur zu einer Regelübertragung („... in der Regel ...“). Zu klären ist daher, wann von der

---

311 *Jachmann*, in: v. Mangoldt/Klein/Starck, GG II, 5. Aufl. 2005, Art. 33 Rn. 30 und 33 f.; *dies.*, ZBR 2000, 186 f.; *dies./Strauß*, ZBR 1999, 292 f.

312 *Jachmann*, in: v. Mangoldt/Klein/Starck, GG II, 5. Aufl. 2005, Art. 33 Rn. 30 und 33 f.; *dies.*, ZBR 2000, 186 f.; *dies./Strauß*, ZBR 1999, 292 f.; *Masing*, in: Dreier, Grundgesetz-Kommentar, Bd. 2, 2. Aufl. 2006, Art. 33 Rn. 28. Von einer politischen „Knetbarkeit des Beamtenapparates“ (*Wohlgemuth*, Vom Segen der Konkurrenz, in: Stober, Privatisierung im Strafvollzug?, 2001, S. 89) kann keine Rede sein.

Regel der Beschäftigung von Beamten abgewichen werden darf und wann ausnahmsweise Nichtbeamte – vielleicht sogar Private – eingesetzt werden dürfen.

cc) Hoheitsrechtliche Befugnisse

Einigkeit besteht bezüglich des Begriffs der hoheitsrechtlichen Befugnisse nur insoweit, als daß *hoheitsrechtlich* mit *hoheitlich* gleichgesetzt werden kann.[313] Dies führt jedoch alleine noch nicht weiter.

(1) Generalisierende oder differenzierende Betrachtungsweise

Hinsichtlich der Frage, ob sich aus Art. 33 Abs. 4 GG wegen der Ausübung hoheitsrechtlicher Befugnisse die Pflicht des Staats ergibt, eine bestimmte Dienststelle mit einem Beamten zu besetzen, ist zu klären, ob *generalisierend* auf einen ganzen Verwaltungsbereich, auf den jeweiligen Verwaltungsträger abzustellen ist oder ob *differenzierend* auf die jeweilige konkrete Verwaltungsfunktion innerhalb eines Verwaltungsbereiches, die von einem Beschäftigten wahrgenommen wird, abzustellen ist.[314]

Entscheidet man sich für die erste Alternative, ist zu fragen, ob ein Verwaltungsträger insgesamt überwiegend hoheitliche Tätigkeiten ausübt oder nicht, ob ein ganzer Verwaltungszweig hoheitlich geprägt ist oder nicht.[315] Je nach dem kommt dann nur eine Einordnung des ganzen Verwaltungsbereiches unter den Funktionsvorbehalt des Art. 33 Abs. 4 GG in Betracht.

Entscheidet man sich hingegen mit den überwiegenden Literaturstimmen für die zweite Alternative, sind die einzelnen Dienstposten innerhalb eines Verwaltungsbereichs in Augenschein zu nehmen.[316] Die Frage der Einordnung hängt dann davon ab, welche konkreten Tätigkeiten von einem einzelnen Bediensteten vorgenommen werden.

---

313 *Battis*, in: Sachs, Grundgesetz, 4. Aufl. 2007, Art. 33 Rn. 55; *Sannwald*, in: Schmidt-Bleibtreu/Klein, GG, 10. Aufl. 2004, Art. 33 Rn. 90.

314 *Lecheler*, in: Friauf/Höfling, Berliner Kommentar, 20. EL, Stand April 2007, Art. 33 Rn. 40.

315 So *Peine*, Der Funktionsvorbehalt des Berufsbeamtentums, DV (17), 1984, S. 437 f.; *Leisner*, Der Beamte als Leistungsträger, in: ders., Das Berufsbeamtentum im demokratischen Staat, 1975, S. 138.

316 So *Kunig*, in: v. Münch/Kunig, GGK II, 5. Aufl. 2001, Rn. 49; *Battis*, in: Sachs, Grundgesetz, 4. Aufl. 2007, Art. 33 Rn. 57; *Masing*, in: Dreier, Grundgesetz-Kommentar, Bd. 2, 2. Aufl. 2006, Art. 33 Rn. 66; *Jachmann*, in: v. Mangoldt/Klein/Starck, GG II, 5. Aufl. 2005, Art. 33 Rn. 31; *Lecheler*, in: Friauf/Höfling, Berliner Kommentar, 20. EL, Stand April 2007, Art. 33 Rn. 49; *ders.*, Die Beamtenaufgaben nach dem Funktionsvorbehalt des GG, 1986, S. 22 f.

(a) Argumente für eine differenzierende Betrachtungsweise

Schon der Wortlaut des Art. 33 Abs. 4 GG spricht für die differenzierende, oben als zweite genannte Auffassung, die in Bezug auf den jeweiligen Dienstposten unterscheidet. Im Grundgesetz ist die Rede von der „Ausübung hoheitsrechtlicher Befugnisse", die speziellen „Angehörigen des öffentlichen Dienstes" zu übertragen ist. Es wird damit klar auf den jeweils zu beschäftigenden Angehörigen des öffentlichen Dienstes abgestellt und nicht etwa auf ganze Verwaltungseinheiten oder Verwaltungszweige.[317] Eine anderslautende Formulierung wäre ohne weiteres möglich gewesen.[318]

Aber auch ein teleologisches Argument geht in dieselbe Richtung. Mit dem Funktionsvorbehalt soll – wie soeben dargestellt – gewährleistet werden, daß der Staat seine ihn legitimierenden und die Freiheit der Bürger sichernden Aufgaben zielführend erledigen kann.[319] Hierzu kommt es auf die jeweils von konkreten Personen im öffentlichen Dienst vorgenommenen Tätigkeiten in Bezug auf ihre Bedeutung für die (Rechts-) Staatlichkeit an und nicht darauf, ob wirklich jede Tätigkeit innerhalb eines ganzen Verwaltungszweigs von Beamten wahrgenommen wird. Es schadet im Hinblick auf die Ziele des Funktionsvorbehalts nicht, wenn von einem Verwaltungsträger neben hoheitlichen Aufgaben durch Beamte auch nichthoheitliche durch Arbeiter oder Angestellte im öffentlichen Dienst erledigt werden,[320] wenn also die Zweispurigkeit des öffentlichen Dienstes auch innerhalb eines Verwaltungsträgers verwirklicht wird.

(b) Weitere Abgrenzungskriterien

Bei der Betrachtung des einzelnen Dienstpostens ist dann auf den inneren Zusammenhang des jeweils geleisteten Beitrags mit der Abschlußentscheidung abzustellen.[321] Im Hinblick auf die vermehrt arbeitsteilige Erledigung von Verwal-

---

317 *Lecheler*, in: Friauf/Höfling, Berliner Kommentar, 20. EL, Stand April 2007, Art. 33 Rn. 49; *ders.*, Die Beamtenaufgaben nach dem Funktionsvorbehalt des GG, 1986, S. 22 f.

318 *Lecheler*, in: Friauf/Höfling, Berliner Kommentar, 20. EL, Stand April 2007, Art. 33 Rn. 49, bringt folgendes Formulierungsbeispiel: „Bei Verwaltungsträgern, die hoheitsrechtliche Befugnisse ausüben, sind in der Regel Beamte zu beschäftigen.".

319 Siehe dazu oben unter B)I.4.b)bb), S. 77 ff.

320 *Lecheler*, in: Friauf/Höfling, Berliner Kommentar, 20. EL, Stand April 2007, Art. 33 Rn. 49.

321 *Lecheler*, in: Friauf/Höfling, Berliner Kommentar, 20. EL, Stand April 2007, Art. 33 Rn. 49; *ders.*, Die Beamtenaufgaben nach dem Funktionsvorbehalt des GG, 1986, S. 26 f.; so auch *Jachmann*, in: v. Mangoldt/Klein/Starck, GG II, 5. Aufl. 2005, Art. 33 Rn. 36.

tungsabläufen können auch auf den ersten Blick nur untergeordnete Tätigkeiten unter den Funktionsvorbehalt fallen, wenn sie eine unter Ausübung hoheitsrechtlicher Befugnisse getroffene Sachentscheidung beeinflussen. Entscheidend ist, ob der jeweilige Bedienstete in einen Willensbildungsprozeß miteingebunden ist, der eine Entscheidung zum Ziel hat, die sich als Ausübung hoheitsrechtlicher Befugnisse darstellt.

Insbesondere ist allein die potentielle Zulässigkeit hoheitsrechtlicher Maßnahmen ausreichend, da der freiwillige Verzicht auf den Einsatz hoheitsrechtlicher Mittel staatsorganisatorisch wohl von gleicher Relevanz ist wie die Inanspruchnahme.[322] *Lecheler* veranschaulicht dies mit dem Beispiel, daß ein Polizeibeamter einen Bürger bittet, sein Auto wegzufahren.[323] Trotz der fehlenden Verwaltungsaktsqualität der schlichten Bitte wird sich der Bürger in Anbetracht der zumindest potentiell vorhandenen einseitigen Durchsetzungsmöglichkeiten des Polizisten schneller davon überzeugen lassen, das Auto zu entfernen, als wenn ein Mitbürger ihn aufgefordert hätte.

(c) Zwischenergebnis

Zusammenfassend läßt sich die Frage nach der generalisierenden oder differenzierenden Betrachtung des Funktionsvorbehalts dahin beantworten, daß es auf die einem Dienstposten konkret zugeordnete Diensttätigkeit ankommt. Es ist ausreichend, wenn die jeweilige typische Tätigkeit einen Beitrag für Endentscheidungen leistet, die sich als Ausübung hoheitsrechtlicher Befugnisse darstellen. Nur Dienste, die den hoheitlichen Charakter gar nicht mitprägen, fallen aus dem Funktionsvorbehalt heraus, wie beispielsweise bloße Schreibtätigkeiten oder Postdienste.[324]

(2) Der Begriff der hoheitsrechtlichen Befugnisse

Die zentrale Frage lautet aber, was überhaupt unter der Ausübung hoheitsrechtlicher Befugnisse zu verstehen ist. Die Antworten dazu gehen weit auseinander.

---

322 *Lecheler*, in: Friauf/Höfling, Berliner Kommentar, 20. EL, Stand April 2007, Art. 33 Rn. 49; *ders.*, Die Beamtenaufgaben nach dem Funktionsvorbehalt des GG, 1986, S. 24 f.

323 *Lecheler*, in: Friauf/Höfling, Berliner Kommentar, 20. EL, Stand April 2007, Art. 33 Rn. 49 mit weiteren Beispielen.

324 *Lecheler*, in: Friauf/Höfling, Berliner Kommentar, 20. EL, Stand April 2007, Art. 33 Rn. 49.

(a) Streng restriktive und sehr extensive Auffassungen

Das Meinungsfeld bewegt sich zwischen einer sehr engen Auffassung, die nur die staatliche Eingriffsverwaltung unter den Funktionsvorbehalt subsumieren will, und einer äußerst weit gefaßten Ansicht, nach der jegliche Erfüllung öffentlicher Aufgaben, insbesondere natürlich auch Tätigkeiten im Rahmen der Eingriffsverwaltung – allerdings nicht abschließend – als hoheitsrechtliche Betätigung angesehen werden.[325] Übereinstimmung besteht daher weitgehend nur in einem Kernbereich, der sich in der eingreifenden Verwaltungstätigkeit erschöpft.[326] Eingriffsverwaltung liege dabei immer dann vor, wenn der Staat obrigkeitlich, mit Befehl und Zwang tätig wird.[327] Insbesondere die Entstehungsgeschichte wird häufig als Argument für eine enge Auslegung des Merkmals der hoheitsrechtlichen Befugnisse angeführt.[328]

(b) Stellungnahme

Beide, sowohl die sehr enge als auch die sehr weite Auffassung sind abzulehnen:

Gegen die extensive Auffassung spricht neben der Entstehungsgeschichte der Wortlaut des Art. 33 Abs. 4 GG. Dieser nennt ausdrücklich die Ausübung hoheitsrechtlicher Befugnisse statt beispielsweise die Wahrnehmung öffentlicher oder staatlicher Aufgaben. Fraglich wäre auch, würde man der extensiven Mei-

325 Vgl. zu den verschiedenen Ansichten *Battis*, in: Sachs, Grundgesetz, 4. Aufl. 2007, Art. 33 Rn. 55 ff.; *Masing*, in: Dreier, Grundgesetz-Kommentar, Bd. 2, 2. Aufl. 2006, Art. 33 Rn. 64; *Battis/Schlenga*, ZBR 1995, 254 f. Vertreter der sehr engen Auffassung: *Jung*, Die Zweispurigkeit des öffentlichen Dienstes, 1971, S. 192; *Peine*, Der Funktionsvorbehalt des Berufsbeamtentums, DV (17), 1984, S. 419 ff. Vertreter der sehr extensiven Auffassung: *Lecheler*, Die Beamtenaufgaben nach dem Funktionsvorbehalt des GG, 1986, S. 35 ff.; *Leisner*, Der Beamte als Leistungsträger, in: ders., Das Berufsbeamtentum im demokratischen Staat, 1975, S. 121 ff.

326 *Masing*, in: Dreier, Grundgesetz-Kommentar, Bd. 2, 2. Aufl. 2006, Art. 33 Rn. 64.

327 *Peine*, Der Funktionsvorbehalt des Berufsbeamtentums, DV (17), 1984, S. 424; *Battis*, in: Sachs, Grundgesetz, 4. Aufl. 2007, Art. 33 Rn. 56; *Maunz*, in: Maunz/Dürig, Komm. z. GG, 50. EL, Stand Juni 2007, Art. 33 Rn. 33; *Sannwald*, in: Schmidt-Bleibtreu/Klein, GG, 10. Aufl. 2004, Art. 33 Rn. 91; *Lecheler*, in: Friauf/Höfling, Berliner Kommentar, 20. EL, Stand April 2007, Art. 33 Rn. 44.

328 Ausführlich zur Entstehungsgeschichte *Masing*, in: Dreier, Grundgesetz-Kommentar, Bd. 2, 2. Aufl. 2006, Art. 33 Rn. 65 und *Schuppert*, in: AK-GG, 3. Aufl., 2. AufbauL 2002, Art. 33 Abs. 4 Rn. 21 f.; *Battis*, in: Sachs, Grundgesetz, 4. Aufl. 2007, Art. 33 Rn. 55; *Jachmann*, in: v. Mangoldt/Klein/Starck, GG II, 5. Aufl. 2005, Art. 33 Rn. 28, 33; *dies./Strauß*, ZBR 1999, 292; *Battis/Schlenga*, ZBR 1995, 256; vgl. dazu *v. Doemming/Füßlein/Matz*, Entstehungsgeschichte der Artikel des Grundgesetzes, JÖR 1 (1951), S. 323.

nung folgen, welcher (Regel-) Aufgabenbereich dann den privatrechtlich in Dienst genommenen Arbeitern und Angestellten verbliebe,[329] will man an der Zweispurigkeit des öffentlichen Dienstes festhalten und diese nicht nur über die Ausnahmemöglichkeiten im Rahmen des Art. 33 Abs. 4 GG verwirklichen.

Gegen die restriktive Meinung, nur staatliches Verhalten im Rahmen der Eingriffsverwaltung sei vom Funktionsvorbehalt erfaßt, spricht, daß Eingriffs- und Leistungsverwaltung im Einzelfall oft nicht sauber voneinander abgegrenzt werden können.[330] Kein tragfähiges Argument gegen die streng restriktive Auffassung ist allerdings der erhobene Einwand, sie ließe „das Berufsbeamtentum infolge des Funktionswandels der öffentlichen Verwaltung verkümmern".[331] Gemeint ist damit der Funktionswandel von einem Vorherrschen der staatlichen Eingriffsverwaltung hin zu einer stärkeren Leistungsverwaltung.[332] *Masing* weist dagegen zu Recht auf neue staatliche Regulierungs-, Aufsichts- und Kontrollaufgaben, insbesondere in den Bereichen der Umwelt- und Technikkontrolle, hin.[333] Der Bereich der Eingriffsverwaltung stellt noch immer einen substantiell bedeutsamen Tätigkeitsbereich dar. Dies wird insbesondere deutlich, wenn man versucht, Eingriffs- und Leistungsverwaltung voneinander abzugrenzen. Prinzipiell regen die Begriffe Eingriffs- und Leistungsverwaltung an, danach zu differenzieren, ob dem Bürger etwas weggenommen (dann Eingriffsverwaltung) oder gegeben (dann Leistungsverwaltung) wird.[334] Doch gibt es sowohl in zweials auch erst recht in mehrpoligen Verwaltungsverhältnissen schwer zu qualifizierende Fallgestaltungen.

---

329 Vgl. auch *Battis/Schlenga*, ZBR 1995, 256.

330 *Masing*, in: Dreier, Grundgesetz-Kommentar, Bd. 2, 2. Aufl. 2006, Art. 33 Rn. 66; *Dollinger/Umbach*, in: Umbach/Clemens, Grundgesetz, Mitarbeiterkommentar und Handbuch, Bd. I, 2002, Art. 33 Rn. 80; *Kunig*, in: v. Münch/Kunig, GGK II, 5. Aufl. 2001, Rn. 48; *Jachmann/Strauß*, ZBR 1999, 293; *Haug*, NVwZ 1999, 818.

331 So aber *Battis*, in: Sachs, Grundgesetz, 4. Aufl. 2007, Art. 33 Rn. 56. Auch in diese Richtung *Maunz*, in: Maunz/Dürig, Komm. z. GG, 50. EL, Stand Juni 2007, Art. 33 Rn. 33, der vorschlägt, den Begriff der hoheitsrechtlichen Befugnisse „dynamisch" zu interpretieren.

332 *Jung*, Die Zweispurigkeit des öffentlichen Dienstes, 1971, S. 139 f.; *Schuppert*, in: AK-GG, 3. Aufl., 2. AufbauL 2002, Art. 33 Abs. 4 Rn. 30 ff.; *Stober*, DÖV 1995, 128; *Jachmann/Strauß*, ZBR 1999, 292.

333 *Masing*, in: Dreier, Grundgesetz-Kommentar, Bd. 2, 2. Aufl. 2006, Art. 33 Rn. 66. So auch *Jachmann*, in: v. Mangoldt/Klein/Starck, GG II, 5. Aufl. 2005, Art. 33 Rn. 32; *dies./Strauß*, ZBR 1999, 292; *Schuppert*, in: AK-GG, 3. Aufl., 2. AufbauL 2002, Art. 33 Abs. 4 Rn. 30 ff. Gegen eine „dynamische" Interpretation *Jung*, Die Zweispurigkeit des öffentlichen Dienstes, 1971, S. 139 f.

334 *Lecheler*, in: Friauf/Höfling, Berliner Kommentar, 20. EL, Stand April 2007, Art. 33 Rn. 46.

Zu nennen sind beispielsweise Fallgruppen, in denen dem Bürger eine finanzielle Leistung verweigert wird, auf die er aber aus einer Gegenleistungsbeziehung aufgrund privater Eigenleistung einen grundrechtlichen Anspruch hat, oder Fälle, bei denen es um die Erteilung von Erlaubnissen geht. Erteilt oder versagt eine staatliche Stelle eine beantragte Erlaubnis, so spielen sich die Sachverhalte nicht zwingend auf dem Gebiet der Leistungsverwaltung ab, obwohl es für den Bürger darum geht, ob er vom Staat etwas – nämlich die Erlaubnis – bekommt oder nicht. Der Staat kann wählen, ob er im Rahmen seiner gefahrenabwehrenden Aufgabenerfüllung auf die verwaltungstechnische Organisation durch ein präventives Verbot mit Erlaubnisvorbehalt zurückgreifen oder ob er die Möglichkeit eines nachträglichen Verbotes einer zunächst ohne besondere Erlaubnis zulässigen Betätigung als ausreichend erachten will.[335] In beiden Fällen geht es nicht darum, daß eine bestimmte Betätigung generell unterbleiben soll, sondern darum, auf problematische Einzelfälle reagieren zu können – entweder schon im Vorfeld mittels eines präventiven Verbotes mit Erlaubnisvorbehalt oder durch ein nachträgliches Verbot, wenn ein Rechtsverstoß im Einzelfall festgestellt worden ist.[336] Ergibt sich bei der Erlaubnisprüfung, daß keine Versagungsgründe entgegenstehen, so ist die Erlaubnis zu erteilen, da der Staat nur so der grundrechtlich zu gewährleistenden Freiheit gerecht werden kann.[337] Handelt es sich um die Versagung einer (grundrechtlich gebundenen) Erlaubnis, stellt sich also das staatliche Verhalten gegenüber dem Bürger nicht anders dar, als wenn ihm die Tätigkeit nachträglich verboten worden wäre. Beide Fälle sind als Eingriff zu werten.[338]

Wieder anders hingegen liegt ein Sachverhalt, bei dem es um ein repressives Verbot mit Befreiungsvorbehalt geht.[339] Hier wird ein Verhalten generell als so-

---

335 *Lecheler*, in: Friauf/Höfling, Berliner Kommentar, 20. EL, Stand April 2007, Art. 33 Rn. 48.

336 *Maurer*, Allgemeines Verwaltungsrecht, 16. Aufl. 2006, § 9 Rn. 51; *Ehlers*, Verwaltung und Verwaltungsrecht, in: Erichsen/Ehlers, Allgemeines Verwaltungsrecht, 13. Aufl. 2006, § 1 Rn. 36; *Lecheler*, in: Friauf/Höfling, Berliner Kommentar, 20. EL, Stand April 2007, Art. 33 Rn. 48.

337 *Maurer*, Allgemeines Verwaltungsrecht, 16. Aufl. 2006, § 9 Rn. 51 ff.; *Ehlers*, Verwaltung und Verwaltungsrecht, in: Erichsen/Ehlers, Allgemeines Verwaltungsrecht, 13. Aufl. 2006, § 1 Rn. 37; *Lecheler*, in: Friauf/Höfling, Berliner Kommentar, 20. EL, Stand April 2007, Art. 33 Rn. 48.

338 *Maurer*, Allgemeines Verwaltungsrecht, 16. Aufl. 2006, § 9 Rn. 51 ff.; *Ehlers*, Verwaltung und Verwaltungsrecht, in: Erichsen/Ehlers, Allgemeines Verwaltungsrecht, 13. Aufl. 2006, § 1 Rn. 38; *Lecheler*, in: Friauf/Höfling, Berliner Kommentar, 20. EL, Stand April 2007, Art. 33 Rn. 48.

339 *Maurer*, Allgemeines Verwaltungsrecht, 16. Aufl. 2006, § 9 Rn. 55; *Ehlers*, Verwaltung und Verwaltungsrecht, in: Erichsen/Ehlers, Allgemeines Verwaltungsrecht, 13.

zial schädlich und unerwünscht eingestuft und deswegen verboten. Die Erteilung einer Befreiung stellt damit eine Erweiterung des Rechtskreises des Bürgers dar und ist daher als eine Entscheidung auf dem Gebiet der staatlichen Leistungsverwaltung zu bewerten.[340]

Ähnliche Abgrenzungsschwierigkeiten können bei mehrpoligen Verwaltungsrechtsverhältnissen auftauchen. Allein schon das Baurecht kennt zahlreiche Beispiele. Eine dem Bauherrn erteilte aber rechtswidrige Baugenehmigung kann einen drittbetroffenen Nachbarn beeinträchtigen, insbesondere wenn im Hinblick auf die Baugenehmigung gem. § 31 Abs. 2 BauGB eine Befreiung von den Festsetzungen des Bebauungsplans gewährt wurde. Zu denken ist in diesem Zusammenhang auch an die Subventionierung eines Unternehmens, während einem anderen konkurrierenden Unternehmen die Subvention verweigert wird. Die begünstigende Leistung an den einen kann sich gegebenenfalls als benachteiligendes Verhalten gegenüber dem Konkurrenten darstellen, der durch den Wettbewerbsvorteil des Subventionierten Vermögensausfälle zu verzeichnen hat.[341] Gerade hier ist die „Interdependenz von Eingriff und Leistung" zu beobachten.

(c) Zwischenergebnis

Es liegt auf der Hand, daß die Abgrenzung zwischen Leistung und Eingriff im Einzelfall nicht immer einfach ist und in der Praxis nicht immer sauber durchgeführt werden kann.[342] In ihrer Wirkung auf den Bürger kommt die Versagung einer Leistung oft einem klassischen Eingriff nahe oder übertrifft diesen sogar.[343] Vom Staat gewährte Leistungen werden aus die Allgemeinheit treffenden

---

Aufl. 2006, § 1 Rn. 36; *Lecheler*, in: Friauf/Höfling, Berliner Kommentar, 20. EL, Stand April 2007, Art. 33 Rn. 48.

340 *Maurer*, Allgemeines Verwaltungsrecht, 16. Aufl. 2006, § 9 Rn. 55; *Lecheler*, in: Friauf/Höfling, Berliner Kommentar, 20. EL, Stand April 2007, Art. 33 Rn. 48.

341 *Detterbeck*, Allgemeines Verwaltungsrecht, 4. Aufl. 2006, Rn. 287; *Degenhart*, Staatsrecht I, Staatsorganisationsrecht, 23. Aufl. 2007, Rn. 299.

342 *Jachmann*, in: v. Mangoldt/Klein/Starck, GG II, 5. Aufl. 2005, Art. 33 Rn. 36; *Maurer*, Allgemeines Verwaltungsrecht, 16. Aufl. 2006, § 9 Rn. 50; *Masing*, in: Dreier, Grundgesetz-Kommentar, Bd. 2, 2. Aufl. 2006, Art. 33 Rn. 66; *Dollinger/Umbach*, in: Umbach/Clemens, Grundgesetz, Mitarbeiterkommentar und Handbuch, Bd. I, 2002, Art. 33 Rn. 80; *Kunig*, in: v. Münch/Kunig, GGK II, 5. Aufl. 2001, Rn. 48; *Degenhart*, Staatsrecht I, Staatsorganisationsrecht, 23. Aufl. 2007, Rn. 304.

343 *Lecheler*, in: Friauf/Höfling, Berliner Kommentar, 20. EL, Stand April 2007, Art. 33 Rn. 49; *Kunig*, in: v. Münch/Kunig, GGK II, 5. Aufl. 2001, Rn. 48; *Degenhart*, Staatsrecht I, Staatsorganisationsrecht, 23. Aufl. 2007, Rn. 299.

Steuerlasten finanziert.[344] Nach all dem wirkt eine Differenzierung, ob für eine bestimmte staatliche Betätigung Beamte eingesetzt werden müssen, anhand der Kriterien Eingriffs- oder Leistungsverwaltung beliebig.

Weder der streng restriktiven noch der sehr extensiven Auffassung ist zu folgen. Viele Ansichten befinden sich daher in einem Zwischenbereich.

(d) Vermittelnde Auffassungen

(aa) Abgrenzung nach der Rechtsform des staatlichen Handelns

So wird unter anderem vertreten, es komme bei der Bestimmung des Begriffs der hoheitsrechtlichen Befugnisse darauf an, in welche Rechtsform das staatliche Handeln gekleidet wird.[345] Bedient sich der Staat einer öffentlich-rechtlichen Handlungsform, wie typischerweise eines Verwaltungsakts, so ist nach dieser Ansicht davon auszugehen, daß es sich um eine Ausübung hoheitsrechtlicher Befugnisse handele. Bedient sich der Staat hingegen privatrechtlicher Handlungsformen, beispielsweise eines zivilrechtlichen Vertrages, so liegt nach dieser Ansicht kein hoheitliches Handeln vor. Zwingend oder auch nur überzeugend ist das nicht. In Anbetracht der Wahlfreiheit der öffentlichen Hand bezüglich ihrer Handlungsmittel, ist auch dies kein sinnvoller Weg, die Reichweite des Funktionsvorbehalts zu bestimmen.[346]

(bb) Abgrenzung nach dem Auftreten dem Bürger gegenüber

Nach einer anderen Meinung kommt es darauf an, wer dem Bürger gegenüber nach außen auftritt.[347] Nur die Bediensteten, die unmittelbar mit dem Bürger – beispielsweise dadurch, daß sie Entscheidungen unterzeichnen – in Kontakt stehen, üben nach dieser Ansicht hoheitsrechtliche Befugnisse aus. Auch dieser Ansatz überzeugt nicht. Die institutionelle Garantie des Berufsbeamtentums könnte so sehr leicht ausgehöhlt werden, indem in jeder Behörde ein oder zwei „Unterschriftsbeamte" eingesetzt werden, die nur von anderen vorbereitete Be-

---

344 *Lecheler*, in: Friauf/Höfling, Berliner Kommentar, 20. EL, Stand April 2007, Art. 33 Rn. 49; *Degenhart*, Staatsrecht I, Staatsorganisationsrecht, 23. Aufl. 2007, Rn. 299.

345 So z.B. *Rudolf*, Der öffentliche Dienst im Staat der Gegenwart, VVDStRL Heft 37 (1979), S. 202 f.; *Stern*, Das Staatsrecht der Bundesrepublik Deutschland, Band I, Grundbegriffe und Grundlagen des Staatsrechts, Strukturprinzipien der Verfassung, 2. Aufl. 1984, S. 348 f.

346 *Battis*, in: Sachs, Grundgesetz, 4. Aufl. 2007, Art. 33 Rn. 57; *Kunig*, in: v. Münch/Kunig, GGK II, 5. Aufl. 2001, Rn. 48.

347 *Otto*, ZBR 1956, 237.

scheide unterzeichnen und so nach außen hin scheinbar die Verantwortung für den Inhalt der jeweiligen Verwaltungsentscheidung tragen.[348] Das kann von Art. 33 Abs. 4 GG nicht gemeint sein. In einer arbeitsteilig und hierarchisch gegliederten Verwaltungsorganisation sind leitende, die Verantwortung übernehmende Bedienstete auf eine sorgfältige und insbesondere inhaltliche Vorarbeit von Sachbearbeitern angewiesen.[349] Diese nehmen sehr wohl an der inhaltlichen Entscheidung teil, auch wenn es nach außen hin nur so scheinen mag, als erschöpfte sich ihr Beitrag allein in verwaltungsinterner Vorarbeit.

(cc) Abgrenzung nach der Grundrechtsrelevanz des staatlichen Handelns

Einer anderen, sehr überzeugenden Ansicht zufolge ist bei der Bestimmung des Begriffs der Ausübung hoheitsrechtlicher Befugnisse auf die Grundrechtsrelevanz des staatlichen Handelns abzustellen.[350] Von einer hoheitsrechtlichen Betätigung sei auszugehen, wenn der Staat Entscheidungen mit unmittelbar grundrechtswesentlicher Bedeutung trifft. Diese Lösung fügt sich naht- und bruchlos in die öffentlich-rechtliche Dogmatik ein. Schon bei der Diskussion zur Reichweite des Gesetzmäßigkeitsprinzips im Rahmen des Rechtsstaatsprinzips (Vorrang und Vorbehalt des Gesetzes) wurde vom Bundesverfassungsgericht die sog. Wesentlichkeitslehre entwickelt.[351] Während ein Totalvorbehalt für jegliches staatliche Verhalten aus Gründen der Flexibilität der Verwaltung zu Recht abgelehnt wird, bedürfen staatliche Eingriffsakte immer einer gesetzlichen Grundla-

---

348 *Maunz*, in: Maunz/Dürig, Komm. z. GG, 50. EL, Stand Juni 2007, Art. 33 Rn. 35; *Lecheler*, in: Friauf/Höfling, Berliner Kommentar, 20. EL, Stand April 2007, Art. 33 Rn. 38; so im Ergebnis auch *Jachmann*, in: v. Mangoldt/Klein/Starck, GG II, 5. Aufl. 2005, Art. 33 Rn. 36; *dies./Strauß*, ZBR 1999, 293; *Kunig*, in: v. Münch/Kunig, GGK II, 5. Aufl. 2001, Rn. 48.

349 *Lecheler*, in: Friauf/Höfling, Berliner Kommentar, 20. EL, Stand April 2007, Art. 33 Rn. 38; *ders.*, Die Beamtenaufgaben nach dem Funktionsvorbehalt des GG, 1986, S. 27; *Jachmann/Strauß*, ZBR 1999, 293. Vgl. dazu auch die Argumentation oben unter B)I.4.b)cc)(1), S. 82 ff.

350 *Masing*, in: Dreier, Grundgesetz-Kommentar, Bd. 2, 2. Aufl. 2006, Art. 33 Rn. 66; *Dollinger/Umbach*, in: Umbach/Clemens, Grundgesetz, Mitarbeiterkommentar und Handbuch, Bd. I, 2002, Art. 33 Rn. 80; *Lecheler*, in: Friauf/Höfling, Berliner Kommentar, 20. EL, Stand April 2007, Art. 33 Rn. 50; zum Teil auch *Jachmann/Strauß*, ZBR 1999, 293; *Haug*, NVwZ 1999, 818. So auch in der Rechtsprechung: StGH Bremen NordÖR 2002, 63.

351 BVerfGE 34, 165, 192 f.; 40, 237, 249 f.; 45, 400, 417 f.; 47, 46, 79; 49, 89, 129; 49, 168, 181; 61, 260, 275; 80, 124, 132; 84, 212, 226; 88, 103, 116; 98, 218, 251; *Degenhart*, Staatsrecht I, Staatsorganisationsrecht, 23. Aufl. 2007, Rn. 304 ff.; *Pieroth/Schlink*, Staatsrecht II, Grundrechte, 23. Aufl. 2007, Rn. 265.

ge.[352] Auf dem Gebiet der Leistungsverwaltung soll hingegen schon eine Regelung ohne Außenwirkung gegenüber dem Bürger ausreichen (eingeschränkter Regelungsvorbehalt).[353] Auch im Rahmen der hier erforderlichen Abgrenzung zwischen Eingriffs- und Leistungsverwaltung sah sich die Rechtspraxis mit denselben Schwierigkeiten konfrontiert wie sie bei der Bestimmung der Reichweite des Funktionsvorbehalts des Art. 33 Abs. 4 GG auftreten, will man die Bestimmung des Begriffs der hoheitsrechtlichen Befugnisse mittels der Differenzierung zwischen Eingriffs- oder Leistungsverwaltung versuchen.[354] Eingriffs- und Leistungsverwaltung können wie oben dargestellt nicht in jedem Fall einfach und sauber voneinander abgegrenzt werden.[355] Um diese Abgrenzungsschwierigkeiten zu relativieren, wurde vom Bundesverfassungsgericht die Wesentlichkeitslehre formuliert.[356] Nach dieser Theorie ist immer dann ein sowohl formelles als auch materielles Gesetz als Rechtsgrundlage für ein staatliches Handeln erforderlich, wenn es sich um wesentliche Entscheidungen in grundlegenden normativen Bereichen handelt, das heißt, wenn das staatliche Verhalten wesentlich für die Verwirklichung der Grundrechte ist – oder kurz: bei Grundrechtsrelevanz des staatlichen Handelns.[357] Bei genauem Hinsehen wurde der rechtsstaatlich determinierte Gesetzesvorbehalt nur um ein Merkmal des Demokratieprinzips – präziser ausgedrückt: des Parlamentsvorbehalts – ergänzt.[358] Während der bloße Gesetzesvorbehalt nur schlicht irgendein Gesetz als Grundlage staatlichen Handelns fordert, an die inhaltliche Qualität hingegen noch keine Anforderungen stellt, müssen nach dem Parlamentsvorbehalt staatliche Entscheidungen, die für das Gemeinwesen von grundlegender Bedeutung sind, vom Repräsentanten des Volkes, dem Parlament, selbst geregelt werden.[359] Sie dürfen nicht durch zu

352 *Degenhart*, Staatsrecht I, Staatsorganisationsrecht, 23. Aufl. 2007, Rn. 289 und 300; *Detterbeck*, Jura 2002, 236 f.

353 Beispielsweise reicht ein Ansatz im Haushaltsplan aus, vgl. *Degenhart*, Staatsrecht I, Staatsorganisationsrecht, 23. Aufl. 2007, Rn. 300 und die Darstellung bei *Detterbeck*, Jura 2002, 237 f.

354 *Degenhart*, Staatsrecht I, Staatsorganisationsrecht, 23. Aufl. 2007, Rn. 299 und 304 f.

355 Siehe oben unter B)I.4.b)cc)(2)(b) und (c), S. 85 ff.

356 BVerfGE 40, 237, 249 f.; 47, 46, 79; *Pieroth/Schlink*, Staatsrecht II, Grundrechte, 23. Aufl. 2007, Rn. 265; *Degenhart*, Staatsrecht I, Staatsorganisationsrecht, 23. Aufl. 2007, Rn. 304 f.

357 BVerfGE 40, 237, 249 f.; 45, 400, 417 f.; 47, 46, 79; 49, 89, 129; 49, 168, 181; 61, 260, 275; 80, 124, 132; 84, 212, 226; 88, 103, 116; 98, 218, 251; *Degenhart*, Staatsrecht I, Staatsorganisationsrecht, 23. Aufl. 2007, Rn. 304 f.; *Detterbeck*, Jura 2002, 236 f.

358 *Detterbeck*, Jura 2002, 237.

359 BVerfGE 34, 165, 192 f.; 45, 400, 417; 49, 89, 129; 49, 168, 181; 80, 124, 132; 88, 103, 116; 98, 218, 251; *Degenhart*, Staatsrecht I, Staatsorganisationsrecht, 23. Aufl.

weite Verordnungsermächtigungen, durch extensive Generalklauseln oder durch unbestimmte Rechtsbegriffe mit zu weiten Auslegungsspielräumen auf die Verwaltung übertragen werden. Die Wesentlichkeitslehre setzt sich somit aus Elementen sowohl des Rechtsstaats- als auch des Demokratieprinzips zusammen. Es liegt nahe, diesen praktikablen Ansatz ebenfalls für die hier zu beantwortende Frage nutzbar zu machen, da ja die Abgrenzungsschwierigkeiten identisch sind.

Wenn auch auf diese Weise sicher schon der größte Teil des Anwendungsbereichs des Funktionsvorbehalts des Art. 33 Abs. 4 GG erfaßt werden kann, so ergeben sich doch bei einer materiellen und zweckorientierten Auslegung der Norm noch kleinere Ergänzungen.

(e) Teleologische Bestimmung der Reichweite des Funktionsvorbehalts

Die oben geschilderten Funktionen des Berufsbeamtentums für die Organisation Staat, die dazu dienen, eine effektive, stabile, von gesellschaftlichen Kräften unabhängige, maßvolle und an Recht und Gesetz gebundene staatliche Aufgabenerfüllung zu gewährleisten,[360] rechtfertigen zum einen die besondere Inpflichtnahme der Beamten sowie zum anderen auch deren außergewöhnliche Rechtsstellung.[361] Aus diesem Zusammenhang läßt sich auch die Reichweite des Funktionsvorbehalts bestimmen. Entscheidend ist, für welche speziellen staatlichen Aufgaben es ganz besonders auf die Qualitätsgarantie, für die das Berufsbeamtentum bürgt, ankommen muß.[362] Daß nicht alle Staatsaufgaben vom Funktionsvorbehalt erfaßt werden, ergibt sich schon aus der aus historischen Gründen gebotenen engen Auslegungstendenz und aus der sprachlichen Fassung des Art. 33 Abs. 4 GG.[363] Es gilt also, mittels der Funktion des Berufsbeamtentums diejenigen Staatsaufgaben herauszufiltern, deren verläßliche und kontinuierliche Erfüllung die institutionelle Garantie rechtfertigt. Auf diese Weise ergeben sich insbesondere drei Aufgabenkreise, die regelmäßig von Berufsbeamten zu erledigen sind:

2007, Rn. 30 ff. und 309; *Pieroth/Schlink*, Staatsrecht II, Grundrechte, 23. Aufl. 2007, Rn. 262 ff.; *Detterbeck*, Jura 2002, 237.

360 Siehe oben unter B)I.4.b)bb), S. 77 ff.

361 *Jachmann*, in: v. Mangoldt/Klein/Starck, GG II, 5. Aufl. 2005, Art. 33 Rn. 33; *dies./Strauß*, ZBR 1999, 292.

362 *Jachmann*, in: v. Mangoldt/Klein/Starck, GG II, 5. Aufl. 2005, Art. 33 Rn. 33 f.; *Kunig*, in: v. Münch/Kunig, GGK II, 5. Aufl. 2001, Rn. 49; *Schuppert*, in: AK-GG, 3. Aufl., 2. AufbauL 2002, Art. 33 Abs. 4 Rn. 28. Zu den staatlichen Aufgaben allgemein siehe oben unter A)II.4.b), S. 44 ff.

363 Siehe dazu oben unter B)I.4.b)cc)(2)(a) und (b), S. 85 ff., und *Jachmann*, in: v. Mangoldt/Klein/Starck, GG II, 5. Aufl. 2005, Art. 33 Rn. 28 und 33.

- Zum einen fallen bei einer funktionalen Interpretation des Art. 33 Abs. 4 GG die *für die Staatlichkeit notwendigen Staatsaufgaben* unter den Funktionsvorbehalt.[364] Dieser Aufgabenkreis umfaßt alle Tätigkeitsbereiche, die sich mit der Existenz des Staates und seiner Funktionsfähigkeit befassen, namentlich Aufgaben des Staatsschutzes, seiner Vertretung nach außen, seiner Selbstverwaltung (insbesondere auch der finanziellen durch Steuererhebung) und der Herstellung beziehungsweise Aufrechterhaltung der inneren Sicherheit und Ordnung, der insbesondere das staatliche Gewaltmonopol dient.[365] *Rose* spricht insoweit von „sine qua non activities" oder „defining activities".[366] Eine effektive, stabile Selbstorganisation und Sicherheitsgewährleistung gegenüber den Bürgern ist für den Staat schlicht konstituierend. Sorgte er nicht für seine eigene sichere Existenz und Handlungsfähigkeit, könnte er wiederum nicht verläßlich für seine Bürger sorgen und Sicherheit gewährleisten. Die Gewährleistung von Frieden und Sicherheit rechtfertigt aber die staatliche Organisation an sich. Es liegt auf der Hand, daß in erster Linie Aufgaben aus diesem Bereich der Qualitätsgarantie, für die das Berufsbeamtentum steht, bedürfen. Dies erklärt sich insbesondere im Hinblick auf die durch die beamtenrechtliche Treuepflicht gewährleistete Neutralität und Unparteilichkeit der Beamten, die nötig ist, um als ausgleichender Richter im gesellschaftlichen Interessenwettstreit dienen zu können, und auf die von ihnen erwartete kontinuierliche, verläßliche Diensterfüllung.[367]

- Zum anderen rechnen die *Entscheidungsträger in den Ministerien* und deren in die jeweilige Sachentscheidung eingebundene Mitarbeiter zu den gemäß Art. 33 Abs. 4 GG dem Funktionsvorbehalt unterfallenden staatli-

---

364 *Jachmann*, in: v. Mangoldt/Klein/Starck, GG II, 5. Aufl. 2005, Art. 33 Rn. 34; *dies./Strauß*, ZBR 1999, 293; so auch *Schuppert*, in: AK-GG, 3. Aufl., 2. AufbauL 2002, Art. 33 Abs. 4 Rn. 29; *Krölls*, GewArch. 43 (1997), S. 451.

365 *Jachmann*, in: v. Mangoldt/Klein/Starck, GG II, 5. Aufl. 2005, Art. 33 Rn. 34; *dies./Strauß*, ZBR 1999, 293; *Schuppert*, in: AK-GG, 3. Aufl., 2. AufbauL 2002, Art. 33 Abs. 4 Rn. 29; *Krölls*, GewArch. 43 (1997), S. 451.

366 *Rose*, On the Priorities of Government: A Developmental Analysis of Public Policies, European Journal of Political Research, Bd. 4, 1976, S. 247 ff., 250: „Three clusters of activities are necessary by definition for the existence of a state: (a) Defence of territorial integrity, whether by diplomacy or armed force. (b) The maintenance of internal order, the concern of policemen, lawyers and judges. (c) Mobilizing finance (i.e., taxation and issuing currency), for a state must have resources to take action, and money is the token of this.".

367 Siehe dazu oben unter B)I.4.b)bb)(1) zur Neutralität und (2) zur kontinuierlichen staatlichen Aufgabenerfüllung, S. 78 ff.

chen Bediensteten.[368] Dies ergibt sich aus der ausgleichenden und stabilisierenden Funktion des Berufsbeamtentums in der parlamentarischen Demokratie.[369] Erstens soll die Exekutive als eigenständige und unabhängige Säule im Rahmen des rechtsstaatlichen Prinzips der Gewaltenteilung einen gleichmäßigen Gesetzesvollzug, mithin eine gleichförmige Umsetzung des demokratisch gebildeten Mehrheitswillens gewährleisten. Und zweitens soll gerade deren Spitze einen unparteilichen Verwaltungsvollzug repräsentieren.

- Auch der Bereich des staatlichen Tätigwerdens, bei dem *für den grundrechtlich gewährleisteten Rechtskreis der Bürger wesentliche Entscheidungen* getroffen werden, unterfällt dem Funktionsvorbehalt.[370] Insofern kann auf die vorstehenden Ausführungen verwiesen werden.[371] Im Hinblick auf die strenge Verfassungs- und Gesetzesgebundenheit der Beamten und wegen deren dienstrechtlich abgesicherter Neutralität ist ein verantwortungsbewußter, mäßiger und transparenter Gesetzesvollzug auch und gerade gegenüber dem Bürger zu erwarten. Da sich der erste (staatliche Selbstorganisation) und der zweite Bereich (Entscheidungsträger in den Ministerien) nicht gleichzeitig immer aus grundrechtswesentlichen Handlungen zusammensetzt, ist diese Ergänzung durch eine teleologische Interpretation des Art. 33 Abs. 4 GG erforderlich.

Zusammenfassend läßt sich festhalten, daß die geradezu staatstypischen, den Staat als solchen konstituierenden Kernaufgaben Beamten als staatlichen Organträgern vorbehalten sind. Darunter fallen insbesondere die Aufgaben, die der Erhaltung des Staates und seiner Funktionsfähigkeit dienen, ebenso wie die Gewährleistung der inneren Sicherheit und der Freiheit der Bürger.

Der Aussage, dem Staat obliege bezüglich dieser Aufgaben ein „Wahrnehmungsmonopol",[372] ist in Anbetracht der verfassungsrechtlichen Regelung des

---

368 *Jachmann*, in: v. Mangoldt/Klein/Starck, GG II, 5. Aufl. 2005, Art. 33 Rn. 34; *dies./Strauß*, ZBR 1999, 293.

369 Siehe dazu oben unter B)I.4.b)bb)(3) und (4), S. 80 ff., und *Jachmann/Strauß*, ZBR 1999, 293.

370 *Jachmann*, in: v. Mangoldt/Klein/Starck, GG II, 5. Aufl. 2005, Art. 33 Rn. 34; *dies./Strauß*, ZBR 1999, 293; *Haug*, NVwZ 1999, 818.

371 Siehe dazu oben unter B)I.4.b)cc)(2)(d), S. 89 ff., zur Ansicht, die die Reichweite des Funktionsvorbehalts anhand der Grundrechtswesentlichkeit bestimmt, und B)I.4.b)bb)(3), S. 80 f., zum Prinzip der Gesetzmäßigkeit in diesem Zusammenhang.

372 *Schuppert*, in: AK-GG, 3. Aufl., 2. AufbauL 2002, Art. 33 Abs. 4 Rn. 29.

Art. 33 Abs. 4 GG allerdings nicht uneingeschränkt zuzustimmen. Denn die Ausübung hoheitsrechtlicher Befugnisse ist de constitutione lata nur „in der Regel“ Beamten zu übertragen. Als nächstes gilt es also noch zu klären, wann von der Regel abweichende Ausnahmen möglich sind.

dd) Die Bedeutung des Tatbestandsmerkmals „in der Regel“

Durch die Öffnungsklausel „in der Regel“ sieht das Grundgesetz selbst eine Möglichkeit für Ausnahmen vor. Grundsätzlich ist es daher möglich, die Ausübung hoheitsrechtlicher Befugnisse auch dauerhaft auf Nichtbeamte, das heißt auf Arbeiter oder Angestellte im öffentlichen Dienst oder gar auf Private zu übertragen.[373] Jedoch ergibt sich aus dem Wortlaut des Art. 33 Abs. 4 GG auch, daß eine Übertragung auf Nichtbeamte die Ausnahme bleiben muß. Bereichsspezifische Ausnahmeregelungen werden überwiegend als zulässig erachtet, solange eine Gesamtbetrachtung ergibt, daß das Regel-Ausnahmeverhältnis noch gewahrt ist.[374] Vor diesem Hintergrund ergeben sich insbesondere zwei Problemkreise. Zum einen ist fraglich, wann denn die Schwelle von der Zulässigkeit zur Unzulässigkeit überschritten wird. Zum anderen ist zu klären, ob es zusätzliche Voraussetzungen gibt, die für eine zulässige Ausnahme erfüllt sein müssen.

(1) Regelübertragung auf Beamte

Zur Beantwortung der Frage, ob der grundrechtlich gebotene Ausnahmecharakter noch gewahrt ist, läge es auf den ersten Blick nahe, auf einen zahlenmäßigen Vergleich abzustellen. Dabei wären alle Dienstposten, die mit hoheitsrechtlichen Aufgaben betraut sind, mengenmäßig zu erfassen und die Ausnahmefälle, in denen diese Hoheitsaufgaben von Nichtbeamten erfüllt werden, zu dieser absoluten Zahl ins Verhältnis zu setzen. Ein derartiger Abgrenzungsversuch ist allerdings aus mehreren Gründen unbrauchbar.[375] Evident handelt es sich hierbei um eine sehr aufwendige Methode. Im Vorfeld jeder Diskussion über eine Übertragung auf Nichtbeamte müßten stets neue Berechnungen durchgeführt werden. Zudem bleibt bei dieser quantifizierenden Betrachtungsweise unklar, nach welchen Kri-

---

373 *Masing*, in: Dreier, Grundgesetz-Kommentar, Bd. 2, 2. Aufl. 2006, Art. 33 Rn. 70; *Lange*, DÖV 2001, 901.

374 *Masing*, in: Dreier, Grundgesetz-Kommentar, Bd. 2, 2. Aufl. 2006, Art. 33 Rn. 70; *Jachmann*, in: v. Mangoldt/Klein/Starck, GG II, 5. Aufl. 2005, Art. 33 Rn. 37.

375 *Gramm*, Schranken der Personalprivatisierung bei der inneren Sicherheit, VerwArch. 90 (1999), S. 358; im Ergebnis auch *Masing*, in: Dreier, Grundgesetz-Kommentar, Bd. 2, 2. Aufl. 2006, Art. 33 Rn. 70; *Jachmann*, in: v. Mangoldt/Klein/Starck, GG II, 5. Aufl. 2005, Art. 33 Rn. 37.

terien die Bezugsgröße der Gesamtheit aller Stellen, auf denen hoheitsrechtliche Aufgaben erledigt werden, bestimmt werden soll.[376] Letztlich könnte dem jeweiligen Gewicht einer konkreten Staatsaufgabe im Hinblick auf die Funktionen der institutionellen Garantie nicht hinreichend Rechnung getragen werden.[377]

Die Abgrenzung ist daher anhand qualitativer Kriterien vorzunehmen. Das Schwergewicht hoheitlicher Tätigkeit muß auch angesichts der Ausnahmemöglichkeit von Beamten erledigt werden.[378] Im Einzelfall ist danach zu fragen, welche Bedeutung der relevanten Dienststelle im Hinblick auf den Sinn und Zweck des Funktionsvorbehalts zukommt. Je intensiver im Rahmen des Tätigkeitsbereichs einer Dienststelle beispielsweise in Grundrechte der Bürger eingegriffen werden kann,[379] je sachnäher Mitarbeiter der Exekutive zu Entscheidungen der Ministerien stehen und je wichtiger ein Tätigkeitsfeld für die Funktionstüchtigkeit des Staates ist, desto weniger kann ein Einsatz von Nichtbeamten in Betracht kommen.[380] Im Einzelfall kann sich auf diese Weise das grundgesetz-

---

376 *Gramm*, Schranken der Personalprivatisierung bei der inneren Sicherheit, VerwArch. 90 (1999), S. 358.

377 *Gramm*, Schranken der Personalprivatisierung bei der inneren Sicherheit, VerwArch. 90 (1999), S. 358.

378 *Masing*, in: Dreier, Grundgesetz-Kommentar, Bd. 2, 2. Aufl. 2006, Art. 33 Rn. 70; *Jachmann*, in: v. Mangoldt/Klein/Starck, GG II, 5. Aufl. 2005, Art. 33 Rn. 37.

379 *Gramm*, Schranken der Personalprivatisierung bei der inneren Sicherheit, VerwArch. 90 (1999), S. 358.

380 *Jachmann*, in: v. Mangoldt/Klein/Starck, GG II, 5. Aufl. 2005, Art. 33 Rn. 37, die dieses Kriterium allerdings unter dem zusätzlichen Prüfungspunkt, nämlich der Frage nach einem die Ausnahme rechtfertigenden sachlichen Grund, anbringt. Meines Erachtens kann dieses Kriterium aber schon zur Bestimmung des Schwerpunkts der hoheitsrechtlichen Aufgaben herangezogen werden. Der allgemeine Verhältnismäßigkeitsgrundsatz kann zur Abgrenzung – wie von *Strauß*, Funktionsvorbehalt und Berufsbeamtentum, 2000, auf S. 144 ff., und *Jachmann* a.a.O. vorgeschlagen wird – aber nur bedingt herangezogen werden. Er folgt aus dem Wesen der Grundrechte und gilt nur im Staat-Bürger-Verhältnis (vgl. BVerfGE 65, 1, 44; 79, 311, 341; 81, 310, 338; *Schulze-Fielitz*, in: Dreier, Grundgesetz-Kommentar, Bd. 2, 2. Aufl. 2006, Art. 20 (Rechtsstaat) Rn. 188, der zumindest irgendeine subjektive Rechtsposition fordert). Daher kommt – wenn überhaupt – nur eine Verwendung für den Bereich potentieller Eingriffstätigkeit gegenüber den Grundrechtsberechtigten in Betracht. Und auch dies wäre meines Erachtens eine Argumentation aus dem falschen Blickwinkel: In Art. 33 Abs. 4 GG geht es um eine ausgewogene und effiziente Wahrnehmung staatlicher Aufgaben, also um Interessen des Staates. Wendet man sich dem Problem zu, wann von der Regelverbeamtung abgewichen werden darf, ist dies aus der Perspektive des Staates zu beurteilen. Mit dem Verhältnismäßigkeitskriterium formuliert hieße das, wann gegenüber dem Staat eine Nichtverbeamtung noch verhältnismäßig ist. In diese Richtung ist der Verhältnismäßigkeitsgrundsatz aber nicht anzuwenden.

lich bestehende Regel-Ausnahme-Verhältnis auch zu einem Verbot verdichten, bestimmte Positionen mit Nichtbeamten zu besetzen, seien dies nun Arbeiter oder Angestellte im öffentlichen Dienst oder gar Private.[381]

(2) Zusätzliche Voraussetzungen einer zulässigen Ausnahme

Fraglich ist insbesondere, ob noch irgendwelche weiteren inhaltlichen Voraussetzungen erfüllt sein müssen, damit eine Übertragung hoheitsrechtlicher Aufgaben auf Nichtbeamte ausnahmsweise zulässig ist. Das Grundgesetz nennt ausdrücklich keine solchen Voraussetzungen. Nach verbreiteter Meinung bedarf die Betrauung von Nichtbeamten mit Hoheitsaufgaben allerdings einer Rechtfertigung mittels eines sachlichen Grundes.[382] Fiskalische Motive allein sollen eine Ausnahme nicht tragen.[383] Woher dieses – ungeschriebene – Kriterium allerdings kommen soll, bleibt ungeklärt.[384] Daher ist davon auszugehen, daß über die vorstehend erörterte Frage, wann noch ein verfassungsgemäßes Regel-Ausnahme-Verhältnis angenommen werden kann, keine weiteren Einschränkungen mehr vorzunehmen sind.[385]

Insbesondere kann auch keine Parallele zur Selbstverwaltungsgarantie des Art. 28 Abs. 2 GG gezogen werden. Denn dort ist immerhin von einem Recht der Gemeinden (nämlich dem Recht auf kommunale Selbstverwaltung) die Rede. Art. 28 Abs. 2 GG verbürgt neben der institutionellen Garantie der Gemeinden auch das Recht auf kommunale Selbstverwaltung. Letzteres gewährt den Gemeinden eine subjektive – wenn auch nicht grundrechtliche oder grundrechtsgleiche – Rechtsposition. Art. 33 Abs. 4 GG fehlt hingegen jeglicher subjektive Charakter. Er ist „nur" eine institutionelle Garantie.

381 *Willenbruch/Bischoff*, NJW 2006, 1777 f.; *Lange*, DÖV 2001, 901.

382 *Kunig*, in: v. Münch/Kunig, GGK II, 5. Aufl. 2001, Rn. 50; *Dollinger/Umbach*, in: Umbach/Clemens, Grundgesetz, Mitarbeiterkommentar und Handbuch, Bd. I, 2002, Art. 33 Rn. 83; *Maunz*, in: Maunz/Dürig, Komm. z. GG, 50. EL, Stand Juni 2007, Art. 33 Rn. 42; *Jachmann*, in: v. Mangoldt/Klein/Starck, GG II, 5. Aufl. 2005, Art. 33 Rn. 37; *Sannwald*, in: Schmidt-Bleibtreu/Klein, GG, 10. Aufl. 2004, Art. 33 Rn. 108; *Lecheler*, in: Friauf/Höfling, Berliner Kommentar, 20. EL, Stand April 2007, Art. 33 Rn. 56 ff., der allerdings auf der Suche nach möglichen Umständen für das Vorliegen eines sachlichen Grundes nicht fündig wird.

383 *Kunig*, in: v. Münch/Kunig, GGK II, 5. Aufl. 2001, Rn. 50.

384 Das stellt auch *Bracher*, Gefahrenabwehr durch Private, 1987, auf den Seiten 70 f. fest.

385 *Masing*, in: Dreier, Grundgesetz-Kommentar, Bd. 2, 2. Aufl. 2006, Art. 33 Rn. 70.

ee) Auswirkungen auf Privatisierungsvorhaben

Zu klären bleibt, ob und – wenn ja – inwieweit Art. 33 Abs. 4 GG nun Auswirkungen auf Privatisierungsvorhaben zeitigt, insbesondere ob und inwieweit er als Privatisierungsschranke dient. Die Frage nach dem „Ob“ kann schnell bejaht werden. Eine Übertragung hoheitsrechtlicher Aufgaben auf Nichtbeamte ist unzulässig, soweit sich aufgrund des Funktionsvorbehalts des Art. 33 Abs. 4 GG eine staatliche Pflicht ergibt, eine bestimmte Dienststelle mit Beamten zu besetzen.[386] Insbesondere bedeutet eine derartige *Pflicht*, im Rahmen der staatlichen Aufgabenerfüllung für bestimmte Tätigkeiten Beamte einzusetzen, umgekehrt ein *Verbot*, Arbeiter oder Angestellte im öffentlichen Dienst oder gar Private mit dieser Aufgabe zu betrauen.[387]

Bezüglich der zweiten Frage nach der Reichweite der Auswirkungen als Privatisierungsschranke kommt es auf die Reichweite des Anwendungsbereichs der Norm an sich an. Eine Ausübung hoheitsrechtlicher Befugnisse kommt nämlich nur dann in Betracht, wenn überhaupt eine Staatsaufgabe vorliegt.[388] Umgekehrt: Im gesellschaftlichen Bereich kommt seitens der dort auftretenden nichtstaatlichen Akteure ein hoheitsrechtliches Vorgehen von vornherein nicht in Betracht. Das Vorliegen einer Staatsaufgabe ist somit eine vorrangig zu prüfende Angelegenheit. Erst wenn dieser Punkt bejaht werden kann, kommt Art. 33 Abs. 4 GG ins Spiel. Innerhalb eines staatlichen Aufgabenbereichs ist dann zu untersuchen, ob es bei einer konkreten Dienststelle, bei bestimmten Funktionen im Rahmen der Staatsaufgabe um die Ausübung hoheitsrechtlicher Befugnisse geht oder ob ein Einsatz von Nichtbeamten, gegebenenfalls also auch Privater, in Frage kommen kann. Art. 33 Abs. 4 GG trifft keine Aussage darüber, ob eine öffentliche Aufgabe an sich aus dem Bereich staatlicher Verantwortung entlassen und gesellschaftlichen Kräften übergeben werden kann.[389] Der verfassungsrechtliche Funktionsvorbehalt bezieht sich auf die Art und Weise der staatlichen

386 *Masing*, in: Dreier, Grundgesetz-Kommentar, Bd. 2, 2. Aufl. 2006, Art. 33 Rn. 62.

387 Vgl. auch *Bracher*, Gefahrenabwehr durch Private, 1987, S. 64 und 78; *Krölls*, GewArch 1997, 451; *Jachmann/Strauß*, ZBR 1999, 296; *Lange*, DÖV 2001, 901.

388 *Masing*, in: Dreier, Grundgesetz-Kommentar, Bd. 2, 2. Aufl. 2006, Art. 33 Rn. 62; *Scholz*, NJW 1997, 15; *Waechter*, NZV 1997, 329 f.; *Jachmann/Strauß*, ZBR 1999, 296; vgl. auch *Korioth*, in: Maunz/Dürig, Komm. z. GG, 50. EL, Stand Juni 2007, Art. 30 Rn. 9; *Burgi*, Funktionale Privatisierung und Verwaltungshilfe, 1999, S. 223; *Scholz*, NJW 1997, 15. So auch StGH Bremen NordÖR 2002, 64.

389 *Scholz*, NJW 1997, 15; *Waechter*, NZV 1997, 329 f.; *v. Heimburg*, Verwaltungsaufgaben und Private, 1982, S. 22 ff.; *Bull*, Die Staatsaufgaben nach dem Grundgesetz, 1973, S. 101; *Jachmann/Strauß*, ZBR 1999, 296; *Burgi*, Funktionale Privatisierung und Verwaltungshilfe, 1999, S. 223; *Scholz*, NJW 1997, 15. So auch StGH Bremen NordÖR 2002, 64.

Aufgabenerfüllung.[390] Er setzt damit den Bestand einer Staatsaufgabe schon voraus. Ob eine Aufgabe an sich zwingend als Staatsaufgabe zu behandeln ist oder ob sie ebenso der Gesellschaft übertragen werden kann, ist nach anderen, sich aus der Staatlichkeit ergebenden Kriterien zu beurteilen.[391]

ff) Der Bereich des Strafvollzugs

Die Frage, ob und inwieweit vor diesem Hintergrund Privatisierungen im Bereich des Strafvollzugs zulässig sein können, wird im Verlauf dieser Arbeit anhand vorstehender Differenzierung erörtert werden. Zunächst wird zu prüfen sein,[392] ob die Aufgabe des Strafvollzugs an sich zwingend dem Staat vorbehalten bleiben muß, also als staatliche Pflichtaufgabe geführt werden muß, oder ob sie auch der gesellschaftlichen Verantwortung übergeben werden dürfte. In einem zweiten Schritt wird unter Heranziehung des Funktionsvorbehalts des Art. 33 Abs. 4 GG zu klären sein,[393] inwieweit einzelne Funktionen und Tätigkeiten im Rahmen einer staatlich verantworteten Aufgabe des Strafvollzugs Privaten zur Durchführung übertragen werden dürfen.

Zunächst ist aber noch auf einige Besonderheiten des staatlichen Gewaltmonopols einzugehen, die für die spätere Argumentation von Relevanz sein werden.

II. Korrespondierende Bürgerpflichten

1. Die Friedens- und die Rechtsgehorsamspflicht

Dem Gewaltmonopol des Staates als zentralem Ausdruck und Merkmal der Staatsgewalt korrespondiert ein Gewaltverbot (bezüglich verbrecherischer und/oder der zur Rechtsverfolgung eingesetzten Gewalt) für Private oder – positiv formuliert – die Friedenspflicht als materiale Bürgerpflicht.[394] Die Bürger

---

390 *Masing*, in: Dreier, Grundgesetz-Kommentar, Bd. 2, 2. Aufl. 2006, Art. 33 Rn. 62; vgl. auch *Korioth*, in: Maunz/Dürig, Komm. z. GG, 50. EL, Stand Juni 2007, Art. 30 Rn. 9.

391 Zu den Staatsaufgaben allgemein siehe oben unter A)II.4.b), S. 44 ff.

392 Siehe dazu unten unter Teil 3 B), S. 137 ff.

393 Siehe dazu unten unter Teil 3 C), S. 169 ff.

394 *Isensee*, Staat und Verfassung, in: Isensee/Kirchhof, HStR, Bd. II, 3. Aufl. 2004, § 15 Rn. 82; *ders.*, Das staatliche Gewaltmonopol als Grundlage und Grenze der Grundrechte, in: Franßen/Redeker/Schlichter/Wilke, Bürger – Richter – Staat, Festschrift für Horst Sendler, 1991, S. 48; *ders.*, Das Grundrecht auf Sicherheit, 1983, S. 23; *ders.*, Der Verfassungsstaat als Friedensgarant, in: Mellinghoff/Morgen-

müssen sowohl auf die Anwendung physischer Gewalt als auch schon auf die Drohung mit Gewalt verzichten und ihre Interessenkonflikte in rechtlichen Bahnen austragen.[395] Formal kommt dieser Aspekt in der Rechtsgehorsamspflicht, das heißt in der Pflicht, dem verfassungsmäßigen Gesetz und dem gesetzmäßigen Einzelakt Folge zu leisten, zum Ausdruck.[396] Diese beiden apriorischen Grundpflichten folgen wie das staatliche Gewaltmonopol schon aus der Staatlichkeit an sich. Eine konstitutive Normierung in der Verfassung oder gar in einem einfachen Gesetz beinhaltete nicht nur einen Zirkelschluß, sondern wäre auch sinnlos, da ja dann dieses Gesetz – und sei es die Verfassung selbst – wieder den Gehorsam voraussetzen müßte.[397] Die Verfassung und das an ihr zu messende einfache Recht gehen von diesen apriorischen Pflichten aus, da diese schon aus der Staatlichkeit, die wiederum von der Idee des Friedens und der Si-

---

thaler/Puhl, Die Erneuerung des Verfassungsstaates, 2003, S. 26; *Schmitt Glaeser*, Die Beurteilung politisch motivierter Privatgewalt durch das Bundesverfassungsgericht, in: Maurer, Das akzeptierte Grundgesetz, Festschrift für Günter Dürig, 1990, S. 98; *ders.*, Individuelle Verhaltenssteuerung im Bereich der inneren Sicherheit, in: Kirchhof/Lehner/Raupach/Rodi, Staaten und Steuern, Festschrift für Klaus Vogel, 2000, S. 354; *Götz*, Innere Sicherheit, in: Isensee/Kirchhof, HStR, Bd. III, 2. Aufl. 1996, § 79 Rn. 21; *Stern*, Das Staatsrecht der Bundesrepublik Deutschland, Band III/2, Allgemeine Lehren der Grundrechte, 1994, S. 1017 f., 1026; *Herzog*, Ziele, Vorbehalte und Grenzen der Staatstätigkeit, in: Isensee/Kirchhof, HStR, Bd. IV, 3. Aufl. 2006, § 72 Rn. 39; *Bethge*, JA 1985, 256 und 258; *ders.*, NJW 1982, 2150; *ders.*, DVBl. 1989, 844 f.; *Krölls*, GewArch 1997, 448.

395 *Isensee*, Staat und Verfassung, in: Isensee/Kirchhof, HStR, Bd. II, 3. Aufl. 2004, § 15 Rn. 93; *ders.*, Das staatliche Gewaltmonopol als Grundlage und Grenze der Grundrechte, in: Franßen/Redeker/Schlichter/Wilke, Bürger – Richter – Staat, Festschrift für Horst Sendler, 1991, S. 48; *ders.*, Das Grundrecht auf Sicherheit, 1983, S. 23; *Götz*, Innere Sicherheit, in: Isensee/Kirchhof, HStR, Bd. III, 2. Aufl. 1996, § 79 Rn. 21.

396 *Bethge*, JA 1985, 256 und 258, *ders.*, NJW 1982, 2150; *ders.*, DVBl. 1989, 845; *Isensee*, Staat und Verfassung, in: Isensee/Kirchhof, HStR, Bd. II, 3. Aufl. 2004, § 15 Rn. 82; *ders.*, Das staatliche Gewaltmonopol als Grundlage und Grenze der Grundrechte, in: Franßen/Redeker/Schlichter/Wilke, Bürger – Richter – Staat, Festschrift für Horst Sendler, 1991, S. 49; *ders.*, Der Verfassungsstaat als Friedensgarant, in: Mellinghoff/Morgenthaler/Puhl, Die Erneuerung des Verfassungsstaates, 2003, S. 9, 26; *Schmitt Glaeser*, Individuelle Verhaltenssteuerung im Bereich der inneren Sicherheit, in: Kirchhof/Lehner/Raupach/Rodi, Staaten und Steuern, Festschrift für Klaus Vogel, 2000, S. 354; *Stern*, Das Staatsrecht der Bundesrepublik Deutschland, Band III/2, Allgemeine Lehren der Grundrechte, 1994, S. 1017 f., 1027; *Krölls*, GewArch 1997, 448.

397 *Isensee*, Staat und Verfassung, in: Isensee/Kirchhof, HStR, Bd. II, 3. Aufl. 2004, § 15 Rn. 111; *ders.*, Das staatliche Gewaltmonopol als Grundlage und Grenze der Grundrechte, in: Franßen/Redeker/Schlichter/Wilke, Bürger – Richter – Staat, Festschrift für Horst Sendler, 1991, S. 48; *Bethge*, JA 1985, 257.

cherheit lebt, folgen.[398] Einer Formulierung, wie sie beispielsweise in die Verfassung des Freistaates Bayern in Art. 117 S. 2 BV aufgenommen wurde,[399] kann folglich nur der Charakter einer „staatspädagogischen Anmahnung" zukommen.[400] Sie ist rein deklaratorischer Natur.[401]

2. *Die besondere Befindlichkeit einer Gegenseitigkeitsordnung*

Wenn die Friedenspflicht dem Bürger abverlangt, auf Gewalt zu verzichten, seine Konflikte und Streitigkeiten in rechtlichen Bahnen auszutragen und nicht auf den vielleicht oft schnelleren und auf den ersten Blick effektiveren Weg der Selbstjustiz zurückzugreifen, steht sie – wenn auch nur vordergründig – mit dem individuellen Freiheitsanspruch, zu tun und zu lassen was man will, in einem Spannungsverhältnis.[402] Doch kann es in einem Staat, der eine Gegenseitigkeitsordnung konstituiert, nicht anders sein.[403] Jeder Staat besteht auch aus einem

---

398 *Isensee*, Staat und Verfassung, in: Isensee/Kirchhof, HStR, Bd. II, 3. Aufl. 2004, § 15 Rn. 22, 97; *Schmitt Glaeser*, Die Beurteilung politisch motivierter Privatgewalt durch das Bundesverfassungsgericht, in: Maurer, Das akzeptierte Grundgesetz, Festschrift für Günter Dürig, 1990, S. 98; *Bethge*, DVBl. 1989, 845; *Stern*, Das Staatsrecht der Bundesrepublik Deutschland, Band III/2, Allgemeine Lehren der Grundrechte, 1994, S. 997 ff. Viel zu weit bei der Annahme von Grundpflichten geht *Franz*, Der Bundeswehreinsatz im Innern und die Tötung Unschuldiger, Der Staat, 45. Band, 2006, S. 520 ff., der eine bürgerliche Grundpflicht bis hin zur Aufopferung des eigenen Lebens anerkennt. Statt vieler entschieden dagegen *Höfling/Augsberg*, JZ 2005, 1082 und 1085.

399 Art. 117 S. 2 BV lautet: „Alle haben die Verfassung und die Gesetze zu achten und zu befolgen, an den öffentlichen Angelegenheiten Anteil zu nehmen und ihre körperlichen und geistigen Kräfte so zu betätigen, wie es das Wohl der Gesamtheit erfordert."

400 *Isensee*, Staat und Verfassung, in: Isensee/Kirchhof, HStR, Bd. II, 3. Aufl. 2004, § 15 Rn. 111.

401 *Isensee*, Staat und Verfassung, in: Isensee/Kirchhof, HStR, Bd. II, 3. Aufl. 2004, § 15 Rn. 111.

402 BVerfGE 4, 7, 15 f.; 65, 1, 44; *Isensee*, Staat und Verfassung, in: Isensee/Kirchhof, HStR, Bd. II, 3. Aufl. 2004, § 15 Rn. 94, 148 und 176; *ders.*, Das Grundrecht auf Sicherheit, 1983, S. 1, 21; *ders.*, Der Verfassungsstaat als Friedensgarant, in: Mellinghoff/Morgenthaler/Puhl, Die Erneuerung des Verfassungsstaates, 2003, S. 27; *Bethge*, VVDStRL Heft 57 (1998), S. 11 m.w.N.; *ders.*, Verfassungsrecht, 3. Aufl. 2007, S. 105; *Kniesel*, ZRP 1996, 487; *Maihofer*, Prinzipien freiheitlicher Demokratie, in: Benda/Maihofer/Vogel, Handbuch des Verfassungsrechts der Bundesrepublik Deutschland, 2. Aufl. 1994, S. 503; *Pitschas*, JZ 1993, 863.

403 BVerfGE 56, 37, 49; 65, 1, 44; *Bethge*, Verfassungsrecht, 3. Aufl. 2007, S. 131; *ders.*, Zur Problematik von Grundrechtskollisionen, 1977, S. 256, 311 (jeweils mit Verweis auf Dürig, in: Summum ius – summa iniuria, S. 83), 321 und 368; *Götz*, Innere Sicherheit, in: Isensee/Kirchhof, HStR, Bd. III, 2. Aufl. 1996, § 79 Rn. 24;

Staatsvolk. Ein Volk besteht begriffsnotwendig aus einer Vielzahl von Menschen. Der Freiheitsgebrauch des einen stellt sich in einer Gemeinschaft aber möglicherweise als Beeinträchtigung der Freiheit und der Sicherheit des anderen dar.[404] Eine gänzlich schrankenlose Freiheit kann es daher nicht geben.[405] Die Freiheit des einen muß neben der Freiheit der anderen existieren können.[406] Alle im Grundgesetz niedergelegten Freiheitsrechte stehen unter dem sich schon aus der Staatlichkeit – einer der jeweiligen Verfassung vorgelagerten Ebene – ergebenden Vorbehalt der Friedlichkeit und Sicherheit.[407] Es gilt, Freiheit im Frieden

---

Maihofer, Prinzipien freiheitlicher Demokratie, in: Benda/Maihofer/Vogel, Handbuch des Verfassungsrechts der Bundesrepublik Deutschland, 2. Aufl. 1994, S. 503 f.

404 *Bethge*, Zur Problematik von Grundrechtskollisionen, 1977, S. 257; *Isensee*, Das Grundrecht auf Sicherheit, 1983, S. 45; *Maihofer*, Prinzipien freiheitlicher Demokratie, in: Benda/Maihofer/Vogel, Handbuch des Verfassungsrechts der Bundesrepublik Deutschland, 2. Aufl. 1994, S. 503 f.

405 BVerwGE 102, 304, 308 und 310; *Di Fabio*, NJW 2008, 422; *Bethge*, Zur Problematik von Grundrechtskollisionen, 1977, S. 258; etwas vorsichtiger *Sachs*, Verfassungsrecht II, Grundrechte, 2. Aufl. 2003, A 9 Rn. 21.

406 *Isensee*, Das staatliche Gewaltmonopol als Grundlage und Grenze der Grundrechte, in: Franßen/Redeker/Schlichter/Wilke, Bürger – Richter – Staat, Festschrift für Horst Sendler, 1991, S. 51; *ders.*, Das Grundrecht auf Sicherheit, 1983, S. 45; *Götz*, Innere Sicherheit, in: Isensee/Kirchhof, HStR, Bd. III, 2. Aufl. 1996, § 79 Rn. 24.

407 *Di Fabio*, NJW 2008, 422; *Isensee*, Staat und Verfassung, in: Isensee/Kirchhof, HStR, Bd. II, 3. Aufl. 2004, § 15 Rn. 94; *ders.*, Das staatliche Gewaltmonopol als Grundlage und Grenze der Grundrechte, in: Franßen/Redeker/Schlichter/Wilke, Bürger – Richter – Staat, Festschrift für Horst Sendler, 1991, S. 50, 56; *ders.*, Das Grundrecht auf Sicherheit, 1983, S. 11 („Sicherheit ist die Bedingung der Möglichkeit von Freiheit.") und 18; *ders.*, Der Verfassungsstaat als Friedensgarant, in: Mellinghoff/Morgenthaler/Puhl, Die Erneuerung des Verfassungsstaates, 2003, S. 8, 28; *Schmitt Glaeser*, Die Beurteilung politisch motivierter Privatgewalt durch das Bundesverfassungsgericht, in: Maurer, Das akzeptierte Grundgesetz, Festschrift für Günter Dürig, 1990, S. 98; *Götz*, Innere Sicherheit, in: Isensee/Kirchhof, HStR, Bd. III, 2. Aufl. 1996, § 79 Rn. 2 f.; *Bethge*, ZBR 1988, 209; *Hillgruber*, JZ 2007, 211; *Landau*, NStZ 2007, 125 ff.; *Kniesel*, ZRP 1996, 485. So auch *Haas* in ihrem Sondervotum zu BVerfG JZ 2006, 906 ff. auf S. 915 f.: „Ohne Sicherheit kann die Freiheitsgewährleistung des Grundgesetzes nicht mit Leben erfüllt werden. Sicherheit ist die Grundlage, auf der Freiheit sich erst vollends entfalten kann. Zwischen Freiheit und Sicherheit besteht damit ein untrennbarer Sach- und Sinnzusammenhang. (...) Der Staat ist gefordert, diese Furcht der Menschen um ihr Leben und um ihre Gesundheit ernst zu nehmen. Werden diese elementaren Rechtsgüter bedroht, beeinträchtigt oder gar vernichtet, so ist es auch mit der verfassungsrechtlich gewährleisteten Freiheit des Einzelnen, sich nach eigenem Wunsch verhalten zu können, nicht mehr weit her; (...) Um des staatlichen Schutzes willen, um der Gewährleistung der Unversehrtheit ihrer elementarsten Lebensgrundlagen willen haben sich die Menschen ursprünglich zum Staatsverband zusammengeschlossen und damit

zu gewährleisten.[408] Was nützt jede erdenkliche Freiheit, wenn diese nur dann ausgeübt werden kann, wenn sie mit Gewalt durchgesetzt wird? Freiheit verkäme zum Privileg des Stärkeren. Der Gedanke der Sicherheit gilt als „Selbstverständlichkeit des freiheitlichen Staates".[409] Diese Zusammenhänge beugen einem potentiellen Mißverständnis der Grundrechte, daß deren Freiheitsverbürgungen die Verfassungsaufgabe Sicherheit gefährden würden, vor.[410]

3. Das Friedlichkeitsgebot des Art. 8 GG

Im Falle der Versammlungsfreiheit (Art. 8 GG) ist dieser Friedlichkeitsvorbehalt ausdrücklich in den Verfassungstext mitaufgenommen worden.[411] Eine unfriedliche Versammlung fällt somit schon vom Tatbestand her nicht in den Schutzbereich des Art. 8 Abs. 1 GG – der innere Friede soll auf diese Weise auch aus der Perspektive grundrechtlicher Verbürgungen gesichert und unterstützt werden.[412] Die Begriffe Gewalt und Frieden schließen sich gegenseitig aus.[413] „*Gewalt*tätigkeiten gegen Personen oder Sachen" versteht auch das Bundesverfassungsgericht als *unfriedlich* und somit nicht grundrechtlich geschützt.[414] Ein Regreß auf Art. 2 Abs. 1 GG ist nach richtiger Ansicht nicht möglich.[415] In diesen Zusam-

---

auf die aus der Freiheit fließende Möglichkeit der Selbsthilfe verzichtet. Indem der Staat den ihm erteilten Schutzauftrag erfüllt, schränkt er die Freiheit seiner Bürger nicht ein, sondern stärkt und gewährleistet ihnen das Recht auf Freiheit."

408 *Isensee*, Staat und Verfassung, in: Isensee/Kirchhof, HStR, Bd. II, 3. Aufl. 2004, § 15 Rn. 176, 195; *ders.*, Der Verfassungsstaat als Friedensgarant, in: Mellinghoff/Morgenthaler/Puhl, Die Erneuerung des Verfassungsstaates, 2003, S. 8; *Hillgruber*, JZ 2007, 211; *Pitschas*, JZ 1993, 857.

409 *Isensee*, Das Grundrecht auf Sicherheit, 1983, S. 15.

410 *Götz*, Innere Sicherheit, in: Isensee/Kirchhof, HStR, Bd. III, 2. Aufl. 1996, § 79 Rn. 24.

411 Art. 8 Abs. 1 GG lautet: „Alle Deutschen haben das Recht, sich ohne Anmeldung oder Erlaubnis friedlich und ohne Waffen zu versammeln." Vgl. auch *Götz*, Innere Sicherheit, in: Isensee/Kirchhof, HStR, Bd. III, 2. Aufl. 1996, § 79 Rn. 21; *Bethge*, DVBl. 1989, 845; *Starck*, in: v. Mangoldt/Klein/Starck, GG I, 5. Aufl. 2005, Präambel Rn. 33.

412 *Kloepfer*, Versammlungsfreiheit, in: Isensee/Kirchhof, HStR, Bd. VI, 2. Aufl. 2001, § 143 Rn. 37; *Merten*, Rechtsstaatsdämmerung, in: Schreiber, Polizeilicher Eingriff und Grundrechte, Festschrift für Rudolf Samper, 1982, S. 41.

413 Vgl. dazu oben unter A)III.2.b)aa), S. 63 f.

414 BVerfGE 69, 315, 360 (kursive Hervorhebung vom Autor); vgl. auch BVerfGE 73, 206, 248; 87, 399, 406; *Isensee*, Staat und Verfassung, in: Isensee/Kirchhof, HStR, Bd. II, 3. Aufl. 2004, § 15 Rn. 94; *Höfling*, in: Sachs, Grundgesetz, 4. Aufl. 2007, Art. 8 Rn. 28 mit weiteren Nachweisen.

415 *Bethge*, DVBl. 1989, 845; *Gusy*, in: v. Mangoldt/Klein/Starck, GG I, 5. Aufl. 2005, Art. 8 Rn. 92; *Depenheuer*, in: Maunz/Dürig, Komm. z. GG, 50. EL, Stand Juni

menhang paßt auch die Diskussion, ob beispielsweise das Töten in den Schutzbereich der allgemeinen Handlungsfreiheit des Art. 2 Abs. 1 GG fällt.[416] Es kann nicht angehen, eine Handlung, vor der die Organisation Staat schützen muß, um sich zu legitimieren, in der Verfassung prinzipiell unter Grundrechtsschutz zu stellen.[417] Dies würde mit dem Friedens- und Sicherheitsauftrag des Staates kollidieren. Das Gewaltverbot beziehungsweise die Friedenspflicht gehören zur verfassungsstaatlichen Freiheitsidee dazu.[418] *Schmitt Glaeser* formuliert zu Recht:[419] „Gewaltsame Grundrechtsausübung ist ein Widerspruch in sich."

III. Ausgleich für das Gewaltmonopol des Staates

Zwar müssen die Bürger zugunsten des Staates auf die Verwirklichung ihres eigenen Gewaltpotentials verzichten. Dafür werden ihnen jedoch einige konkrete Ausgleichspositionen zuteil. Diese basieren auf den Vorteilen aus der Staatlichkeit an sich, wie in erster Linie der Gewährleistung von Frieden und Sicherheit. Sie werden komplettiert durch besondere rechtsstaatliche Sicherungen.

2007, Art. 8 Rn. 186 unter 6; *Schulze-Fielitz*, in: Dreier, Grundgesetz-Kommentar, Bd. 1, 2. Aufl. 2004, Art. 8 Rn. 123; a.A. *Pieroth/Schlink*, Grundrechte, 23. Aufl. 2007, Rn. 342.

416 Dafür z.B. *Sachs*, Verfassungsrecht II, Grundrechte, 2. Aufl. 2003, B 2 Rn. 14. Dagegen z.B. *Starck*, in: v. Mangoldt/Klein/Starck, GG I, 5. Aufl. 2005, Art. 2 Rn. 13 und Art. 1 Rn. 323; *H. H. Klein*, DVBl. 1994, 491; *Isensee*, Das staatliche Gewaltmonopol als Grundlage und Grenze der Grundrechte, in: Franßen/Redeker/Schlichter/Wilke, Bürger – Richter – Staat, Festschrift für Horst Sendler, 1991, S. 58, 60; *ders.*, Staat und Verfassung, in: Isensee/Kirchhof, HStR, Bd. II, 3. Aufl. 2004, § 15 Rn. 176 (allgemeiner formuliert).

417 So auch *Isensee*, Der Verfassungsstaat als Friedensgarant, in: Mellinghoff/Morgenthaler/Puhl, Die Erneuerung des Verfassungsstaates, 2003, S. 28.

418 *Isensee*, Staat und Verfassung, in: Isensee/Kirchhof, HStR, Bd. II, 3. Aufl. 2004, § 15 Rn. 176; *ders.*, Das staatliche Gewaltmonopol als Grundlage und Grenze der Grundrechte, in: Franßen/Redeker/Schlichter/Wilke, Bürger – Richter – Staat, Festschrift für Horst Sendler, 1991, S. 58, 60; *Merten*, Rechtsstaatsdämmerung, in: Schreiber, Polizeilicher Eingriff und Grundrechte, Festschrift für Rudolf Samper, 1982, S. 41; *Bethge*, ZBR 1988, 209; *ders.*, DVBl. 1989, 845.

419 *Schmitt Glaeser*, Die Beurteilung politisch motivierter Privatgewalt durch das Bundesverfassungsgericht, in: Maurer, Das akzeptierte Grundgesetz, Festschrift für Günter Dürig, 1990, S. 99.

1. Der Justizgewährleistungsanspruch

Zwar müssen die Bürger in einem Staat darauf verzichten, ihr eigenes Rechtsempfinden selbst als Richter in eigener Sache – notfalls mittels Gewalt – durchzusetzen. Das Postulat der Friedlichkeit ist aber nicht dahin zu verstehen, daß Streitigkeiten gänzlich verboten wären.[420] Unzulässig ist es nur, diese im Wege der Selbstjustiz auszutragen. Zwischenmenschliche Konflikte sollen in rechtlich geordneten Bahnen vor staatlichen Gerichten gelöst werden. Ist der Bürger einerseits gehalten, zur Durchsetzung seiner Rechte staatliche Gerichte in Anspruch zu nehmen, muß ihm andererseits der Staat auch wirksame Rechtsschutzmöglichkeiten und objektiv eine funktionierende Strafjustiz gewährleisten.[421] Dem Justizgewährleistungsanspruch der Bürger korrespondiert die Justizgewährleistungspflicht des Staates. Sie findet nicht nur Ausdruck in dem besonderen gegen die öffentliche Gewalt des Staates gerichteten Justizgewährleistungsanspruch aus Art. 19 Abs. 4 GG. Daneben oder davor existiert der allgemeine Justizgewährleistungsanspruch, der sich – verkürzt formuliert – auf die bürgerlich-rechtlichen Streitigkeiten bezieht. Genaugenommen folgt der allgemeine Justizgewährleistungsanspruch der Bürger schon aus der Staatlichkeit. Er wird aber auch als Merkmal des Rechtsstaatsprinzips in Verbindung mit den Grundrechten, insbesondere Art. 2 Abs. 1 GG verstanden.[422] Der Justizgewährungsanspruch umfaßt „den Zugang zu den Gerichten, die Prüfung des Streitbegehrens in einem förmlichen Verfahren sowie die verbindliche gerichtliche Entscheidung".[423]

---

420 *Isensee*, Staat und Verfassung, in: Isensee/Kirchhof, HStR, Bd. II, 3. Aufl. 2004, § 15 Rn. 93; *Krölls*, GewArch 1997, 448.

421 *Isensee*, Das staatliche Gewaltmonopol als Grundlage und Grenze der Grundrechte, in: Franßen/Redeker/Schlichter/Wilke, Bürger – Richter – Staat, Festschrift für Horst Sendler, 1991, S. 48; *ders.*, Das Grundrecht auf Sicherheit, 1983, S. 36; *Herzog*, Ziele, Vorbehalte und Grenzen der Staatstätigkeit, in: Isensee/Kirchhof, HStR, Bd. IV, 3. Aufl. 2006, § 72 Rn. 42, 45; *Schulze-Fielitz*, in: Dreier, Grundgesetz-Kommentar, Bd. 2, 2. Aufl. 2006, Art. 20 (Rechtsstaat) Rn. 214; *Sachs*, in: Sachs, Grundgesetz, 4. Aufl. 2007, Art. 20 Rn. 162; *Bethge*, DVBl. 1989, 846; *Landau*, NStZ 2007, 127.

422 BVerfGE 54, 277, 291; 107, 395, 401; *Degenhart*, Staatsrecht I, Staatsorganisationsrecht, 23. Aufl. 2007, Rn. 418 a; *Sachs*, in: Sachs, Grundgesetz, 4. Aufl. 2007, Art. 20 Rn. 162.

423 BVerfGE 107, 395, 401; ähnlich auch BVerfGE 85, 337, 345.

2. Die Grundrechte des Grundgesetzes

Als weiterer Ausgleich dienen die Grundrechte des Grundgesetzes. Als Freiheits- und Abwehrrechte einerseits sichern sie den Bürgern Bereiche individueller Freiheit und schützen vor rechtswidrigen Übergriffen durch den Staat.[424] Andererseits konstituieren sie als Freiheitsrechte auch Schutzpflichten des Staates gegenüber seinen Bürgern.[425]

a) Die Grundrechte als Freiheitsrechte

Das staatliche Gewaltmonopol beziehungsweise die diesem korrespondierende Friedenspflicht der Bürger steht mit deren Freiheit in einem Spannungsverhältnis.[426] Je mehr sich der Staat in gesellschaftliche Angelegenheiten einmischt, je intensiver er sich um inneren Frieden und Sicherheit kümmert, desto weniger Freiräume verbleiben für die Bürger. Welcher Mittelweg letztlich in einem konkreten Staat beschritten wird, ist eine Frage der jeweiligen Staatsverfassung. Ein schönes Bild zeichnet *Aristoteles* zur Veranschaulichung des Spannungsverhältnisses zwischen staatlicher Einheit und freiheitlicher Pluralität:[427] Er vergleicht es mit einem Musikstück. Eine völlig unstrukturierte und unkoordinierte Aufeinanderfolge von Tönen ergäbe keinen Wohlklang. Auf der anderen Seite gäbe es aber auch keine Musik mehr, würde man eine Symphonie auf Monotonie und deren Rhythmus auf einen Schlag reduzieren.

Im Grundgesetz wird der Gedanke der Freiheit groß geschrieben.[428] Die Bundesrepublik Deutschland ist ein vorrangig den Grundrechten verpflichtetes Gemeinwesen.[429] Das Bundesverfassungsgericht formuliert zur Bedeutung der Grundrechte im Verfassungsstaat: „Die Grundrechte bilden einen untrennbaren Teil der Verfassung; sie sind der eigentliche Kern der freiheitlich-demokratischen Ordnung des staatlichen Lebens im Grundgesetz".[430] Dem besonderen Stellenwert der Grundrechte entspricht es, daß sie am Anfang des

424 *Schulze-Fielitz*, in: Dreier, Grundgesetz-Kommentar, Bd. 2, 2. Aufl. 2006, Art. 20 (Rechtsstaat) Rn. 8.

425 Beispielsweise BVerfGE 77, 170, 214 f.; 92, 26, 46; *Bethge*, Verfassungsrecht, 3. Aufl. 2007, S. 114; *ders.*, DVBl. 1989, 848; *Isensee*, Staat und Verfassung, in: Isensee/Kirchhof, HStR, Bd. II, 3. Aufl. 2004, § 15 Rn. 93.

426 Vgl. dazu oben unter B)II., S. 99 ff.

427 Zitiert nach *Isensee*, Staat und Verfassung, in: Isensee/Kirchhof, HStR, Bd. II, 3. Aufl. 2004, § 15 Rn. 71.

428 *Bethge*, DVBl. 1989, 843 f.; *Isensee*, Das Grundrecht auf Sicherheit, 1983, S. 27.

429 BVerfGE 58, 1, 40.

430 BVerfGE 31, 58, 73; 43, 154, 167.

Grundgesetzes stehen. Die Grundrechte binden gemäß Art. 1 Abs. 3 GG Gesetzgebung, vollziehende Gewalt und Rechtsprechung, mithin die Staatsgewalt in ihrem umfassenden Verständnis, als unmittelbar geltendes Recht. Die Staatsordnung nach dem Grundgesetz bildet also keine umfassende Einheit, die den Menschen in sämtlichen Lebensfragen leitet, keine „Werttotalität" oder „Lebenstotalität".[431] Das Grundgesetz selbst spricht beispielsweise in Art. 10 Abs. 2, 11 Abs. 2, 18, 21 Abs. 2, 73 Abs. 1 Nr. 10 b, und 91 von der „freiheitlich demokratischen Grundordnung" unseres Staates. Die Grundrechtsbindung trifft insbesondere auch den Teil der Staatsgewalt, der sich gegebenenfalls des Gewaltmonopols bedienen muß, in erster Linie also die Exekutive. Auch und gerade beim Einsatz körperlicher Zwangsgewalt sind die Grundrechte als Abwehrrechte zu beachten. Eingriffe in grundrechtlich geschützte Rechtspositionen bedürfen der Rechtfertigung.[432] Das heißt vor allem, daß der Eingriff auf einer verfassungsmäßigen gesetzlichen Grundlage beruhen und bestimmte Eingriffskautelen (z.B. Art. 19 Abs. 1 S. 1 und 2, Abs. 2 GG) wahren muß. Insbesondere muß ein Eingriff dem Grundsatz der Verhältnismäßigkeit entsprechen, das heißt in Relation zu einem bestimmten legitimen Ziel geeignet, erforderlich und angemessen sein.[433] Ein willkürlicher Gebrauch des Gewaltmonopols, also eine willkürliche staatliche Eingriffspraxis ist mit dem Grundgesetz nicht vereinbar. Insoweit werden die Grundrechte auch als „negative Kompetenznormen" für den Staat bezeichnet.[434]

b) Die grundrechtlichen Schutzpflichten

Aber nicht nur in ihrer Funktion als Abwehrrechte bieten die Grundrechte einen Ausgleich für das staatliche Gewaltmonopol.[435] In ihrer objektivrechtlichen Dimension fordern sie vom Staat mitunter,[436] daß er die in ihnen niedergelegten

---

431 *Isensee*, Staat und Verfassung, in: Isensee/Kirchhof, HStR, Bd. II, 3. Aufl. 2004, § 15 Rn. 76 mit Verweis auf Smend, Staatsrechtliche Abhandlungen, 2. Aufl. 1968, S. 162, 189.

432 *Bethge*, Verfassungsrecht, 3. Aufl. 2007, S. 137.

433 BVerfGE 65, 1, 44; 67, 157, 173 ff.; 78, 77, 85; 95, 173, 183; 96, 10, 23; *Bethge*, Verfassungsrecht, 3. Aufl. 2007, S. 142 f.

434 *Pieroth/Schlink*, Grundrechte, 23. Aufl. 2007, Rn. 73.

435 *Isensee*, Das staatliche Gewaltmonopol als Grundlage und Grenze der Grundrechte, in: Franßen/Redeker/Schlichter/Wilke, Bürger – Richter – Staat, Festschrift für Horst Sendler, 1991, S. 61.

436 *H. H. Klein*, DVBl. 1994, 490; *Isensee*, Das Grundrecht auf Sicherheit, 1983, S. 49; *Kirchhof*, Mittel staatlichen Handelns, in: Isensee/Kirchhof, HStR, Bd. V, 3. Aufl. 2007, § 99 Rn. 58; *Stern*, Das Staatsrecht der Bundesrepublik Deutschland, Band III/1, Allgemeine Lehren der Grundrechte, 1988, S. 931, 937 ff.

freiheitlichen Gewährleistungen schützt und zwar äußerstenfalls mit Hilfe des Strafrechts.[437]

aa) Die Ausgangslage

Dahinter steht der Gedanke, daß die von den Grundrechten geschützten Güter und Verhaltensweisen nicht nur von staatlicher Seite, sondern auch durch das Handeln anderer Mitbürger bedroht werden können – weswegen es ja gerade zur Entstehung staatlicher Strukturen gekommen ist.[438] Grundrechte sind nicht nur „Rechte des Störers", sondern auch „Rechte des Opfers"; beide Aspekte, der abwehrrechtliche und der schutzrechtliche, haben gleichen verfassungsrechtlichen Rang.[439] Freiheitsansprüche können erst greifen, wenn zwischen den Inhabern der Freiheit Frieden herrscht.[440] So soll sich der Staat „schützend und fördernd" vor die Grundrechte stellen;[441] er ist nicht nur zur Unterlassung, sondern zum aktiven Handeln aufgefordert.[442] Die Staatsgewalt wird hier nicht wie in der abwehrrechtlichen Dimension zurückgedrängt, sondern gefordert.[443] Gemäß der Lehre von den grundrechtlichen Schutzpflichten ist es Aufgabe des Staates, seine Bürger vor Übergriffen anderer Mitbürger zu bewahren und so Gefahren und

---

437 BVerfGE 39, 1, 36 ff.; 88, 203, 203 f. und 251 ff.; *Bethge*, Verfassungsrecht, 3. Aufl. 2007, S. 114; *Isensee*, Das Grundrecht auf Sicherheit, 1983, S. 27; *Götz*, Innere Sicherheit, in: Isensee/Kirchhof, HStR, Bd. III, 2. Aufl. 1996, § 79 Rn. 10; *Stern*, Das Staatsrecht der Bundesrepublik Deutschland, Band III/1, Allgemeine Lehren der Grundrechte, 1988, S. 941.

438 Vgl. BVerfGE 39, 1, 42; 46, 160, 164 f.; 49, 89, 141 f.; 88, 203, 203 f. und 251 ff.; *Dirnberger*, DVBl. 1992, 879; *Isensee*, Der Verfassungsstaat als Friedensgarant, in: Mellinghoff/Morgenthaler/Puhl, Die Erneuerung des Verfassungsstaates, 2003, S. 29 f.; *Hillgruber*, JZ 2007, 211; *Götz*, Innere Sicherheit, in: Isensee/Kirchhof, HStR, Bd. III, 2. Aufl. 1996, § 79 Rn. 10; *Stern*, Das Staatsrecht der Bundesrepublik Deutschland, Band III/1, Allgemeine Lehren der Grundrechte, 1988, S. 932.

439 *Isensee*, Das Grundrecht auf Sicherheit, 1983, S. 32 f., der die Gesamtheit der Schutzaspekte in einem „Grundrecht auf Sicherheit" zusammenfaßt. So auch *Hillgruber*, JZ 2007, 211.

440 *Isensee*, Der Verfassungsstaat als Friedensgarant, in: Mellinghoff/Morgenthaler/Puhl, Die Erneuerung des Verfassungsstaates, 2003, S. 27 f.; *Hillgruber*, JZ 2007, 211.

441 Beispielsweise BVerfGE 39, 1, 42; 56, 54, 73; *Dreier*, in: Dreier, Grundgesetz-Kommentar, Bd. 1, 2. Aufl. 2004, Vorb. Rn. 101.

442 *Dreier*, in: Dreier, Grundgesetz-Kommentar, Bd. 1, 2. Aufl. 2004, Vorb. Rn. 101; *Dirnberger*, DVBl. 1992, 879.

443 *Isensee*, Das Grundrecht als Abwehrrecht und staatliche Schutzpflicht, in: Isensee/Kirchhof, HStR, Bd. V, 2. Aufl. 2000, § 111 Rn. 3.

Rechtsgutsverletzungen schon im Vorfeld abzuwehren.[444] Neben der aus der Staatlichkeit an sich begründeten Staatsaufgabe „Sicherheit" können mit der Lehre von den grundrechtlichen Schutzpflichten staatliche Handlungspflichten aus den Grundrechten, also aus der Verfassung abgeleitet werden.[445] Die klassische Staatsaufgabe Sicherheit erfährt „verfassungsrechtliches Substrat".[446] Die schutzrechtliche Dimension der Grundrechte ist nicht etwa nur auf Art. 2 Abs. 2 GG beschränkt;[447] sie gilt jedenfalls für alle Freiheitsrechte.[448] Nach der Rechtsprechung des Bundesverfassungsgerichts erstreckt sie sich sogar auf die Gleichheitsrechte.[449] Sicherheit bedeutet vor diesem Hintergrund nun die Unversehrtheit der grundrechtlichen Schutzgüter im Verhältnis der Bürger untereinander.[450] Der Staat muß die Freiheitsrechte des einen Grundrechtsträgers vor Übergriffen anderer Grundrechtsträger schützen. Der zuvor staatstheoretisch bekleidete Gedanke findet sich hier wieder in grundrechtlichem Gewand. Auf diese Weise tritt neben die objektive Richtung der Schutzpflichtenlehre auch noch die subjektive, da die Staatsaufgabe „Sicherheit" ihren Gegenstand auch in subjektiven Rechten findet.[451] So erhalten die Bürger einen subjektiven Anspruch gegen den Staat auf Schutz ihrer grundrechtlichen Rechtsgüter.[452]

---

444 *Dreier*, in: Dreier, Grundgesetz-Kommentar, Bd. 1, 2. Aufl. 2004, Vorb. Rn. 101; *Isensee*, Das Grundrecht als Abwehrrecht und staatliche Schutzpflicht, in: Isensee/Kirchhof, HStR, Bd. V, 2. Aufl. 2000, § 111 Rn. 84; *ders.*, Der Verfassungsstaat als Friedensgarant, in: Mellinghoff/Morgenthaler/Puhl, Die Erneuerung des Verfassungsstaates, 2003, S. 29; *Kirchhof*, Mittel staatlichen Handelns, in: Isensee/Kirchhof, HStR, Bd. V, 3. Aufl. 2007, § 99 Rn. 58; *H. H. Klein*, DVBl. 1994, 490; *Stern*, Das Staatsrecht der Bundesrepublik Deutschland, Band III/1, Allgemeine Lehren der Grundrechte, 1988, S. 949.

445 *Dreier*, in: Dreier, Grundgesetz-Kommentar, Bd. 1, 2. Aufl. 2004, Vorb. Rn. 102; *Isensee*, Der Verfassungsstaat als Friedensgarant, in: Mellinghoff/Morgenthaler/Puhl, Die Erneuerung des Verfassungsstaates, 2003, S. 30; *Hillgruber*, JZ 2007, 211; *Pitschas*, JZ 1993, 858.

446 *Isensee*, Das Grundrecht als Abwehrrecht und staatliche Schutzpflicht, in: Isensee/Kirchhof, HStR, Bd. V, 2. Aufl. 2000, § 111 Rn. 84.

447 *Isensee*, Das Grundrecht als Abwehrrecht und staatliche Schutzpflicht, in: Isensee/Kirchhof, HStR, Bd. V, 2. Aufl. 2000, § 111 Rn. 86.

448 *H. H. Klein*, DVBl. 1994, 491.

449 BVerfGE 89, 276, 286.

450 *Isensee*, Das Grundrecht als Abwehrrecht und staatliche Schutzpflicht, in: Isensee/Kirchhof, HStR, Bd. V, 2. Aufl. 2000, § 111 Rn. 84.

451 *Isensee*, Das Grundrecht als Abwehrrecht und staatliche Schutzpflicht, in: Isensee/Kirchhof, HStR, Bd. V, 2. Aufl. 2000, § 111 Rn. 84; *ders.*, Das Grundrecht auf Sicherheit, 1983, S. 50 f., *ders.*, Der Verfassungsstaat als Friedensgarant, in: Mellinghoff/Morgenthaler/Puhl, Die Erneuerung des Verfassungsstaates, 2003, S. 30.

452 *Isensee*, Der Verfassungsstaat als Friedensgarant, in: Mellinghoff/Morgenthaler/Puhl, Die Erneuerung des Verfassungsstaates, 2003, S. 30.

bb) Die Reichweite grundrechtlicher Schutzpflichten des Staates

Insbesondere ergibt sich hieraus ein Verbot für den Staat, Übergriffe Privater auf deren Mitbürger anzuregen oder zu fördern. Der Staat muß zur Vermeidung eines gewalttätigen Klimas in der Gesellschaft beitragen, er darf ein solches nicht aufkeimen lassen.[453] *Isensee* geht zu Recht davon aus, daß es dem Staat beispielsweise verwehrt sei, die Tötung des ungeborenen Lebens durch Werbung zu unterstützen, durch Öffentlichkeitsarbeit zu bagatellisieren beziehungsweise zu legitimieren, oder Abtreibungskliniken einzurichten.[454]

cc) Der Staat als Adressat der Grundpflichten

Adressat der Grundrechte ist aber in jedem Fall – gleichgültig, ob in ihrer abwehrrechtlichen oder in der schutzpflichtrechtlichen Dimension verstanden – gemäß Art. 1 Abs. 3 GG der Staat. Ein verfassungsunmittelbarer Anspruch eines Bürgers gegen einen Mitbürger etwa auf Unterlassung eines Angriffs gegen ihn ergibt sich aus der Lehre von den grundrechtlichen Schutzpflichten nicht.[455] Wenn ein Privater ein grundrechtlich geschütztes Rechtsgut gefährdet, ist die staatliche Reaktion darauf am verfassungsrechtlichen Maßstab der Schutzpflicht zu messen.[456]

dd) Die prinzipielle Gesetzesakzessorietät staatlicher Schutzpflichten

Die staatliche Schutzpflicht ist in erster Linie auf den Gesetzgeber zugeschnitten. Er soll eine Rechtsordnung als taugliche Rahmenbedingung für ein gesellschaftliches Zusammenleben schaffen, die Beeinträchtigungen von grundrechtlichen Rechtsgütern vorbeugen und so die gemäß den Grundrechten zu sichernde Freiheit gewährleisten soll. Die Rechtsordnung und deren Vollzug sollen dem Verbot der Verletzung fremder Rechtsgüter Rechnung tragen und dafür sorgen, daß sich die durch die Grundrechte gewährleisteten Freiheiten wirksam entfalten können.[457] Jedoch macht die schutzrechtliche Dimension der Grundrechte auch vor den rechtsanwendenden Gewalten nicht halt.[458] Der Verwaltung kommt die

---

453 *Isensee*, Das Grundrecht auf Sicherheit, 1983, S. 41.

454 *Isensee*, Das Grundrecht auf Sicherheit, 1983, S. 41.

455 *H. H. Klein*, DVBl. 1994, 491.

456 *H. H. Klein*, DVBl. 1994, 496.

457 *H. H. Klein*, DVBl. 1994, 491; *Isensee*, Das Grundrecht auf Sicherheit, 1983, S. 38 ff.

458 *Dreier*, in: Dreier, Grundgesetz-Kommentar, Bd. 1, 2. Aufl. 2004, Vorb. Rn. 102; *H. H. Klein*, DVBl. 1994, 495 f.; *Isensee*, Das Grundrecht als Abwehrrecht und

Aufgabe zu, die Schutzpflichten im konkreten Fall zu verwirklichen, Gerichte setzen sie im Streitfall durch. Das Bundesverfassungsgericht attestiert dem Gesetzgeber und der vollziehenden Gewalt bei der Erfüllung der grundrechtlichen Schutzpflichten einen „weite(n) Einschätzungs-, Wertungs- und Gestaltungsbereich (...), der auch Raum läßt, etwa konkurrierende öffentliche und private Interessen zu berücksichtigen".[459] Kommt hingegen die jeweilige Staatsfunktion ihrer Aufgabe nicht genügend nach, verletzt sie den Grundsatz des Untermaßverbotes.[460]

3. Sonstige Staatsstrukturprinzipien

Auch im objektiv verfassungsrechtlichen Bereich sorgt eine Reihe von Prinzipien dafür, daß die Ausübung staatlicher Gewalt die Bürger nicht übermäßig beeinträchtigt. An erster Stelle ist das Rechtsstaatsprinzip zu nennen. Dessen wichtigste Merkmale können in den Grundsätzen der Gewaltenteilung zur Verhinderung der Konzentration von Macht in einer Hand, der Gesetzesbindung der Verwaltung (Vorrang und Vorbehalt des Gesetzes) und der Rechtssicherheit gesehen werden.[461] Neben dem Rechtsstaatsprinzip stellt die Entscheidung für die Demokratie ein wesentliches Staatsstrukturprinzip dar. Gemäß Art. 20 Abs. 2 S. 1 GG muß alle Staatsgewalt vom Volk ausgehen. Die Ausübung staatlicher Macht muß in einer ununterbrochenen demokratischen Legitimationskette auf das Volk zurückgeführt werden können.[462]

IV. Ausnahmefälle erlaubter privater Gewalt

Der Grundsatz des staatlichen Gewaltmonopols bestimmt die staatliche Gemeinschaft nahezu ausschließlich. Dennoch existieren einige wenige, die Regel bestä-

---

staatliche Schutzpflicht, in: Isensee/Kirchhof, HStR, Bd. V, 2. Aufl. 2000, § 111 Rn. 90; *ders.*, Das Grundrecht auf Sicherheit, 1983, S. 39 ff.; *Stern*, Das Staatsrecht der Bundesrepublik Deutschland, Band III/1, Allgemeine Lehren der Grundrechte, 1988, S. 950 ff.; *Dirnberger*, DVBl. 1992, 882.

459 BVerfGE 77, 170, 214; 79, 174, 202. So auch *Stern*, Das Staatsrecht der Bundesrepublik Deutschland, Band III/1, Allgemeine Lehren der Grundrechte, 1988, S. 950.

460 *Isensee*, Das Grundrecht als Abwehrrecht und staatliche Schutzpflicht, in: Isensee/Kirchhof, HStR, Bd. V, 2. Aufl. 2000, § 111 Rn. 90; *Bethge*, Verfassungsrecht, 3. Aufl. 2007, S. 115; *H. H. Klein*, DVBl. 1994, 495.

461 Statt vieler *Degenhart*, Staatsrecht I, 23. Aufl. 2007, Rn. 260 ff.; *Merten*, Rechtsstaatsdämmerung, in: Schreiber, Polizeilicher Eingriff und Grundrechte, Festschrift für Rudolf Samper, 1982, S. 40 f.; *Bethge*, DVBl. 1989, 845.

462 *Degenhart*, Staatsrecht I, 23. Aufl. 2007, Rn. 23 ff.; *Bethge*, DVBl. 1989, 845.

tigende Ausnahmen von dem sich aus der Staatlichkeit ergebenden staatlichen Gewaltmonopol und der bürgerlichen Friedenspflicht.[463] Klassische Beispiele liefern die strafrechtlichen Rechtfertigungsgründe der Notwehr und der Nothilfe (§ 32 StGB), des rechtfertigenden Notstandes (§ 34 StGB) und des vorläufigen Festnahmerechts (§ 127 Abs. 1 StPO). Nicht bestraft wird auch, wer eine rechtswidrige Tat in entschuldigendem Notstand (§ 35 StGB) begangen hat. Für das Zivilrecht dienen die §§ 227, 228 und 904 BGB als entsprechende Beispiele. Zusätzlich kennt das Zivilrecht den Rechtfertigungsgrund der Selbsthilfe (beispielsweise § 229 oder § 859 Abs. 1 BGB). Als Ausnahmen vom Grundsatz des Gewaltmonopols des Staates bedürfen sie gesetzlicher Normierung und können nur unter engen Voraussetzungen zum Tragen kommen.[464] Allen diesen Normen ist gemeinsam, daß private Gewalt von der Rechtsordnung nur dann geduldet wird, wenn staatlicher Rechtsgüterschutz nicht rechtzeitig erreichbar ist und daher nicht effektiv in Anspruch genommen werden kann.[465] Nie aber kann private Gewalt neben staatlichem Rechtsgüterschutz geduldet werden. Selbst das Widerstandsrecht des Art. 20 Abs. 4 GG legitimiert private Gewalt nur in einem – letztlich illusorischen – Ausnahmefall. In der Tat handelt es sich hier insgesamt um Ausnahmetatbestände, die die Regel eindrucksvoll bestätigen. Der Zusammenhang von Aktion und Reaktion zeigt sich klar. Wenn das staatliche Schutzsystem nicht greift, macht sich private Gewalt breit und kann sich durch Notrechte legitimieren.[466] Gefahr besteht dann, wenn sich der Staat – gegebenenfalls durch zu großzügige Privatisierungsvorhaben – zu weit zurückzieht. Dann ent-

---

463 *Isensee*, Staat und Verfassung, in: Isensee/Kirchhof, HStR, Bd. II, 3. Aufl. 2004, § 15 Rn. 96; *ders.*, Das Grundrecht auf Sicherheit, 1983, S. 43, 56; *Merten*, Rechtsstaatsdämmerung, in: Schreiber, Polizeilicher Eingriff und Grundrechte, Festschrift für Rudolf Samper, 1982, S. 41; *Götz*, Innere Sicherheit, in: Isensee/Kirchhof, HStR, Bd. III, 2. Aufl. 1996, § 79 Rn. 32.

464 *Heinrichs*, in: Palandt, Bürgerliches Gesetzbuch, 67. Aufl. 2008, Vor § 226 Rn. 1; *Merten*, Rechtsstaatsdämmerung, in: Schreiber, Polizeilicher Eingriff und Grundrechte, Festschrift für Rudolf Samper, 1982, S. 41; *Götz*, Innere Sicherheit, in: Isensee/Kirchhof, HStR, Bd. III, 2. Aufl. 1996, § 79 Rn. 32; *Krölls*, GewArch 1997, 448.

465 *Isensee*, Staat und Verfassung, in: Isensee/Kirchhof, HStR, Bd. II, 3. Aufl. 2004, § 15 Rn. 96; *ders.*, Das staatliche Gewaltmonopol als Grundlage und Grenze der Grundrechte, in: Franßen/Redeker/Schlichter/Wilke, Bürger – Richter – Staat, Festschrift für Horst Sendler, 1991, S. 52; *ders.*, Das Grundrecht auf Sicherheit, 1983, S. 3, 43 und 56 ff.; *Götz*, Innere Sicherheit, in: Isensee/Kirchhof, HStR, Bd. III, 2. Aufl. 1996, § 79 Rn. 32; *Stober*, DÖV 2000, 263; *Krölls*, GewArch 1997, 448. Vgl. auch *Braum*, Strafrechtliche Grenzen der Privatisierung, in: Schriftenreihe der Strafverteidigervereinigungen, 1999, S. 169 f.

466 *Isensee*, Staat und Verfassung, in: Isensee/Kirchhof, HStR, Bd. II, 3. Aufl. 2004, § 15 Rn. 96; *ders.*, Das Grundrecht auf Sicherheit, 1983, S. 3, 56 ff.

steht immer mehr Raum für private Gewalt und Selbstjustiz. Gerade davor will und muß der Staat aber schützen, um sich legitimieren zu können.

V. Zusammenfassung

Zusammenfassend kann festgestellt werden, daß das Gewaltmonopol für den Staat Rechte und Pflichten bereithält. Seine Pflichten hieraus gehen in zwei Richtungen. Zum einen *muß* er im konkreten Einzelfall von seinem Gewaltmonopol *überhaupt* Gebrauch machen. Er muß für Sicherheit und Frieden in der Bevölkerung sorgen und jedem Aufkommen privater Gewalt effektiv entgegenwirken. Zum anderen *muß* er das Gewaltmonopol auch *selbst* wahrnehmen. Er darf die Befugnis zur Anwendung körperlichen Zwangs nicht auf andere übertragen, denn er muß die Bürger gerade vor Übergriffen anderer Bürger schützen.[467] Private dürfen sich nicht privater Gewalt ausgeliefert sehen. Der personalen Absicherung des Gewaltmonopols dient Art. 33 Abs. 4 GG.

---

467 So stellt *Bernsmann*, Privatisierung der Justiz? – Ein Fallbeispiel, in: Schriftenreihe der Strafverteidigervereinigungen, 1999, im Hinblick auf die Aufgabe der Straftataufklärung auf S. 158 fest: „Es geht (...) darum, was der Bürger konkret dulden muß. Dazu gehören private Eingriffe in rechtlich geschützte Sphären aber nicht."

Teil 2: Die Problematik der Privatisierung

Der elementare Auftrag des Staates, für Frieden und Sicherheit in der Bevölkerung zu sorgen, ist durch dessen (zum Teil pflichtige) Kompetenzen aus dem Gewaltmonopol gewährleistet. Vertraut der Staat (Teil-)Bereiche dieser seiner Aufgabe privaten Händen an, kann er möglicherweise seinem Auftrag nicht mehr gerecht werden. Entscheidend ist, an der richtigen Stelle eine Grenze für Privatisierungsvorhaben des Staates zu ziehen und so bestimmte Tätigkeitsbereiche aus der sehr weit gefaßten Staatsaufgabe „Sicherheit" privatem Zugriff zu versperren. Das zeigt sich paradigmatisch am Phänomen des Strafvollzugs.

A) Begriffsklärung

Bevor die einzelnen Facetten des Strafvollzugs auf ihre Privatisierbarkeit hin untersucht werden können, muß zunächst geklärt werden, was sich hinter dem „wenig konturstarken"[468] Begriff der Privatisierung verbirgt. Einen einheitlich verwendeten Privatisierungsbegriff gibt es nämlich nicht.[469] Nach dem allgemeinen Sprachgebrauch ist unter einer Privatisierung im weiteren Sinne die Verlagerung staatlicher Aktivitäten in den privaten Wirtschaftsbereich zu verstehen.[470] Bei einem engeren Begriffsverständnis fällt lediglich die Überführung von Staatseigentum in Privateigentum darunter. In der juristischen Literatur werden zahlreiche Privatisierungsformen unterschieden.[471]

Allen Privatisierungsvorgängen ist gemeinsam, daß eine Angelegenheit aus dem staatlichen Bereich in den Bereich der Gesellschaft entlassen wird.[472] Mit

---

468 So *Voßkuhle*, Neue Verwaltungsrechtswissenschaft, in: Hoffmann-Riem/Schmidt-Aßmann/Voßkuhle, Grundlagen des Verwaltungsrechts, Bd. I, 2006, § 1 Rn. 58.

469 *Weiner*, Privatisierung von staatlichen Sicherheitsaufgaben, 2001, S. 66; *Gregor Kirchhof*, Rechtsfolgen der Privatisierung, AöR Bd. 132 (2007), S. 219; *Schoch*, DVBl. 1994, 962.

470 Brockhaus Enzyklopädie in 30 Bänden, Bd. 22, 2006, zu Privatisierung, S. 119.

471 *Gregor Kirchhof*, Rechtsfolgen der Privatisierung, AöR Bd. 132 (2007), trägt auf S. 230 f. insgesamt 13 verschiedene Verwendungen des Begriffs zusammen. Vgl. dazu auch *Voßkuhle*, Neue Verwaltungsrechtswissenschaft, in: Hoffmann-Riem/Schmidt-Aßmann/Voßkuhle, Grundlagen des Verwaltungsrechts, Bd. I, 2006, § 1 Rn. 60.

472 *Gregor Kirchhof*, Rechtsfolgen der Privatisierung, AöR Bd. 132 (2007), S. 220, 236; *Bauer*, Privatisierung von Verwaltungsaufgaben, VVDStRL Heft 54 (1995), S.

den zahlreichen unterschiedlichen Begriffen wird versucht, einzelnen Abstufungen bei dem Entlassungsvorgang gerecht zu werden und auf die unterschiedliche Intensität des Abbaus öffentlich-rechtlicher Bindungen auf dem Weg in den privatrechtlichen Bereich einzugehen. Als kleinster gemeinsamer Nenner kann aber festgehalten werden, daß jeder Privatisierung eine Verschiebung vom Staat zur Gesellschaft zugrunde liegt.[473]

I. Gebräuchliche Differenzierungen

Das begriffliche Spektrum[474] reicht von der *echten*[475] zur *unechten*[476], von der *formellen*[477] zur *materiellen*[478] Privatisierung. Auch innerhalb dieser Bereiche werden weitere Unterscheidungen getroffen. Insbesondere die *funktionelle*[479]

250; *Voßkuhle*, Neue Verwaltungsrechtswissenschaft, in: Hoffmann-Riem/Schmidt-Aßmann/Voßkuhle, Grundlagen des Verwaltungsrechts, Bd. I, 2006, § 1 Rn. 58; *Weiner*, Privatisierung von staatlichen Sicherheitsaufgaben, 2001, S. 70; *Di Fabio*, JZ 1999, 585. Zum Verhältnis Staat – Gesellschaft ausführlich *Rupp*, Die Unterscheidung von Staat und Gesellschaft, in: Isensee/Kirchhof, HStR, Bd. II, 3. Aufl. 2004, § 31.

473 *Gregor Kirchhof*, Rechtsfolgen der Privatisierung, AöR Bd. 132 (2007), S. 220, 236; *Voßkuhle*, Neue Verwaltungsrechtswissenschaft, in: Hoffmann-Riem/Schmidt-Aßmann/Voßkuhle, Grundlagen des Verwaltungsrechts, Bd. I, 2006, § 1 Rn. 58. Um keine Privatisierung handelt es sich daher bei der sog. Kosten- oder Finanzierungsprivatisierung. Hierunter sind Fallgestaltungen zu verstehen, bei denen Private anbieten, die vom Staat für ein bestimmtes Projekt zu zahlenden Kosten (teilweise) zu erstatten. Die Finanzlast liegt aber weiterhin beim Staat, vgl. dazu *Gregor Kirchhof*, Rechtsfolgen der Privatisierung, AöR Bd. 132 (2007), S. 220.

474 Eine Zusammenstellung vieler gebräuchlicher Begriffe bringen *Voßkuhle*, Neue Verwaltungsrechtswissenschaft, in: Hoffmann-Riem/Schmidt-Aßmann/Voßkuhle, Grundlagen des Verwaltungsrechts, Bd. I, 2006, § 1 Rn. 60; *Schulze-Fielitz*, Grundmodi der Aufgabenwahrnehmung, in: Hoffmann-Riem/Schmidt-Aßmann/-Voßkuhle, Grundlagen des Verwaltungsrechts, Bd. I, 2006, § 12 Rn. 108 ff.; *Bauer*, Privatisierung von Verwaltungsaufgaben, VVDStRL Heft 54 (1995), S. 251 f. Fn. 41; *Stelkens/Schmitz*, in: Stelkens/Bonk/Sachs, Verwaltungsverfahrensgesetz, 6. Aufl. 2001, § 1 Rn. 102; *Bonk*, JZ 2000, 436; *Schuppert*, DÖV 1995, 766 f.

475 *v. Heimburg*, Verwaltungsaufgaben und Private, 1982, S. 21; *Scholz*, NJW 1997, 15.

476 *v. Heimburg*, Verwaltungsaufgaben und Private, 1982, S. 21; *Scholz*, NJW 1997, 15.

477 *v. Heimburg*, Verwaltungsaufgaben und Private, 1982, S. 19; *König*, DÖV 1999, 323; *Peine*, DÖV 1997, 354.

478 *König*, DÖV 1999, 324; *Schoch*, DVBl. 1994, 962; *Scholz*, NJW 1997, 15; *Peine*, DÖV 1997, 354.

479 *König*, DÖV 1999, 324; *Schoch*, DVBl. 1994, 963; *Weiner*, Privatisierung von staatlichen Sicherheitsaufgaben, 2001, S. 69.

Privatisierung und die *Vermögens*privatisierung[480] haben sich einen festen Platz in der neueren Literatur zu Privatisierungsthemen erkämpft.

1. Formelle und materielle Privatisierungen

a) Der Begriff der formellen Privatisierung

Unter den Begriff der formellen Privatisierung werden allgemein solche Sachverhalte subsumiert, bei denen sich der Staat für seine Handlungen privatrechtlicher Formen bedient.[481] Ein Fall formeller Privatisierung liegt nach dieser Differenzierungsweise vor, wenn der Staat wie ein Privatrechtssubjekt am Rechtsverkehr teilnimmt. Darunter fallen zum einen die fiskalischen Bedarfsdeckungsgeschäfte der öffentlichen Hand, wenn beispielsweise Papier und Bleistifte für das Büropersonal einer Behörde erworben werden. Der Fiskus geht in diesem Fall wie ein privat handelnder Bürger mit dem jeweiligen Verkäufer vertragliche Rechtsbeziehungen ein. Der Verwaltung steht es grundsätzlich frei, ob sie ihre Aufgaben in den Formen des öffentlichen Rechts oder in denen des Privatrechts erfüllt, wenn ein spezieller Verweis auf die öffentlich-rechtliche Form fehlt (Grundsatz der Formenwahlfreiheit).[482] Zum anderen gehören hierhin auch die Fälle, in denen der Staat privatrechtliche Organisationen gründet, um so (formal) als ein Rechtssubjekt des Privatrechts (bspw. als AG oder GmbH) aufzutreten.[483] Letztgenannte Variante wird auch als Organisationsprivatisierung bezeichnet.[484]

---

480 *Schoch*, DVBl. 1994, 962; *Weiner*, Privatisierung von staatlichen Sicherheitsaufgaben, 2001, S. 67.

481 *v. Heimburg*, Verwaltungsaufgaben und Private, 1982, S. 19; *Stelkens/Schmitz*, in: Stelkens/Bonk/Sachs, Verwaltungsverfahrensgesetz, 6. Aufl. 2001, § 1 Rn. 104.

482 *Bethge*, Die Grundrechtsberechtigung juristischer Personen nach Art. 19 Abs. 3 Grundgesetz, 1985, S. 101; *Detterbeck*, Allgemeines Verwaltungsrecht, 4. Aufl. 2006, Rn. 895 ff.; *Maurer*, Allgemeines Verwaltungsrecht, 16. Aufl. 2006, § 3 Rn. 9; *Kahl*, DVBl. 1995, 1332; *Leisner*, Privatisierungen – eine große „Flucht des Staates ins Privatrecht", in: Heldrich/Prölss/Koller, Festschrift für Claus-Wilhelm Canaris, 2007, Band II, S. 1183 f.

483 *Maurer*, Allgemeines Verwaltungsrecht, 16. Aufl. 2006, § 23 Rn. 61; *Peine*, DÖV 1997, 354; *König*, DÖV 1999, 323; *Di Fabio*, JZ 1999, 588.

484 *Bauer*, Privatisierung von Verwaltungsaufgaben, VVDStRL Heft 54 (1995), S. 252 Fn. 41; *Maurer*, Allgemeines Verwaltungsrecht, 16. Aufl. 2006, § 23 Rn. 61; *Burgi*, Verwaltungsorganisationsrecht, in: Erichsen/Ehlers, Allgemeines Verwaltungsrecht, 13. Aufl. 2006, § 9 Rn. 11; *Schulze-Fielitz*, Grundmodi der Aufgabenwahrnehmung, in: Hoffmann-Riem/Schmidt-Aßmann/Voßkuhle, Grundlagen des Verwaltungsrechts, Bd. I, 2006, § 12 Rn. 109; *Schoch*, DVBl. 1994, 962; *König*, DÖV 1999, 323; *Di Fabio*, JZ 1999, 588; *Schuppert*, DÖV 1995, 766.

Bei dieser Spielart der Privatisierung bleibt der Bestand staatlicher Aufgaben unangetastet. Lediglich die Handlungsform wechselt von der öffentlich-rechtlichen auf die privatrechtliche Seite. Der Staat kann sich auf diese Art und Weise zwar aus einigen verwaltungstypischen Gesetzmäßigkeiten befreien – zu denken ist insbesondere an die klaren Hierarchieverhältnisse im Verwaltungsaufbau, an das Weisungsrecht, die strenge Haushaltsbindung oder die Kontrolle durch Rechts- und Fachaufsicht. Diese öffentlich-rechtlichen Besonderheiten werden durch das Arbeits- und Gesellschaftsrecht (beispielsweise eine Kontrolle durch den Aufsichtsrat einer AG) ersetzt. Keinesfalls aber kann sich der Staat seiner Grundrechtsbindung aus Art. 1 Abs. 3 GG entziehen.[485] Eine „Flucht (...) in das Privatrecht"[486] ist ausgeschlossen.

b) Der Begriff der materiellen Privatisierung

Im Gegensatz zur formellen Privatisierung ist hier nicht nur eine rein formale Verschiebung staatlicher Aktivitäten in den privaten Sektor, sondern eine tatsächliche Übertragung vom Staat auf die Gesellschaft gemeint.[487] Eine materielle Privatisierung stellt daher eine Tätigkeits- oder Aufgabenverlagerung vom staatlichen in den privaten Bereich dar, im Extremfall also einen vollständigen Rückzug des Staates aus der Aufgabenerfüllung.[488] Eine Aufgabe verwandelt sich dann von einer Staatsaufgabe in eine gesellschaftliche öffentliche Aufgabe.

---

485 *Bethge*, Die Grundrechtsberechtigung juristischer Personen nach Art. 19 Abs. 3 Grundgesetz, 1985, S. 101 f.; *P. M. Huber*, in: v. Mangoldt/Klein/Starck, GG I, 5. Aufl. 2005, Art. 19 Abs. 3 Rn. 281; *Ehlers*, Verwaltung und Verwaltungsrecht, in: Erichsen/Ehlers, Allgemeines Verwaltungsrecht, 13. Aufl. 2006, § 3 Rn. 85; *Höfling*, in: Sachs, Grundgesetz, 4. Aufl. 2007, Art. 1 Rn. 102 ff.; *Dreier*, in: Dreier, Grundgesetz-Kommentar, Bd. 1, 2. Aufl. 2004, Art. 1 Abs. 3 Rn. 68 f.; *Stober*, DÖV 1995, 129, 132.

486 Der Ausdruck stammt von *Fritz Fleiner*, Institutionen des Deutschen Verwaltungsrechts, 8. Aufl. 1928, S. 326. Vgl. dazu auch *Leisner*, Privatisierungen – eine große „Flucht des Staates ins Privatrecht", in: Heldrich/Prölss/Koller, Festschrift für Claus-Wilhelm Canaris, 2007, Band II, S. 1181 ff.

487 *Stelkens/Schmitz*, in: Stelkens/Bonk/Sachs, Verwaltungsverfahrensgesetz, 6. Aufl. 2001, § 1 Rn. 109; *Schoch*, DVBl. 1994, 962 f.; *Peine*, DÖV 1997, 354; *König*, DÖV 1999, 324.

488 *Maurer*, Allgemeines Verwaltungsrecht, 16. Aufl. 2006, § 23 Rn. 63; *Schoch*, DVBl. 1994, 962 f.; *Peine*, DÖV 1997, 354; *Schuppert*, DÖV 1995, 767.

2. *Echte und unechte Privatisierungen*

a) Die echte Privatisierung

Die echte Privatisierung wird allgemein dahingehend definiert, daß der Staat eine bisher von ihm wahrgenommene Aufgabe einem privaten Träger übergibt und auf jede weitere eigene Beteiligung bei der Aufgabenwahrnehmung verzichtet.[489] Das bedeutet, daß eine ehemals staatliche Aufgabe nun vollständig von Privaten ausgeführt und verantwortet wird.[490] Insoweit ist der Begriff deckungsgleich mit der am weitesten gehenden Form der materiellen Privatisierung. Als synonym verwendeter Ausdruck ist für diese Art die Bezeichnung als Aufgabenprivatisierung gebräuchlich.[491]

b) Die unechte Privatisierung

Wenn von der echten Privatisierung nur Vorgänge erfaßt werden, bei denen sich der Staat einer Aufgabe vollständig begibt, müssen alle anderen Fälle, in denen eine Verschiebung vom staatlichen in den privaten Bereich erfolgt, als unechte Privatisierung bezeichnet werden.[492] Positiv formuliert fallen darunter alle Varianten, bei denen die Verwaltung von Staatsaufgaben von Privaten wahrgenommen wird oder bei denen Private sich an der Erledigung beteiligen.[493] Insofern können Formen der formellen sowie der materiellen Privatisierung eine unechte Privatisierung darstellen, soweit nicht eine Aufgabe im Ganzen in den gesellschaftlichen Bereich entlassen wird.[494]

3. *Die Vermögensprivatisierung*

Eine weitere Kategorie zur Unterscheidung der verschiedenen Spielarten der Privatisierung stellt die Vermögens- oder Eigentumsprivatisierung dar. Darunter

---

489 *v. Heimburg*, Verwaltungsaufgaben und Private, 1982, S. 21.
490 *Weiner*, Privatisierung von staatlichen Sicherheitsaufgaben, 2001, S. 70.
491 *Gregor Kirchhof*, Rechtsfolgen der Privatisierung, AöR Bd. 132 (2007), S. 225; *Maurer*, Allgemeines Verwaltungsrecht, 16. Aufl. 2006, § 23 Rn. 63; *Weiner*, Privatisierung von staatlichen Sicherheitsaufgaben, 2001, S. 70; *Burgi*, Verwaltungsorganisationsrecht, in: Erichsen/Ehlers, Allgemeines Verwaltungsrecht, 13. Aufl. 2006, § 9 Rn. 35; *Di Fabio*, JZ 1999, 588.
492 *Weiner*, Privatisierung von staatlichen Sicherheitsaufgaben, 2001, S. 68 f.
493 *v. Heimburg*, Verwaltungsaufgaben und Private, 1982, S. 21.
494 Insoweit nicht richtig: *Weiner*, Privatisierung von staatlichen Sicherheitsaufgaben, 2001, S. 69.

sind Sachverhalte zu subsumieren, bei denen Vermögensgegenstände des Staates, insbesondere Grundstücke oder Beteiligungen an Wirtschaftsunternehmen, auf Private übertragen werden.[495] Die Vermögensprivatisierung ist, da keine Staatsaufgabe der Gesellschaft übertragen wird, eine Form der unechten Privatisierung. Gleichzeitig handelt es sich um eine materielle Privatisierung, weil ein tatsächlicher Übergang von Sachwerten vom Staat auf Private stattfindet.

4. Die funktionale Privatisierung

Eine in der Praxis wichtige Form der Privatisierung wird als funktionale Privatisierung bezeichnet. Dabei handelt es sich um eine Variante, bei der die Aufgabe als solche beim Staat verbleibt. Im Rahmen der Durchführung und Erfüllung seiner Aufgaben bezieht der Staat hingegen (echte) Privatrechtssubjekte mit ein.[496] So erklären sich auch die synonym verwendeten Begriffe der Erfüllungs-

495 *Maurer*, Allgemeines Verwaltungsrecht, 16. Aufl. 2006, § 23 Rn. 64; *Stelkens/Schmitz*, in: Stelkens/Bonk/Sachs, Verwaltungsverfahrensgesetz, 6. Aufl. 2001, § 1 Rn. 113; *Weiner*, Privatisierung von staatlichen Sicherheitsaufgaben, 2001, S. 67; *Schuppert*, DÖV 1995, 766. *Bonk*, JZ 2000, 436, zieht in den Begriff der Vermögensprivatisierung bei einem weiten Verständnis auch diejenigen Sachverhalte mit ein, bei denen sich die öffentliche Hand Grundstücke und Gebäude nicht als Eigentum verschafft, sondern durch Miet- oder Pachtverträge einer staatlichen Nutzung zuführt.

496 *Bauer*, Privatisierung von Verwaltungsaufgaben, VVDStRL Heft 54 (1995), S. 252 Fn. 41; *Maurer*, Allgemeines Verwaltungsrecht, 16. Aufl. 2006, § 23 Rn. 62; umfassend *Burgi*, Funktionale Privatisierung und Verwaltungshilfe, 1999, S. 100 ff.; *ders.*, Verwaltungsorganisationsrecht, in: Erichsen/Ehlers, Allgemeines Verwaltungsrecht, 13. Aufl. 2006, § 9 Rn. 31; *Stelkens/Schmitz*, in: Stelkens/Bonk/Sachs, Verwaltungsverfahrensgesetz, 6. Aufl. 2001, § 1 Rn. 114; *Hoffmann-Riem*, DVBl. 1996, 226; *Schoch*, DVBl. 1994, 963; *König*, DÖV 1999, 324. Zu dieser Gruppe zählen auch die meisten der unter dem konturlosen Modebegriff der „Public Private Partnership" – kurz: PPP – zusammengefaßten, inhaltlich aber bekannten Erscheinungsformen. Darunter sind sämtliche Varianten der Kooperation von Hoheitsträgern mit privaten Wirtschaftssubjekten zu verstehen, wie beispielsweise sowohl öffentlich-rechtliche als auch privatrechtliche Verträge oder informelles Verwaltungshandeln. Vgl. dazu *Schulze-Fielitz*, Grundmodi der Aufgabenwahrnehmung, in: Hoffmann-Riem/Schmidt-Aßmann/Voßkuhle, Grundlagen des Verwaltungsrechts, Bd. I, 2006, § 12 Rn. 96, 114 ff.; *Wolff/Bachof/Stober*, Verwaltungsrecht, Band 3, 5. Aufl. 2004, § 92 Rn. 1 ff.; *Hoffmann-Riem*, DVBl. 1996, 226; *Bauer*, DÖV 1998, 90; *Bonk*, DVBl. 2004, 141, 143 f.; *Burgi*, Privatisierung, in: Isensee/Kirchhof, HStR, Bd. IV, 3. Aufl. 2006, § 75 Rn. 7. *Ders.*, Funktionale Privatisierung und Verwaltungshilfe, 1999, stellt auf S. 98 f. u.a. fest: „Die (...) Sammelkategorie taugt (...) nicht als Grundlage für juristische Ableitungen". Auch kritisch zum Begriff „Public Private Partnership" äußert sich *Mayen*, DÖV 2001, 111. *Peilert*, DVBl. 1999, 282 ff., untersucht verschiedene Modelle einer „Police Private

privatisierung[497] oder der Vollzugsprivatisierung.[498] Der Staat kann so die Sachkunde, besondere Fähigkeiten und/oder eine spezielle Ausrüstung privater Marktteilnehmer für sich nutzbar machen. Beispiele aus der Praxis gibt es viele:[499] Die Polizei beauftragt einen privaten Unternehmer, ein verkehrswidrig geparktes Auto abzuschleppen. Eine Gemeinde läßt von einem privaten Büro einen Bebauungsplan entwerfen. Die jeweilige Aufgabe verbleibt beim Staat (Verkehrsüberwachung bzw. Bauleitplanung); lediglich für den Aufgabenvollzug bedient sich der Staat privater Hilfe. Diese Privatisierungsform basiert auf der Annahme, daß der Staat all seine Aufgaben nicht zwingend selbst vollumfänglich durchführen muß.[500] Im Rahmen seiner Aufgaben darf er sich fremder Hilfe bedienen und Private als „verlängerte Arme"[501] einsetzen. Wo jeweils die Grenze des Zulässigen liegt, ist anhand des Grundgesetzes, insbesondere anhand des Art. 33 Abs. 4 GG zu bestimmen.

Will man den Typus der funktionalen Privatisierung wieder in die Kategorien formelle oder materielle und echte oder unechte Privatisierung einordnen, so handelt es sich hier einerseits um eine materielle,[502] andererseits um eine unechte Privatisierung: Private werden tatsächlich in die Aufgabenerfüllung miteingebunden; die Aufgabe an sich verbleibt aber beim Staat.

II. Kritische Stellungnahme

1. Kritik an der herkömmlichen Einteilung

Diese gängigen Privatisierungsbegriffe geben allerdings Anlaß zu einer kritischen Hinterfragung. Es stört nicht nur, daß sie mangels einer Legaldefinition oder einer einheitlichen Verwendung im geschriebenen Recht in verschiedenen Abwandlungen gebraucht werden.[503] Viele Autoren differenzieren auch nicht

---

Partnership" und kommt dabei wieder – ein Tätigwerden auf rein privater Basis außer acht gelassen – auf die bekannten Formen der Verwaltungshilfe und der Beleihung zurück. Ebenso *Stober*, DÖV 2000, 267 ff.

497 *Maurer*, Allgemeines Verwaltungsrecht, 16. Aufl. 2006, § 23 Rn. 62.

498 *Bonk*, JZ 2000, 437.

499 Nach *Maurer*, Allgemeines Verwaltungsrecht, 16. Aufl. 2006, § 23 Rn. 62. Vgl. auch *Burgi*, Privatisierung, in: Isensee/Kirchhof, HStR, Bd. IV, 3. Aufl. 2006, § 75 Rn. 7.

500 Vgl. dazu oben unter Teil 1 A)II.4.b)bb), S. 47 ff.

501 Vgl. *Kahl*, DVBl. 1995, 1331.

502 So auch *Kahl*, DVBl. 1995, 1331.

503 So verstehen viele unter dem Begriff der materiellen Privatisierung eine vollständige Aufgabenverlagerung vom Staat auf Private, vgl. *Schoch*, DVBl. 1994, 962 f.,

nach all den oben genannten Unterscheidungskriterien. Einige verwenden nur die Begriffe formelle bzw. materielle oder echte bzw. unechte Privatisierung.[504]

Die Begriffe sind zudem rein deskriptiver Natur, indem sie Vorgänge aus der Lebenswirklichkeit beschreiben und ihnen einen Namen geben. Eine einheitliche abstrakte Abstufung, die sich an dem allen Privatisierungen gemeinsamen Merkmal der Verschiebung einer Angelegenheit vom staatlichen in den gesellschaftlichen Sektor orientiert, findet nicht statt.[505] Zwar beziehen sich die Begriffe der Aufgaben- und der Vermögensprivatisierung jeweils auf das Privatisierungsobjekt. Die sonst verwendeten Ausdrücke wie beispielsweise die der materiellen, unechten oder funktionalen Privatisierung sind jedoch nicht aus sich selbst verständlich. Sie lassen begrifflich noch nicht erkennen, welche Angelegenheit genau vom staatlichen Bereich in den der Gesellschaft überführt werden soll. Diese Unbestimmtheiten geben Raum für individuelle Interpretation und bergen somit die Gefahr der Rechtsunsicherheit.

Daher kommt es, daß die allgemein gebräuchliche Nomenklatur nicht präzise genug ist.

---

und *Peine*, DÖV 1997, 354. Andere sehen es hingegen auch schon als eine Form materieller Privatisierung an, wenn die Verfügungsgewalt über Vermögensgegenstände vom Staat auf Private übertragen wird, ohne daß sie jedoch eine (vollständige) Entlassung der Aufgabe selbst in den privaten Bereich fordern, vgl. *Gusy*, Privatisierung als Herausforderung an Rechtspolitik und Rechtsdogmatik, in: Gusy, Privatisierung von Staatsaufgaben: Kriterien – Grenzen – Folgen, 1998, S. 338; *Wolff/Bachof/Stober*, Verwaltungsrecht, Band 3, 5. Aufl. 2004, § 93 Rn. 1, 6; *Kahl*, DVBl. 1995, 1331; *Wahl*, DVBl. 1993, 518 f. Vgl. dazu auch die Darstellungen bei *Di Fabio*, JZ 1999, 589 und *Weiner*, Privatisierung von staatlichen Sicherheitsaufgaben, 2001, S. 67 ff.

504 *v. Heimburg*, Verwaltungsaufgaben und Private, 1982, S. 21 differenziert beispielsweise nur zwischen echter und unechter Privatisierung. *Peine*, DÖV 1997, 354, hält das Begriffspaar formelle bzw. materielle Privatisierung für ausreichend. *König*, DÖV 1999, 322 ff., zählt zur formellen bzw. materiellen Privatisierung die funktionelle als dritte Gruppe dazu. *Schoch*, DVBl. 1994, 962 f., und *Schuppert*, DÖV 1995, 766 f., sprechen zwar von einer materiellen Privatisierung, nicht hingegen von einer formellen. Statt dessen wählen sie zusätzlich die Begriffe der Organisations-, der Vermögens- und der funktionalen Privatisierung. Die durch Begriffe wie echte oder materielle Privatisierung angedeutete Zweigliedrigkeit (wenn es eine echte bzw. materielle gibt, dann muß es auch eine unechte bzw. formelle geben) wird nicht trennscharf durchgehalten und ist daher aufzugeben, vgl. dazu *Gregor Kirchhof*, Rechtsfolgen der Privatisierung, AöR Bd. 132 (2007), S. 226 f.

505 *Gregor Kirchhof*, Rechtsfolgen der Privatisierung, AöR Bd. 132 (2007), S. 226. Auf das jeweilige Privatisierungsobjekt stellt ebenfalls *Burgi*, Privatisierung, in: Isensee/Kirchhof, HStR, Bd. IV, 3. Aufl. 2006, § 75 Rn. 1, ab.

a) Die Ambivalenz des Begriffs der Organisationsprivatisierung

So ist beispielsweise der Begriff der Organisationsprivatisierung ungenau. Bei einem natürlichen Wortverständnis könnte man darauf schließen, daß die Organisation einer Aufgabe insgesamt in den gesellschaftlichen Bereich übergeben wird.[506] Das soll aber gerade bei dieser Form der Privatisierung nicht der Fall sein. Die Organisation und Verwaltung der Aufgabe sollen weiterhin im Zuständigkeitsbereich des Staates liegen, indem dieser die Anteile der gegründeten Eigengesellschaft hält und so die Tätigkeit der Gesellschaft bestimmt. Es wechselt lediglich die Form staatlichen Tätigwerdens. Vorzugswürdig ist daher ein deutlicherer Begriff, anhand dessen sofort erkennbar wird, was Gegenstand des jeweiligen Privatisierungsvorhabens sein soll. So können Mißverständnisse vermieden werden. Statt von einer Organisationsprivatisierung sollte mit *Gregor Kirchhof* besser von einer Privatisierung der Organisationsform gesprochen werden.[507]

b) Die Aussagekraft des Begriffs der funktionalen Privatisierung

Ähnlich verhält es sich mit dem Ausdruck der funktionalen Privatisierung. Denn auch wenn nicht nur einzelne Tätigkeiten im Rahmen der staatlichen Aufgabenerfüllung an Private übergeben werden, sondern eine Aufgabe im Ganzen in den gesellschaftlichen Bereich entlassen wird (also bei einer echten oder materiellen Privatisierung), obliegt natürlich der Vollzug der Aufgabe, mithin die „Funktion“ der Durchführung privaten Marktteilnehmern. Insoweit ist der Begriff der funktionalen Privatisierung zu weit, um nur eine Form exakt kennzeichnen zu können. *Gregor Kirchhof* schlägt vor, statt von der funktionalen Privatisierung von der Privatisierung der ausführenden Hand zu sprechen.[508] Insbesondere greift dieser Begriff das Privatisierungsobjekt als einheitliches Kriterium auf. Dieser Ausdruck ist daher vorzugswürdig.

Ähnliche Kritikpunkte sind auch den meisten anderen bisher gebräuchlichen Privatisierungsbegriffen entgegenzuhalten.[509]

---

506 *Gregor Kirchhof*, Rechtsfolgen der Privatisierung, AöR Bd. 132 (2007), S. 226.
507 *Gregor Kirchhof*, Rechtsfolgen der Privatisierung, AöR Bd. 132 (2007), S. 226.
508 *Gregor Kirchhof*, Rechtsfolgen der Privatisierung, AöR Bd. 132 (2007), S. 226.
509 *Gregor Kirchhof*, Rechtsfolgen der Privatisierung, AöR Bd. 132 (2007), S. 226 ff.

2. *Die Einteilung nach Gregor Kirchhof*

Aus den vorstehend genannten Gründen ist daher insgesamt die von *Gregor Kirchhof* zusammengestellte Typologie zu favorisieren.[510] Er unterscheidet zwischen

- der Privatisierung der Handlungsform
- der Privatisierung der Organisationsform
- der Privatisierung der ausführenden Hand
- der Privatisierung der Aufgabe und
- der Privatisierung der Verantwortung.

Diese begrifflich klare und aussagekräftige Nomenklatur wird auch im folgenden zur Untersuchung der Staatsaufgabe des Strafvollzugs hinsichtlich ihrer Privatisierbarkeit herangezogen werden.

B) Vor- und Nachteile von Privatisierungen

Nicht nur die verschiedenen Privatisierungsbegriffe werden kontrovers diskutiert. Auch bezüglich des Für und Wider von Privatisierungsvorhaben werden die Schwerpunkte unterschiedlich herausgestellt.

I. Gründe für Privatisierungen

Neben vielen anderen werden hauptsächlich zwei Argumente von Privatisierungsbefürwortern ins Feld geführt.

1. Finanzielle Entlastung

Zum einen könne man den ohnehin angegriffenen Staatshaushalt durch eine umfangreiche Aufgabenabschichtung entlasten.[511] Dieser Gedanke hat auch schon

---

510 *Gregor Kirchhof*, Rechtsfolgen der Privatisierung, AöR Bd. 132 (2007), S. 236 ff.

511 *Pieper*, VR 1996, 14 ff.; *Tiemann*, BayVBl. 1976, 261 f.; *Bracher*, Gefahrenabwehr durch Private, 1987, S. 85 ff.; *Burgi*, Privatisierung, in: Isensee/Kirchhof, HStR, Bd. IV, 3. Aufl. 2006, § 75 Rn. 10; *Bauer*, Privatisierung von Verwaltungsaufgaben, VVDStRL Heft 54 (1995), S. 245, S. 252 Fn. 41, S. 257; *Kahl*, DVBl. 1995, 1332 f.; *Mösinger*, BayVBl. 2007, 417. Auf verschiedene Privatisierungsmodelle zur Verringerung der öffentlichen Ausgaben wies schon 1975 der Wissenschaftliche

in die Gesetzgebung Eingang gefunden. Nach § 7 Abs. 1 S. 2 der Bundeshaushaltsordnung (BHO) verpflichten die Grundsätze der Wirtschaftlichkeit und Sparsamkeit zur Prüfung, inwieweit staatliche Aufgaben durch Privatisierung erfüllt werden können. Der Norm liegt also der Gedanke zugrunde, daß durch Privatisierungen im Einzelfall tatsächlich Kosten gespart werden können. In Bayern gibt es in Art. 61 Abs. 2 S. 2 GO eine vergleichbare Regelung. Die Gemeinden sollen im Zusammenhang mit einer sparsamen und wirtschaftlichen Haushaltsplanung und -führung (Art. 62 Abs. 2 S. 1 GO) ihre Aufgaben daraufhin untersuchen, „ob und in welchem Umfang sie durch nichtkommunale Stellen, insbesondere durch private Dritte oder unter Heranziehung Dritter, mindestens ebenso gut erledigt werden können." Unter Bezugnahme auf diese Vorschrift sahen sich die Bayerischen Staatsministerien des Inneren, der Finanzen und für Landesentwicklung und Umweltfragen im Jahr 2001 zu einer gemein-

---

Beirat beim Bundesministerium der Finanzen in seinem Gutachten „Zur Lage und Entwicklung der Staatsfinanzen in der Bundesrepublik Deutschland", abgedruckt im Bulletin des Presse- und Informationsamtes der Bundesregierung 1975, Nr. 103, S. 1007 ff., hin. Der Gedanke der Kostenersparnis scheint auch bei der Teilprivatisierung der JVA Hünfeld im Vordergrund gestanden zu haben, vgl. dazu schon den Bericht vom 1.2.2000 der vom hessischen Justizminister Wagner eingesetzten Arbeitsgruppe „Privatisierung des Strafvollzugs", teilweise abgedruckt in ZfStrVo 2000, 249 f., und die Beiträge von *Jahn*, Frankfurter Allgemeinen Zeitung, 09.01.2007, S. 11, *Jungholt/Kässner*, Die Welt, 07.12.2006, abrufbar unter http://www.welt.de/print-welt/article700752/Die_Privatisierung macht_Schule.html (zuletzt abgerufen am 04.01.2008), und *Kruse*, Stern, Artikel vom 08.12.2005, abrufbar unter http://www.stern.de/politik/panorama/ 551165. html?nv=cb (zuletzt abgerufen am 04.01.2008). Vgl. dazu insgesamt auch *Voßkuhle*, Neue Verwaltungsrechtswissenschaft, in: Hoffmann-Riem/Schmidt-Aßmann/Voßkuhle, Grundlagen des Verwaltungsrechts, Bd. I, 2006, § 1 Rn. 59; *Schuppert*, Jenseits von Privatisierung und „schlankem" Staat: Vorüberlegungen zu einem Konzept von Staatsentlastung durch Verantwortungsteilung, in: Gusy, Privatisierung von Staatsaufgaben: Kriterien – Grenzen – Folgen, 1998, S. 94 ff.; *Schulze-Fielitz*, Grundmodi der Aufgabenwahrnehmung, in: Hoffmann-Riem/ Schmidt-Aßmann/Voßkuhle, Grundlagen des Verwaltungsrechts, Bd. I, 2006, § 12 Rn. 93 f.; *v. Heimburg*, Verwaltungsaufgaben und Private, 1982, S. 19 und 21; *Burgi*, Verwaltungsorganisationsrecht, in: Erichsen/Ehlers, Allgemeines Verwaltungsrecht, 13. Aufl. 2006, § 9 Rn. 9; *Stelkens/Schmitz*, in: Stelkens/Bonk/Sachs, Verwaltungsverfahrensgesetz, 6. Aufl. 2001, § 1 Rn. 101, 104; *Bonk*, DVBl. 2004, 144 ff.; *Peine*, DÖV 1997, 353; *Schoch*, DVBl. 1994, 965; *Schuppert*, DÖV 1995, 765; kritisch *Gregor Kirchhof*, Rechtsfolgen der Privatisierung, AöR Bd. 132 (2007), S. 255; *Wais*, DÖV 1982, 181 ff. Zum allgemeinen Ökonomisierungstrend auch im Bereich des Strafvollzugs ausführlich *Walter*, Abkehr von der Resozialisierung im Strafvollzug?, in: Britz/Jung/-Koriath/Müller, Grundfragen staatlichen Strafens, Festschrift für Heinz Müller-Dietz, 2001, S. 966 ff., insbesondere S. 971 ff.

samen Bekanntmachung veranlaßt.[512] In diesem Schreiben weisen sie Gemeinden und andere kommunale Gebietskörperschaften auf verschiedene Möglichkeiten einer Zusammenarbeit mit Privaten im Rahmen der Erfüllung kommunaler Aufgaben hin. Zwei Jahre später legte die Bayerische Staatsregierung einen Gesetzentwurf zur Modernisierung der Verwaltung vor.[513] Hauptanliegen dieser mittlerweile Gesetz gewordenen Neuregelungen[514] war es ausweislich der einleitenden Begründung der Regierung, die Staatstätigkeit den knappen Finanzmitteln anzupassen.[515] Der Staat müsse sich auf die Kernbereiche seines Handelns konzentrieren und sich aus Bereichen zurückziehen, die ebenso gut durch Private bewältigt werden könnten. Insbesondere führte die Neuregelung zu einem Abbau staatlicher Beratungsaufgaben und technischer Prüfungsleistungen. Ab dem Jahr 2011 sei allein aus dem Rückzug aus der Ernährungsberatung mit einer Einsparung an Personal- und Sachkosten in Höhe von rund 7,2 Millionen Euro zu rechnen.[516] Ob sich diese Prognose bewahrheiten wird, bleibt abzuwarten.[517]

2. *Effizientere Aufgabenwahrnehmung*

Zum anderen wird vorgetragen, daß Private für die Erledigung bestimmter Aufgaben oft besser geeignet seien.[518] Dies resultiere daraus, daß Private zum Teil

---

512 Gemeinsame Bekanntmachung der Bayerischen Staatsministerien des Innern, der Finanzen und für Landesentwicklung und Umweltfragen vom 20. März 2001 Nrn. I B 3-1515.71-14, 11-H1000-9/59-17918 und 52e-1515-2000/03, AllMBl. 2001, S. 148 ff., abrufbar unter http://www.stmi.bayern.de/imperia/md/content/stmi /bauen/ themen/ppp/seiten_bek.pdf (zuletzt abgerufen am 04.01.2008).

513 Gesetzentwurf der Bayerischen Staatsregierung, VerwModG, abrufbar unter http://www.bayern.de/Politik/Initiativen/Verwaltung21/GesEntwuerfe/VerwModG1 6122003.html (zuletzt abgerufen am 04.01.2008).

514 Gesetz zur Modernisierung der Verwaltung vom 25.10.2004, BayGVBl. 2004,398 f.

515 Gesetzentwurf der Bayerischen Staatsregierung, VerwModG, abrufbar unter http:// www.bayern.de/Politik/Initiativen/Verwaltung21/GesEntwuerfe/VerwModG16122 003.html (zuletzt abgerufen am 04.01.2008), S. 1 f.

516 Gesetzentwurf der Bayerischen Staatsregierung, VerwModG, abrufbar unter http://www.bayern.de/Politik/Initiativen/Verwaltung21/GesEntwuerfe/VerwModG1 6122003.html (zuletzt abgerufen am 04.01.2008), S. 2.

517 Nicht immer erweist sich die privatwirtschaftliche Erledigung öffentlicher Aufgaben als kostengünstiger. Wirtschaftlichkeitsberechnungen in den Jahren 2002 und 2006 im Rahmen der Planungen für den Neubau einer Küche in der JVA Lübeck ergaben, daß der Eigenbetrieb kostengünstiger durchzuführen sei als eine Fremdversorgung oder als der Betrieb durch ein PPP-Projekt, vgl. dazu *Sandmann*, ZfStrVo 2007, 226. Zu ernüchternden Ergebnissen in den USA siehe *Feest/Lesting*, in: Feest, StVollzG, 5. Aufl. 2006, Vor § 1 Rn. 11.

518 Vgl. dazu *Bauer*, Privatisierung von Verwaltungsaufgaben, VVDStRL Heft 54 (1995), S. 256; *Bracher*, Gefahrenabwehr durch Private, 1987, S. 83, der sich mit

über besondere Sachkunde oder über eine spezielle Ausrüstung verfügten. Jedoch könnte der Staat dieses Defizit durch Aus- und Weiterbildung seines Personals, durch die Schaffung zusätzlicher Stellen und durch die Anschaffung geeigneter technischer Hilfsmittel ausgleichen. Daß dies allerdings mit einem erheblichen Kostenmehraufwand verbunden wäre, steht außer Frage. Das Argument der besseren Qualifikation Privater ist der Sache nach demnach wieder nur ein finanzielles Argument.

Die Entlastung des Staates ist somit das Zentrum jeder Privatisierungsdebatte. Wenn im Einzelfall eine spürbare gesamtwirtschaftliche Kostenersparnis zu erwarten wäre, könnte dies als ein Argument für ein Privatisierungsvorhaben herangezogen werden.[519]

3. *Grundrechtliche Freiheitsgewährleistungen*

Für Privatisierungen können außerdem noch die Freiheitsgewährleistungen der Grundrechte sprechen.[520] Die Grundrechte binden den Staat und begrenzen seine Tätigkeit gegenüber Privaten. Ausschließlich vom Staat wahrgenommene Aufgaben, sind in den privatrechtlichen Bereich zu entlassen, wenn das staatliche Monopol eine Grundrechtsverletzung darstellt. Ob jedoch eine staatliche Tätigkeit tatsächlich mit den Wertentscheidungen der Grundrechte – im Hinblick auf potentielle Privatisierungsansprüche sind vor allem Art. 12 und 14 GG von Interesse[521] – unvereinbar ist, muß im Einzelfall geprüft werden.

Bevor aber eine Diskussion über Vor- und Nachteile von Privatisierungsvorhaben begonnen werden darf, muß sichergestellt sein, daß eine bestimmte staatliche Aktivität überhaupt privatisiert werden kann. Erst wenn keine zwingenden staats- und verfassungsrechtlichen Hindernisse entgegenstehen, kann man über

---

diesem Argument sehr ausführlich und kritisch auseinandersetzt, und *Voßkuhle*, Neue Verwaltungsrechtswissenschaft, in: Hoffmann-Riem/Schmidt-Aßmann/Voßkuhle, Grundlagen des Verwaltungsrechts, Bd. I, 2006, § 1 Rn. 59; *Schulze-Fielitz*, Grundmodi der Aufgabenwahrnehmung, in: Hoffmann-Riem/Schmidt-Aßmann/Voßkuhle, Grundlagen des Verwaltungsrechts, Bd. I, 2006, § 12 Rn. 93 f.; *Stelkens/Schmitz*, in: Stelkens/Bonk/Sachs, Verwaltungsverfahrensgesetz, 6. Aufl. 2001, § 1 Rn. 101; *Kahl*, DVBl. 1995, 1332 f.

519 *Bracher*, Gefahrenabwehr durch Private, 1987, S. 85 ff.

520 Vgl. dazu *v. Heimburg*, Verwaltungsaufgaben und Private, 1982, S. 28; *Stelkens/Schmitz*, in: Stelkens/Bonk/Sachs, Verwaltungsverfahrensgesetz, 6. Aufl. 2001, § 1 Rn. 111; *Bauer*, Privatisierung von Verwaltungsaufgaben, VVDStRL Heft 54 (1995), S. 266.

521 Zum staatlichen Sportwettenmonopol *Bethge*, Modernisierung der Verwaltung durch Abbau von Verwaltungsmonopolen?, in: Heckmann, Modernisierung von Justiz und Verwaltung, 2007, S. 305 f.

den Sinn einer Privatisierung nachdenken. Auch aus den Grundrechten kann kein anderes Ergebnis abgeleitet werden. Für den Fall eines staatsrechtlich zwingenden Privatisierungsverbotes wird ein potentieller Eingriff in den Schutzbereich eines Grundrechts (falls dieser in der konkreten Angelegenheit überhaupt eröffnet ist) gerechtfertigt sein.

II. Gefahren und Nachteile von Privatisierungen

Die Kehrseite der Vorteile von Privatisierungen bilden deren Gefahren und Risiken. Sie können anhand des allen Privatisierungen gemeinsamen Merkmals der Verschiebung einer bisher staatlichen Angelegenheit in den gesellschaftlichen Bereich ermittelt werden.

1. Abschied von der unmittelbaren Gemeinwohlbindung

Wenn ein Privatisierungsobjekt in private Hände gelegt wird, werden fortan die Gesetze des Marktes die Art und Weise des nun privatwirtschaftlichen Tätigwerdens bestimmen. Private sind nicht wie Beamte den strengen rechtsstaatlichen Bindungen und einer entsprechenden Kontrolle unterworfen. Private Wirtschaftssubjekte sind nicht streng der Aufgabe und dem Gemeinwohl verpflichtet.[522] Ihre Neutralität ist nicht verfassungsrechtlich abgesichert. Statt dessen zählt der erwerbswirtschaftliche Gewinn.[523] Es gilt, Kunden zu gewinnen, um mehr Einnahmen zu erzielen und möglichst billig zu produzieren. Die Leistung wird also so erbracht, wie es der zahlende Kunde will. Angebot und Nachfrage bestimmen den Preis. Arbeitskampfmaßnahmen können das aktuelle Tagesgeschehen bestimmen. Es ist fraglich, ob auf diese Weise eine stetige, effiziente,

---

522 Vgl. dazu *Schulze-Fielitz*, Grundmodi der Aufgabenwahrnehmung, in: Hoffmann-Riem/Schmidt-Aßmann/Voßkuhle, Grundlagen des Verwaltungsrechts, Bd. I, 2006, § 12 Rn. 117, 150, 154; *Jachmann/Strauß*, ZBR 1999, 297.

523 *Leisner*, Privatisierungen – eine große „Flucht des Staates ins Privatrecht“, in: Heldrich/Prölss/Koller, Festschrift für Claus-Wilhelm Canaris, 2007, Band II, S. 1186; *Gregor Kirchhof*, Rechtsfolgen der Privatisierung, AöR Bd. 132 (2007), S. 249; *Schulze-Fielitz*, Grundmodi der Aufgabenwahrnehmung, in: Hoffmann-Riem/Schmidt-Aßmann/Voßkuhle, Grundlagen des Verwaltungsrechts, Bd. I, 2006, § 12 Rn. 117; *Huchting/Lehmann*, in: Feest, StVollzG, 5. Aufl. 2006, Vor § 139 Rn. 8; *Bonk*, DVBl. 2004, 146. Zu den Gefahren von Privatisierungen siehe auch *Wolff/Bachof/Stober*, Verwaltungsrecht, Band 3, 5. Aufl. 2004, § 90 Rn. 33; *Jachmann/Strauß*, ZBR 1999, 297, 299 f.; *Haug*, NVwZ 1999, 817; *Flügge*, ZfStrVo 2007, 229.

qualitativ hochwertige und vor allem gemeinwohlverträgliche Aufgabenerfüllung zu gewährleisten ist.[524]

Darüber hinaus gilt es, mögliche Insolvenzfälle zu bedenken.[525] Die Insolvenzfolgen müssen der Gesellschaft zumutbar sein. Ähnlich verhält es sich, wenn – aus welchen Gründen auch immer – eine Aufgabe jeden Reiz verloren hat und gar kein Privater sich ihrer mehr annehmen will, wenn der letzte Ausführende seine Tätigkeit einstellt.

2. *Staatliche Reserveverantwortung*

Soweit sich der Staat nicht sogar der Verantwortung für eine Aufgabe begibt (Privatisierung der Verantwortung), verbleibt ihm eine gewisse „Reserveverantwortung" für den Fall, daß die gesellschaftliche Selbstregulierung nicht mehr oder noch nicht ausreichend funktioniert.[526]

---

524 Ebenso *Schulze-Fielitz*, Grundmodi der Aufgabenwahrnehmung, in: Hoffmann-Riem/Schmidt-Aßmann/Voßkuhle, Grundlagen des Verwaltungsrechts, Bd. I, 2006, § 12 Rn. 95; *Leisner*, Privatisierungen – eine große „Flucht des Staates ins Privatrecht", in: Heldrich/Prölss/Koller, Festschrift für Claus-Wilhelm Canaris, 2007, Band II, S. 1186. Speziell für den Bereich des Strafvollzugs befürchten *Suhrbier*, Privatisierung im Justizvollzug, in: Stober, Privatisierung im Strafvollzug?, 2001, S. 77, *Bertram/Huchting*, in: Feest, StVollzG, 5. Aufl. 2006, § 71 Rn. 30, *Kruis*, ZRP 2000, 5, *Lindenlaub*, ZfStrVo 2007, 202, *Fixson*, ZfStrVo 2007, 202, und *Sandmann*, ZfStrVo 2007, 228, Qualitätsverluste.

525 Vgl. auch *Kahl*, DVBl. 1995, 1335.

526 *Gregor Kirchhof*, Rechtsfolgen der Privatisierung, AöR Bd. 132 (2007), S. 251 f., der den Staat für diese Fälle als stillen Erfolgsgaranten beschreibt. *Voßkuhle*, Neue Verwaltungsrechtswissenschaft, in: Hoffmann-Riem/Schmidt-Aßmann/ Voßkuhle, Grundlagen des Verwaltungsrechts, Bd. I, 2006, § 1 Rn. 61, spricht von einer „Restverantwortung", die bei der Verwaltung bleibt. *Schuppert*, Jenseits von Privatisierung und „schlankem" Staat: Vorüberlegungen zu einem Konzept von Staatsentlastung durch Verantwortungsteilung, in: Gusy, Privatisierung von Staatsaufgaben: Kriterien – Grenzen – Folgen, 1998, S. 83, hebt hervor, daß es sich bei einer Privatisierung nicht um einen einmaligen Aufgabentransfer handelt sondern um einen mit „fortbestehender Transferverantwortung". *Schulze-Fielitz*, Grundmodi der Aufgabenwahrnehmung, in: Hoffmann-Riem/Schmidt-Aßmann/ Voßkuhle, Grundlagen des Verwaltungsrechts, Bd. I, 2006, § 12 Rn. 158 f., 163 ff., sieht in dem Begriff der „Gewährleistungsverantwortung" die Zusammenfassung vieler Erscheinungsformen staatlicher Restverantwortung, wie z.B. der Beobachtungs-, Regulierungs-, Beratungs-, Rahmen-, Auffang- oder Abfederungsverantwortung. Vgl. dazu auch *Bauer*, Privatisierung von Verwaltungsaufgaben, VVDStRL Heft 54 (1995), S. 254, 268 ff. und 277 ff.; *Burgi*, Privatisierung, in: Isensee/Kirchhof, HStR, Bd. IV, 3. Aufl. 2006, § 75 Rn. 28 ff.; *Stelkens/Schmitz*, in: Stelkens/Bonk/Sachs, Verwaltungsverfahrensgesetz, 6. Aufl. 2001, § 1 Rn. 108, 110; *Voßkuhle*, Beteiligung Privater an der Wahrnehmung öffentlicher Aufgaben und staatliche Verantwortung,

a) Regulierte Selbstregulierung

Um sicherzustellen, daß der Markt seine neuen Aufgaben hinreichend erfüllt, muß der Staat ein praxistaugliches Organisationssystem durch sowohl öffentlich- als auch zivilrechtliche Rahmenregeln für eine „regulierte Selbstregulierung"[527] aufstellen.[528] Es bedarf womöglich eigener Regulierungsbehörden.[529] Der Staat ist als Beobachter gefordert, der zum einen prüfen muß, ob die privatwirtschaftliche Aufgabenwahrnehmung den Bedürfnissen der Bevölkerung gerecht wird oder ob ein Fall „gesellschaftlicher Schlechterfüllung"[530] vorliegt.[531]

VVDStRL Heft 62 (2003), S. 307 ff.; *Maurer*, Allgemeines Verwaltungsrecht, 16. Aufl. 2006, § 23 Rn. 63; *Schoch*, DVBl. 1994, 974, 976 Fn. 216; *Schuppert*, DÖV 1995, 767 f.; *Kahl*, DVBl. 1995, 1335; *Hoffmann-Riem*, DVBl. 1996, 230 ff.; *ders.*, DVBl. 1999, 663 ff.; *ders.*, JZ 1999, 421; *Kämmerer*, JZ 1996, 1048; *Stober*, ZRP 2001, 261.

527 Vgl. *Voßkuhle*, „Regulierte Selbstregulierung" – Zur Karriere eines Schlüsselbegriffs, in: Berg/Fisch/Schmitt Glaeser/Schoch/Schulze-Fielitz, Regulierte Selbstregulierung als Steuerungskonzept des Gewährleistungsstaates, Die Verwaltung Beiheft 4, 2001, S. 197 ff.

528 *Burgi*, Privatisierung, in: Isensee/Kirchhof, HStR, Bd. IV, 3. Aufl. 2006, § 75 Rn. 9, 28; *Stelkens/Schmitz*, in: Stelkens/Bonk/Sachs, Verwaltungsverfahrensgesetz, 6. Aufl. 2001, § 1 Rn. 110; *Hoffmann-Riem*, DVBl. 1999, 663; *Kämmerer*, JZ 1996, 1048; umfassend *Schulze-Fielitz*, Grundmodi der Aufgabenwahrnehmung, in: Hoffmann-Riem/Schmidt-Aßmann/Voßkuhle, Grundlagen des Verwaltungsrechts, Bd. I, 2006, § 12 Rn. 118 ff., 157: Zu denken ist beispielsweise auch an gesellschaftsrechtliche Normen speziell für öffentliche oder gemischt-wirtschaftliche Unternehmen oder an gesetzlich festgelegte Eigenüberwachungs-, Publizitäts- oder Informationspflichten.

529 Umfassend zur Regulierung *Eifert*, Regulierungsstrategien, in: Hoffmann-Riem/Schmidt-Aßmann/Voßkuhle, Grundlagen des Verwaltungsrechts, Bd. I, 2006, § 19, S. 1237 ff. Er definiert unter Rn. 5 Regulierung als „jede gewollte staatliche Beeinflussung gesellschaftlicher Prozesse (...), die einen spezifischen, aber über den Einzelfall hinausgehenden Ordnungszweck verfolgt und dabei im Recht zentrales Medium und Grenze findet". Vgl. auch *Maurer*, Allgemeines Verwaltungsrecht, 16. Aufl. 2006, § 23 Rn. 63; *Burgi*, Verwaltungsorganisationsrecht, in: Erichsen/Ehlers, Allgemeines Verwaltungsrecht, 13. Aufl. 2006, § 9 Rn. 38; *ders.*, Privatisierung, in: Isensee/Kirchhof, HStR, Bd. IV, 3. Aufl. 2006, § 75 Rn. 9; *Stelkens/Schmitz*, in: Stelkens/Bonk/Sachs, Verwaltungsverfahrensgesetz, 6. Aufl. 2001, § 1 Rn. 110; *Wolff/Bachof/Stober*, Verwaltungsrecht, Band 3, 5. Aufl. 2004, § 93 Rn. 14 f., 19; *Schuppert*, Jenseits von Privatisierung und „schlankem" Staat: Vorüberlegungen zu einem Konzept von Staatsentlastung durch Verantwortungsteilung, in: Gusy, Privatisierung von Staatsaufgaben: Kriterien – Grenzen – Folgen, 1998, S. 86 ff.; *ders.*, DÖV 1995, 767.

530 *Hoffmann-Riem*, DÖV 1997, 442.

531 *Schulze-Fielitz*, Grundmodi der Aufgabenwahrnehmung, in: Hoffmann-Riem/Schmidt-Aßmann/Voßkuhle, Grundlagen des Verwaltungsrechts, Bd. I, 2006, § 12

Zum anderen muß er sich in Mangel- oder Notfällen wieder selbst der Aufgaben annehmen, sei es vorerst durch eine entsprechende, den mangelhaften Zustand korrigierende Rechtsetzung, sei es durch eine unmittelbare Intervention durch tatsächliche Leistungen. Jedenfalls muß ein Interessenausgleich im „multipolaren und multidimensionalen Interessenfeld" des freien Marktes durch Strukturierung privater Machtverhältnisse möglich bleiben.[532] Wenn an die Stelle eines ehemals staatlichen Monopols ein unkontrolliertes privates Monopol träte, wäre der Gesellschaft wenig geholfen. Wann sich der Staat auch dieser seiner Reserveverantwortung begeben darf, ist schließlich eine Frage der Privatisierbarkeit der Verantwortung insgesamt. Daß dies nur in äußerst wenigen Fällen möglich ist, liegt auf der Hand.

b) Transaktionskosten

Die erforderliche Marktbeobachtung, die Einrichtung neuer Behörden, die Umorganisation der Verwaltung und insbesondere die tatsächliche Absicherung der Reserveverantwortung – im Extremfall muß der Staat eine (bloße) Grundversorgung leisten können – verursachen einen erheblichen Verwaltungs- und Kontrollaufwand[533] und kosten natürlich Geld.[534] Zu den „Produktionskosten" für die Erfüllung einer Aufgabe an sich kommen weitere Kosten, die mit der Übertragung einer Angelegenheit in den gesellschaftlichen Bereich verbunden sind („Transaktionskosten"), hinzu.[535]

Rn. 119; *Bauer*, Privatisierung von Verwaltungsaufgaben, VVDStRL Heft 54 (1995), S. 257 f., 277 ff.; *Kahl*, DVBl. 1995, 1335; *Hoffmann-Riem*, DÖV 1997, 442; *ders.*, JZ 1999, 421.

532 *Hoffmann-Riem*, DVBl. 1996, 230; *ders.*, DVBl. 1999, 665; *Kämmerer*, JZ 1996, 1048; *ders.* stellt auf S. 1050 abschließend fest: „Die Gesellschaftspartitur ist zu diffizil geworden, als daß ein Dirigent, der mäßigend und fordernd lenkt, entbehrlich wäre. Diese Funktion erfüllt der Staat. Als Grundrechtsgarant ist er verpflichtet, die nicht selten kryptischen Grundrechtsgefährdungen durch konkordanzbezogene Verwaltungs- und vor allem Gesetzgebungstätigkeit einzudämmen. Privatisierung zieht damit einen *Zwang zur Regulierung* nach sich".

533 *Kahl*, DVBl. 1995, 1335 f.

534 *Gregor Kirchhof*, Rechtsfolgen der Privatisierung, AöR Bd. 132 (2007), S. 255; *Voßkuhle*, Neue Verwaltungsrechtswissenschaft, in: Hoffmann-Riem/Schmidt-Aßmann/Voßkuhle, Grundlagen des Verwaltungsrechts, Bd. I, 2006, § 1 Rn. 61; *Hoffmann-Riem*, JZ 1999, 428.

535 *Schuppert*, Jenseits von Privatisierung und „schlankem" Staat: Vorüberlegungen zu einem Konzept von Staatsentlastung durch Verantwortungsteilung, in: Gusy, Privatisierung von Staatsaufgaben: Kriterien – Grenzen – Folgen, 1998, S. 95 ff. Er gliedert die Transaktionskosten in Such- und Informationskosten, Verhandlungs- und

Ob jede Privatisierung automatisch mit einem verwaltungsbürokratischen und finanziellen Entlastungseffekt – *Voßkuhle* nennt dies eine „naive Vorstellung“[536] – des Staates verbunden ist, muß daher im Einzelfall sehr genau überprüft werden.[537]

Entscheidungskosten sowie Überwachungs- und Durchsetzungskosten, zu denen auch die Kosten für eine staatliche Regulierung rechnen.

536 *Voßkuhle*, Neue Verwaltungsrechtswissenschaft, in: Hoffmann-Riem/Schmidt-Aßmann/Voßkuhle, Grundlagen des Verwaltungsrechts, Bd. I, 2006, § 1 Rn. 61.

537 *Stelkens/Schmitz*, in: Stelkens/Bonk/Sachs, Verwaltungsverfahrensgesetz, 6. Aufl. 2001, § 1 Rn. 110; vgl. dazu auch die Abhandlung von *Pommerehne*, Genügt bloßes Reprivatisieren?, in: Aufderheide, Deregulierung und Privatisierung, 1990, S. 27 ff. Er kommt zu dem Ergebnis, daß keineswegs die privatwirtschaftliche Leistungserbringung automatisch immer die günstigere sei.

Teil 3: Privatisierungsmöglichkeiten im Bereich des Strafvollzugs

Nach der Erörterung einiger theoretischer Grundlagen steht fest, daß es *die* Antwort auf die Frage der Privatisierbarkeit des Strafvollzugs nicht geben kann. Das Thema muß differenzierend betrachtet werden. Es gibt weder einen einheitlichen Privatisierungsbegriff, noch verläuft das Beschäftigungsfeld im Bereich des Strafvollzugs eindimensional. Es wäre zu kurz gegriffen, stellte man beispielsweise auf der Suche nach Möglichkeiten der Privatisierung der ausführenden Hand nur auf *den* (typischen) Strafvollzugsbediensteten ab. Statt dessen muß man sich des breiten Spektrums der Beschäftigungsgebiete im Bereich des Strafvollzugs bewußt sein.

Im folgenden soll unter dem Begriff des Strafvollzugs eingrenzend nur der Vollzug von freiheitsentziehenden Strafen und Maßregeln verstanden werden. Beschäftigungsfelder im Zusammenhang mit der Vollstreckung einer Geldstrafe,[538] Fahrerlaubnisentziehung[539] oder sonstiger sogenannter ambulanter Sanktionen[540] bleiben außer Betracht. Dieses engere Verständnis des Strafvollzugs liegt auch dem Strafvollzugsgesetz (StVollzG)[541] zugrunde.[542]

538 §§ 40 ff. StGB.

539 §§ 69 ff. StGB.

540 *Walter*, Strafvollzug, 2. Aufl. 1999, S. 22; *Calliess*, Strafvollzugsrecht, 3. Aufl. 1992, S. 3 und 6.

541 Im Zuge der Föderalismusreform wurde die konkurrierende Gesetzgebungskompetenz des Bundes für das Strafvollzugswesen gemäß Art. 74 Abs. 1 Nr. 1 GG a.F. durch das 52. Gesetz zur Änderung des Grundgesetzes vom 28.08.2006 gestrichen. Der Bereich des Strafvollzugs liegt nun seit dem 01.09.2006 in der ausschließlichen Gesetzgebungskompetenz der Länder, vgl. Art. 30, 70 GG. Damit sind die Regelungen des StVollzG aber – trotz ihrer Kompetenzwidrigkeit – nicht hinfällig geworden. Gemäß Art. 125 a Abs. 1 S. 1 GG gilt „Recht, das als Bundesrecht erlassen worden ist, aber wegen der Änderung des Artikels 74 Abs. 1 (...) nicht mehr als Bundesrecht erlassen werden könnte" als Bundesrecht fort. Es liegt gemäß Art. 125 a Abs. 1 S. 2 GG in der Hand der Länder, eigene Regelungen zu treffen, die dann für das jeweilige Land das Bundesrecht ersetzen. Für Bayern wurde am 27.11.2007 ein eigenes Strafvollzugsgesetz (BayStVollzG, Drucksache 15/9382, abrufbar unter http://www.bayern.landtag.de/ElanTextAblage WP15/Drucksachen/Folgedrucksachen/0000006500/0000006676. pdf, zuletzt abgerufen am 27.12.2007) beschlossen, das größtenteils eigene, das (Bundes)StVollzG ersetzende Regelungen für das Strafvollzugswesen vorsieht.

Es gilt nun, die im zweiten Teil der Arbeit unterschiedenen Formen der Privatisierung auf ihre Durchführbarkeit im Bereich des Strafvollzugs zu untersuchen.[543]

A) Privatisierung der Verantwortung

Die am weitesten gehende Form der Privatisierung stellt die Privatisierung der Verantwortung dar. Bei diesem Privatisierungstyp entläßt der Staat ein bestimmtes Aufgabengebiet vollständig in den gesellschaftlichen Bereich.[544] Insbesondere gibt er hierbei auch seine Reserveverantwortung aus der Hand.[545] Dies macht gerade den Unterschied zwischen der Privatisierung der Verantwortung und der Privatisierung (nur) der Aufgabe aus. Das bedeutet, daß ein Aufgabenbereich gänzlich dem freien Spiel der Kräfte auf dem wirtschaftlichen Markt überlassen wird. Überwachungs- oder Regulierungspflichten treffen den Staat nicht mehr.

I. Privatisierungsgrenzen aus der Verfassung

Die Reserveverantwortung kann der Staat aber nur in sehr wenigen Lebensbereichen aufgeben. Es darf sich dabei nur um für das gemeinschaftliche Zusammenleben nicht existentielle Gebiete handeln, für die der auch sozialen Grundsätzen verpflichtete Staat (Art. 20 Abs. 1, 28 Abs. 1 S. 1 GG) nicht die Verantwortung

---

542 § 1 StVollzG lautet: „Dieses Gesetz regelt den Vollzug der Freiheitsstrafe in Justizvollzugsanstalten und der freiheitsentziehenden Maßregeln der Besserung und Sicherung." Nach dem bayerischen Gesetz ist eine ähnliche, die Jugendstrafe und den Strafarrest miteinbeziehende Regelung vorgesehen. Art. 1 BayStVollzG lautet: „Dieses Gesetz regelt den Vollzug der Freiheitsstrafe, der Jugendstrafe, der Sicherungsverwahrung und des Strafarrests in Justizvollzugsanstalten.".

543 Die Frage einer Privatisierung des Strafvollzugs stellen *Möschel*, JZ 1988, 886 und *Bayer*, Aussprache und Schlußworte, VVDStRL Heft 54 (1995), 346 f. in den Raum – jedoch nur mit einem kurzen Verweis auf die USA statt einer näheren Erörterung und ohne auf die verschiedenen Spielarten von Privatisierungsmöglichkeiten im Rahmen des Strafvollzugs einzugehen.

544 *Flügge*, ZfStrVo 2000, 261, mutmaßt, daß einer der Hintergründe der Debatte über die Privatisierung von Vollzugsanstalten sein könnte, daß der Strafvollzug insgesamt „als Last empfunden" werde und als „unbequem", „beängstigend", „schmuddelig", „unberechenbar" und „gefährlich" gelte. Es scheine so, als wollte man „am liebsten den Vollzug „loswerden" und keine Verantwortung mehr für einen funktionsfähigen Vollzug übernehmen".

545 *Gregor Kirchhof*, Rechtsfolgen der Privatisierung, AöR Bd. 132 (2007), S. 252.

übernehmen muß.[546] Denkbar wäre dies allenfalls in Randbereichen des gesellschaftlichen Lebens, wie beispielsweise im Fremdenverkehrswesen oder in Teilbereichen der Freizeitgestaltung.[547] Für viele Gebiete schreibt das Grundgesetz die staatliche Verantwortung fest. Demnach kommt hier aus verfassungsrechtlichen Gründen eine Privatisierung der Verantwortung nicht in Betracht.

1. Grundrechte

Bei einem weiten Verständnis gilt dies auch schon aus der grundrechtlichen Gewährleistungsverantwortung des Staates. So muß der Staat beispielsweise gemäß Art. 4 Abs. 2 GG die ungestörte Religionsausübung, gemäß Art. 5 Abs. 1 S. 2 GG die Pressefreiheit und die Freiheit der Berichterstattung durch Rundfunk und Film, gemäß Art. 7 Abs. 4 S. 1 GG die Errichtung von privaten Schulen oder gemäß Art. 14 Abs. 1 GG das Eigentum und das Erbrecht gewährleisten. Nach Art. 6 Abs. 2 GG steht die Kindererziehung unter dem besonderen Wächteramt des Staates.

Im Grunde verpflichten aber alle grundrechtlichen Wertentscheidungen den Staat, sich für die einzelnen Rechtspositionen der Bürger – auch wenn nicht ausdrücklich von einer staatlichen *Gewährleistung* die Rede ist – einzusetzen. Dies ergibt sich aus dem jeweiligen Einzelgrundrecht in Verbindung mit Art. 1 Abs. 3 GG und insbesondere aus den staatlichen Schutzpflichten zugunsten der Grundrechte.[548] Zöge sich der Staat beispielsweise komplett aus der Regelung des Schwangerschaftsabbruchs zurück und gäbe er auch jegliche Restverantwortung auf, so stünden Abtreibungen zur freien Disposition jedes Einzelnen. Private Abtreibungskliniken könnten sich ebenso am Markt beteiligen wie die Hersteller von Gartenmöbel; private Abtreibungsberatungsfirmen könnten uneingeschränkt zum Abbruch einer Schwangerschaft raten. Dies wäre jedoch mit dem staatlichen Schutzauftrag aus Art. 2 Abs. 2 S. 1 und Art. 1 Abs. 1 GG nicht vereinbar,[549] so daß in diesem Bereich eine Privatisierung der Verantwortung bereits an den Wertentscheidungen der Grundrechte scheitert.

546 So auch *Gregor Kirchhof*, Rechtsfolgen der Privatisierung, AöR Bd. 132 (2007), S. 252 f.
547 Vgl. dazu *Gregor Kirchhof*, Rechtsfolgen der Privatisierung, AöR Bd. 132 (2007), S. 253.
548 Vgl. dazu oben unter Teil 1 B)III.2.b), S. 107 ff.
549 Vgl. hierzu BVerfGE 39, 1 ff. und 88, 203 ff.

2. *Organisationsrecht*

Aber auch aus anderen, nicht-grundrechtlichen Verfassungsbestimmungen ergibt sich eine staatliche Verantwortlichkeit. So legt das Grundgesetz bei der Regelung der Gegenstände der bundeseigenen Verwaltung in den Art. 87 ff. GG zumindest die Verantwortlichkeit des Staates für die einzelnen Verwaltungsgegenstände mit fest. Wäre es möglich, daß sich die öffentliche Hand in diesen speziellen Gebieten sogar der Verantwortung entledigen kann, gäbe es nichts mehr, was der Bund in diesen Bereichen noch zu verwalten hätte. In Art. 87 f Abs. 1 GG weist der Verfassungstext ausdrücklich auf die verbleibende Gewährleistungsverantwortung des Staates für die Bereiche Postwesen und Telekommunikation hin.[550] Auch nach der Privatisierung der Erbringung von Post- und Telekommunikationsdienstleistungen obliegt dem Staat die Reserveverantwortung, daß der freie Markt ein angemessenes und ausreichendes Dienstleistungsprogramm bereithält, das eine Grundversorgung der Bevölkerung sicherstellt.[551]

II. Keine Privatisierung der Verantwortung für den Strafvollzug

Für den Strafvollzug findet sich zwar keine ausdrückliche Normierung im Grundgesetz. Jedoch geht aus der Vielzahl der straf(vollzugs)rechtlichen Regelungen des einfachen Rechts hervor, daß der Staat für die Strafrechtspflege einschließlich des Strafvollzugs verantwortlich ist.[552] Eine Privatisierung der Verantwortung für das Strafvollzugswesen kommt nach geltendem Recht nicht in Betracht. Sie wäre aber auch durch weitgehende Gesetzesänderungen nicht erreichbar. Beim Strafvollzug handelt es sich nicht um einen bloßen Randbereich des gesellschaftlichen Zusammenlebens, wie das etwa beim Fremdenverkehrswesen angedacht wird. Zöge sich der Staat gänzlich aus letztgenanntem zurück, gäbe er also auch die Reserveverantwortung aus der Hand, wäre im Falle eines Marktversagens im Hinblick auf die staatliche Gemeinschaft in der Bundesrepublik Deutschland nicht viel zu befürchten – von einigen möglicherweise schlimmen Einzelschicksalen abgesehen.

---

550 Art. 87 f Abs. 1 GG lautet: „Nach Maßgabe eines Bundesgesetzes, das der Zustimmung des Bundesrates bedarf, gewährleistet der Bund im Bereich des Postwesens und der Telekommunikation flächendeckend angemessene und ausreichende Dienstleistungen.“.

551 *Jarass/Pieroth*, Grundgesetz, 9. Aufl. 2007, Art. 87 f Rn. 4.

552 Vgl. hierzu nur eine Auswahl der straf(vollzugs)rechtlichen Gesetze: StGB, JGG, StVollzG, StPO.

Versucht man sich den Fall eines völligen Marktversagens oder einer gesellschaftlichen Schlechterfüllung für den Bereich des Strafvollzugs auszumalen, liegen die Dinge anders. Bei einem Zusammenbruch dieses potentiellen Wirtschaftssektors stünde keine Möglichkeit mehr zur Verfügung, den staatlichen Strafanspruch zu erfüllen. Die Gefängnistüren stünden buchstäblich offen. Das Strafrecht würde seiner Wirkkraft beraubt, da das ihm inhärente Drohpotential, im Falle einer Verurteilung mit der physischen Zwangsgewalt – dem Gewaltmonopol – des Staates konfrontiert zu werden, nicht mehr existierte.[553] Und ohne eine effektive Strafgewalt als Ordnungsmittel des Staates läßt sich in einer Gegenseitigkeitsordnung schwerlich ein friedliches und sicheres Zusammenleben durchsetzen.[554] Die staatliche *potestas* – hier in Form der „ultima ratio“[555] des Strafrechts – benötigt eine effektive *vis* – hier in der Form des Strafvollzugs – als Vollstreckungsmittel.[556] Andernfalls bestünden die Handlungsgebote und -verbote lediglich als gut gemeinte Anregungen für die staatliche Gemeinschaft weiter. Sie wären letztendlich aber nichts außer leere Drohungen, da einer Norm erst ihre potentielle Durchsetzbarkeit Stringenz verleiht. Zusammenfassend kann man festhalten, daß die Legitimation des Staates an sich und der grundlegende Staatszweck der inneren Sicherheit eine Verantwortung des Staates für ein funktionierendes Strafvollzugswesen fordern.

Ohne jetzt schon in die Tiefen des staatlichen Gewaltmonopols einsteigen zu müssen, ergibt sich allein aus diesem Grund, daß sich der Staat jedenfalls nicht der Verantwortung für das Strafvollzugswesen entledigen darf.

B) Privatisierung der Aufgabe

Wenn der Staat eine seiner Aufgaben privatisiert, so entläßt er eine bisher von ihm wahrgenommene Angelegenheit in den Bereich der Gesellschaft. Fortan kümmern sich private Rechtssubjekte um die Aufgabenerfüllung. Der Staat behält für sich lediglich die Reserveverantwortung zurück, um bezüglich der Art und Weise der Aufgabenerfüllung die Marktentwicklung beobachten, kontrollieren und regulieren zu können und um im Notfall selbst einspringen zu können.

---

553 Vgl. dazu oben Teil 1 A)II.4.b)ee), S. 54 ff., und III.2.a)cc), S. 61 ff.

554 Vgl. dazu oben Teil 1 A)II.4.b)ee), S. 54 ff., und *Stree*, in: Schönke/Schröder, Strafgesetzbuch, Kommentar, 27. Aufl. 2006, Vor §§ 38 ff. Rn. 1.

555 BVerfGE 96, 245, 249; *Stree*, in: Schönke/Schröder, Strafgesetzbuch, Kommentar, 27. Aufl. 2006, Vor §§ 38 ff. Rn. 1; *Calliess*, Strafvollzugsrecht, 3. Aufl. 1992, S. 1 und 3.

556 Vgl. dazu oben Teil 1 A)III.2.a)cc), S. 61 ff.

Wenn und solange jedoch das freie System der Marktwirtschaft einer Aufgabe gerecht wird, enthält sich der Staat jeglicher eigenen Einflußnahme.

Entscheidend ist, wo die Grenze für eine Privatisierung von Staatsaufgaben zu ziehen ist, insbesondere ob der Bereich des Strafvollzugs dies- oder jenseits dieser Grenze liegt. Die juristische Literatur stellt sich fast einheitlich gegen eine Aufgabenprivatisierung des Strafvollzugs.[557] Für weitgehende Privatisierungsmaßnahmen im Strafvollzug sprechen sich nur wenige aus.[558]

Schon das einfache Recht kann einer Privatisierung des Strafvollzugs Grenzen ziehen. Letztlich entscheidend sind allerdings nur solche Grenzen, die sich aus dem einfachen Recht vorgelagerten und dieses prägenden Grundsätzen ergeben. Solche elementaren Prinzipien können aus der Staatlichkeit der Bundesrepublik Deutschland und damit auch aus der Verfassung abgeleitet werden. Wäre das einfache Recht der alleinige Maßstab der Beurteilung, ob der Strafvollzug eine staatliche Pflichtaufgabe darstellt oder ob er einer Privatisierung zugänglich ist, so würde die gefundene Antwort nur eine Momentaufnahme vor dem Hintergrund des aktuellen (oder eines zumindest immer noch akzeptierten) parlamentarischen Mehrheitswillens darstellen. Das einfache Recht kann mit nur wenigen Federstrichen des Gesetzgebers umgestaltet werden. Einer Privatisierung des Strafvollzugs könnte durch einen einfachen Parlamentsakt der Weg geebnet werden, stünden nicht elementare, sich aus der Staatlichkeit und der Verfassung ergebende Grundsätze einer Privatisierung entgegen.

In diesem Sinne können zwar anhand des einfachen Rechts erste Schlüsse gezogen werden. Eine verbindliche Antwort auf die Frage der Privatisierbarkeit des Strafvollzugs läßt sich aber erst anhand der Einordnung der Zwecke des Strafvollzugs in das System der Staatszwecke ermitteln.

---

557 *Stelkens/Schmitz*, in: Stelkens/Bonk/Sachs, Verwaltungsverfahrensgesetz, 6. Aufl. 2001, § 1 Rn. 108; *Schulze-Fielitz*, Grundmodi der Aufgabenwahrnehmung, in: Hoffmann-Riem/Schmidt-Aßmann/Voßkuhle, Grundlagen des Verwaltungsrechts, Bd. I, 2006, § 12 Rn. 95; *Burgi*, Privatisierung, in: Isensee/Kirchhof, HStR, Bd. IV, 3. Aufl. 2006, § 75 Rn. 20 f.; *Götz*, Innere Sicherheit, in: Isensee/Kirchhof, HStR, Bd. III, 2. Aufl. 1996, § 79 Rn. 2 f.; *Bauer*, Privatisierung von Verwaltungsaufgaben, VVDStRL Heft 54 (1995), S. 255; *Gregor Kirchhof*, Rechtsfolgen der Privatisierung, AöR Bd. 132 (2007), S. 248; *Bonk*, DVBl. 2004, 145; *ders.*, JZ 2000, 437; *Di Fabio*, JZ 1999, 592; *Hoffmann-Riem*, JZ 1999, 428; *Mayen*, DÖV 2001, 112; *Peine*, DÖV 1997, 355; *Krölls*, GewArch 1997, 448 f., 453.

558 Mit einem knappen Verweis auf die USA *Möschel*, JZ 1988, 886, und *Bayer*, Aussprache und Schlußworte, VVDStRL Heft 54 (1995), S. 346 f.

I. Anhaltspunkte im einfachen Recht

Dafür, daß der Strafvollzug als Staatsaufgabe zu führen ist, ergeben sich schon im einfachen Recht einige Anhaltspunkte.

Das Strafvollzugsgesetz setzt in § 139 fest,[559] daß die Freiheitsstrafe und die Unterbringung in der Sicherungsverwahrung in Anstalten der Landesjustizverwaltung – kurz: in Justizvollzugsanstalten – vollzogen werden. Anstalten zählen neben Körperschaften und Stiftungen zu den juristischen Personen des öffentlichen Rechts und stellen eine Form der mittelbaren Staatsverwaltung dar.[560] Sie nehmen entsprechend ihrer Zwecksetzung Verwaltungsaufgaben wahr und unterstehen staatlicher Aufsicht. Die Aufsicht über die Justizvollzugsanstalten führen gemäß § 151 Abs. 1 StVollzG die Landesjustizverwaltungen.[561] Die Aufgaben der Justizvollzugsanstalten werden nach § 155 Abs. 1 StVollzG regelmäßig von Vollzugsbeamten wahrgenommen.[562] Allein schon die Regelungen des Strafvollzugsgesetzes zeigen, daß der Strafvollzug nach geltendem Recht als staatliche und nicht als private Aufgabe geführt wird.

Im Strafgesetzbuch und in der Strafprozeßordnung finden sich einige zusätzliche Hinweise. So wird in § 451 Abs. 1 StPO bestimmt, daß die Staatsanwaltschaft als Vollstreckungsbehörde fungiert. Gemäß § 57 StGB in Verbindung mit §§ 454, 462 a StPO entscheidet die Strafvollstreckungskammer, also gemäß § 78 a Abs. 1 S. 1 und S. 2 Nr. 1 GVG das Landgericht, darüber, ob eine verhängte Strafe vollständig zu vollziehen ist oder ob die letzte Hälfte oder das letzte Drittel zur Bewährung ausgesetzt werden können. Die Entscheidung über den weiteren tatsächlichen Vollzug obliegt also einem staatlichen Spruchkörper.

Daraus ergibt sich, daß einfachrechtlich das Strafvollzugswesen als staatliche Aufgabe behandelt wird. Eine Aufgabenprivatisierung wäre somit schon mit dem einfachen Recht nicht vereinbar.

II. Die Zwecke des Strafvollzuges im System der Staatszwecke

Entscheidend ist, ob durch – wenn auch umfangreiche – Gesetzes- oder sogar Verfassungsänderungen eine Privatisierung der Aufgabe des Strafvollzuges

---

559 Ähnlich formuliert ist auch das Bayerische Strafvollzugsgesetz. Art. 165 BaySt-VollzG lautet: „Die in Art. 1 genannten Freiheitsentziehungen werden in Justizvollzugsanstalten vollzogen.“.

560 Statt vieler *Maurer*, Allgemeines Verwaltungsrecht, 16. Aufl. 2006, § 23 Rn. 1.

561 So auch in Bayern, vgl. Art. 173 Abs. 1 BayStVollzG: „Das Staatsministerium der Justiz führt die Aufsicht über die Justizvollzugsanstalten (Aufsichtsbehörde).“.

562 Art. 176 Abs. 1 BayStVollzG ist wortgleich mit § 155 Abs. 1 (Bundes)StVollzG.

möglich gemacht werden könnte. Um diese Frage zu beantworten, muß man sich zunächst mit den Zwecken des Strafvollzuges auseinandersetzen. Ordnet man diese in das Aufgabensystem des Staates ein, ergibt sich eine eindeutige Antwort.

1. Die Zwecke des Strafvollzuges

a) Der Zusammenhang zwischen den Zielen des Strafvollzuges und den Strafzwecken allgemein

Die Zwecke des Strafvollzuges stehen mit der Frage nach dem Sinn und Zweck eines Bestrafungsaktes allgemein in einem engen Zusammenhang. Eine gesetzlich nur angedrohte Strafe wäre kein effektives Ordnungsinstrument des Staates gegenüber der Gesellschaft. Ihre Stringenz erhalten die vielfältigen Handlungsge- und -verbote erst durch das Inaussichtstellen eines Strafübels, das der Staat im Falle der Verwirklichung eines Deliktstatbestandes als Ausdruck seines Gewaltmonopols verhängen und vor allem auch vollstrecken kann und muß. Durch den Strafvollzug wird eine strafrechtliche Verurteilung in der Lebenswirklichkeit eines Straftäters erst fühlbar[563] – bloßen Worten im Gesetz oder im Urteil folgen Taten. Da die Vollstreckung einer verhängten Strafe dem Strafrecht mithin zu seiner praktischen Durchsetzungskraft verhilft, ergibt sich daraus, daß die Ziele des Strafvollzugs mit den Strafzwecken vereinbar sein müssen.[564] Die Strafvollzugszwecke können kein aliud zu Sinn und Zweck des Strafrechts sein.

Allerdings ist damit aber nicht gesagt, daß sich die Strafzwecke vollständig in den Zielen des Strafvollzuges widerspiegeln müßten. Es kann durchaus sein, daß die Zwecke, die die Gestaltung des Strafvollzuges bestimmen, nur aus einer Teilmenge der Strafzwecke bestehen. Denn nur weil sich gewisse Faktoren auf die Frage der Strafbarkeit an sich und – wenn ja – die Art der Strafe sowie die Höhe des Strafmaßes auswirken, müssen sie nicht zwingend auch die Vollzugsgestaltung beeinflussen. Am Beispiel der Freiheitsstrafe bedeutet dies, daß eine wegen besonders schwerer Schuld verhängte außergewöhnlich lange Freiheitsstrafe nicht wegen eben dieser schweren Schuld in einem dunklen Verlies bei Wasser und Brot erduldet zu werden braucht.

Insofern ist zwischen Entscheidungen über den Status eines Straftäters als Gefangener einerseits und Entscheidungen über die Gestaltung des Vollzugspro-

---

563 Vgl. auch *Calliess*, Strafvollzugsrecht, 3. Aufl. 1992, S. 8; *Bonk*, JZ 2000, 436 f.
564 Vgl. auch *Calliess/Müller-Dietz*, Strafvollzugsgesetz, 10. Aufl. 2005, § 2 Rn. 6.

zesses andererseits zu trennen.[565] Fragen des Gefangenenstatus haben gerichtliche Anordnungen zum Gegenstand, die den Status eines straffällig gewordenen Bürgers als Gefangener begründen oder diesen Status – beispielsweise zur Bewährung nach §§ 57, 57 a StGB – wieder aufheben.[566] Diese Maßnahmen sind nach strafrechtlichen Gesichtspunkten zu beurteilen. Für Fragen der Gestaltung des Strafvollzuges sind hingegen allein die strafvollzugsrechtlichen Zwecke maßgebend.

Die Unterschiede der jeweiligen Zielrichtungen werden im folgenden kurz herausgearbeitet.

Aus einem Vergleich der spezifischen Aufgaben des Strafvollzuges mit den die Organisation „Staat" konstituierenden Aufgaben ergibt sich dann die Antwort auf die Frage nach der Privatisierbarkeit der Aufgabe des Strafvollzuges.

b) Die Strafzwecke

Die Wurzeln der heute herrschenden und auch im StGB erkennbaren Strafzwecke liegen sowohl in den absoluten als auch in den relativen Strafzwecktheorien begründet.

aa) Die absoluten und die relativen Strafzwecktheorien

Nach den absoluten Theorien soll mit einer strafrechtlichen Sanktion allein repressiv auf den Täter als staatliche Vergeltungsreaktion auf ein von ihm begangenes Unrecht eingewirkt werden („punitur quia peccatum est").[567] Auf gesellschaftliche Wirkungen für die Zukunft kommt es hiernach nicht an. Aus Gerechtigkeitsgründen müsse auf ein unrechtmäßiges Verhalten eine in Dauer und Härte diesem Verhalten gleichwertige Strafe folgen.

Die relativen Theorien erklären hingegen den Sinn der Bestrafung mit der Verbrechensprävention und haben primär die Auswirkungen auf die Gesellschaft

---

565 *Calliess/Müller-Dietz*, Strafvollzugsgesetz, 10. Aufl. 2005, § 2 Rn. 9; *Feest/Lesting*, in: Feest, StVollzG, 5. Aufl. 2006, § 2 Rn. 2; *Calliess*, Strafvollzugsrecht, 3. Aufl. 1992, S. 32.

566 *Calliess/Müller-Dietz*, Strafvollzugsgesetz, 10. Aufl. 2005, § 2 Rn. 9; *Feest/Lesting*, in: Feest, StVollzG, 5. Aufl. 2006, § 2 Rn. 2; *Calliess*, Strafvollzugsrecht, 3. Aufl. 1992, S. 32.

567 *Gribbohm*, in: Jähnke/Laufhütte/Odersky, Strafgesetzbuch, Leipziger Kommentar, Zweiter Band, 11. Aufl. 2003, Vor §§ 46 ff. Rn. 26 f., der als wichtige Vertreter dieser Ansicht Kant und Hegel nennt. Vgl. auch *Wessels/Beulke*, Strafrecht Allgemeiner Teil, 37. Aufl. 2007, § 1 Rn. 12 a.

im Blick („punitur ne peccetur“).[568] Insoweit wird sowohl zwischen den beiden Formen der positiven und negativen Generalprävention als auch denen der positiven und negativen Spezialprävention unterschieden.[569] Dabei soll im Wege der Generalprävention auf die Allgemeinheit eingewirkt werden – positiv dadurch, daß die Rechtstreue der Bevölkerung und deren Vertrauen auf die Rechtsordnung gestärkt werden sollen, und negativ durch die von der Strafe ausgehende Abschreckungswirkung auf die Mitbürger.[570] Die Spezialprävention bezieht sich dagegen konkret auf den einzelnen Delinquenten.[571] Der Bestrafungsakt soll den Täter bessern, ihn (re)sozialisieren und ihn schließlich von zukünftigen Straftaten abhalten (positive Spezialprävention). Die Spezialprävention in ihrer negativen Richtung zielt darauf, die Allgemeinheit vor weiteren Rechtsgutsverletzungen durch den Straftäter zu schützen, indem dieser einer freiheitsentziehenden Maßnahme unterworfen wird und (fast) keine Möglichkeit mehr hat, die Rechtsgüter anderer zu verletzen.

Weder die absoluten noch die relativen Theorien allein führen zu akzeptablen Ergebnissen. Die absoluten Theorien sind vom Vergeltungsgedanken bestimmt, ohne die Wirkungen des staatlichen Strafens auf die Gemeinschaftsordnung zu bedenken.[572] Gerade aus seinen frieden- und sicherheitstiftenden Wirkungen rechtfertigt sich aber der Staat. Staatliches Handeln an der Gesellschaft vorbei und nur um seiner selbst – oder hier beispielsweise nur der Vergeltung – willen, wird den Legitimationsanforderungen, denen der Staat genügen muß, nicht gerecht.[573] Außerdem stünden einer Anwendung des Talionsprinzips heute die Wertentscheidungen der Grundrechte, insbesondere Art. 1 Abs. 1 und Art. 2 Abs. 2 S. 1 GG, entgegen.

Die relativen Ansätze kennen hingegen kein ausreichend bestimmtes inneres Maß für die Höhe der Bestrafung. Ziel der relativen Theorien ist unter anderem

---

568 *Gribbohm*, in: Jähnke/Laufhütte/Odersky, Strafgesetzbuch, Leipziger Kommentar, Zweiter Band, 11. Aufl. 2003, Vor §§ 46 ff. Rn. 26, 28 f.; vgl. *Wessels/Beulke*, Strafrecht Allgemeiner Teil, 37. Aufl. 2007, § 1 Rn. 12 a.

569 Vgl. *Wessels/Beulke*, Strafrecht Allgemeiner Teil, 37. Aufl. 2007, § 1 Rn. 12 a.

570 *Gribbohm*, in: Jähnke/Laufhütte/Odersky, Strafgesetzbuch, Leipziger Kommentar, Zweiter Band, 11. Aufl. 2003, Vor §§ 46 ff. Rn. 29.

571 *Gribbohm*, in: Jähnke/Laufhütte/Odersky, Strafgesetzbuch, Leipziger Kommentar, Zweiter Band, 11. Aufl. 2003, Vor §§ 46 ff. Rn. 28.

572 Vgl. auch *Wessels/Beulke*, Strafrecht Allgemeiner Teil, 37. Aufl. 2007, § 1 Rn. 5 f. und 12 a.

573 Vgl. dazu BVerfGE 45, 187, 254; 64, 261, 271; 95, 96, 140; vgl. auch *Gribbohm*, in: Jähnke/Laufhütte/Odersky, Strafgesetzbuch, Leipziger Kommentar, Zweiter Band, 11. Aufl. 2003, Vor §§ 46 ff. Rn. 27; *Stree*, in: Schönke/Schröder, Strafgesetzbuch, Kommentar, 27. Aufl. 2006, Vor §§ 38 ff. Rn. 2; *Tröndle/Fischer*, Strafgesetzbuch, 54. Aufl. 2007, § 46 Rn. 4.

die Sicherung der Gesellschaft durch ein Wegsperren des Täters. Die Idee, daß dieser Zweck am besten durch ein lebenslanges Wegsperren verfolgt werden kann, liegt auf der Hand. Auch ein ungebremster Resozialisierungseifer drängt regelmäßig auf möglichst lange Anstaltsaufenthalte und damit auf extensiven Freiheitsentzug, um dem Straftäter eine umfassende Resozialisierungsbehandlung angedeihen lassen zu können.[574] Würde man die Strafe allein anhand generalpräventiver Kriterien bestimmen, geriete der Täter „zum bloßen Objekt der Verbrechensbekämpfung",[575] was schon Art. 1 Abs. 1 GG verbietet.

Daher überwiegen heute die sogenannten Vereinigungstheorien,[576] die die verschiedenen Strafzwecke in ein ausgewogenes Verhältnis zu bringen suchen.[577] Auch in das StGB haben bezüglich der Strafzumessung sowohl Elemente des Schuldausgleichs, die auf die absoluten Theorien zurückgehen,[578] als auch präventive Kriterien, die auf den relativen Theorien aufbauen, Einzug gehalten.[579]

bb) Die Strafzwecke nach dem StGB

Die Strafzumessung ist im StGB in den §§ 46 ff. geregelt. Die Grundlage für die Strafzumessung liegt gemäß § 46 Abs. 1 S. 1 StGB in der Schuld des Täters. Das

---

574 Vgl. dazu das Beispiel bei *Gribbohm*, in: Jähnke/Laufhütte/Odersky, Strafgesetzbuch, Leipziger Kommentar, Zweiter Band, 11. Aufl. 2003, Vor §§ 46 ff. Rn. 28.

575 *Gribbohm*, in: Jähnke/Laufhütte/Odersky, Strafgesetzbuch, Leipziger Kommentar, Zweiter Band, 11. Aufl. 2003, Vor §§ 46 ff. Rn. 29; so auch *Stree*, in: Schönke/Schröder, Strafgesetzbuch, Kommentar, 27. Aufl. 2006, Vor §§ 38 ff. Rn. 3.

576 BVerfGE 45, 187, 253 f.; *Wessels/Beulke*, Strafrecht Allgemeiner Teil, 37. Aufl. 2007, § 1 Rn. 12 a; *Tröndle/Fischer*, Strafgesetzbuch, 54. Aufl. 2007, § 46 Rn. 2 mit weiteren Nachweisen; vgl. auch *Gribbohm*, in: Jähnke/Laufhütte/Odersky, Strafgesetzbuch, Leipziger Kommentar, Zweiter Band, 11. Aufl. 2003, Vor §§ 46 ff. Rn. 26 ff.; *Stree*, in: Schönke/Schröder, Strafgesetzbuch, Kommentar, 27. Aufl. 2006, Vor §§ 38 ff. Rn. 1 ff.

577 Es verwundert nicht, daß auch das Bundesverfassungsgericht nicht nur auf einen einzigen Strafzweck abstellt, sondern die Pluralität der Wirkrichtungen des staatlichen Strafens anerkennt, vgl. BVerfGE 28, 264, 278 (Resozialisierung und Vergeltung); 32, 98, 109 (Vergeltung, Prävention, Resozialisierung); 35, 202, 235 f. (Resozialisierung); sehr ausführlich 45, 187, 253 ff., 255 (negative Generalprävention), 256 (positive Generalprävention), 257 (negative Spezialprävention), 258 (positive Spezialprävention bzw. Resozialisierung), 258 f. (Schuldausgleich); 64, 261, 271 (Resozialisierung, Prävention, Schuldausgleich, Vergeltung); vgl. zu den beiden letztgenannten auch BVerfGE 109, 133, 3. LS.

578 *Gribbohm*, in: Jähnke/Laufhütte/Odersky, Strafgesetzbuch, Leipziger Kommentar, Zweiter Band, 11. Aufl. 2003, Vor §§ 46 ff. Rn. 27.

579 *Tröndle/Fischer*, Strafgesetzbuch, 54. Aufl. 2007, § 46 Rn. 2 ff.; *Franke*, in: Joecks/Miebach, Münchener Kommentar zum Strafgesetzbuch, Band 1, 2003, § 46 Rn. 17.

Maß der Schuld bildet den Rahmen für die jeweils zu verhängende Strafe.[580] Ihr gebührt der Vorrang vor anderen, insbesondere präventiven Aspekten.[581] In Fällen, in denen eine schuldangemessene Strafe als staatliche Reaktion auf eine Tat nicht ausreicht, um den Schutz der Gemeinschaftsordnung unter spezialpräventiven Gesichtspunkten zu gewährleisten, bietet das System der Maßregeln der Besserung und Sicherung in den §§ 61 ff. StGB eine gesetzliche Grundlage, um auf eine besondere Tätergefährlichkeit zu reagieren.[582] Indem das Gesetz als primären Bemessungsfaktor für die zu verhängende Strafe die Schuld des Täters festschreibt, äußert es sich anerkennend zum Strafzweck des Schuldausgleichs, mißt diesem sogar elementare Bedeutung bei.

Nach § 46 Abs. 1 S. 2 StGB sind aber auch die Wirkungen der Strafe auf das künftige Leben des Täters in der Gesellschaft zu berücksichtigen. In die jeweilige konkrete Strafzumessung fließen also spezialpräventive Gesichtspunkte mit ein, indem auf die Beeinflussung der Entwicklung des Täters durch die Strafe abgestellt wird.[583]

Die dem Richter in § 46 Abs. 2 StGB an die Hand gegebenen Abwägungskriterien helfen, das Maß der Schuld zu bestimmen, da für dieses das gesamte tatrelevante Täterverhalten zu untersuchen ist.[584] Sie bilden mithin wieder den Strafzweck des Schuldausgleichs gesetzlich ab.

Auch in den auf § 46 StGB folgenden Normen werden sowohl schuldausgleichende als auch präventive Kriterien zur Bestimmung der konkret zu verhängenden Strafe herangezogen. So kann eine Freiheitsstrafe unter sechs Monaten gemäß § 47 Abs. 1 StGB nur verhängt werden, „wenn besondere Umstände,

580 BVerfGE 45, 187, 260; 50, 5, 12; 54, 100, 108; BGHSt 7, 28, 32 f.; 20, 264, 264 und 266; 28, 318, 326 f.; 34, 150, 151; *Stree*, in: Schönke/Schröder, Strafgesetzbuch, Kommentar, 27. Aufl. 2006, Vor §§ 38 ff. Rn. 5 ff., 10 ff. und § 46 Rn. 5, 8 ff.; *Schöch*, in: Kaiser/Schöch, Strafvollzug, 5. Aufl. 2002, § 6 Rn. 51; *Böhm*, in: Schwind/Böhm, Strafvollzugsgesetz, 2. Aufl. 1991, § 2 Rn. 2; *ders.*, Strafvollzug, 3. Aufl. 2003, Rn. 22.

581 *Tröndle/Fischer*, Strafgesetzbuch, 54. Aufl. 2007, § 46 Rn. 5; *Franke*, in: Joecks/Miebach, Münchener Kommentar zum Strafgesetzbuch, Band 1, 2003, § 46 Rn. 14, 16 f.

582 Zur sog. „Zweispurigkeit der strafrechtlichen Reaktionsmittel“ *Stree*, in: Schönke/Schröder, Strafgesetzbuch, Kommentar, 27. Aufl. 2006, Vor §§ 38 ff. Rn. 5 und Vor §§ 61 ff. Rn. 1 ff.; *Tröndle/Fischer*, Strafgesetzbuch, 54. Aufl. 2007, Vor § 61 Rn. 1 ff.

583 *Stree*, in: Schönke/Schröder, Strafgesetzbuch, Kommentar, 27. Aufl. 2006, Vor §§ 38 ff. Rn. 6 f., 15 ff. und § 46 Rn. 5, 9 b; *Franke*, in: Joecks/Miebach, Münchener Kommentar zum Strafgesetzbuch, Band 1, 2003, § 46 Rn. 17; *Wessels/Beulke*, Strafrecht Allgemeiner Teil, 37. Aufl. 2007, § 1 Rn. 12 a.

584 *Tröndle/Fischer*, Strafgesetzbuch, 54. Aufl. 2007, § 46 Rn. 6, 23, 26 ff.; *Stree*, in: Schönke/Schröder, Strafgesetzbuch, Kommentar, 27. Aufl. 2006, § 46 Rn. 12 ff.

die in der Tat oder der Persönlichkeit des Täters liegen, die Verhängung einer Freiheitsstrafe *zur Einwirkung auf den Täter*[585] oder *zur Verteidigung der Rechtsordnung*[586] unerläßlich machen".[587] Die Vollstreckung einer Freiheitsstrafe bis zu einem Jahr ist gemäß § 56 Abs. 1 StGB zur Bewährung auszusetzen, „wenn zu erwarten ist, *daß der Verurteilte sich schon die Verurteilung zur Warnung dienen lassen und künftig auch ohne die Einwirkung des Strafvollzugs keine Straftaten mehr begehen wird.*"[588]

Diese nur beispielhafte Darstellung zeigt, daß das StGB sowohl repressive als auch präventive Aspekte als Anknüpfungspunkte für die konkrete Strafbemessung vorsieht.

Um die Frage nach der Zulässigkeit und nach den Grenzen der Privatisierung des Strafvollzuges beantworten zu können, reicht freilich eine Beschäftigung mit den Strafzwecken allein nicht aus. Im Zusammenhang mit den Zielen des staatlichen Strafens sind die Zwecke des Vollzugs einer verhängten Strafe zu untersuchen.

c) Die Strafvollzugszwecke

Einerseits müssen die Strafvollzugszwecke mit den Zielen des staatlichen Strafens vereinbar sein – erst der Vollzug einer gerichtlich verhängten Strafe führt zu ihrer praktischen Wirksamkeit –, andererseits müssen sich auch nicht alle Strafzwecke im Vollzug selbständig fortentwickeln. Manchem Strafzweck kann genügend gedient sein, wenn die Strafe nur überhaupt vollstreckt wird, auch wenn sich die Gestaltung des Vollzuges nicht mehr an ihm orientiert. Der Strafzweck wird dann im Vollzug lediglich mitreflektiert.[589]

---

585 Hier sind spezialpräventive Gesichtspunkte angesprochen; vgl. auch *Tröndle/Fischer*, Strafgesetzbuch, 54. Aufl. 2007, § 46 Rn. 7 f.; *Stree*, in: Schönke/Schröder, Strafgesetzbuch, Kommentar, 27. Aufl. 2006, § 47 Rn. 11.

586 Die Verteidigung der Rechtsordnung bezeichnet einen generalpräventiven Aspekt, vgl. auch *Tröndle/Fischer*, Strafgesetzbuch, 54. Aufl. 2007, § 47 Rn. 7 ff.; *Stree*, in: Schönke/Schröder, Strafgesetzbuch, Kommentar, 27. Aufl. 2006, § 46 Rn. 19 ff. und § 47 Rn. 14.

587 Hervorhebungen duch den Verfasser.

588 Auch hier werden für die Sozialprognose spezialpräventive Kriterien herangezogen, vgl. auch *Tröndle/Fischer*, Strafgesetzbuch, 54. Aufl. 2007, § 56 Rn. 3; *Stree*, in: Schönke/Schröder, Strafgesetzbuch, Kommentar, 27. Aufl. 2006, § 56 Rn. 1,3,14 ff.

589 Vgl. *Calliess/Müller-Dietz*, Strafvollzugsgesetz, 10. Aufl. 2005, § 2 Rn. 10; *Schöch*, in: Kaiser/Schöch, Strafvollzug, 5. Aufl. 2002, § 6 Rn. 10; *Böhm*, Strafvollzug, 3. Aufl. 2003, Rn. 22.

Da für die Sicherungsverwahrung und für die Unterbringung in einem psychiatrischen Krankenhaus oder einer Entziehungsanstalt Sonderregeln vorgesehen sind, sollen diese beiden Varianten zunächst außer Betracht bleiben.

aa) Das Vollzugsziel des § 2 S. 1 StVollzG

§ 2 S. 1 StVollzG legt als (einziges) legaldefiniertes Vollzugsziel die Resozialisierung des Straftäters fest.[590] Der Gefangene soll nach dieser Vorschrift im Vollzug der Freiheitsstrafe „fähig werden, künftig in sozialer Verantwortung ein Leben ohne Straftaten zu führen". Durch die besondere Betonung des Vollzugsziels sollen das rechtsethische Programm des StVollzG festgeschrieben und ein für eine effiziente Resozialisierungsbetreuung der Gefangenen erforderlicher Personal- und Sachmittelbestand garantiert werden.[591] Das Vollzugsziel findet in Art. 1 Abs. 1 in Verbindung mit Art. 2 Abs. 1 GG seine verfassungsrechtliche Grundlage.[592]

---

590 Das durch die Änderungen im bundesstaatlichen Kompetenzgefüge durch die Föderalismusreform möglich gewordene bayerische Strafvollzugsgesetz sieht im Hinblick auf die Vollzugsziele eine andere Gewichtung vor. Art. 2 BayStVollzG lautet: „Der Vollzug der Freiheitsstrafe dient dem Schutz der Allgemeinheit vor weiteren Straftaten. Er soll die Gefangenen befähigen, künftig in sozialer Verantwortung ein Leben ohne Straftaten zu führen (Behandlungsauftrag)." Damit wird dem Sicherungsziel ein höherer Stellenwert beigemessen, als dies nach der bundesgesetzlichen Regelung der Fall ist. An erster Stelle ist nicht wie bei § 2 S. 1 StVollzG die Resozialisierung als einziges Vollzugsziel definiert. Statt dessen beginnt die Beschreibung der Vollzugsaufgaben nach Art. 2 S. 1 BayStVollzG mit dem Sicherungsauftrag gegenüber der Allgemeinheit. Erst an zweiter Stelle wird das Resozialisierungsziel aufgegriffen. Damit wird der Strafzweck der negativen Spezialprävention in den Vordergrund gerückt. Mit dem Gesetz soll der Schutz der Allgemeinheit der Resozialisierung nicht mehr nur nachgeordnet, sondern gleichgeordnet werden.
Aber auch im Hinblick auf das Resozialisierungsziel sollten Neuerungen eingeführt werden: Um die Rückfallquote nach der Haftentlassung zu senken, wurde nun die sozialtherapeutische Behandlung von Straftätern ausgeweitet, vgl. Art. 11 BayStVollzG und die Anmerkungen der Bayerischen Staatsregierung zu ihrem Entwurf des BayStVollzG auf S. 1 ff. und 52 f. (abrufbar unter http://www.bayern.landtag.de/ElanTextAblage_WP15/Drucksachen/Basisdrucksachen/0000004500/0000004564.pdf, zuletzt abgerufen am 27.12.2007).

591 *Schöch*, in: Kaiser/Schöch, Strafvollzug, 5. Aufl. 2002, § 6 Rn. 11; *Calliess*, Strafvollzugsrecht, 3. Aufl. 1992, S. 22; *Laubenthal*, Strafvollzug, 4. Aufl. 2006, Rn. 145, 157.

592 BVerfGE 35, 202, 235 f.; 45, 187, 239; 98, 169, 200. Vgl. auch *Feest/Lesting*, in: Feest, StVollzG, 5. Aufl. 2006, § 2 Rn. 9; *Calliess/Müller-Dietz*, Strafvollzugsgesetz, 10. Aufl. 2005, § 2 Rn. 6, 13.

Daß das StVollzG den Begriff der Resozialisierung selbst nur zurückhaltend gebraucht, rührt daher, daß genau genommen viele Straftäter gar nicht resozialisiert werden können, sondern einer (Erst-)Sozialisation bedürfen.[593] Vom Vollzugsziel sind beide Formen erfaßt. Es geht um die Besserung und Erziehung des Täters, damit dieser fortan ein gesellschaftlich integriertes Leben führen kann. In der Rechtspraxis wird dennoch überwiegend der das Vollzugsziel vereinfachend kennzeichnende Begriff der Resozialisierung verwendet.[594]

bb) Der Schutz der Allgemeinheit gemäß § 2 S. 2 StVollzG

Als zweite, durch die systematische Stellung dem Vollzugsziel nachgeordnete Aufgabe hat der Strafvollzug gemäß § 2 S. 2 StVollzG den Schutz der Allgemeinheit vor weiteren Straftaten des Gefangenen im Blick. Da schon das Vollzugsziel darauf ausgerichtet ist, daß der Straftäter nach seiner Entlassung ein Leben ohne die Begehung erneuter Straftaten führen wird, kann sich der Schutzauftrag des § 2 S. 2 StVollzG sinnvollerweise nur auf die Zeit während des Vollzugs beziehen.[595] Nach seiner Entlassung soll der ehemalige Gefangene soweit resozialisiert sein, daß von ihm keine Gefahren für die Allgemeinheit mehr ausgehen. Für die Zeit des Vollzuges soll die Gesellschaft vor weiteren Straftaten des Gefangenen geschützt werden, indem dieser von ihr getrennt wird.

Diesem Sicherungsauftrag kann eine das Vollzugsziel beschränkende Wirkung zukommen.[596] Resozialisierende Behandlungsmaßnahmen, die aus Sicherheitsgründen nicht verantwortet werden können, haben zu unterbleiben. Dem allgemein gehaltenen § 2 S. 2 StVollzG kommt aber nur eine Auffangfunktion zu.[597] An einigen Stellen des StVollzG sind bestimmten Vollzugsmaßnahmen ausdrücklich Schranken gezogen, wenn ein Mißbrauch dieser Maßnahmen zur

---

593 *Schöch*, in: Kaiser/Schöch, Strafvollzug, 5. Aufl. 2002, § 6 Rn. 12; vgl. auch *Böhm*, Strafvollzug, 3. Aufl. 2003, Rn. 18; *Laubenthal*, Strafvollzug, 4. Aufl. 2006, Rn. 139 f.

594 So auch die Terminologie des Bundesverfassungsgerichts, vgl. BVerfGE 28, 264, 278; 32, 98, 109; 35, 202, 235; 45, 187, 258; 64, 261, 271. Vgl. auch *Schöch*, in: Kaiser/Schöch, Strafvollzug, 5. Aufl. 2002, § 6 Rn. 12; *Cornel*, ZfStrVo 2007, Übersichtskarten Strafvollzug von A-Z, zu Resozialisierung.

595 *Böhm*, in: Schwind/Böhm, Strafvollzugsgesetz, 2. Aufl. 1991, § 2 Rn. 16; *ders.*, Strafvollzug, 3. Aufl. 2003, Rn. 20; *Feest/Lesting*, in: Feest, StVollzG, 5. Aufl. 2006, § 2 Rn. 14; *Schöch*, in: Kaiser/Schöch, Strafvollzug, 5. Aufl. 2002, § 6 Rn. 22.

596 *Schöch*, in: Kaiser/Schöch, Strafvollzug, 5. Aufl. 2002, § 6 Rn. 25 ff.

597 *Schöch*, in: Kaiser/Schöch, Strafvollzug, 5. Aufl. 2002, § 6 Rn. 25, spricht von einer „ultima ratio Klausel bei Straftatenrisiko“. Vgl. auch *Laubenthal*, Strafvollzug, 4. Aufl. 2006, Rn. 175.

Begehung neuer Straftaten zu befürchten ist. Beispielsweise kommt eine Unterbringung im offenen Vollzug gemäß § 10 Abs. 1 StVollzG nur in Betracht, wenn kein Grund zur Sorge besteht, daß der Gefangene „die Möglichkeiten des offenen Vollzuges zu Straftaten mißbrauchen werde".[598] Auch Vollzugslockerungen darf gemäß § 11 Abs. 2 StVollzG keine Mißbrauchsgefahr entgegenstehen. Für die Frage der Urlaubsgewährung gelten nach § 13 Abs. 1 S. 2 in Verbindung mit § 11 Abs. 2 StVollzG die gleichen Grundsätze.

cc) Die spezialpräventive Prägung des Strafvollzugs

Es fällt auf, daß das StVollzG ausschließlich spezialpräventive Vollzugszwecke im Blick hat.[599] Das Vollzugsziel des § 2 S. 1 StVollzG ist auf eine positive Spezialprävention ausgerichtet; der Schutzauftrag des § 2 S. 2 StVollzG wirkt negativ spezialpräventiv.[600] Spezialpräventive Kriterien bei der Gestaltung des Vollzuges sind mit den allgemeinen Strafzwecken vereinbar, da sie sogar schon in die Bemessung der zu verhängenden Strafe miteinfließen, auch wenn die Strafzumessung hauptsächlich am Gedanken des Schuldausgleichs orientiert ist.

Der Strafvollzug muß hingegen frei von schuldvergeltenden oder auch generalpräventiven Gesichtspunkten gestaltet werden.[601] Diese Beschränkung ist im Hinblick auf die Abschaffung der Differenzierung zwischen Zuchthaus, Gefängnis, Einschließung und Haft durch die Einführung der Einheits-Freiheitsstrafe im StGB[602] nur konsequent.[603] Besonders schwere Straftaten werden nicht mehr durch besonders harte Bedingungen im Rahmen des Vollzuges (zusätzlich) be-

---

598 Nach dem BayStVollzG sollen Gefangene grundsätzlich im geschlossenen Vollzug untergebracht werden, vgl. Art. 12 Abs. 1 BayStVollzG. Die Bayerische Justizministerin *Merk* erklärte zur Neufassung des Gesetzes: „Unser neues Gesetz schreibt vor, daß Gefangene zunächst im geschlossenen Vollzug unterzubringen sind. Erst wenn sie sich über eine längere Zeit im geschlossenen Vollzug bewährt haben, kommt eine Unterbringung im offenen Vollzug in Frage." (Pressemitteilung der Bayerischen Staatskanzlei, S. 3, abrufbar unter http://text.bayern.de/imperia/md/content/stk/mrat/2007/070320_ministerrat.pdf, zuletzt abgerufen am 28.08.2007).

599 Insoweit ergeben sich auch für das BayStVollzG keine Änderungen.

600 Vgl. auch *Böhm*, Strafvollzug, 3. Aufl. 2003, Rn. 16 und 20; *Böhm*, in: Schwind/Böhm, Strafvollzugsgesetz, 2. Aufl. 1991, § 2 Rn. 5.

601 So ebenfalls *Schöch*, in: Kaiser/Schöch, Strafvollzug, 5. Aufl. 2002, § 6 Rn. 39; *Feest/Lesting*, in: Feest, StVollzG, 5. Aufl. 2006, § 2 Rn. 3; *Calliess/Müller-Dietz*, Strafvollzugsgesetz, 10. Aufl. 2005, § 2 Rn. 8; *ders.*, Strafvollzugsrecht, 3. Aufl. 1992, S. 21, 28.

602 Vgl. *Stree*, in: Schönke/Schröder, Strafgesetzbuch, Kommentar, 27. Aufl. 2006, Vor § 38 Rn. 26.

603 So auch *Calliess/Müller-Dietz*, Strafvollzugsgesetz, 10. Aufl. 2005, § 2 Rn. 11; *Calliess*, Strafvollzugsrecht, 3. Aufl. 1992, S. 21 f.

straft, sondern spiegeln sich in der Länge der Freiheitsstrafe oder in der Anzahl der Tagessätze bei der Geldstrafe wider.

Das schuldausgleichende Strafübel liegt vielmehr schon im Freiheitsentzug als solchem unter den belastenden Bedingungen des Anstaltsaufenthalts.[604] Dieser – insbesondere auch dessen Länge – ist in den Strafzwecken, wie sie im StGB zum Ausdruck kommen, gerechtfertigt. Die anläßlich dieses Strafübels des Freiheitsentzugs erreichbaren, über diesen aber hinausgehenden Zwecke beschreibt § 2 StVollzG abschließend. An der Schwere der Schuld oder an generalpräventiven Kriterien orientierte Differenzierungen dürfen für sich im Gefangenenstatus befindende Straftäter nach geltendem Recht nicht mehr vorgenommen werden.[605] In der Art der Vollziehung einer Freiheitsstrafe ist dem Gefangenen also kein zusätzliches, über den Freiheitsentzug als solchen hinausgehendes Übel mehr zuzufügen.[606] Schuldausgleich und Generalprävention werden im Strafvollzug im Rahmen der gesetzlichen Regelungen lediglich mitreflektiert, weil es ohne zugrundeliegende Strafe keinen Vollzug gäbe und dieser sich am gerichtlich vorgegebenen Maß der Haftdauer ausrichten muß.[607]

dd) Die Vollzugsziele der Sicherungsverwahrung

§ 2 StVollzG bezieht sich nur auf den Vollzug von Freiheitsstrafen. In Justizvollzugsanstalten werden gemäß § 139 StVollzG aber auch die freiheitsentziehenden Maßregeln der Sicherungsverwahrung vollzogen. Da die Unterbringung in einem psychiatrischen Krankenhaus eben in einem Krankenhaus und nicht in einer Justizvollzugsanstalt durchzuführen ist, soll auf sie hier nicht näher eingegangen werden.

Auch im Rahmen dieser Maßregel ist grundsätzlich zwischen den Zwecken ihrer gerichtlichen Anordnung, also des Instituts der Sicherungsverwahrung an sich, und denen ihres Vollzuges zu unterscheiden. Nur verlaufen hier beide Zielrichtungen parallel. Die Anordnung der Sicherungsverwahrung nach §§ 66 ff.

---

604 *Böhm*, in: Schwind/Böhm, Strafvollzugsgesetz, 2. Aufl. 1991, § 2 Rn. 4; *ders.*, Strafvollzug, 3. Aufl. 2003, Rn. 22 und 24; *Feest/Lesting*, in: Feest, StVollzG, 5. Aufl. 2006, § 2 Rn. 1 f.

605 *Böhm*, in: Schwind/Böhm, Strafvollzugsgesetz, 2. Aufl. 1991, § 2 Rn. 4 f.; *ders.*, Strafvollzug, 3. Aufl. 2003, Rn. 24; *Calliess/Müller-Dietz*, Strafvollzugsgesetz, 10. Aufl. 2005, § 2 Rn. 8 f., 11; *ders.*, Strafvollzugsrecht, 3. Aufl. 1992, S. 21, 28, 32 f.

606 *Calliess/Müller-Dietz*, Strafvollzugsgesetz, 10. Aufl. 2005, § 2 Rn. 1 a.E., 11; *Feest/Lesting*, in: Feest, StVollzG, 5. Aufl. 2006, § 2 Rn. 1.

607 *Böhm*, Strafvollzug, 3. Aufl. 2003, Rn. 22 und 24; *Schöch*, in: Kaiser/Schöch, Strafvollzug, 5. Aufl. 2002, § 6 Rn. 10; *Calliess/Müller-Dietz*, Strafvollzugsgesetz, 10. Aufl. 2005, § 2 Rn. 10; *ders.*, Strafvollzugsrecht, 3. Aufl. 1992, S. 32.

StGB dient nicht dem Schuldausgleich.[608] Die schuldhaft begangene Tat soll schon durch die verhängte Strafe abgegolten werden. Soweit der durch das Maß der Schuld bestimmte Strafrahmen nicht ausreicht, um dem Sicherungsbedürfnis der Allgemeinheit gerecht zu werden, ermöglichen die §§ 66 ff. StGB die Anordnung der Sicherungsverwahrung in einer Justizvollzugsanstalt.[609] Diese rechtfertigt sich aus dem Sicherungsbedürfnis der staatlichen Gemeinschaft.[610]

Damit wird die Anordnung dieser Maßregel von spezialpräventiven Kriterien bestimmt. Der Schutz der Allgemeinheit steht hier schon bei der gerichtlichen Anordnung im Vordergrund.[611] Die Gesellschaft soll durch die räumliche Trennung eines Straftäters vor weiteren Rechtsgutsverletzungen durch ihn bewahrt werden.

Dieses Ziel wird ebenfalls im StVollzG als primäres Unterbringungsziel genannt. § 129 StVollzG[612] stellt zuerst auf den Schutz der Allgemeinheit ab.[613] Auch der Vollzug orientiert sich also hauptsächlich an negativ-spezialpräventiven Kriterien. Erst in § 129 S. 2 StVollzG folgt ein Resozialisierungsauftrag. Das aus § 2 StVollzG bekannte Rangverhältnis wird hier gerade auf den Kopf gestellt. Dennoch müssen auch dem in der Sicherungsverwahrung Untergebrachten resozialisierende Behandlungen offenstehen, damit diesem der Weg

---

608 *Stree*, in: Schönke/Schröder, Strafgesetzbuch, Kommentar, 27. Aufl. 2006, Vor §§ 38 ff. Rn. 5 und Vor §§ 61 ff. Rn. 1; *Tröndle/Fischer*, Strafgesetzbuch, 54. Aufl. 2007, Vor § 61 Rn. 1 und § 66 Rn. 2.

609 *Stree*, in: Schönke/Schröder, Strafgesetzbuch, Kommentar, 27. Aufl. 2006, Vor §§ 38 ff. Rn. 5 und Vor §§ 61 ff. Rn. 1; *Tröndle/Fischer*, Strafgesetzbuch, 54. Aufl. 2007, Vor § 61 Rn. 1 und § 66 Rn. 2; *Kaiser*, in: Kaiser/Schöch, Strafvollzug, 5. Aufl. 2002, § 10 Rn. 68 f.

610 *Stree*, in: Schönke/Schröder, Strafgesetzbuch, Kommentar, 27. Aufl. 2006, Vor §§ 61 ff. Rn. 2; *Kaiser*, in: Kaiser/Schöch, Strafvollzug, 5. Aufl. 2002, § 10 Rn. 68.

611 *Kaiser*, in: Kaiser/Schöch, Strafvollzug, 5. Aufl. 2002, § 10 Rn. 68; *Böhm*, Strafvollzug, 3. Aufl. 2003, Rn. 425.

612 Für Bayern wird das Ziel der Unterbringung in der Sicherungsverwahrung in Art. 159 BayStVollzG geregelt: „Sicherungsverwahrte werden zum Schutz der Allgemeinheit sicher untergebracht. Ihnen soll geholfen werden, sich in das Leben in Freiheit einzugliedern." Insoweit ergeben sich im Vergleich zu § 129 StVollzG keine Abweichungen. Nach beiden Normen steht der Sicherungsauftrag an erster Stelle und beide Male wird in Satz 2 das Resozialisierungsziel niedergelegt. Da nach dem BayStVollzG aber auch schon in Art. 2 BayStVollzG der Schutz der Allgemeinheit an erster Stelle genannt wird, ist fraglich, ob es hinsichtlich der Sicherheit der Allgemeinheit der Formulierung eines eigenen Unterbringungsziels der Sicherungsverwahrung überhaupt noch bedurft hätte.

613 Vgl. dazu auch *Böhm*, Strafvollzug, 3. Aufl. 2003, Rn. 426; *Kaiser*, in: Kaiser/Schöch, Strafvollzug, 5. Aufl. 2002, § 10 Rn. 68; *Calliess*, Strafvollzugsrecht, 3. Aufl. 1992, S. 22.

in ein sozial verantwortliches Leben in Freiheit nicht von vornherein verschlossen bleibt.[614]

ee) Zusammenfassung

Zusammenfassend kann man festhalten, daß es im Strafvollzug inklusive des Vollzugs der Sicherungsverwahrung nicht (mehr) um den Ausgleich von Schuld oder um Generalprävention geht. Ist für einen (ehemaligen) Straftäter erst einmal der Status als Gefangener begründet worden, so kommt es im Vollzug unmittelbar nur auf spezialpräventive Kriterien an. Der Vollzug einer Freiheitsstrafe dient in erster Linie der Resozialisierung des Täters, nebenbei auch der Sicherung der Allgemeinheit für die Zeit der Strafverbüßung. Die Unterbringung in Sicherungsverwahrung will primär den gefährlichen Mitbürger von der restlichen Gesellschaft separieren, damit diese vor ihm sicher sein kann. Im Rahmen dieser Sicherung soll dem Gefangenen geholfen werden, sich im Hinblick auf ein zukünftiges Leben in Freiheit sozial zu integrieren. Beide Male geht es um sowohl positiv- als auch negativ-spezialpräventive Ziele.

2. Einordnung in die Systematik der Staatszwecke

Die mit dem Strafvollzug verfolgten Ziele der Spezialprävention lassen sich auf die eingangs erläuterten Staatszwecke[615] zurückführen und in die sich aus ihnen ergebenden Staatsaufgaben einordnen. Am einfachsten kann dies anhand der negativen Spezialprävention erklärt werden. Doch auch über die positive Spezialprävention kommt man zum gleichen Ergebnis.

a) Zur negativen Spezialprävention

aa) Der Strafvollzug als Teilaspekt der inneren Sicherheit

Da der Strafvollzug (unter anderem) negativ spezialpräventiv geprägt ist, trägt er zur Verwirklichung der Staatsaufgabe der inneren Sicherheit bei. Die Gesellschaft wird durch den Vollzug einer Freiheitsstrafe oder einer Sicherungsverwahrung vor einem Straftäter bzw. vor weiteren Rechtsgutsverletzungen durch ihn geschützt. Eben dieses Ziel hat auch die Staatsaufgabe der inneren Sicherheit

---

614 So auch BVerfGE 109, 133, 151; *Feest/Lesting*, in: Feest, StVollzG, 5. Aufl. 2006, § 129 Rn. 4 f.

615 Zu den Staatszwecken siehe oben Teil 1 A)II.4.b), S. 44 ff.

im Blick. Der Staat als verfaßte „Friedens- und Ordnungsmacht"[616] soll die gesellschaftlichen Strukturen ordnen und den Bürgern Sicherheit voreinander garantieren, indem er gegenseitigen Übergriffen vorbeugt. Genau dem – wenn auch nicht ausschließlich – ist der Strafvollzug verpflichtet. In *Isensees* Bild von der „Stufenpyramide"[617] der Staatszwecke könnte der Strafvollzug als Teil der Staatsaufgabe der inneren Sicherheit somit als ein Stein der ersten Stufe, der Basis des ganzen Staatskonstrukts eingezeichnet werden.

bb) Der Strafvollzug als staatliche Pflichtaufgabe

Als Teilbereich der Staatsaufgabe der inneren Sicherheit ist der Strafvollzug sogar eine staatliche Pflichtaufgabe. Nach der Grundidee der Lehre zu den relativen Staatszwecken kann es aufgrund der Notwendigkeit, die Staatszwecke den sich ständig wandelnden Lebensverhältnissen anzupassen, schwerlich einen abschließenden, für alle Zeiten feststehenden und über jede Politik erhabenen Kanon obligatorischer Staatsaufgaben geben.[618] Dementsprechend läßt sich lediglich eine Aussage bezüglich eines Minimums der zwingend vom Staat zu übernehmenden Aufgaben treffen. Die Untergrenze liegt in der Legitimation der staatlichen Organisation. Die Aufgaben also, deren Erfüllung den Staat als solchen rechtfertigt, stellen notwendige Staatsaufgaben dar.[619] Die Herstellung beziehungsweise die Aufrechterhaltung der inneren Sicherheit und des Friedens unter den Bürgern notfalls mit den Mitteln staatlichen Zwangs bestimmen gerade den primären Auftrag des Staates. Aus diesem Gedanken heraus sind die heutigen Staatsstrukturen entstanden und sie werden immer noch von ihm getragen.[620] Als Teilaspekt der inneren Sicherheit zählt der Strafvollzug folglich zu den staatlichen Pflichtaufgaben und ist von daher dem Grunde nach verfassungsrechtlich abgesichert.

(1) Die Staatsaufgabe des Strafvollzugs und das staatliche Gewaltmonopol

Insbesondere läßt sich dieses Ergebnis auch aus dem staatlichen Gewaltmonopol ableiten. Das Gewaltmonopol des Staates verleiht der Staatsgewalt die nötige Durchsetzungskraft, ihre sicherheit- und friedenstiftende Ordnungsidee in der

---

616 BVerfGE 49, 24, 56 f.

617 *Isensee*, Staat und Verfassung, in: Isensee/Kirchhof, HStR, Bd. II, 3. Aufl. 2004, § 15 Rn. 118; *ders.*, Das Grundrecht auf Sicherheit, 1983, S. 17 f.; *ders.*, JZ 1999, 271. Vgl. dazu Teil 1 A)II.4.b)dd), S. 52 ff.

618 Vgl. dazu Teil 1 A)II.4.b), S. 44 ff.

619 Vgl. dazu Teil 1 A)II.4.b)cc), S. 49 ff.

620 Vgl. dazu Teil 1 A)II.3., S. 35 ff.

Gemeinschaft zu verwirklichen.[621] Um sich in der Pluralität wettstreitender Interessen behaupten zu können, muß der Staat in der Lage sein, bürgerlichen Gehorsam gegenüber den von ihm gesetzten Handlungsgeboten und -verboten notfalls mittels physischen Zwangs einzufordern. Mitgliedern der Gesellschaft ist es hingegen verboten, zur Verfolgung ihrer Rechte oder zur Durchsetzung ihrer privaten Interessen auf gewaltsame Methoden zurückzugreifen.

Nun ist gerade der Strafvollzug ein Paradebeispiel für die tägliche Anwendung physischen Zwangs auf private Rechtssubjekte. Die Gefangenen verbüßen Freiheitsstrafen oder sind in Sicherungsverwahrung untergebracht. Sie dürfen und können – darauf kommt es bezüglich der negativen Spezialprävention letztlich an – die Justizvollzugsanstalt nicht nach eigenem Wunsch verlassen.[622] Sollten sie dennoch versuchen, den Gefängnismauern zu entfliehen, sieht das StVollzG vielerlei Reaktionsmaßnahmen vor: Gemäß § 87 StVollzG kann ein entwichener Gefangener festgenommen und in die Anstalt zurückgebracht werden. Zur Durchführung von Vollzugs- und Sicherungsmaßnahmen darf von den Bediensteten der Justizvollzugsanstalten nach §§ 94 ff. StVollzG unmittelbarer Zwang bis hin zum Schußwaffengebrauch als ultima ratio angewendet werden. Aber auch das „bloße" Eingesperrtsein stellt schon Zwang im Sinne des Gewaltmonopols dar. Dadurch, daß der Gefangene hinter verschlossenen Türen untergebracht ist, ist er physisch gehindert, sich frei zu bewegen. Er wird unüberwindbarem Zwang ausgesetzt und muß in seiner Zelle oder zumindest in der Anstalt verweilen.[623]

---

621 Vgl. dazu Teil 1 A)III., S. 56 ff., und B), S. 70 ff.

622 Dies betrifft den Strafvollzug auch unabhängig von seinen eigens normierten Aufgaben der positiven bzw. negativen Spezialprävention. Betrachtet man die Verbüßung einer Freiheitsstrafe ohne weitergehende Vollzugszwecke als bloße Vollstreckung (zur begrifflichen Unterscheidung zwischen der Vollstreckung einer Freiheitsstrafe und deren Vollzug *Calliess*, Strafvollzugsrecht, 3. Aufl. 1992, S. 8 f.; *Feest/Lesting*, in: Feest, StVollzG, 5. Aufl. 2006, § 2 Rn. 2) der gerichtlich angeordneten Strafe, lediglich als deren Reflex (so *Calliess/Müller-Dietz*, Strafvollzugsgesetz, 10. Aufl. 2005, § 2 Rn. 10; *Schöch*, in: Kaiser/Schöch, Strafvollzug, 5. Aufl. 2002, § 6 Rn. 10), so gilt bezüglich der Ausführungen zum Gewaltmonopol dasselbe. Wenn ein Straftäter zu einer Freiheitsstrafe verurteilt wird, bedeutet dies, daß er (auch gegen seinen Willen) in einer Haftanstalt verwahrt werden muß – egal welche Ziele über diesen reinen Vollstreckungszweck hinaus mit der Vollziehung verfolgt werden.

623 *Hoffmann-Riem*, JZ 1999, 428, sieht im Strafvollzug „eine der engsten hoheitlichen Zwangsbeziehungen, die der Rechtsstaat kennt." Ähnlich auch *Flügge*, ZfStrVo 2000, 261; *Merk*, ZfStrVo 2007, 198.

So muß schon aus der Sicht der Gefangenen der Strafvollzug als notwendig staatliche Aufgabe geführt werden.[624] Das staatliche Gewaltmonopol verbietet im Grundsatz jegliche zivile Gewalt. Entledigte sich der Staat der Aufgabe des Strafvollzugs und vertraute er diese der Gesellschaft an, lieferte er bewußt Private privater Gewalt aus.[625] Dies widerspräche dem Grundsatz des staatlichen Gewaltmonopols, nach dem – wenn überhaupt – nur der Staat zum Gebrauch physischen Zwangs berechtigt sein kann.

Aber auch aus der Perspektive der Gesellschaft konstituiert das Gewaltmonopol eine *staatliche Pflicht*, einen sicheren Strafvollzug zu gewährleisten. Da es Mitgliedern der Gesellschaft grundsätzlich verwehrt ist, selbst aus negativ-spezialpräventiven Gründen an Straftätern Hand anzulegen, *muß* der Staat dieser Aufgabe effektiv nachkommen, um seinem eigenen Legitimationsauftrag zu genügen.

(2) Private Notrechte als Ausnahmen vom staatlichen Gewaltmonopol

Etwas anderes könnte nur gelten, wenn es für den Bereich des Strafvollzugs eine normierte Ausnahme vom Grundsatz des staatlichen Gewaltmonopols in der Form der privaten Notrechte gäbe.

In diese Richtung geht auch *Burgis* Schluß „von der Mittel- auf die Aufgabenebene".[626] Er legt dar, „daß Aufgaben, die aller Voraussicht nach erfolgreich nur unter Einsatz physischer Gewalt erledigt werden können (gewaltgeneigte Aufgaben) nur dann privatisierbar sind, wenn entweder der private Träger mit den erforderlichen Gewaltbefugnissen beliehen wird oder wenn ihm (als Verwaltungshelfer oder nach Aufgabenprivatisierung) die erforderlichen Gewaltermächtigungen der Jedermann-Vorschriften zur Verfügung stehen."

Für die Beantwortung der vorliegend gestellten Frage der Privatisierbarkeit der Aufgabe des Strafvollzugs hilft dieser Schluß nur teilweise weiter, weil nicht auf den Unterschied zwischen der Privatisierung der Aufgabe und anderen Privatisierungsformen eingegangen wird. Reduziert man den Satz auf die hier behandelte Problematik, muß man nur die Variante der Beleihung weglassen. Denn die Rechtsfigur der Beleihung setzt immer eine bestehende Staatsaufgabe vor-

624 Zu den Pflichten aus dem staatlichen Gewaltmonopol siehe allgemein Teil 1 B)I.2., S. 73 ff.

625 *Bernsmann*, Privatisierung der Justiz? – Ein Fallbeispiel, in: Schriftenreihe der Strafverteidigervereinigungen, 1999, stellt im Hinblick auf die Aufgabe der Straftataufklärung auf S. 158 fest: „Es geht (...) darum, was der Bürger konkret dulden muß. Dazu gehören private Eingriffe in rechtlich geschützte Sphären aber nicht."

626 *Burgi*, Privatisierung, in: Isensee/Kirchhof, HStR, Bd. IV, 3. Aufl. 2006, § 75 Rn. 20.

aus, in deren Rahmen dann private Rechtssubjekte mit Hoheitsgewalt ausgestattet – „beliehen" – werden, um Verwaltungskompetenzen in eigenem Namen ausüben zu können.[627] Ob die Aufgabe des Strafvollzugs aber insgesamt privatisierbar ist, gilt es jetzt zunächst zu beantworten. Bezogen auf das Thema der Aufgabenprivatisierung lautet der Satz also: Aufgaben, die aller Voraussicht nach erfolgreich nur unter Einsatz physischer Gewalt erledigt werden können, sind nur dann privatisierbar, wenn privaten Trägern die erforderlichen Gewaltermächtigungen der Jedermann-Vorschriften zur Verfügung stehen.

Zu untersuchen bleibt schließlich noch, ob die derzeit existierenden privaten Notrechte als Ausnahmen vom staatlichen Gewaltmonopol so weit gehen oder ob durch Gesetzesänderungen ein entsprechender Zustand herbeigeführt werden könnte, daß die Aufgabe des Strafvollzugs in die Hände der Gesellschaft gelegt werden könnte.[628] Angenommen, die Gesellschaft wäre fähig, ein effizientes Strafvollzugswesen mit eigenen Mitteln umzusetzen, wäre eine Privatisierung denkbar.[629]

(a) Das geltende Recht

Fraglich ist, ob die gesetzlich normierten Gewaltgestattungsvorschriften zur Durchführung eines privaten Strafvollzugs herangezogen werden könnten. Dafür wäre eine Vorschrift erforderlich, die es Privaten erlaubt, andere Privatrechtssubjekte zum Zwecke des Vollzugs einer gerichtlich angeordneten Freiheitsstrafe einzusperren und in Störfällen, insbesondere bei einem Fluchtversuch, auch sonstigen unmittelbaren Zwang anzuwenden. In erster Linie kommen hierfür die Notrechte des StGB und der StPO in Betracht.

(aa) § 32 StGB

§ 32 StGB rechtfertigt privaten Gewalteinsatz, wenn dieser in einer Notwehrsituation erfolgt. Notwehr ist gemäß S. 2 dieser Vorschrift „die Verteidigung, die erforderlich ist, um einen gegenwärtigen rechtswidrigen Angriff von sich oder einem anderen abzuwenden." Voraussetzung für einen gerechtfertigten Gewalteinsatz wäre damit, daß auf den Gewaltausübenden – hier also auf einen privaten

---

627 *Burgi*, Verwaltungsorganisationsrecht, in: Erichsen/Ehlers, Allgemeines Verwaltungsrecht, 13. Aufl. 2006, § 9 Rn. 24; *ders.*, Privatisierung, in: Isensee/Kirchhof, HStR, Bd. IV, 3. Aufl. 2006, § 75 Rn. 29; *Detterbeck*, Allgemeines Verwaltungsrecht, 4. Aufl. 2006, Rn. 192 f.; *Maurer*, Allgemeines Verwaltungsrecht, 16. Aufl. 2006, § 23 Rn. 56; *Stober*, DÖV 2000, 269.

628 Zu den Ausnahmen vom staatlichen Gewaltmonopol vgl. Teil 1 B)IV., S. 111 f.

629 Siehe hierzu schon den zweiten Ansatzpunkt bei Teil 1 A)II.4.b)cc), S. 49 ff.

Strafvollzieher – ein Angriff verübt wird. Es mag zwar zuweilen vorkommen, daß Gefangene das Wachpersonal persönlich angreifen oder bedrohen. Das wäre aber kein spezifisch strafvollzugsrechtliches Problem. Außerdem rechtfertigte dies auch nur eine zeitlich begrenzte Maßnahme zur Abwehr der Gefahr und keine dauerhafte Verwahrung. Diese wäre nicht erforderlich.[630]

Von einem persönlichen Angriff kann hingegen bei einem bloßen Fluchtversuch oder bei einem störungsfrei verlaufenden Strafvollzug, bei dem der Gefangene durch das Einsperren jedoch ebenfalls physischer Gewalt ausgesetzt wird, nicht die Rede sein.

Daneben kommt noch der Tatbestand der Nothilfe („oder einem anderen“) in Betracht.

Zu denken wäre etwa an eine Nothilfe zugunsten der Opfer der Straftat, die dem Strafurteil zugrunde liegt. Gegen die Opfer wurde durch den Straftäter ein Angriff verübt. Dieser Angriff ist jedoch nicht mehr gegenwärtig. Durch eine Nothilfehandlung können nur unmittelbar bevorstehende oder andauernde Angriffe abgewehrt werden.[631] Die Straftat gegen die Opfer ist hingegen schon längst geschehen und sogar schon abgeurteilt worden. Außerdem können durch Nothilfe wieder nur momentane Gegenwehrmaßnahmen gerechtfertigt werden. Eine andauernde Verwahrung wäre nicht erforderlich.

Als zweite Möglichkeit einer Nothilfe-Konstruktion käme noch diejenige zugunsten des Staates in Betracht, wenn der Gefangene sich durch einen Fluchtversuch dem im Strafurteil festgestellten staatlichen Strafanspruch zu entziehen sucht – diese Variante betrifft wohlgemerkt aber wieder nur Störfälle und kann in keinem Fall das schlichte Einsperren durch einen Privatmann rechtfertigen. Dem ist allerdings zu entgegnen, daß die Rechtsordnung, insbesondere auch die materiellrechtlichen Strafnormen des StGB, als solche keine dem Notwehr- beziehungsweise Nothilferecht unterliegenden Rechtsgüter sind.[632] Die Notwehrfähigkeit staatlicher Rechtsgüter – von Fiskalvermögen einmal abgesehen – wird nur in absoluten Ausnahmefällen anerkannt, wenn es um den Bestand staatlicher Lebensinteressen geht und wenn der Staat nicht in der Lage ist, sich selbst zu

630 *Lenckner/Perron*, in: Schönke/Schröder, Strafgesetzbuch, Kommentar, 27. Aufl. 2006, § 32 Rn. 29 ff., insb. 41; *Roxin*, Strafrecht, Allgemeiner Teil, Bd. I, 3. Aufl. 1997, § 15 Rn. 50.

631 *Tröndle/Fischer*, Strafgesetzbuch, 54. Aufl. 2007, § 32 Rn. 8 ff.

632 BGH NJW 1975, 1161 f.; *Lenckner/Perron*, in: Schönke/Schröder, Strafgesetzbuch, Kommentar, 27. Aufl. 2006, § 32 Rn. 8; *Roxin*, Strafrecht, Allgemeiner Teil, Bd. I, 3. Aufl. 1997, § 15 Rn. 36, 39 f.

schützen.[633] *Lenckner/Perron* heben zu Recht hervor, daß es mit dem Sinn des staatlichen Gewaltmonopols unvereinbar wäre, wenn sich jeder Bürger als selbsternannter „Hilfspolizist" gestützt auf den Rechtfertigungsgrund der Nothilfe des § 32 StGB in den Dienst des Staates stellen dürfte.[634] Private Gewalt kann in einem Staat nämlich nur geduldet werden, wenn dieser, der sich aus der Aufgabe, für Frieden und Sicherheit zu sorgen, legitimiert, nicht rechtzeitig zugegen sein kann.[635] Der Staat darf solche Ausnahmefälle nicht zur Regel werden lassen, indem er sich absichtlich aus bestimmten Bereichen zurückzieht.

Auch führt der Gedanke, den Strafvollzug in die Hände der Opfer oder der Familien der Opfer zu legen anstatt ihn beliebigen Privaten anzuvertrauen, nicht weiter. Immerhin kann man sagen, daß es gegen die Opfer zumindest schon einmal einen persönlichen Angriff gegeben hat. Ungeachtet dessen, daß dies wohl der erste Schritt zurück in die Zeiten der Selbstjustiz wäre, wäre dieser Angriff nicht mehr aktuell. Sinn des Notwehrrechtes ist es, einen gegenwärtigen Angriff wirksam abwehren zu dürfen. Darum geht es nach der Aburteilung und beim Vollzug einer Strafe nicht mehr. Die jeweiligen strafbaren Handlungen sind dann schon beendet und für eine Notwehrhandlung zur Abwehr des Angriffes besteht kein Bedürfnis mehr.

§ 32 StGB kann also nicht als gesetzliche Grundlage eines privaten Strafvollzugs herangezogen werden.

(bb) §§ 34 f. StGB

Ähnlich verhält es sich mit dem rechtfertigenden bzw. dem entschuldigenden Notstand gemäß §§ 34 f. StGB. Für den schlichten Strafvollzug ohne Störfälle fehlt es schon an einer gegenwärtigen Gefahr. Von einer gegenwärtigen Gefahr kann erst bei einem Zustand gesprochen werden, in dem aufgrund tatsächlicher Umstände der Eintritt eines schädigenden Ereignisses sicher oder zumindest höchstwahrscheinlich bevorsteht.[636] Der Strafvollzug dient zwar auch der negativen Spezialprävention. Damit ist jedoch noch nicht gesagt, daß von jedem Gefangenen auch tatsächlich eine gegenwärtige Gefahr ausgeht oder ausgehen

633 *Lenckner/Perron*, in: Schönke/Schröder, Strafgesetzbuch, Kommentar, 27. Aufl. 2006, § 32 Rn. 6 f.; vgl. auch *Roxin*, Strafrecht, Allgemeiner Teil, Bd. I, 3. Aufl. 1997, § 16 Rn. 10.

634 *Lenckner/Perron*, in: Schönke/Schröder, Strafgesetzbuch, Kommentar, 27. Aufl. 2006, § 32 Rn. 7.

635 Vgl. oben Teil 1 B)IV., S. 111 f.

636 *Tröndle/Fischer*, Strafgesetzbuch, 54. Aufl. 2007, § 34 Rn. 3; *Lenckner/Perron*, in: Schönke/Schröder, Strafgesetzbuch, Kommentar, 27. Aufl. 2006, § 34 Rn. 12.

müßte, damit der Vollzug der Strafe rechtmäßig ist.[637] Außerdem könnten durch Notstandsmaßnahmen wieder nur momentane Gefahrabwendungsmaßnahmen gerechtfertigt oder entschuldigt werden, nicht hingegen ein dauerhafter Freiheitsentzug. Insofern wäre die vom Gefangenen ausgehende Gefahr „anders abwendbar".[638] Und in Bezug auf einen Fluchtversuch eines Gefangenen gilt das oben zur Notwehr Gesagte.[639] Nach einer Privatisierung der Aufgabe des Strafvollzugs wäre ein Einschreiten Privater nicht die Ausnahme, sondern die Regel.

(cc) § 127 StPO

Möglicherweise kann ein privater Strafvollzug aber aufgrund der Rechtfertigungsnorm des § 127 Abs. 1 StPO durchgeführt werden. Nach § 127 Abs. 1 StPO kann jedermann eine andere Privatperson vorläufig festnehmen, wenn diese auf frischer Tat betroffen oder verfolgt wird und wenn sie der Flucht verdächtig ist oder ihre Identität nicht sofort festgestellt werden kann. Für die Fälle, in denen ein Gefangener versucht, aus dem Gefängnis zu fliehen, scheint § 127 Abs. 1 StPO zumindest auf den ersten Blick eine passende Rechtsgrundlage dafür zu sein, den Flüchtigen mittels physischer Gewalt aufzuhalten. Bei genauerem Hinsehen zeigen sich jedoch gleich mehrere Mängel dieser Konstruktion:

Zum einen fehlt es schon an einer Straftat, bei der der Gefangene betroffen werden könnte. Die „bloße" Flucht aus dem Gefängnis ist nach geltendem Recht nicht strafbar.[640] Insbesondere liegt kein strafbarer „Widerstand gegen Vollstreckungsbeamte" gemäß § 113 StGB vor, da im Strafvollzug nach einer gedachten Aufgabenprivatisierung ja keine Amtsträger mehr tätig wären. Zudem stellt die Flucht keinen gewaltsamen Widerstand dar, wie das für eine Strafbarkeit nach § 113 StGB erforderlich wäre. Auch eine Strafbarkeit wegen Gefangenenbefreiung nach § 120 StGB kommt nicht in Betracht. Strafbar ist nach dieser Vorschrift nur, wer einem *anderen* Gefangenen zur Flucht verhilft.[641] Gewaltlose

---

637 Der Vollzug der Freiheitsstrafe ist nicht davon abhängig, daß von einem Gefangenen immer noch eine Gefahr ausgeht, vor der die Allgemeinheit zu schützen wäre. Die Freiheitsstrafe wird als Antwort auf eine schuldhafte Tat verhängt, vgl. *Böhm*, Strafvollzug, 3. Aufl. 2003, Rn. 22; *ders.*, in: Schwind/Böhm, Strafvollzugsgesetz, 2. Aufl. 1991, § 2 Rn. 2. Die negative Spezialprävention ist ein über den bloßen Vollzug hinausgehendes Anliegen.

638 *Tröndle/Fischer*, Strafgesetzbuch, 54. Aufl. 2007, § 34 Rn. 5; *Lenckner/Perron*, in: Schönke/Schröder, Strafgesetzbuch, Kommentar, 27. Aufl. 2006, § 34 Rn. 20; *Roxin*, Strafrecht, Allgemeiner Teil, Bd. I, 3. Aufl. 1997, § 16 Rn. 10 und 19.

639 Vgl. dazu auch *Lenckner/Perron*, in: Schönke/Schröder, Strafgesetzbuch, Kommentar, 27. Aufl. 2006, § 34 Rn. 10 f.

640 Vgl. auch *Laubenthal*, Strafvollzug, 4. Aufl. 2006, Rn. 259 b.

641 *Tröndle/Fischer*, Strafgesetzbuch, 54. Aufl. 2007, § 120 Rn. 9.

Selbstbefreiung ist hingegen straflos. Nur für den Sonderfall einer gemeinschaftlichen und gewaltsamen Flucht läge gemäß § 121 StGB die Straftat der Gefangenenmeuterei vor.

Zum anderen rechtfertigt § 127 StPO dem Wortlaut nach nur eine vorläufige Festnahme. Eine dauerhafte Verwahrung in einem privaten Gefängnis wird von § 127 Abs. 1 StPO nicht gedeckt.

Bei einem störungsfrei verlaufenden Strafvollzug liefert § 127 Abs. 1 StPO erst recht keine Grundlage zur Gewaltanwendung: Die Straftat, wegen der der Gefangene verurteilt wurde, stellt keine *frische* Tat mehr dar.

(dd) Zivilrechtliche Notrechte

Auch die zivilrechtlichen Notrechte (§§ 227 ff., 859, 904 BGB) führen zu keinem anderen Ergebnis. Insbesondere geht es bei der Frage der Privatisierbarkeit des Strafvollzugs nicht um die Beschädigung von Sachen oder die Verwirklichung zivilrechtlicher Ansprüche.

Zusammenfassend läßt sich also festhalten, daß nach geltendem Recht ein privater Strafvollzug auf der Grundlage der Jedermann-Rechte nicht durchgeführt werden kann.[642] Diese berechtigen nur dazu, sich aus einer akuten Notlage zu befreien.

(b) Ausdehnung der privaten Notrechte auf den Strafvollzug

Fraglich ist, ob durch eine gesetzliche Ausdehnung der Notrechte ein anderes Ergebnis zu erzielen wäre. Gewaltgestattungsvorschriften zugunsten Privater als normierte Ausnahmen vom Grundsatz des staatlichen Gewaltmonopols bestehen in der Form von Gewaltübertragungs- und Gewaltermächtigungsnormen.[643] Zur gesetzlichen Gewaltübertragung zählt insbesondere das Rechtsinstitut der Beleihung, bei der ein privates Rechtssubjekt unter Einräumung öffentlich-rechtlicher Befugnisse mit der Erfüllung einer staatlichen Aufgabe betraut wird.[644] Unter

642 So im Ergebnis auch *Laubenthal*, Strafvollzug, 4. Aufl. 2006, Rn. 43; anderer Ansicht (allerdings ohne jegliche Begründung) *Siekmann*, Staat und Staatlichkeit am Ende des 20. Jahrhunderts, in: Burmeister, Verfassungsstaatlichkeit, Festschrift für Klaus Stern, 1997, S. 355.

643 *Burgi*, Privatisierung, in: Isensee/Kirchhof, HStR, Bd. IV, 3. Aufl. 2006, § 75 Rn. 19 f.; *Merten*, Rechtsstaatsdämmerung, in: Schreiber, Polizeilicher Eingriff und Grundrechte, Festschrift für Rudolf Samper, 1982, S. 41; *Krölls*, GewArch 1997, 448.

644 *Burgi*, Verwaltungsorganisationsrecht, in: Erichsen/Ehlers, Allgemeines Verwaltungsrecht, 13. Aufl. 2006, § 9 Rn. 24 und 29; *ders.*, Privatisierung, in: Isensee/Kirchhof, HStR, Bd. IV, 3. Aufl. 2006, § 75 Rn. 19; *Detterbeck*, Allgemeines

den Sammelbegriff der Gewaltermächtigungsnormen fallen alle gewaltgestattenden Jedermann-Rechte wie beispielsweise die Notwehr-, Notstands- und Selbsthilferechte.[645] Durch eine Ausweitung der Gewaltübertragungsvorschriften läßt sich für die hier zu beantwortende Frage der Privatisierbarkeit der Aufgabe des Strafvollzugs nichts gewinnen. Denn eine Beleihung mit Hoheitsbefugnissen setzt ja gerade eine bestehende Staatsaufgabe voraus, um diese (oder Teile von ihr) an Private delegieren zu können.[646] Die Rechtsfigur der Beleihung ändert nichts am Bestand der Staatsaufgaben. Die Schaffung neuer Beleihungstatbestände für den Strafvollzug kann also nicht dazu führen, daß die Aufgabe des Strafvollzugs gänzlich in private Hände gelegt werden könnte.

(aa) Mögliche Ausnahmen?

Anders lägen die Dinge im Falle einer Ausweitung der gewaltgestattenden Jedermann-Rechte. Sähe das Gesetz genügend private Gewaltbefugnisse vor, um einen effektiven Strafvollzug durchführen zu können, wäre eine Aufgabenprivatisierung auf diesem Gebiet denkbar – zumindest auf den ersten Blick. Vorstellbar wäre beispielsweise eine Regelung folgenden Inhalts:

„I. Das Strafvollzugswesen wird von Privatrechtssubjekten als gesellschaftliche Aufgabe organisiert und durchgeführt.
II. Handlungen gegenüber zu Freiheitsstrafen Verurteilten, die zur Sicherung des staatlichen Strafanspruches erforderlich sind, sind nicht rechtswidrig.
III. Zur Sicherung des staatlichen Strafanspruchs erforderliche Handlungen sind insbesondere das Einschließen in einen Haftraum auch gegen den Willen des Betroffenen und die Anwendung sonstigen unmittelbaren Zwangs, wenn ein Gefangener versucht, sich der Freiheitsstrafe zu entziehen. Handlungen zur Aufrechterhaltung der Ordnung in den Haftgebäuden sind ebenfalls gerechtfertigt."

Verwaltungsrecht, 4. Aufl. 2006, Rn. 192 f.; *Maurer*, Allgemeines Verwaltungsrecht, 16. Aufl. 2006, § 23 Rn. 56; *Kröll*s, GewArch 1997, 448.

645 Vgl. dazu auch *Burgi*, Privatisierung, in: Isensee/Kirchhof, HStR, Bd. IV, 3. Aufl. 2006, § 75 Rn. 19; *Krölls*, GewArch 1997, 448.

646 *Burgi*, Verwaltungsorganisationsrecht, in: Erichsen/Ehlers, Allgemeines Verwaltungsrecht, 13. Aufl. 2006, § 9 Rn. 24 und 29; *ders.*, Privatisierung, in: Isensee/Kirchhof, HStR, Bd. IV, 3. Aufl. 2006, § 75 Rn. 29; *Detterbeck*, Allgemeines Verwaltungsrecht, 4. Aufl. 2006, Rn. 192 f.; *Maurer*, Allgemeines Verwaltungsrecht, 16. Aufl. 2006, § 23 Rn. 56; *Krölls*, GewArch 1997, 448; *Stober*, DÖV 2000, 269.

Die Strafbarkeit vollzugsbedingt gewaltsamer Handlungen gegenüber Strafgefangenen könnte auf diese Weise ausgeschlossen werden. Die Jedermann-Rechte erfaßten mittels einer derartigen Regelung anders als bisher auch den Strafvollzug.

(bb) Die Grenzen durch das staatliche Gewaltmonopol

Fraglich ist nur, ob vor dem Hintergrund des staatlichen Gewaltmonopols ein so elementarer Teil der Staatsgewalt vergesellschaftet werden darf. Immerhin muß das Regel-Ausnahmeverhältnis gewahrt werden. Die Regel muß bleiben, daß es Privaten verwehrt ist, Gewalt gegenüber ihren Mitbürgern anzuwenden. Das fordert die Staatlichkeit, auf der auch das Grundgesetz aufbaut. Der Idee vom Staat als verfaßter Friedensmacht wäre der Boden entzogen, würde der Staat es regelmäßig zulassen, daß im gesellschaftlichen Sektor physischer Zwang zur Durchsetzung privater Interessen eingesetzt würde. Genau davor soll der Staat schützen. Er rechtfertigt sich dadurch, daß er durch die Inanspruchnahme des Gewaltmonopols seine Bürger vor gegenseitigen Übergriffen bewahrt und Frieden und Sicherheit gewährleistet. Auf der Ebene der Verfassung zeichnet sich dieser Gedanke auch in der Lehre von den grundrechtlichen Schutzpflichten ab.[647]

Vor diesem Hintergrund sind Ausnahmen vom Grundsatz, daß allein der Staat zur Erfüllung seiner Aufgaben physischen Zwang einsetzen darf, nur in eng begrenzten und gesetzlich geregelten Fällen möglich. Denn dann handelt es sich nicht um unabhängige, originäre und daher unerlaubte Privatgewalt,[648] sondern um „staatlich autorisierte oder konzessionierte private Gewaltanwendung".[649] Derartige Ausnahmeregeln sind aber nicht für beliebige Fallgestaltungen möglich. Alle Varianten erlaubter Privatgewalt resultieren daraus, daß der Staat in den geregelten Fällen selbst nicht zugegen sein *kann* und staatlichen Rechtsgüterschutz im Sinne seines Sicherheits- und Friedensauftrags nicht gewähren *kann*.[650] Es handelt sich wortlautgemäß um *Not*wehrrechte oder *Not*-

647 Vgl. dazu Teil 1 B)III.2.b), S. 107 ff.

648 *Isensee*, Staat und Verfassung, in: Isensee/Kirchhof, HStR, Bd. II, 3. Aufl. 2004, § 15 Rn. 84; *Merten*, Rechtsstaatsdämmerung, in: Schreiber, Polizeilicher Eingriff und Grundrechte, Festschrift für Rudolf Samper, 1982, S. 40.

649 *Krölls*, GewArch 1997, 448. Vgl. auch *Burgi*, Privatisierung, in: Isensee/Kirchhof, HStR, Bd. IV, 3. Aufl. 2006, § 75 Rn. 19.

650 *Burgi*, Privatisierung, in: Isensee/Kirchhof, HStR, Bd. IV, 3. Aufl. 2006, § 75 Rn. 19; *Isensee*, Das staatliche Gewaltmonopol als Grundlage und Grenze der Grundrechte, in: Franßen/Redeker/Schlichter/Wilke, Bürger – Richter – Staat, Festschrift für Horst Sendler, 1991, S. 52; *ders.*, Das Grundrecht auf Sicherheit, 1983, S. 56 ff.; *Merten*, Rechtsstaatsdämmerung, in: Schreiber, Polizeilicher Eingriff und Grund-

standsrechte. Wenn kein solcher Notfall vorliegt, ist zivile Gewalt folglich unzulässig. Erst recht darf der Staat in einem derartigen Fall nicht von sich aus private Gewalt provozieren, indem er gewaltgeneigte Aufgaben wie den Strafvollzug in den gesellschaftlichen Bereich entläßt. Daraus entstünden nämlich permanent neue Notfälle – der Staat nähme sich ja der Aufgabe des Strafvollzuges nicht mehr an und die Vollzugstätigkeiten wären mangels staatlicher Aktivität insgesamt von Privaten zu erbringen. Der Staat kann sich der Aufgabe aber sehr wohl weiterhin annehmen, wenn er sie eben nicht privatisiert. Ein Bedarf für Ausnahmen vom staatlichen Gewaltmonopol besteht nur für die Fälle, in denen der Staat zwar grundsätzlich bereit und fähig ist, seine Sicherheits- und Friedensaufgaben selbst zu erfüllen,[651] im Einzelfall aber nicht zur Stelle sein *kann*. Er darf sich hingegen nicht durch eine Privatisierung der Aufgabe des Strafvollzugs freiwillig und bewußt in eine Lage versetzen, in der er in gewaltgeprägten Lebenssituationen *regelmäßig* nicht mehr einschreiten kann und in der Private folglich – ohne Not – privater Gewalt ausgeliefert wären.[652] Das verbietet der Grundsatz des staatlichen Gewaltmonopols, welches eben nicht nur Kompetenzen, sondern auch Pflichten für den Staat bereithält.

cc) Zwischenergebnis

Zusammenfassend bleibt festzuhalten, daß unter dem Gesichtspunkt der negativen Spezialprävention der Strafvollzug eine staatliche Pflichtaufgabe darstellt und als Emanation des staatlichen Gewaltmonopols somit für eine Aufgabenprivatisierung nicht zur Verfügung steht.

b) Zur positiven Spezialprävention

aa) Positive Spezialprävention und innere Sicherheit

Auch in seiner positiv-spezialpräventiven Ausrichtung trägt der Strafvollzug zur Verwirklichung der Staatsaufgabe der inneren Sicherheit bei. Durch den Vollzug einer gerichtlich verhängten Freiheitsstrafe sollen Straftäter resozialisiert wer-

---

rechte, Festschrift für Rudolf Samper, 1982, S. 41; *Stober*, DÖV 2000, 263; *Krölls*, GewArch 1997, 448. Vgl. auch *Braum*, Strafrechtliche Grenzen der Privatisierung, in: Schriftenreihe der Strafverteidigervereinigungen, 1999, S. 169 f.

651 *Isensee*, Das Grundrecht auf Sicherheit, 1983, S. 56.

652 Vgl. dazu auch *Bernsmann*, Privatisierung der Justiz? – Ein Fallbeispiel, in: Schriftenreihe der Strafverteidigervereinigungen, 1999, S. 158.

den. Sie sollen durch verschiedene Behandlungsmaßnahmen fähig werden,[653] nach ihrer Freilassung ein Leben ohne, zumindest ohne schwere Straftaten und ohne ständige Kleinkriminalität zu führen.[654] Im Vollzug der Freiheitsstrafe soll in ihnen die Erkenntnis geweckt werden, daß die Rechtsordnung einem „gedeihlichen Zusammenleben in der staatlichen Gemeinschaft" dient.[655] Gestärkt durch diese Erkenntnis soll eine freiwillige Besserung im Lebenswandel der (ehemaligen) Gefangenen stattfinden. Das Bundesverfassungsgericht hebt den Lernprozeß hervor, den ein Gefangener im Rahmen seiner Resozialisierungsbehandlung durchmachen soll:[656] „Dem Gefangenen sollen Fähigkeit und Willen zu verantwortlicher Lebensführung vermittelt werden, er soll lernen, sich unter den Bedingungen einer freien Gesellschaft ohne Rechtsbruch zu behaupten, ihre Chancen wahrzunehmen und ihre Risiken zu bestehen." Eine erfolgreiche Resozialisierung ist daher der beste Schutz der Allgemeinheit vor weiteren Schädigungen, da die Vollzugswirkungen nach dem Ziel des § 2 S. 1 StVollzG nicht nur auf die Zeit der Verbüßung der Freiheitsstrafe beschränkt, sondern zeitlich unbegrenzt auf die Zukunft ausgerichtet sind.[657]

So steht das Vollzugsziel des § 2 S. 1 StVollzG langfristig betrachtet ebenfalls im Dienst eines sicheren und friedlichen gemeinschaftlichen Zusammenlebens – kurz: der inneren Sicherheit. Es ist darauf angelegt, die Gefahr weiterer Übergriffe seitens eines einst straffälligen Freigelassenen zu minimieren. Insoweit ergibt sich auch unter dem Aspekt des positiv-spezialpräventiven Ziels des Strafvollzugs aus der Perspektive der Gesellschaft zu ihrem Schutz ein Anspruch gegen den Staat, den Strafvollzug als staatliche Pflichtaufgabe zu führen.

---

653 *Calliess/Müller-Dietz*, Strafvollzugsgesetz, 10. Aufl. 2005, § 2 Rn. 13, sprechen von „Hilfsangebote(n) zur Selbsthilfe". Vgl. zum Begriff der Behandlung auch *Feest/Lesting*, in: Feest, StVollzG, 5. Aufl. 2006, § 4 Rn. 1 ff. und *Laubenthal*, Strafvollzug, 4. Aufl. 2006, Rn. 157 ff. Eine beispielhafte Aufzählung einiger Behandlungsmaßnahmen enthält § 7 Abs. 2 StVollzG.

654 *Böhm*, in: Schwind/Böhm, Strafvollzugsgesetz, 2. Aufl. 1991, § 2 Rn. 13; *Feest/Lesting*, in: Feest, StVollzG, 5. Aufl. 2006, § 2 Rn. 7; *Laubenthal*, Strafvollzug, 4. Aufl. 2006, Rn. 137; *Merk*, ZfStrVo 2007, 198.

655 *Böhm*, in: Schwind/Böhm, Strafvollzugsgesetz, 2. Aufl. 1991, § 2 Rn. 13.

656 BVerfGE 35, 202, 235.

657 BVerfGE 35, 202, 236; 98, 169, 200; *Calliess/Müller-Dietz*, Strafvollzugsgesetz, 10. Aufl. 2005, § 2 Rn. 6 f.; *Schöch*, in: Kaiser/Schöch, Strafvollzug, 5. Aufl. 2002, § 6 Rn. 16, 22. Vgl. auch *Walter*, Abkehr von der Resozialisierung im Strafvollzug, in: Britz/Jung/Koriath/Müller, Grundfragen staatlichen Strafens, Festschrift für Heinz Müller-Dietz, 2001, S. 962.

bb) Das verfassungsrechtliche Resozialisierungsgebot

Genau wie unter dem Gesichtspunkt der negativen Spezialprävention gebieten nicht nur die Interessen der Allgemeinheit, sondern ebenso die Individualinteressen der Strafgefangenen, daß das Strafvollzugswesen nicht in private Hände übergeben wird. Zwar handelt es sich bei der Aufgabe der Resozialisierung der Strafgefangenen nicht primär[658] um eine gewaltgeneigte Tätigkeit.[659] Aus diesem Grund scheidet eine Aufgabenprivatisierung also nicht schon von vornherein aus.

Allerdings fordern hier die Grundrechte des Grundgesetzes, namentlich das allgemeine Persönlichkeitsrecht aus Art. 2 Abs. 1 i.V.m. Art. 1 Abs. 1 GG,[660] daß sich der Staat der Aufgabe des Strafvollzugs annimmt.[661] Der einzelne Strafgefangene muß eine Chance erhalten, sich nach der Verbüßung seiner Freiheitsstrafe (wieder) in das gesellschaftliche Leben in Freiheit einzuordnen.[662] Dazu sollen ihm im Strafvollzug die Fähigkeit und der Wille zu einer gesellschaftsverträglichen Lebensführung vermittelt werden. Dieser Anspruch[663] richtet sich gemäß Art. 1 Abs. 3 GG gegen den Staat als Grundrechtsverpflichteten.

---

658 Das Vollzugsziel der Resozialisierung ist aber bei allen Entscheidungen im Rahmen des Strafvollzugs zu beachten. Es ist mehr als ein bloßes Behandlungsziel (vgl. *Walter*, Strafvollzug, 2. Aufl. 1999, S. 89). Die gesamte Vollzugsorganisation hat sich am Resozialisierungsgedanken auszurichten. Dazu gehören beispielsweise Entscheidungen über Vollzugslockerungen gem. § 11 StVollzG, über die Gewährung von Urlaub aus der Haft gem. § 13 StVollzG oder über die Gestattung, Ferngespräche zu führen, nach § 32 StVollzG. Da diese einzelnen Entscheidungen die Intensität der Vollzugsgewalt betreffen, sind auch unter dem Aspekt der positiven Spezialprävention die vorstehenden Ausführungen zum Gewaltmonopol zu berücksichtigen.

659 Einzelne Behandlungsmaßnahmen sind als Angebote an den Gefangenen zu richten. Dem Vollzugsziel wäre eine zwangsweise Behandlung wohl abträglich. Insoweit geht das StVollzG von einer freiwilligen Mitwirkung des Betroffenen aus; dieser ist entsprechend zu motivieren, vgl. § 4 Abs. 1 StVollzG. Vgl. auch *Laubenthal*, Strafvollzug, 4. Aufl. 2006, Rn. 135 a.E. und *Feest/Lesting*, in: Feest, StVollzG, 5. Aufl. 2006, § 4 Rn. 3 ff. Im Falle einer Privatisierung der Aufgabe des Strafvollzugs wäre in dieser Hinsicht keine private Gewaltanwendung zu befürchten. Diese wäre nach den Normen des StGBs strafbar.

660 Zum allgemeinen Persönlichkeitsrecht *Pieroth/Schlink*, Staatsrecht II, Grundrechte, 23. Aufl. 2007, Rn. 373 ff.; *Jarass/Pieroth*, Grundgesetz, 9. Aufl. 2007, Art. 2 Rn. 38 ff.

661 BVerfGE 35, 202, 235 f.; 45, 187, 238 f.; 64, 261, 276; 96, 100, 115; 98, 169, 200; 103, 21, 39.

662 BVerfGE 45, 187, 239; 98, 169, 200.

663 BVerfGE 45, 187, 239; 96, 100, 115; 98, 169, 200; 103, 21, 39 f.

Fraglich ist nun, ob diese grundrechtliche Verpflichtung auch erfordert, daß der Staat die Aufgabe der Resozialisierung als eigene Aufgabe übernehmen muß, oder ob es ausreichend wäre, wenn er die Aufgabe in private Hände legte und sich lediglich der Reserveverantwortung verpflichtet fühlte. Die Folge einer Aufgabenprivatisierung unter Beibehaltung der Reserveverantwortung wäre, daß der Staat sich aus dem Bereich der Resozialisierung zurückzöge und die Erfüllung der Aufgabe der Gesellschaft und somit dem freien Spiel der Kräfte auf dem Markt anvertraute.[664]

(1) Bloße Reserveverantwortung des Staates

Das Verhältnis zwischen dem eine Resozialisierungsbehandlung anbietenden Unternehmer und dem Strafgefangenen wäre dann nicht durch grundrechtliche Bindungen geprägt,[665] zumindest nicht unmittelbar. Die Aufgabe des Staates im Hinblick auf seine Auffangverantwortung wäre zunächst auf eine bloße Beobachter- und Kontrolltätigkeit beschränkt. Erst wenn seine Marktbeobachtungen ergäben, daß das System des freien Wettbewerbs bezüglich der Resozialisierungsaufgabe versagt hat, käme ein staatliches Einschreiten aufgrund der verbleibenden Reserveverantwortung in Betracht.[666] Daß der Staat einen Fall gesellschaftlicher Schlechterfüllung feststellen kann, setzt aber – optimistisch gerechnet – zumindest einen Sachverhalt voraus, bei dem auf gesellschaftlichem Boden keine den verfassungsrechtlichen Anspruch des Strafgefangenen erfüllenden Resozialisierungsbemühungen unternommen wurden. Allein das wäre vor dem Hintergrund der staatlichen Schutzpflicht aus Art. 2 Abs. 1 i.V.m. Art. 1 Abs. 1 GG nicht hinnehmbar.[667] Die Menschenwürde derjenigen Strafgefangenen, denen potentiell keine Resozialisierungsangebote gemacht würden, verbietet es, sie zum Objekt eines Privatisierungsversuches des Staates werden zu lassen,[668] bevor dann nach der Feststellung eines Falles der gesellschaftlichen Schlechterfüllung, also im *entstandenen* Notfall auf die staatliche Reserveverantwortung zurückgegriffen werden könnte.

---

664 Vgl. dazu *Gregor Kirchhof*, Rechtsfolgen der Privatisierung, AöR Bd. 132 (2007), S. 247 und oben Teil 2 A), S. 115 ff.

665 *Gregor Kirchhof*, Rechtsfolgen der Privatisierung, AöR Bd. 132 (2007), S. 248. Vgl. dazu auch Teil 2 B)II.1., S. 128 f.

666 *Gregor Kirchhof*, Rechtsfolgen der Privatisierung, AöR Bd. 132 (2007), S. 248 ff. Vgl. dazu auch Teil 2 B)II.2., S. 129 f.

667 Vgl. auch *Hoffmann-Riem*, JZ 1999, 428.

668 Vgl. BVerfGE 87, 209, 228; 96, 375, 399; 109, 133, 150; 109, 279, 312 f.; *Jarass/Pieroth*, Grundgesetz, 9. Aufl. 2007, Art. 1 Rn. 6, 11.

(2) Resozialisierung versus Gewinnmaximierung?

Noch ein anderer Aspekt ist hier zu beachten. Für den Fall einer Aufgabenprivatisierung würden Resozialisierungsbemühungen nicht etwa unternommen, weil die Grundrechte dies fordern. Im Unterschied zu einer staatlichen Aufgabenträgerschaft zählt im privatwirtschaftlichen Bereich in erster Linie der Gewinn. Es wäre von vornherein absehbar, welchen Strafgefangenen die besseren Resozialisierungsangebote unterbreitet würden – natürlich denjenigen, die bereit und fähig wären, die Einnahmen des Resozialisierungsunternehmers größtmöglich zu mehren. Vielen hingegen wäre wohl die Chance, an Resozialisierungsveranstaltungen teilzunehmen, aus finanziellen Gründen verwehrt. Würde der Staat für die entstehende Finanzlast bei Resozialisierungsunternehmen aufkommen und dafür sorgen, daß allen Strafgefangenen gleichwertige Angebote zuteil würden, handelte es sich aber nicht mehr um eine vollständige Aufgabenprivatisierung, bei der der Staat den freien Kräften des Marktes das Feld überläßt.

(3) Qualitätssicherung durch Mindeststandards?

Nun könnte man nur noch einwenden, der Staat könne doch durch eine entsprechend detaillierte gesetzliche Regelung – von der praktischen Umsetzbarkeit einmal abgesehen[669] – den grundrechtlichen Anforderungen genügen, indem er bestimmte Mindestanforderungen für die Art und Weise der Aufgabenerfüllung, insbesondere das Leistungsspektrum für die privaten Dienstleister festschriebe.[670] Aber auch dann würde er sich letztendlich doch selbst wieder der Aufgabe

669 Ein festes Behandlungskonzept zur Resozialisierung ist im StVollzG nicht niedergelegt. Dadurch sollte die Anwendung verschiedener, neuer, durch Wissenschaft und Praxis entwickelter Modelle und Behandlungsmethoden ermöglicht werden, vgl. *Laubenthal*, Strafvollzug, 4. Aufl. 2006, Rn. 159.

670 Auch ein enges Netz spezieller Regulierungsnormen zur Beeinflussung des gesellschaftlichen Prozesses könnte eine Aufgabenprivatisierung nicht legitimieren. Eine bloße Beeinflussungsmöglichkeit wird dem Resozialisierungsanspruch der Strafgefangenen nicht gerecht. Eine Beeinflussung beinhaltet keine sofortige Erfolgsgarantie. Sie beläßt Spielräume für eigene Entfaltung – hier: für den gesellschaftlichen Prozeß der Marktentwicklung und somit für Marktschwankungen. Da der Anspruch auf Resozialisierung in der Menschenwürde verwurzelt ist (BVerfGE 35, 202, 235 f.; 45, 187, 238 f.; 64, 261, 276; 96, 100, 115; 98, 169, 200; 103, 21, 39; vgl. auch *Laubenthal*, Strafvollzug, 4. Aufl. 2006, Rn. 142), steht er allen Gefangenen in gleicher Weise schon aufgrund ihres Menschseins zu (BVerfGE 87, 209, 228; *Jarass/Pieroth*, Grundgesetz, 9. Aufl. 2007, Art. 1 Rn. 6). Allen Gefangenen müssen daher unabhängig von ihrer finanziellen Leistungsstärke und von etwaigen Marktschwankungen gleichwertige Angebote offenstehen. Ziele der Regulierung sind hauptsächlich die Sicherung des Wettbewerbs (vgl. §§ 1 Abs. 2 EnWG, 2 Abs. 2

annehmen und im Rahmen der Staatsaufgabe der Resozialisierung einzelne Private nach seinen Vorgaben in die Aufgabenerfüllung miteinbeziehen. Diese Form der Privatisierung rechnet allerdings nicht zum vorliegend zu untersuchenden Fall der Aufgabenprivatisierung.

cc) Zwischenergebnis

Im Hinblick auf das Vollzugsziel der Resozialisierung ergibt sich für den Strafvollzug keine Möglichkeit einer Aufgabenprivatisierung. Resozialisierungsbemühungen zielen darauf ab, Straftäter zu befähigen und davon zu überzeugen, künftig ein straffreies Leben zu führen. Sie stehen damit ebenfalls im Dienste eines sicheren und friedlichen Zusammenlebens in der staatlichen Gemeinschaft. Als Ausprägung der grundlegenden staatlichen Aufgabe der inneren Sicherheit handelt es sich beim Strafvollzug nicht zuletzt unter dem Aspekt der positiven Spezialprävention um eine Pflichtaufgabe des Staates. Dieses Ergebnis wird zusätzlich vom verfassungsrechtlichen Resozialisierungsgebot getragen, welches aus dem allgemeinen Persönlichkeitsrecht abzuleiten ist.

c) Potentielle andere Vollzugsziele

Nach § 2 S. 1 StVollzG gibt es nur das eine Vollzugsziel der Resozialisierung. Als weitere Aufgabe des Strafvollzugs ist die Sicherung der Allgemeinheit während der Zeit des Strafvollzugs gesetzlich verankert. Man könnte nun noch daran

---

Nr. 2 PostG, 2 Abs. 2 Nr. 2 TKG), die Sicherung einer Grundversorgung (vgl. §§ 2 Abs. 2 Nr. 3 PostG, 2 Abs. 2 Nr. 5 TKG) und der Verbraucherschutz (vgl. §§ 1 Abs. 1 EnWG, 2 Abs. 2 Nr. 1 PostG, § 2 Abs. 2 Nr. 1 TKG). Allein die Situation eines Wettbewerbs paßt aber schon nicht zur Aufgabe der Resozialisierung. Im Wettbewerb setzt sich der Marktteilnehmer mit dem besseren Preis-Leistungsverhältnis durch. Wegen des grundrechtlich verbürgten, allen Gefangenen in gleicher Weise zustehenden Resozialisierungsanspruches dürfen sie aber gar nicht preisabhängig mit unterschiedlichen Leistungsangeboten konfrontiert werden. Die Bereitstellung eines ausreichenden Resozialisierungsangebots ist eine grundrechtswesentliche Angelegenheit, da der Anspruch der Strafgefangenen aus Art. 2 Abs. 1 i.V.m. Art. 1 Abs. 1 GG folgt und die (Wieder-)Eingliederung des Einzelnen in die Gesellschaft betrifft. Diese Aufgabe ist vom Gesetzgeber auszugestalten (vgl. auch BVerfGE 40, 276, 284; 45, 187, 239). Ebensowenig ist eine bloße Grundversorgung ausreichend. Im Rahmen des Zumutbaren sind „*alle* (...) Maßnahmen zu treffen, die geeignet und nötig sind, beim Gefangenen das Vollzugsziel zu erreichen“ (BVerfGE 40, 276, 284; 45, 187, 239; Hervorhebung durch den Verfasser). Es ist also kein Resozialisierungsminimum, sondern ein Resozialisierungsmaximum anzubieten. Umfassend zur Regulierung *Eifert*, Regulierungsstrategien, in: Hoffmann-Riem/Schmidt-Aßmann/Voßkuhle, Grundlagen des Verwaltungsrechts, Bd. I, 2006, § 19.

denken, durch eine Gesetzesänderung den Schwerpunkt der Zwecke des Strafvollzuges anders zu setzen oder diese sogar auszutauschen. Allerdings kann auf diese Weise ebenfalls kein privatisierungsfreundlicheres Ergebnis erzielt werden. Die Vollzugsaufgaben müssen mit den allgemeinen Strafzwecken vereinbar sein. Somit ist der Rahmen, innerhalb dessen sich mögliche Vollzugsziele bewegen können, begrenzt. In Betracht zu ziehen wäre lediglich, den Schuldausgleichsgedanken und generalpräventive Aspekte auch für die Gestaltung des Strafvollzugs heranzuziehen.

aa) Schuldvergeltung

Jedoch könnte in einem Staat auch die Aufgabe der Schuldvergeltung im Rahmen des Strafvollzugs nicht der Gesellschaft übertragen werden. Würde man Kriterien wie die Schwere der Schuld (wieder)[671] bei der Gestaltung des Freiheitsentzuges berücksichtigen, wäre es nur konsequent, einer besonders schweren Tat mit besonders harten Haftbedingungen zu begegnen. Die Unterschiede zwischen den verschiedenen Delikten und Tatumständen müßten sich in der Intensität der jeweiligen Vollzugsgewalt widerspiegeln. Übergäbe man vor diesem Hintergrund den Strafvollzug an Private, obläge es diesen, die nötigen Feinabstimmungen bezüglich der jeweils anzuwendenden Vollzugsgewalt vorzunehmen. Mit dem Grundsatz des von der Verfassung vorausgesetzten staatlichen Gewaltmonopols wäre dieser Zustand nicht vereinbar. In einem Staat müssen Private gerade vor privater Gewalt geschützt werden; Entscheidungen über einen Gewalteinsatz und die jeweilige Art und Weise der Gewaltanwendung sind allein der Staatsgewalt vorzubehalten. Ein anderes wäre mit den Grundvoraussetzungen der Staatlichkeit nicht vereinbar.

bb) Generalpräventive Aspekte

Ähnlich verhält es sich mit generalpräventiven Aspekten. Angenommen die Generalprävention würde gesetzlich zum Vollzugsziel erklärt, ginge es im Vollzug primär darum, die Allgemeinheit durch besonders abschreckende Haftbedingungen von Straftaten abzuhalten und das Vertrauen der Bevölkerung in die Rechtsordnung zu stärken. Zum einen dient die General*prävention* schon vom Wortlaut her genauso wie die Spezial*prävention* der Verhinderung weiterer Rechts(guts)-

671 Dies war bis zur Abschaffung der Differenzierung zwischen Zuchthaus, Gefängnis, Einschließung und Haft und der Einführung der Einheitsfreiheitsstrafe der Fall. Vgl. *Stree*, in: Schönke/Schröder, Strafgesetzbuch, Kommentar, 27. Aufl. 2006, Vor § 38 Rn. 26; *Calliess/Müller-Dietz*, Strafvollzugsgesetz, 10. Aufl. 2005, § 2 Rn. 11; *Calliess*, Strafvollzugsrecht, 3. Aufl. 1992, S. 21 f.

verletzungen. Für Frieden und Sicherheit in der Gesellschaft zu sorgen ist aber *die* Aufgabe des Staates schlechthin, aus der er seine Legitimation erfährt. Zum anderen wäre die Abschreckungswirkung proportional zur Härte des Strafvollzugs – je unangenehmer der Vollzug um so abschreckender seine Wirkung. Generalpräventiv orientierte Entscheidungen bezüglich der Gestaltung des Strafvollzugs hätten wieder die Intensität der Vollzugsgewalt zum Gegenstand. Gewaltbezogene Maßnahmen sind aber – ohne das Vorliegen entsprechender Ausnahmetatbestände – laut dem Gewaltmonopol allein dem Staat vorbehalten.

Auch ein Strafvollzug aus generalpräventiven Motiven wäre somit als staatliche Pflichtaufgabe einer Privatisierung unzugänglich.

III. Ergebnis zur Frage der Privatisierbarkeit der Aufgabe des Strafvollzugs

Sowohl der negativ- als auch der positiv-spezialpräventive Aspekt des Strafvollzugs führen zum selben Ergebnis. Die Aufgabe des Strafvollzugs stellt als wesentliches Element der Staatsaufgabe der inneren Sicherheit eine staatliche Pflichtaufgabe höchsten Ranges dar. Der Staat allein darf sich des Einsatzes physischen Zwangs zur Gewährleistung innerer Sicherheit bedienen. Das Gewaltmonopol nimmt den Staat aber auch in Pflicht. Er muß seine ihn legitimierenden Aufgaben selbst übernehmen – so nicht zuletzt den Strafvollzug. Als vom Grundgesetz vorausgesetzte staatliche Pflichtaufgabe darf die Aufgabe des Strafvollzugs folglich nicht privatisiert werden.

C) Privatisierung der ausführenden Hand

Wenn nun der Staat weiterhin als Träger der Aufgabe des Strafvollzugs zur Verfügung stehen muß, so heißt das nicht, daß er alle im Zusammenhang mit dieser seiner Aufgabe vorzunehmenden Tätigkeiten selbst ausführen müßte.[672] Er darf sich zur Erfüllung seiner Aufgaben grundsätzlich fremder – privater – Hilfe bedienen.[673] Im folgenden gilt es nun, beispielhaft einige Tätigkeitsbereiche aus dem Strafvollzugswesen herauszugreifen und diese auf ihre Privatisierbarkeit zu

672 BVerwG NVwZ 1994, 1104; BVerfGE 73, 301, 316 ff.; *Voßkuhle*, Beteiligung Privater an der Wahrnehmung öffentlicher Aufgaben und staatliche Verantwortung, VVDStRL Heft 62 (2003), S. 275; *Bonk*, JZ 2000, 437, 439; *Ronellenfitsch*, DVBl. 2005, 68.

673 Für einen sogar gänzlich privaten Betrieb von Strafvollzugsanstalten spricht sich *Kulas*, Die gesetzlichen Grundlagen der Privatisierung im Strafvollzug, in: Stober, Privatisierung im Strafvollzug?, 2001, S. 35 ff., aus.

untersuchen. Dabei wird sich zeigen, daß sich bei der Beurteilung der Tätigkeiten der Angehörigen des allgemeinen Vollzugsdienstes und bestimmter Angelegenheiten aus dem Versorgungsbereich (wie beispielsweise Reinigungsarbeiten) durchaus Unterschiede ergeben werden.

Art. 33 Abs. 4 GG wird bei der folgenden Untersuchung den verfassungsrechtlichen Prüfungsmaßstab darstellen. Die institutionelle Garantie des Berufsbeamtentums sichert das Gewaltmonopol des Staates als Instrument der staatlichen Friedens- und Sicherungsfunktion in seinen personellen Anforderungen ab.[674] Durch die Regelübertragung von hoheitsrechtlichen Befugnissen auf Berufsbeamte soll die Staatsgewalt effektiv und – insbesondere in Bezug auf ihre grundrechtlichen Bindungen und die rechts- und demokratiestaatlichen Gewährleistungen – rechtmäßig ausgeübt werden. Wenn sich nun eine bestimmte Tätigkeit im Rahmen des Strafvollzugs als eine spezielle Funktion im Bereich der öffentlichen Aufgabenerfüllung darstellt, die aufgrund des Funktionsvorbehalts des Art. 33 Abs. 4 GG zwingend von Beamten zu übernehmen ist, kommt eine Auslagerung vom staatlichen in den gesellschaftlichen Bereich nicht in Betracht.

I. Der allgemeine Vollzugsdienst

Die im allgemeinen Vollzugsdienst tätigen Personen stellen derzeit die weitaus größte Gruppe aller im Bereich des Strafvollzugs Beschäftigten dar.[675] Die Beamten des allgemeinen Vollzugsdienstes kommen von allen Beschäftigten am häufigsten und am engsten mit den Gefangenen in Kontakt. Dies folgt aus den von ihnen wahrzunehmenden unterschiedlichsten Funktionen.

1. Tätigkeitsbeschreibung

Kurz und bündig lassen sich die Aufgaben des allgemeinen Vollzugsdienstes folgendermaßen beschreiben: Beaufsichtigung, Betreuung und Versorgung der

---

674 Vgl. dazu oben Teil 1 B)I.4., S. 74 ff.

675 Vgl. dazu die Tabelle bei *Laubenthal*, Strafvollzug, 4. Aufl. 2006, Rn. 257: Von insgesamt 4980 Stellen in bayerischen Justizvollzugsanstalten im Jahr 2005 entfielen 3640 auf den allgemeinen Vollzugsdienst. Das entspricht 73 % der zur Verfügung stehenden Stellen. Die Zahlen haben sich bis heute kaum verändert: Derzeit gibt es für die bayerischen Justizvollzugsanstalten insgesamt 4996 Stellen, von denen 3645 auf den allgemeinen Vollzugsdienst entfalllen (also immer noch rund 73 %), vgl. die Angaben der bayerischen Justizvollzugsverwaltung im Internet, abrufbar unter http://www.justizvollzug-bayern.de/JV/Berufe/Personal (zuletzt abgerufen am 27.09.2007).

Gefangenen. Der allgemeine Vollzugsdienst stellt damit das Herzstück des Strafvollzugs dar. Eine nähere Beschreibung der Aufgaben dieser Bediensteten geben Nr. 12 und 20 der Dienst- und Sicherheitsvorschriften für den Strafvollzug (DSVollz).[676] Unter die primär auf Sicherheit und Ordnung in der Anstalt ausgerichteten kustodialen Aufgaben fallen typische Wachtätigkeiten wie beispielsweise Pfortendienste, die Besetzung der Wachtürme, die Aufsicht bei Besuchen oder Hofgängen, aber auch die Kontrolle der Hafträume, körperliche Untersuchungen und die Kontrolle der Gefangenenpost.[677] Aus diesen verschiedenen Aufgaben ergibt sich, daß die Mitglieder des allgemeinen Vollzugsdienstes insbesondere versagende und freiheitseinschränkende – kurz: die Gefangenen belastende – Anordnungen treffen und diese gegebenenfalls auch durchsetzen müssen.[678] Zur Erfüllung ihrer Sicherungsfunktionen hält das StVollzG verschiedene Handlungsbefugnisse für die Bediensteten bereit. Unter bestimmten Voraussetzungen können nach §§ 88 ff. StVollzG besondere Sicherungsmaßnahmen, wie beispielsweise der Entzug von Gegenständen, die Absonderung von anderen Gefangenen, die Unterbringung in einem besonders gesicherten Haftraum oder die Fesselung angeordnet werden.

Daneben hat der allgemeine Vollzugsdienst aber auch an der resozialisierenden Behandlung der Gefangenen und somit an der Erreichung des Vollzugsziels aus § 2 S. 1 StVollzG mitzuwirken.[679] Das stellt § 154 Abs. 1 StVollzG ausdrücklich klar, indem er von allen im Vollzug Tätigen fordert, daß sie im Hinblick auf die Aufgaben des Vollzugs zusammenarbeiten. Fraglich ist nun, ob

---

676 Bei den Dienst- und Sicherheitsvorschriften für den Strafvollzug handelt es sich um bundeseinheitlich erlassene Verwaltungsvorschriften. Sie stellen bloße innerbehördliche Entscheidungshilfen dar (tatbestandsinterpretierende Auslegungsrichtlinien und Ermessensrichtlinien) und entfalten keine unmittelbare Bindungswirkung nach außen, vgl. *Laubenthal*, Strafvollzug, 4. Aufl. 2006, Rn. 35 ff.
Nr. 12 Abs. 2 DSVollz sieht insbesondere folgende Aufgaben des allgemeinen Vollzugsdienstes vor:
- die Mitwirkung bei der Aufnahme und Entlassung der Gefangenen,
- die sichere Unterbringung der Inhaftierten,
- die Mitwirkung bei der Behandlung, Beurteilung und Freizeitgestaltung der Gefangenen,
- die Sorge für die Ordnung und Sauberkeit in allen Räumen mit ihren Einrichtungs- und Lagerungsgegenständen,
- die Sorge für die Reinlichkeit der Gefangenen, ihrer Wäsche und Kleidung,
- die Mitwirkung bei der Pflege erkrankter Gefangener (...).

677 *Laubenthal*, Strafvollzug, 4. Aufl. 2006, Rn. 272; *Schöch*, in: Kaiser/Schöch, Strafvollzug, 5. Aufl. 2002, § 11 Rn. 15 f.; *Böhm*, Strafvollzug, 3. Aufl. 2003, Rn. 105.

678 Vgl. auch *Böhm*, Strafvollzug, 3. Aufl. 2003, Rn. 105.

679 Vgl. auch *Laubenthal*, Strafvollzug, 4. Aufl. 2006, Rn. 268; *Calliess/Müller-Dietz*, Strafvollzugsgesetz, 10. Aufl. 2005, § 154 Rn. 1.

diese oder zumindest einzelne Tätigkeiten aus diesem Bereich auf Private ausgelagert werden können.

2. *Einfachgesetzliche Regelung*

Gemäß § 155 Abs. 1 S. 1 StVollzG werden die Aufgaben der Justizvollzugsanstalten von Vollzugs*beamten* wahrgenommen.[680] Abs. 2 dieser Vorschrift zählt zu den Vollzugsbediensteten einer Anstalt ausdrücklich auch die Angehörigen des allgemeinen Vollzugsdienstes. Der einfachrechtliche Grundsatz ist somit festgeschrieben. Allerdings sind nach § 155 Abs. 1 S. 2 StVollzG aus besonderen Gründen auch Ausnahmen möglich, so daß dann „ander(e) Bedienstet(e) der Justizvollzugsanstalten sowie nebenamtlich(e) oder vertraglich verpflichtet(e) Personen" mit einzelnen Tätigkeiten betraut werden können. Unter andere Bedienstete fallen die Arbeiter und Angestellten im öffentlichen Dienst.[681] Nebenamtlich verpflichtete Personen sind unabhängig von einer Beamtenstellung solche staatlichen Bediensteten, die einer anderen hauptamtlichen Beschäftigung nachgehen und denen zusätzlich nebenamtliche Tätigkeiten im Strafvollzug übertragen werden.[682] Zu den lediglich vertraglich verpflichteten Personen gehören schließlich Private, mit denen die Justizvollzugsverwaltung einen Vertrag schließt, um sie für einzelne Tätigkeiten heranzuziehen.[683] Sie unterstützen den Staat als Verwaltungshelfer.[684] Darauf, ob diese Personen einen anderweitigen Hauptberuf oder eine andere Nebenbeschäftigung ausüben, kommt es bei dieser

---

680 Das BayStVollzG sieht in Art. 176 Abs. 1 eine wortgleiche Regelung vor.

681 *Calliess/Müller-Dietz*, Strafvollzugsgesetz, 10. Aufl. 2005, § 155 Rn. 7; *Bonk*, JZ 2000, 441.

682 *Calliess/Müller-Dietz*, Strafvollzugsgesetz, 10. Aufl. 2005, § 155 Rn. 7; *Bonk*, JZ 2000, 441.

683 *Calliess/Müller-Dietz*, Strafvollzugsgesetz, 10. Aufl. 2005, § 155 Rn. 7; *Bonk*, JZ 2000, 441.

684 *Calliess/Müller-Dietz*, Strafvollzugsgesetz, 10. Aufl. 2005, § 155 Rn. 7; *Bonk*, JZ 2000, 441. Der Verwaltungshelfer ist unmittelbar in die Befehls- und Entscheidungshierarchie der staatlichen Behördenorganisation eingebunden. Er handelt im Auftrag der Behörde und unterstützt diese durch vorbereitende und lediglich durchführende Handlungen. Er trifft keine eigenen Entscheidungen. Seine Tätigkeit ist funktional auf ein staatliches Tätigwerden bezogen. Vgl. dazu *Wolff/Bachof/Stober*, Verwaltungsrecht, Band 3, 5. Aufl. 2004, § 90 a Rn. 1 ff., 21; *Ehlers*, Verwaltung und Verwaltungsrecht, in: Erichsen/Ehlers, Allgemeines Verwaltungsrecht,13. Aufl. 2006, § 1 Rn. 17; *Burgi*, Verwaltungsorganisationsrecht, in: Erichsen/Ehlers, Allgemeines Verwaltungsrecht, 13. Aufl. 2006, § 9 Rn. 32; *Krölls*, GewArch 1997, 446 f.; *Scholz*, NJW 1997, 16; *Stober*, ZRP 2001, 265; *Mösinger*, BayVBl. 2007, 418.

Variante nicht an. Die letzteren – freien – Beschäftigungsmöglichkeiten können die Grundlage für eine Privatisierung bestimmter Ausführungshandlungen sein.

3. Zur Privatisierbarkeit

Was nun aber unter einem eine Ausnahme rechtfertigenden, besonderen Grund zu verstehen ist, gibt das Gesetz nicht vor.

- *Calliess/Müller-Dietz* sind der Ansicht, ein besonderer Grund liege immer dann vor, wenn der Einsatz nichtverbeamteten Personals „sachlich erforderlich und geboten wie vertretbar" sei.[685] Über diese (nicht besonders aussagekräftige) Brückendefinition kommen sie zu dem Ergebnis, daß dies dann der Fall sei, wenn „bestimmte Behandlungsmaßnahmen nur periodisch oder überhaupt zeitlich begrenzt in Betracht kommen und sich wegen der fachlichen Spezialkenntnis die Vorhaltung einer ständigen Beamtenstelle nicht lohnt". Man denke hier beispielsweise an unterschiedliche Fachärzte. Die Erledigung spezieller Serviceleistungen wie Maßnahmen der Bauunterhaltung oder der Baumodernisierung sei hingegen gar nicht von § 155 Abs. 1 StVollzG erfaßt, da es sich hierbei um Aufgaben der Justizverwaltungen der Länder und nicht um Aufgaben der einzelnen Justizvollzugsanstalten handele.[686] Und eine Privatisierung von verschiedenen Versorgungsfunktionen wie der Küche, der Gärtnerei oder der Wäscherei komme nicht in Betracht, weil anderenfalls wichtige Arbeitsmöglichkeiten für die Gefangenen verloren gingen.
  Wenn aber ein privatisierungsfähiger Dienstposten gefunden sei, müsse zusätzlich das Regel-Ausnahmeverhältnis gewahrt bleiben.[687] Die nichtverbeamteten Personen müßten danach zahlenmäßig deutlich in der Minderheit bleiben.
- *Bonk* faßt den Tätigkeitsbereich für vertraglich verpflichtete Personen weiter, indem er als sachlichen Grund „jeden sachlich vertretbare(n) und anerkennenswerte(n) Grund" – mithin also auch finanzielle Erwägungen – als ausreichend erachtet.[688] Entscheidend sei nur, daß es sich bei den übertragbaren Tätigkeiten im Strafvollzug um „Dienst- und Serviceleistungen im weiteren Sinne *ohne Eingriffsbefugnisse* gegenüber Gefangenen" handelt.[689]

685 *Calliess/Müller-Dietz*, Strafvollzugsgesetz, 10. Aufl. 2005, § 155 Rn. 9.
686 *Calliess/Müller-Dietz*, Strafvollzugsgesetz, 10. Aufl. 2005, § 155 Rn. 11.
687 *Calliess/Müller-Dietz*, Strafvollzugsgesetz, 10. Aufl. 2005, § 155 Rn. 10.
688 *Bonk*, JZ 2000, 441.
689 *Bonk*, JZ 2000, 442; im Anschluß *Feest*, in: Feest, StVollzG, 5. Aufl. 2006, § 155 Rn. 3. Auch die vom hessischen Justizminister Wagner am 01.02.2000 eingesetzte

- *Gusy/Lührmann* verweisen auf den Zusammenhang zwischen § 155 Abs. 1 S. 2 StVollzG und § 155 Abs. 2 StVollzG.[690] Gemäß § 155 Abs. 2 StVollzG ist für jede Anstalt entsprechend ihren Aufgaben die erforderliche Anzahl von Bediensteten der verschiedenen Berufsgruppen bereitzustellen. Im Hinblick auf diese Vorschrift sei der Begriff der „besonderen Gründe" nun dahingehend zu bestimmen, daß es möglich sein muß, „aus Behandlungsgründen auf die Mitarbeit von besonderen Fachkräften außerhalb des Vollzuges zurück(zu)greifen".[691] Ein Einsatz vertraglich verpflichteter Personen komme danach nur in Betracht, wenn sich für die Erreichung des Vollzugsziels bestimmte Aufgaben stellen, die nur von Fachkräften außerhalb der Anstalt wahrgenommen werden können. Den Erörterungen von *Gusy/Lührmann* liegt dabei die Annahme zugrunde, daß sich der Grundsatz des § 155 Abs. 1 StVollzG nur auf hoheitliche Aufgaben erstrecke.[692]
  Beispielsweise wäre nach dieser Auffassung ein Einsatz privater Sicherheitskräfte nicht möglich, da diese nicht über qualifizierte Fähigkeiten verfügen. Abgesehen davon, gibt es nach geltendem Recht sowieso keine Vollzugsaufgaben mehr, die sich einzig und allein auf die Sicherheit (in) einer Anstalt beschränkten.[693] *Gusy/Lührmann* erkennen allerdings eine einzige Ausnahme für den Einsatz privater Sicherheitskräfte trotz mangelnder Spezialkenntnisse für den Fall an, daß wegen einer gravierenden Krankheitswelle die Aufrechterhaltung der Grundversorgung der Gefangenen – auch durch gegenseitige Aushilfsmaßnahmen in nahegelegenen anderen Anstalten – nicht mehr möglich wäre.[694] Allein finanzielle Erwägungen seien hingegen nicht ausreichend.[695]

Arbeitsgruppe „Privatisierung des Strafvollzugs" kommt zu diesem Ergebnis (der Bericht ist teilweise abgedruckt in ZfStrVo 2000, 249 f.); vgl. hierzu auch *Wagner*, ZRP 2000, 171.

690 *Gusy/Lührmann*, StV 2001, 47 f.; *Gusy*, Zulässigkeit und Grenzen des Einsatzes privater Sicherheitsdienste im Strafvollzug, in: Stober, Privatisierung im Strafvollzug?, 2001, S. 14, auch zum folgenden.

691 *Gusy/Lührmann*, StV 2001, 48, die sich u.a. auf die Gesetzesbegründung zum StVollzG berufen, vgl. BT-Drucks. 7/918, S. 96 zu § 142.

692 *Gusy/Lührmann*, StV 2001, 47.

693 Vgl. dazu nur § 154 Abs. 1 StVollzG, nach dem alle im Vollzug Tätigen im Hinblick auf die Aufgaben des Vollzugs zusammenarbeiten müssen und es keine auf reine Bewachungsfunktionen beschränkte Bedienstete, die in engem Kontakt mit den Gefangenen stehen, mehr geben darf. Vgl. dazu auch *Calliess/Müller-Dietz*, Strafvollzugsgesetz, 10. Aufl. 2005, § 154 Rn. 1.

694 *Gusy/Lührmann*, StV 2001, 48.

695 *Gusy/Lührmann*, StV 2001, 48; a.A. *Bonk*, JZ 2000, 441.

Ansonsten bliebe nur für Serviceleistungen ohne direkten Kontakt mit den Gefangenen als nichthoheitliche Tätigkeiten Raum für den Einsatz Privater.[696]

Ob einer und wenn ja welcher dieser Ansichten ohne Vorbehalte gefolgt werden kann, ist nicht in einem einzigen Satz zu beantworten. Zunächst ist nach einer allgemeinen Abgrenzungsregel zu suchen. Danach kann eine differenzierende Untersuchung erfolgen.

a) Die Auslegung des Tatbestandsmerkmals der besonderen Gründe

Vergleicht man den Sinn und Zweck des grundgesetzlichen Funktionsvorbehalts zugunsten des Berufsbeamtentums aus Art. 33 Abs. 4 GG mit dem des § 155 Abs. 1 S. 1 StVollzG, ist ersichtlich, daß beide Vorschriften – mit unterschiedlicher Rangordnung – dasselbe Anliegen verfolgen. Es soll gewährleistet werden, daß bestimmte Funktionen im Rahmen der öffentlichen Aufgabenerledigung von staatlichen Bediensteten wahrgenommen werden, die in einem besonders engen Abhängigkeitsverhältnis, nämlich einem öffentlich-rechtlichen Dienst- und Treueverhältnis zum Staat stehen. Was Art. 33 Abs. 4 GG noch ganz allgemein formuliert, bringt das StVollzG in § 155 Abs. 1 S. 1 für den Bereich des Strafvollzugs konkret zu Papier. Denn was für die staatliche Aufgabenerfüllung schon im allgemeinen gilt, muß natürlich für einen für die staatliche Organisation so elementaren Aufgabenbereich wie den des Strafvollzugs – gerade im Hinblick auf die Sicherungsfunktion gegenüber der Bevölkerung und hinsichtlich des engen Bezugs zu den Grundrechten, insbesondere der Menschenwürde der Gefangenen – auch im besonderen verbindlich sein. Beim Vollzug der Freiheitsstrafe kommen Bürger täglich unmittelbar mit der Staatsgewalt in Berührung, erfahren diese am eigenen Leib.

aa) Gründe für den Einsatz staatlichen Personals im Bereich des Strafvollzugs

Gerade im Bereich des Strafvollzugs kommt es darauf an, daß die Organisation aller Abläufe neutral und unabhängig von Individualinteressen durchgeführt wird.[697]

---

696 *Gusy/Lührmann*, StV 2001, 52 f.
697 Vgl. dazu oben Teil 1 B)I.4.b)bb)(1), S. 78.

(1) Der innere Friede

Es wäre dem inneren Frieden nicht förderlich, könnten sich Gefangene durch „gute Beziehungen" zum Vollzugspersonal verbesserte Konditionen oder im schlimmsten Falle vielleicht sogar eine Fluchtmöglichkeit verschaffen, mit Geld erkaufen oder sonst erkämpfen. Ebenso darf es nicht sein, daß außenstehende Dritte sich mittels Geldes, der Auswahl der Dienstkräfte oder anderer möglicher Druckmittel Einfluß auf die Vollzugsorganisation – ob es um einseitige Begünstigungen oder aber um besonders harte Bedingungen für einzelne Gefangene geht, ist irrelevant – verschaffen. Stattdessen müssen persönlich und sachlich unabhängige Personen einen neutralen Vollzug gewährleisten.

Insbesondere im Strafvollzug ist darüber hinaus eine kontinuierliche Aufgabenerfüllung durch die Bediensteten unerläßlich.[698] Bei Beamten folgt deren Verläßlichkeit und gleichmäßige Verfügbarkeit aus ihrer besonderen Pflichtenstellung zum Staat. Es wäre nicht auszudenken, welche Szenarien sich abspielten, würde ein ausschließlich privat betriebenes Gefängnis bestreikt werden.

(2) Grundrechtssicherung

Daß die typischen Tätigkeiten in Justizvollzugsanstalten besonders grundrechtsrelevant und damit im Hinblick auf die persönliche Freiheit der Gefangenen von großem Einfluß sind, muß nicht lange begründet werden.[699] Nahezu alle grundrechtlichen Schutzbereiche werden durch die Unterbringung in einem Gefängnis als einer „totalen Institution"[700] betroffen: Ins Auge fallen insbesondere die Art. 1, 2, 4, 5, 6, 8, 10, 12 und 14 GG, die häufig schon durch den Anstaltsaufenthalt an sich jedenfalls mittelbar berührt werden.[701] Vor diesem Hintergrund ist es besonders wichtig, daß Strafgefangene nur mit gesetzeskonformen, insbesondere die Grundrechte wahrenden, verhältnismäßigen Handlungen seitens des Anstaltspersonals konfrontiert werden. Grundrechte und rechtsstaatliche Grund-

---

698 Vgl. dazu oben Teil 1 B)I.4.b)bb)(2), S. 79 f.

699 Insbesondere bedarf es heute keiner gesonderten Begründung mehr, daß Grundrechte auch für Strafgefangene gelten. Die Lehre vom besonderen Gewaltverhältnis gehört der Vergangenheit an, vgl. BVerfGE 33, 1, 10 f.; 58, 358, 367.

700 Vgl. zu diesem Begriff beispielsweise *Walter*, Strafvollzug, 2. Aufl. 1999, S. 252 ff.; *Böhm*, in: Schwind/Böhm, Strafvollzugsgesetz, 2. Aufl. 1991, § 3 Rn. 4; *Romkopf*, in: Schwind/Böhm, Strafvollzugsgesetz, 2. Aufl. 1991, § 56 Rn. 2; *Feest*, in: Feest, StVollzG, 5. Aufl. 2006, Vor § 154 Rn. 1; *Kellermann/Köhne*, in: Feest, StVollzG, 5. Aufl. 2006, Vor § 17 Rn. 2 ff.

701 So auch *Laubenthal*, Strafvollzug, 4. Aufl. 2006, Rn. 244; *Schöch*, in: Kaiser/Schöch, Strafvollzug, 5. Aufl. 2002, § 5 Rn. 52; *Feest/Lesting*, in: Feest, StVollzG, 5. Aufl. 2006, § 4 Rn. 19.

sätze wie der Vorrang und der Vorbehalt des Gesetzes binden aber nur den Staat und nicht private Rechtssubjekte.[702]

Daher ist es nur folgerichtig, daß § 155 Abs. 1 StVollzG die Wertungen des Art. 33 Abs. 4 GG einfachgesetzlich nachzeichnet.

bb) Engere Formulierung des § 155 Abs. 1 StVollzG im Vergleich zu Art. 33 Abs. 4 GG

Bei genauem Hinsehen fällt auf, daß § 155 Abs. 1 StVollzG sogar noch enger formuliert ist, als das in Art. 33 Abs. 4 GG vorgesehen ist. Art. 33 Abs. 4 GG erstreckt sich dem Wortlaut nach allein auf hoheitsrechtliche Tätigkeiten. Zudem bezieht sich der Funktionsvorbehalt des Grundgesetzes nur auf ständige Aufgaben. Und letztlich formuliert Art. 33 Abs. 4 GG lediglich einen Regelvorbehalt, von dem Ausnahmen möglich sind, solange das Regel-Ausnahme-Verhältnis noch gewahrt ist.

§ 155 Abs. 1 S. 1 StVollzG erfaßt wortlautgemäß alle Aufgaben von Justizvollzugsanstalten. Auch sieht § 155 Abs. 1 S. 1 StVollzG keine Einschränkung für nichtständige Aufgaben vor, erstreckt sich also sowohl auf ständige als auch auf Aufgaben von nur kurzer Dauer. Und schließlich sind laut § 155 Abs. 1 S. 2 StVollzG an eine Ausnahme erhöhte Anforderungen zu stellen, wenn das Vorliegen besonderer Gründe gefordert wird.

§ 155 Abs. 1 StVollzG forciert somit die personellen Anforderungen bezüglich der Tätigkeiten im Strafvollzug. In diese Richtung bestehen keine verfassungsrechtlichen Bedenken. Nur für den Fall, daß § 155 Abs. 1 StVollzG zu weit hinter dem Standard des Art. 33 Abs. 4 GG zurückbliebe, käme die Norm mit dem über ihr stehenden Grundgesetz in Konflikt. Die strengere Fassung kann hingegen mit der besonderen Bedeutung des Strafvollzugs für die staatliche Organisation und der besonderen Grundrechtsempfindlichkeit dieses Bereichs erklärt werden. Dem möglichen Einwand, § 155 Abs. 1 StVollzG verstoße wegen der härteren Anforderungen im Vergleich zu Art. 33 Abs. 4 GG gegen die in Art. 12 Abs. 1 GG gewährleistete Berufsausübungsfreiheit beispielsweise privater Sicherheitsunternehmen, wäre zu entgegnen, daß gewaltausübende Tätigkeiten[703] ohnehin nicht grundrechtlichem Schutz unterliegen und in Bezug auf viele andere Tätigkeiten im Vollzugsbereich nicht nur vernünftige, sondern sogar zwingende Gründe des Allgemeinwohls für eine staatliche Erledigung sprechen. Außerdem enthält § 155 Abs. 1 StVollzG eine Ausnahmemöglichkeit für beson-

702 Vgl. dazu oben Teil 1 B)I.4.b)bb)(3), S. 80 f.

703 Ausgenommen sind hier die Fälle ausnahmsweise zulässiger Privatgewalt aufgrund der Notrechte.

ders gelagerte Fälle, die den Grundsatz der staatlichen Aufgabenerledigung im ganzen verhältnismäßig werden läßt. Gegen die prinzipielle Anhebung der Anforderungen ist also nichts einzuwenden.

cc) Auslegung der „besonderen Gründe" des § 155 Abs. 1 StVollzG vor dem Hintergrund des Art. 33 Abs. 4 GG

Da der Wortlaut des § 155 Abs. 1 StVollzG für den Vollzugsbeamtenvorbehalt weder Einschränkungsmöglichkeiten noch Ausnahmen nennt, außer daß aus besonderen Gründen einzelne Aufgaben auch neben anderen auf Private übertragen werden können, entscheidet sich die Privatisierungsfrage allein an dem unbestimmten Tatbestandsmerkmal der besonderen Gründe. Das StVollzG selbst gibt für eine Auslegung dieses Merkmals keine unmittelbare Hilfestellung, etwa in der Form einer nicht abschließenden Aufzählung einiger besonders typischer Ausnahmesituationen. Es bietet sich daher an, zur Auslegung auf die Verfassung, insbesondere auf Art. 33 Abs. 4 GG zurückzugreifen, der die allgemeine Grundlage eines Beamtenvorbehalts darstellt und einen Mindeststandard vorgibt. Bei der jeweiligen Abgrenzung im Einzelfall sind aber die besonderen Gegebenheiten des Strafvollzugs zu berücksichtigen. § 155 Abs. 1 StVollzG hebt die Schwelle, die es für eine Ausnahme zu überwinden gilt, für den Bereich des Strafvollzugs im Unterschied zur allgemeineren Norm des Art. 33 Abs. 4 GG an. Dies ist im Rahmen einer verfassungskonformen Auslegung jeweils zu beachten.

Mangels anderweitiger Hinweise im Wortlaut des § 155 Abs. 1 StVollzG kann man prinzipiell jeden an sich rechtmäßigen besonderen Grund und damit jede Abweichung vom Normalfall als ein einer Ausnahme zugrunde zu legendes Motiv anerkennen, solange eine derartige Ausnahme noch mit Art. 33 Abs. 4 GG – unter Berücksichtigung der Besonderheiten des Strafvollzugs – vereinbar ist. Das bedeutet, daß Ausnahmen vom Beamtenvorbehalt denkbar sind, solange und soweit es sich bei der zu untersuchenden Tätigkeit beispielsweise nicht um eine hoheitliche Tätigkeit handelt oder aber eine hoheitliche Tätigkeit nur auf absehbare, kurze Zeit auf Private übertragen werden soll. Weiter wären Ausnahmen denkbar, solange der qualitative Schwerpunkt der hoheitlichen Strafvollzugstätigkeit weiterhin von Beamten wahrgenommen wird und somit das Regel-Ausnahme-Verhältnis gewahrt bleibt. Insbesondere bei letztgenanntem Kriterium wird aber aufgrund der besonderen Bedeutung des Strafvollzugs für die staatliche Organisation und der Grundrechtsempfindlichkeit dieses Bereiches kein großer Spielraum verbleiben. Die Antwort auf die Frage der Privatisierbarkeit einzelner Tätigkeiten auf dem Gebiet des Strafvollzugs ist somit unter Berücksichtigung der zu Art. 33 Abs. 4 GG entwickelten Kriterien zu suchen.

(1) Hoheitlichkeit der Tätigkeit

Zunächst ist also danach zu fragen, ob es sich bei einer Tätigkeit um eine hoheitliche Tätigkeit handelt. Unter den verfassungsrechtlichen Funktionsvorbehalt fallen im wesentlichen drei Betätigungsfelder.[704] Zum einen zählen dazu die für die Staatlichkeit notwendigen, die Existenz und Funktionsfähigkeit des Staates gewährleistenden Handlungen. Weiter rechnen Dienststellen zu typischen Beamtendienststellen, auf denen höchstrangige Exekutiventscheidungen getroffen werden. Schließlich wird auch der Bereich staatlichen Tätigwerdens, bei dem für den grundrechtlich gewährleisteten Rechtskreis der Bürger wesentliche Entscheidungen getroffen werden, vom Funktionsvorbehalt erfaßt. Handelt es sich nach dieser Einteilung um eine hoheitliche Aufgabe, so ist grundsätzlich davon auszugehen, daß die relevante Stelle mit einem Beamten zu besetzen ist.[705]

(2) Dauer einer Aufgabe

Für den Fall, daß man bezüglich des Hoheitscharakters einer Aufgabe zu einem positiven Ergebnis kommt, ist weiter zu fragen, ob es sich bei einer bestimmten Tätigkeit um eine ständige Aufgabe oder nur um eine vorübergehende Beschäftigung handelt. Ist eine Tätigkeit nicht kontinuierlich oder nur auf absehbare Zeit zu verrichten,[706] so kann dies eine Ausnahmemöglichkeit begründen. Wenn zwar im Rahmen des Art. 33 Abs. 4 GG auch Aufgaben von langjähriger, aber doch absehbarer Dauer nichtbeamtetem Personal übertragen werden dürfen,[707] so sollte doch für den Bereich des Strafvollzugs eine engere Auslegung des § 155 Abs. 1 StVollzG vertreten werden. Sobald für eine absehbare Zeitspanne

---

704 Vgl. dazu oben Teil 1 B)I.4.b)cc)(2)(e), S. 92 ff.

705 *Gusy/Lührmann*, StV 2001, 47 und *Mösinger*, BayVBl. 2007, 426 gehen davon aus, daß von § 155 Abs. 1 StVollzG von vornherein nur hoheitliche Tätigkeiten erfaßt seien. Sie stützen sich primär auf die Materialien zum StVollzG. Vom Wortlaut ist diese Auslegungsvariante hingegen nicht gedeckt. Im Unterschied zu Art. 33 Abs. 4 GG und § 2 BRRG ist bei § 155 Abs. 1 StVollzG gerade nicht ausdrücklich von hoheitlichen Aufgaben die Rede. Im Ergebnis werden aber beide Auslegungsvarianten zum selben Ergebnis kommen, da nach der hier vertretenen Ansicht für ein Tätigwerden im nichthoheitlichen Bereich im Rahmen des § 155 StVollzG eine Ausnahme möglich ist.

706 *Jarass/Pieroth*, Grundgesetz, 9. Aufl. 2007, Art. 33 Rn. 41; *Masing*, in: Dreier, Grundgesetz-Kommentar, Bd. 2, 2. Aufl. 2006, Art. 33 Rn. 69; *Jachmann*, in: v. Mangoldt/Klein/Starck, GG II, 5. Aufl. 2005, Art. 33 Rn. 37.

707 *Masing*, in: Dreier, Grundgesetz-Kommentar, Bd. 2, 2. Aufl. 2006, Art. 33 Rn. 69; *Jachmann*, in: v. Mangoldt/Klein/Starck, GG II, 5. Aufl. 2005, Art. 33 Rn. 37.

eine vernünftige Personalplanung betrieben werden kann, sind die betreffenden Dienstposten grundsatzgemäß mit Beamten zu besetzen. Dies dürfte bei kontinuierlichen mehrjährigen Aufgaben der Fall sein. Bei nicht kontinuierlichen Tätigkeiten sollte in die Überlegungen miteinbezogen werden, ob es nicht möglich ist, daß mehrere benachbarte Justizvollzugsanstalten sich eine Beamtenstelle „teilen" und sich so eine kontinuierliche Auslastung des betreffenden Mitarbeiters erzielen läßt.

(3) Wahrung des Regel-Ausnahme-Verhältnisses

Anhand einer Untersuchung mittels qualitativer Kriterien ist vor einer Privatisierung einzelner Tätigkeiten auf dem Gebiet des Strafvollzugs zu ermitteln, ob die Regel der hoheitsrechtlichen Aufgabenerfüllung noch die Erledigung durch Beamte ist.[708] Das Schwergewicht hoheitlichen Tätigwerdens muß den Beamten vorbehalten bleiben. Die Antwort auf diese Frage hat sich wiederum an Sinn und Zweck des Funktionsvorbehalts zu orientieren. Je bedeutender ein Tätigkeitsfeld für die Funktionstüchtigkeit des Staates ist, je sachnäher ein neuer Mitarbeiter zu den Entscheidungsträgern in den Ministerien steht und je wesentlicher dieser auf grundrechtlich geschützte Positionen einwirken kann und voraussichtlich wird, desto weniger kann ein Einsatz von Nichtbeamten in Betracht kommen.[709] Im Hinblick auf die Relevanz des Strafvollzugswesens für die innere Sicherheit und in Anbetracht der Grundrechtsempfindlichkeit dieses Bereichs zeichnet sich schon an dieser Stelle ab, daß es vorliegend in erster Linie auf das erste und das dritte Kriterium und weniger auf die Sachnähe zu den jeweiligen Ministerien ankommen wird. Im folgenden gilt es nun, Spielräume für Privatisierungen im Bereich des Strafvollzugs – zunächst auf dem Handlungsfeld des allgemeinen Vollzugsdienstes – zu erkennen und zu bewerten.

b) Einzelne konkrete Tätigkeiten

aa) Die sichere Unterbringung und Bewachung der Gefangenen

(1) Hoheitliche Tätigkeit

Bei der sicheren Unterbringung und der Bewachung der Gefangenen handelt es sich um typische, den Strafvollzug als solchen kennzeichnende Tätigkeiten. Darunter fallen das Einschließen der Gefangenen als Reflex der gerichtlich an-

708 Vgl. dazu oben Teil 1 B)I.4.b)dd)(1), S. 95 ff.
709 Vgl. dazu oben Teil 1 B)I.4.b)dd)(1), S. 95 ff.

geordneten Freiheitsstrafe,[710] die Bewachung der Gefangenen, beispielsweise wenn sie ihren persönlichen Haftraum verlassen, und bei Störfällen, insbesondere bei Fluchtversuchen, die Anwendung von besonderen Sicherungsmaßnahmen.[711] Daß es hierbei um hoheitliche Aufgaben geht, steht außer Zweifel.

(a) Relevanz für die innere Sicherheit

(aa) Aus der Perspektive der Allgemeinheit

Zum einen zeichnen sich diese Sicherungsaufgaben als Teil der Staatsaufgabe der inneren Sicherheit als besonders relevante Tätigkeiten hinsichtlich der Existenz und der Funktionsfähigkeit des Staates aus. Der Staat muß seinen Bürgern inneren Frieden und ein sicheres Zusammenleben in der staatlichen Gemeinschaft gewährleisten. Ohne einen effektiven Strafvollzug wäre jede gerichtliche Anordnung einer Freiheitsstrafe als Antwort auf eine begangene Straftat eine leere Drohung. Welcher verurteilte Straftäter würde sich freiwillig für mehrere Jahre in eine Justizvollzugsanstalt begeben und dort verweilen? Mag es vielleicht auch wenige Ausnahmen geben – für den Großteil der Verurteilten bedarf es dafür doch der vollstreckenden Staatsgewalt. So verhelfen die Bediensteten des Strafvollzugs unter diesem Aspekt dem materiellen Strafrecht als Rahmenordnung eines friedlichen Zusammenlebens zur Durchsetzung. Daneben wird über die bloße Vollstreckung der Freiheitsstrafe hinaus mit dem Strafvollzug – wenn auch dem Vollzugsziel des § 2 S. 1 StVollzG nachgeordnet[712] – gemäß § 2 S. 2 StVollzG die Aufgabe der negativen Spezialprävention verfolgt. Die Bevölkerung soll für die Zeit der Verbüßung der Freiheitsstrafe vor dem Täter geschützt werden. Der Sicherheit der Allgemeinheit nach der Entlassung des Täters aus dem Gefängnis dient das Vollzugsziel der positiven Spezialprävention des § 2 S. 1 StVollzG – kurz: die Resozialisierung des ehemaligen Straftäters.[713] An dieser auf die Zukunft ausgerichteten Aufgabe wirken die Mitglieder des allgemeinen Vollzugsdienstes ebenfalls mit. Die Gefangenenbewachung darf vor dem

---

710 Vgl. dazu *Calliess/Müller-Dietz*, Strafvollzugsgesetz, 10. Aufl. 2005, § 2 Rn. 10; *Schöch*, in: Kaiser/Schöch, Strafvollzug, 5. Aufl. 2002, § 6 Rn. 10.

711 Vgl. dazu §§ 88 ff. StVollzG.

712 Im BayStVollzG wird die Aufgabe der negativen Spezialprävention der Aufgabe der Resozialisierung der Gefangenen gleichgestellt, vgl. dazu Art. 2 BayStVollzG, der den Schutz der Allgemeinheit vor weiteren Straftaten an erster Stelle nennt.

713 Vgl. dazu auch die Begründung der Bayerischen Staatsregierung zum Entwurf des BayStVollzG zu Art. 2 (abrufbar unter http://www.bayern.landtag.de/ElanTextAblage_WP15/Drucksachen/Basisdrucksachen/0000004500/0000004564.pdf, zuletzt abgerufen am 27.12.2007), die ausdrücklich auf diesen Zusammenhang verweist.

Hintergrund des § 154 Abs. 1 StVollzG, nach dem alle Vollzugsbediensteten bezüglich des Vollzugsziels zusammenarbeiten, nicht isoliert betrachtet werden.[714] Somit lassen sich diese – wenn auch in erster Linie kustodialen – Tätigkeiten aus der Perspektive der Gesellschaft als hoheitliche Tätigkeiten einordnen, da sie hinsichtlich ihrer Funktion für den inneren Frieden und die innere Sicherheit unter die den Staat als solchen legitimierenden Aufgaben zu subsumieren sind.

(bb) Aus der Perspektive der Gefangenen

Darüber hinaus ergibt sich aus dem Blickwinkel der Inhaftierten das gleiche Ergebnis. Zum einen haben die kustodialen Funktionen ihnen gegenüber auch Bedeutung für ihr Empfinden der inneren Sicherheit. Innere Sicherheit bedeutet bekanntlich neben anderen Aspekten, daß Private sich nicht privater Gewalt ausgeliefert sehen müssen. Übergriffe Privater auf Mitbürger gilt es in einem Staat gerade zu unterbinden. Deswegen ist grundsätzlich alle physische Zwangsgewalt beim Staat monopolisiert. Wenn Bürger in einem Staat rechtmäßig mit physischer Zwangsgewalt konfrontiert werden, so doch nur mit staatlicher Gewalt, welche den verschiedenen Anforderungen insbesondere des Rechtsstaatsprinzips und der Grundrechte genügen muß. Da es sich bei den hier zu untersuchenden Sicherheits- und Wachaufgaben um Tätigkeiten handelt, auf die sich das staatliche Gewaltmonopol erstreckt,[715] und vor deren privater Ausführung der Staat gerade schützen soll, unterfallen sie auch aus der Perspektive der Gefangenen den exklusiv vom Staat zu erledigenden Aufgaben.

(b) Grundrechtswesentlichkeit

Zum anderen stellen sich diese Tätigkeiten gegenüber den Gefangenen als grundrechtswesentliche Handlungen dar. Man denke beispielsweise an folgende Ereignisse im Rahmen des Strafvollzugs: Ein Gefangener wird in seine Zelle eingesperrt, mittels physischen Zwangs an der Flucht gehindert, aus Sicherheits-

---

714 Vgl. auch *Laubenthal*, Strafvollzug, 4. Aufl. 2006, Rn. 268; *Calliess/Müller-Dietz*, Strafvollzugsgesetz, 10. Aufl. 2005, § 154 Rn. 1. Wollte man einzelne Wachaufgaben auf reines „Wach-" oder „Sicherheitspersonal" ohne zusätzliche Verantwortung für die Resozialisierung der Gefangenen übertragen, so wäre dafür eine Änderung des einfachen Rechts erforderlich. Ein entsprechender Parlamentsakt hätte gleichwohl aus den anderen vorstehend genannten und sogleich noch folgenden Gründen kein abweichendes Ergebnis zur Folge.

715 Wie schon unter Teil 3 B)II.2.a)bb)(2)(a) und (b), S. 155 ff., gezeigt wurde, existiert für die typische Strafvollzugsgewalt keine gesetzlich normierte bzw. normierbare Ausnahme vom staatlichen Gewaltmonopol in Form einer Gewaltgestattungsvorschrift.

gründen gefesselt, es werden ihm private Gegenstände entzogen oder seine Briefe gelesen. All diese Verhaltensweisen stellen wesentliche Einschränkungen für die Grundrechte des Gefangenen dar. Nur wenige Grundrechte der Strafgefangenen können in einer Vollzugsanstalt in gleichem Maße wie in gesellschaftlicher Freiheit ausgeübt werden.[716] Bei den geschilderten Maßnahmen werden in besonderer Weise das Recht auf Freiheit der Person gemäß Art. 2 Abs. 2 S. 2 GG, das Recht auf körperliche Unversehrtheit gemäß Art. 2 Abs. 2 S. 1 GG, das Recht auf Eigentum aus Art. 14 Abs. 1 S. 1 GG und das Briefgeheimnis gemäß Art. 10 Abs. 1 GG bzw. das allgemeine Persönlichkeitsrecht gemäß Art. 2 Abs. 1 i.V.m. Art. 1 Abs. 1 GG berührt.[717] Der jeweils betroffene Gefangene kann sich unter derartigen Maßnahmen im grundrechtlich gewährleisteten Freiheitsbereich nicht frei entfalten und muß – allerdings nur rechtmäßige und zumutbare – Beschränkungen hinnehmen. Dies erfordert, daß solche Maßnahmen allein von staatlichem Personal wahrgenommen werden, das den grundrechtlichen Bindungen unterliegt und keine ungerechtfertigten, insbesondere keine unverhältnismäßigen Handlungen vornehmen darf.

Die den Strafvollzug als solchen kennzeichnenden Sicherheits- und Wachtätigkeiten stellen somit hoheitsrechtliche Handlungen dar und sind damit grundsätzlich von Beamten auszuführen.

(2) Als ständige Aufgabe

Bewachungs- und Sicherungstätigkeiten sind auch dauerhaft zu erledigen. Ohne sie kommt der Strafvollzug nicht aus. Ein ausnahmsweise zeitlich eng befristeter Bedarf an zusätzlichem Wach- und Sicherheitspersonal kann aber möglicherweise dadurch entstehen, daß beispielsweise aus Krankheitsgründen ein effektiver Strafvollzug ohne die ergänzende Inanspruchnahme nichtstaatlichen Personals nicht mehr aufrechterhalten werden könnte.[718] Insbesondere ist in einem solchen Fall aber vorrangig zu prüfen, ob ein vorübergehender Engpaß nicht mit verbeamtetem Vollzugspersonal aus nahegelegenen Anstalten überbrückt werden

---

716 Uneingeschränkt verbleiben den Gefangenen insbesondere ihre Menschenwürde (Art. 1 Abs. 1 GG), ihr Recht auf Leben (Art. 2 Abs. 2 S. 1 GG), ihr Recht auf die deutsche Staatsbürgerschaft (Art. 16 GG), ihr Petitionsrecht (Art. 17 GG) und die Justizgrundrechte (Art. 101 ff. GG).

717 Keiner gesonderten Erwähnung bedarf, daß Eingriffe in diese Rechtspositionen natürlich verfassungsrechtlich gerechtfertigt sein können, wenn sie sich innerhalb des grundgesetzlichen Schrankenbereichs bewegen und insbesondere die Schranken-Schranken wahren.

718 Vgl. dazu auch *Gusy/Lührmann*, StV 2001, 48.

kann. Nur wenn auch dies nicht in Betracht kommt, kann ausnahmsweise subsidiär auf private Sicherheitsdienste zurückgegriffen werden.

(3) Das Schwergewicht der hoheitlichen Tätigkeit im Strafvollzug

Wenn auch Art. 33 Abs. 4 GG nur den regelmäßigen Einsatz von Beamten für die Erledigung hoheitsrechtlicher staatlicher Aufgaben fordert, so muß doch das Schwergewicht dieser hoheitsrechtlichen Aufgabenerfüllung allein von Beamten erledigt werden. Es ist zu fragen, ob die oben geschilderten Wach- und Sicherheitsaufgaben zum Schwerpunkt der hoheitlichen Vollzugstätigkeit gehören. Je wichtiger die auf einem Dienstposten zu erledigenden Handlungen für die elementare und den Staat als solchen rechtfertigende Staatsaufgabe der inneren Sicherheit sind und je intensiver ein Dienstpflichtiger im Rahmen seiner Aufgaben mit Grundrechten anderer Mitbürger in Berührung kommen kann und wird, desto weniger darf diese Dienststelle an nichtverbeamtetes Personal vergeben werden. Unter diesen beiden Aspekten verdichtet sich hier das Regel-Ausnahme-Verhältnis zu einem Privatisierungsverbot.

(a) Elementare Bedeutung für die innere Sicherheit

Zum einen ist ein funktionierender Strafvollzug wesentliches Element der inneren Sicherheit, da ohne ihn das materielle Strafrecht nicht durchgesetzt werden könnte und nur so zur praktischen Wirksamkeit gelangt. Durch das Strafrecht setzt der Staat äußere Rahmenbedingungen für ein friedliches gesellschaftliches Zusammenleben, indem die Rechte und Rechtsgüter aller Bürger geschützt werden und eine rechtswidrige und schuldhafte Verletzung solcher Rechtspositionen unter Strafe gestellt wird. So kommt der Staat unter anderem seinen grundrechtlichen Schutzpflichten nach, die die Staatsaufgabe der inneren Sicherheit in der Verfassung abbilden.[719] Weiter zielen die eigenständigen Vollzugsaufgaben sowohl der positiven als auch der negativen Spezialprävention auf innere Sicherheit.

Ein anschauliches worst-case-Szenario zur Verdeutlichung der Bedeutung der Wach- und Sicherungstätigkeit des allgemeinen Vollzugsdienstes für die innere Sicherheit liefert die Vorstellung, daß nach einer Privatisierung in diesem Bereich eine Justizvollzugsanstalt bestreikt wird. Beamten steht das Recht zur Arbeitsniederlegung aufgrund des zum Staat bestehenden Dienst- und Treueverhältnisses nicht zu. Ganz anders ist die Situation in privaten Arbeitsverhältnissen. Das Recht zum Streik wird von Art. 9 Abs. 3 GG sogar auf der Ebene der

---

719 Vgl. dazu oben Teil 1 A)III.2.b), S. 62 ff.

Verfassung gewährleistet. Würde nun eine Vollzugsanstalt bestreikt werden, so wären die Durchführung des Strafvollzugs und somit auch die innere Sicherheit in der Tat vom guten Willen der Inhaftierten abhängig. Es gäbe kein Personal mehr, um im Störfall Zwangsmaßnahmen anordnen und vor allem auch ausführen zu können.

(b) Grundrechtswesentlichkeit

Zum anderen kommen die Bediensteten des allgemeinen Vollzugsdienstes im Rahmen ihrer Wach- und Sicherheitsaufgaben aufs engste mit den Grundrechten der Gefangenen in Berührung. Beispielsweise die Durchführung der zwangsweisen Unterbringung in der Anstalt, die Vornahme von Sicherungsmaßnahmen wie eine gewaltsame Verhinderung eines Fluchtversuches eines Gefangenen, eine Fesselung oder das Lesen der Gefangenenpost sind allesamt Handlungen, die sich nicht lediglich im Randbereich des jeweiligen grundrechtlichen Schutzbereichs abspielen oder nur von mittelbarer Grundrechtsrelevanz sind, sondern gegenüber den betroffenen Personen unmittelbar wirken und individuell bis in den geschützten Kern vordringen.

bb) Die Leitung einer Justizvollzugsanstalt

Die Frage nach der Privatisierbarkeit der Leitung einer Justizvollzugsanstalt kann nach den vorstehenden Erörterungen schnell beantwortet werden. Genau genommen gehört dieser Dienstposten gar nicht unter die Gruppe des allgemeinen Vollzugsdienstes. Denn die Leitung einer Vollzugsanstalt ist neben den Angelegenheiten aus dem Bereich des allgemeinen Vollzugsdienstes auch mit solchen aller anderen Dienstbereiche betraut. So überträgt § 156 Abs. 2 S. 2 StVollzG der jeweiligen Anstaltsleitung „die Verantwortung für den gesamten Vollzug", ihr kommt grundsätzlich eine Allzuständigkeit und eine Allverantwortlichkeit zu.[720] Die Anstaltsleitung wird zudem vielfach ausdrücklich als zuständige Entscheidungsinstanz bestimmt.[721]

---

720 *Schöch*, in: Kaiser/Schöch, Strafvollzug, 5. Aufl. 2002, § 11 Rn. 8; *Laubenthal*, Strafvollzug, 4. Aufl. 2006, Rn. 260 ff.; *Calliess/Müller-Dietz*, Strafvollzugsgesetz, 10. Aufl. 2005, § 156 Rn. 3, 6; *Feest*, in: Feest, StVollzG, 5. Aufl. 2006, § 156 Rn. 5.

721 Vgl. dazu beispielsweise § 14 StVollzG (Weisungen bzw. Widerruf hinsichtlich Vollzugslockerungen und Hafturlaub), § 17 Abs. 2 StVollzG (Regelungen für die Teilnahme an gemeinschaftlichen Veranstaltungen), § 20 Abs. 2 StVollzG (Gestattung des Tragens eigener Kleidung), § 25 StVollzG (Besuchsverbot), § 28 StVollzG (Untersagung des Schriftwechsels mit bestimmten Personen), § 35 StVollzG (Ur-

Folgerichtig schreibt § 156 Abs. 1 StVollzG die einzig mögliche Variante gesetzlich fest: Die Leitung von Justizvollzugsanstalten ist Beamten zu übertragen. Ausnahmen von dieser Verpflichtung nennt das Gesetz – anders als in § 155 StVollzG oder Art. 33 Abs. 4 GG – nicht. Dies ergibt sich aus einem Schluß a minore ad maius. Wenn schon für die Bewachungs- und Sicherungstätigkeiten Beamte zu bestellen sind, so hat dies erst recht für den Leiter einer Vollzugsanstalt zu gelten, dem die Letzt- und Allverantwortlichkeit für sämtliche zu treffenden Maßnahmen zukommt. Ausnahmefälle sind hier auch vor dem Hintergrund des Art. 33 Abs. 4 GG nicht vorstellbar.

cc) Die Gebäude- und Anlagensicherung

(1) Tätigkeitsbeschreibung

Bei den Aufgaben der Gebäude- und Anlagenbewachung handelt es sich um Tätigkeiten, bei denen es grundsätzlich nicht zu direktem Kontakt mit Gefangenen kommt. Es geht hierbei in erster Linie darum, unerbetene Eindringlinge oder sonstige Personen, die dem Sachbestand der Vollzugsanstalt in irgendeiner Weise Schaden zuzufügen beabsichtigen, von der Anstalt fernzuhalten. Eine ausdrückliche Regelung im Gesetz für derartige Aufgaben gibt es nicht. Ohne die Einschaltung zusätzlicher privater Dienstkräfte[722] ist dieser Bereich vom allgemeinen Vollzugsdienst zu erledigen, der allgemein mit Wachaufgaben – auch im weiteren Sinne – betraut ist.[723]

(2) Zur Privatisierbarkeit

Bei der Untersuchung der Privatisierbarkeit dieser Funktionen ist zunächst wieder der Frage nachzugehen, ob es sich vorliegend um ein hoheitliches Tätigwerden handelt. Direkter Kontakt mit den Gefangenen, vor allem die Möglichkeit, ihnen gegenüber Anordnungen zu treffen, ist im Rahmen der Gebäude- und Anlagenbewachung grundsätzlich ausgeschlossen. Grundrechtswesentliche Entscheidungen sind folglich nicht zu erwarten.
Zwar handelt es sich bei Aufgaben der Gebäudebewachung insgesamt noch um Sicherheitsfragen und sie fallen damit in den weiten Bereich der inneren Sicherheit, deren Aufrechterhaltung das staatliche Gewaltmonopol dient. Insbesondere

laub aus wichtigem Anlaß), § 102 StVollzG (Verhängung von Disziplinarmaßnahmen), § 161 StVollzG (Erlaß der Hausordnung).

722 Als zulässig erachtet wird dies beispielsweise für die Bewachung von Polizeigebäuden, vgl. dazu *Peilert*, DVBl. 1999, 285 und *Stober*, NJW 1997, 895.

723 Vgl. dazu beispielsweise *Böhm*, Strafvollzug, 3. Aufl. 2003, Rn. 105.

sind hier Störfälle denkbar, die den Einsatz physischer Gewalt fordern. Der Geltungsbereich des staatlichen Gewaltmonopols ist folglich eröffnet. Auf den ersten Blick läge daher die Bejahung einer hoheitlichen Tätigkeit gar nicht so fern.

(3) Die Notrechte als Ausnahmen vom Grundsatz des staatlichen Gewaltmonopols

Jedoch sieht das einfache Recht für „Selbstverteidigungsfälle" Ausnahmevorschriften vom Grundsatz des staatlichen Gewaltmonopols vor, die sich in den verschiedenen Selbsthilfe-, Notwehr- und Notstandsvorschriften widerspiegeln. In akuten Angriffs- oder Gefahrenlagen ist dem Einzelnen erlaubt, sich selbst oder andere – auch mit physischer Zwangsgewalt – zu verteidigen, um den Angriff oder die Gefahr abzuwehren. Nicht von diesen Notrechten erfaßt ist freilich ein Recht zur eigenmächtigen Bestrafung des jeweiligen Angreifers bzw. Gefahrverursachers. Das Sanktionsrecht zusammen mit dem Recht zur Vollstreckung verhängter Sanktionen steht einzig und allein dem Staat zu. Selbstjustiz ist bekanntlich nicht erlaubt, Selbstverteidigung (im Rahmen der gesetzlichen Vorschriften) hingegen schon.

Kann die Aufgabe der Gebäudebewachung also von den privaten Notrechten getragen werden, so wäre hier eine Ausgliederung auf private Sicherheitsdienste denkbar. Vor diesem Hintergrund ergeben sich insbesondere zwei Problemkreise. Wollte man Gebäudesicherungsaufgaben an private Unternehmen übergeben, so ist zum einen zu klären, ob Notrechte auch gewerblich ausgeübt werden können. Zum anderen stellt sich für derartige Dienste zugunsten der öffentlichen Hand die Frage, ob diese privaten Sicherheitskräfte auch für den Staat engagiert werden dürfen.

(a) Gewerbliche Sicherheitsdienste

Zur Frage, ob die ausnahmsweise private Gewalt gestattenden Notrechte auch für gewerbliche Sicherheitsdienste zur Verfügung stehen, finden sich in der juristischen Literatur sowohl eine ablehnende als auch eine befürwortende Meinung.

Gegen ein Eingreifen der allgemeinen Notrechte wird eingewandt, daß der zur Notwehr oder zur Nothilfe schreitende Bürger sich einem „außergewöhnlichen und unerwarteten Vorfall gegenübersieht".[724] Bei gewerblichen Sicher-

724 *Jeand'Heur*, Von der Gefahrenabwehr als staatlicher Angelegenheit zum Einsatz privater Sicherheitskräfte, AöR Bd. 119 (1994), S. 128.

heitsdienstleistern sei die Situation ganz anders. Sie seien mit der Bewältigung derartiger Ausnahmesituationen vertraut. Die Rechte anderer Personen, nämlich der jeweiligen Auftraggeber, zu verteidigen sei für sie der berufliche Alltag und kein außergewöhnliches Ereignis mehr.[725]

Der überwiegende Teil der Literatur spricht sich dagegen für die Zulässigkeit gewerblicher Sicherheitsdienste auf dem Boden der bestehenden Notrechte aus.[726] In einer arbeitsteilig organisierten Gesellschaft dürfe ein Teil der Eigensicherung auf das private Sicherheitsgewerbe übertragen werden. Dieses agiere quasi als „verlängerter Arm des privaten Auftraggebers".[727]

Ganz im Sinne der zweiten Ansicht unterscheidet der Wortlaut der gesetzlich normierten Notrechte nicht zwischen schlicht privaten und professionellen Hilfemaßnahmen. Es kommt lediglich darauf an, einen gegenwärtigen Angriff abzuwehren oder eine aktuell bestehende Gefahr abzuwenden. Entscheidend ist primär, daß das Handeln von einem Verteidigungswillen getragen wird. Daß nebenbei noch weitere Motive vorliegen – wie beispielsweise das der Gewinnerzielung – schließt den Verteidigungswillen nicht aus. Bezüglich der handelnden Personen werden ausdrücklich Dritte ohne nähere Qualifizierung miteinbezogen. Aus § 34 a GewO ergibt sich, daß der Gesetzgeber in einer gewerbsmäßigen Bewachungstätigkeit zwar eine erlaubnispflichtige aber immerhin gestattungsfähige Beschäftigungsmöglichkeit sieht. Es ist auch in der Tat kein zwingendes Argument ersichtlich, das einer Berufung des privaten Sicherheitsgewerbes auf die existierenden Notrechte entgegenstehen würde. Wer beispielsweise Eigentümer großer Grundstücke ist, kann schon aus tatsächlichen Gründen Bewachungs- und Kontrollgänge nicht alleine durchführen. Ob er sich nun der Hilfe seiner Nachbarn bedient oder aber eines gewerblichen Sicherheitsdienstes, der sich sozusagen auf die Bewachung fremden Eigentums spezialisiert hat und diese Tätigkeit besonders gut ausführen kann, darf keinen Unterschied machen. Insbesondere aus der Sicht der Opfer eines Angriffs ist es irrelevant, ob ihr Helfer zufällig des Weges kam und hilfsbereit zur Seite stand oder ob er gewerbsmäßig handelnd anwesend war und eigens für eine Hilfeleistung in Notfällen engagiert wurde.[728]

---

725 *Jeand'Heur*, Von der Gefahrenabwehr als staatlicher Angelegenheit zum Einsatz privater Sicherheitskräfte, AöR Bd. 119 (1994), S. 127 ff. mit weiteren Nachweisen.

726 Ausführlich *Stober*, DÖV 2000, 262 f.; *ders.*, NJW 1997, 893 f.; *Burgi*, Privatisierung, in: Isensee/Kirchhof, HStR, Bd. IV, 3. Aufl. 2006, § 75 Rn. 19; *Peilert*, DVBl. 1999, 285.

727 *Stober*, DÖV 2000, 262.

728 *Burgi*, Privatisierung, in: Isensee/Kirchhof, HStR, Bd. IV, 3. Aufl. 2006, § 75 Rn. 19, bezeichnet die gegenteilige Ansicht, die gewerblichen Sicherheitskräften eine

Es ist aber selbstverständlich, daß privaten Sicherheitsdiensten nur diejenigen Rechte im Rahmen ihrer Arbeit zustehen, die dem jeweiligen Auftraggeber im konkreten Fall auch zustünden und die er nur deshalb nicht selbst wahrnehmen kann, weil er in einem Notfall nicht persönlich zur Stelle ist.[729] Private Sicherheitsdienste dürfen auf keinen Fall wie polizeiliche Dienstkräfte auftreten und aus eigenem Antrieb zugunsten des Allgemeinwohls oder der öffentlichen Sicherheit und Ordnung tätig werden.[730]

Private Sicherheitsdienste können sich also im Rahmen ihres Tätigwerdens auf die allen Bürgern im konkreten Fall zustehenden Notrechte berufen.

(b) Notrechte zugunsten des Staates

Fraglich ist allerdings, ob das Vorstehende auch zugunsten eines öffentlichrechtlichen Auftraggebers, hier zugunsten einer Justizvollzugsanstalt, gilt. Aber auch diese Frage kann positiv beantwortet werden. Die Antwort läßt sich im Hinblick auf das Schutzgut entwickeln. Bei Aufgaben der Gebäudebewachung geht es nicht um höchstpersönliche Schutzgüter wie Leib, Leben oder Gesundheit. Statt dessen sollen die zur Anstalt gehörenden Gebäude und Einrichtungen bewacht werden. Einschlägige Schutzgüter sind daher das Eigentum und das Hausrecht der Justizvollzugsanstalten. Zwar können sich der Staat und somit auch Justizvollzugsanstalten nicht auf das Eigentumsgrundrecht aus Art. 14 GG berufen.[731] Der Staat kann aber trotzdem (zivilrechtlich) Eigentümer unterschiedlicher Güter, Mobilien wie Immobilien, sein.[732] Juristischen Personen des öffentlichen Rechts steht insbesondere auch das Hausrecht über ihre Einrichtungen zu.[733] Aus diesem Grunde begegnet eine Übertragung von Gebäude- und Anlagenbewachungsaufgaben auf private Sicherheitsdienste keinen Bedenken, da es hierbei um die Verteidigung geschützter Rechtspositionen geht und auch nur solche Verteidigungshandlungen in Rede stehen, die jede Privatperson zu

---

Berufung auf die Notwehrrechte verweigert, im Hinblick auf die Opfer zu Recht als „zynisch".

729 *Stober*, NJW 1997, 893; *ders.*, DÖV 2000, 263; *Peilert*, DVBl. 1999, 285.

730 *Stober*, DÖV 2000, 262 f.; *ders.*, NJW 1997, 893. Sie dürfen daher auch nicht zur Sicherung des staatlichen Strafvollstreckungsanspruches herangezogen werden, vgl. oben Teil 3 B)II.2.a)bb)(2)(a) und (b), S. 155 ff.

731 Laut BVerfG schützt Art. 14 GG „nicht das Privateigentum, sondern das Eigentum Privater", vgl. BVerfGE 61, 82, 108 f.

732 BGHZ 33, 230, 230 ff.; *Wendt*, in: Sachs, Grundgesetz, 4. Aufl. 2007, Art. 14 Rn. 17; *Maurer*, Allgemeines Verwaltungsrecht, 16. Aufl. 2006, § 3 Rn. 24.

733 Vgl. dazu beispielsweise BVerwGE 35, 103, 103 ff. und BGHZ 33, 230, 230 ff. (jeweils zum Hausverbot); *Tröndle/Fischer*, Strafgesetzbuch, 54. Aufl. 2007, § 123 Rn. 2 ff.; *Stober*, NJW 1997, 895; *Peilert*, DVBl. 1999, 285.

ihrem Selbstschutz übertragen könnte.[734] Weiterreichende, hoheitsrechtliche Befugnisse stehen diesen privaten Sicherheitsdiensten ohnehin nicht zu.

(c) Weitere Unterstützungstätigkeit im Rahmen der Gebäude- und Anlagenbewachung

Neben ihrem Auftrag, das Außengelände einer Justizvollzugsanstalt abzusichern, können private Sicherheitskräfte noch in einigen anderen Fällen ihre Dienste einbringen.

Man denke nur an einen gewaltsamen Übergriff eines Inhaftierten gegenüber einem anderen Insassen oder einem Bediensteten. Ohne hier die Schranken des Gewaltmonopols zu übertreten, darf eine private Sicherheitskraft natürlich im Wege der Nothilfe gemäß § 32 Abs. 2 Var. 2 StGB einem Angegriffenen helfend zur Seite stehen. Auch hier würde sie sich nur der Rechte bedienen, die ebenso jedem anderen Bürger zustünden, der nicht aus gewerblichen Gründen handelt.

Außerdem bestehen keine rechtlichen Bedenken gegen eine Ausstattung des privaten Gebäudebewachungsdienstes mit mobilen Telefongeräten, so daß Störfälle, bei denen die privaten Dienstkräfte nicht aus eigenem Recht tätig werden dürfen,[735] sofort an eine Dienstkraft des allgemeinen Vollzugsdienstes weitergegeben werden können und diese dann geeignete Maßnahmen einleiten kann.[736] Auch insofern handelt es sich nicht um eigenständige hoheitliche Maßnahmen, sondern lediglich um eine Mitteilung von Tatsachen, die Auslöser hoheitlicher Handlungen sein können. Die Privatisierungsmöglichkeit endet aber dort, wo privaten Sicherheitskräften die unmittelbare Bewachung von Gefangenen

---

734 So – teils ohne, teils mit nur kurzer Begründung – im Ergebnis auch *Stober*, NJW 1997, 895; *ders.*, DÖV 2000, 266 f.; *Peilert*, DVBl. 1999, 285; *Gusy/Lührmann*, StV 2001, 52; *Mösinger*, BayVBl. 2007, 427. Insbesondere droht hier kein von *Krölls*, GewArch 1997, 450, befürchteter staatlicher Mißbrauch privater Notrechtsbefugnisse. Oben genannte Rechtspositionen juristischer Personen des öffentlichen Rechts stehen auch unter dem Schutz des Strafrechts. Es ist daher nicht verständlich, warum zu deren Gunsten nicht auch auf die Notrechte des StGB und des BGB zurückgegriffen werden dürfte. Hier geht es nicht um originäre Staatsfunktionen wie beispielsweise den staatlichen Straf(vollstreckungs)anspruch. Bezüglich des Schutzes des (privatrechtlichen) Eigentums und des Hausrechts, das jeweils einer individuellen juristischen Person zuzuordnen ist, ist der Staat in gleichem Maße schutzwürdig wie Privatpersonen.

735 Ein klassischer Fall wäre hier die Flucht eines Gefangenen.

736 Vgl. dazu auch *Gusy*, Zulässigkeit und Grenzen des Einsatzes privater Sicherheitsdienste im Strafvollzug, in: Stober, Privatisierung im Strafvollzug?, 2001, S. 29.

übertragen werden soll und ihnen Handlungsbefugnisse zuteil werden sollen, die nicht mehr von den allgemeinen Notrechten getragen werden.

Es macht auch keinen Unterschied, ob private Sicherheitsdienste persönlich die Anstaltsanlagen in regelmäßigen Rundgängen bewachen oder ob sie ihren Objektbewachungsaufgaben über eine installierte Videoübertragung durch eine Beobachtung der Bildschirme nachkommen.

dd) Zwischenergebnis

Im Rahmen der typischerweise vom allgemeinen Vollzugsdienst zu erledigenden Aufgaben kann eine Privatisierung nur in Bereichen in Betracht kommen, in denen es nicht zu einem direkten Kontakt mit den Gefangenen kommt. Privatisierungspotential besteht daher auf dem Gebiet der Anlagensicherung.[737] Rechtsgrundlagen für ein Eingreifen privater Sicherheitsdienste stellen die allen Bürgern zustehenden Notrechte dar. Diese rechtfertigen allerdings keine allgemeinen Bewachungs- und Sicherungsmaßnahmen gegenüber Gefangenen.

c) Erweiterung der Einsatzmöglichkeiten für Private durch Beleihung

Zwar sind weder über eine unterstützende Einbindung Privater im Wege der Verwaltungshilfe[738] noch aufgrund der gewaltgestattenden Ausnahmevorschriften in Form der Notrechte weitergehende Privatisierungen erreichbar. Doch mag dies möglicherweise durch eine gewaltübertragende Beleihung privater Dienstkräfte mit Hoheitsaufgaben erreicht werden können.[739] Der Tatbestand einer Be-

---

737 Neben der Gebäudebewachung kommt ein Einsatz privater Hilfskräfte auch noch beim Gefangenentransport in Betracht. Aber auch hier ist darauf zu achten, daß das private Personal nicht unmittelbar mit den Gefangenen in Berührung kommt. Aus Sicherheitsgründen muß hier zumindest ein Beamter des allgemeinen Vollzugsdienstes anwesend sein, der im Ernstfall Maßnahmen gegen Gefangene ergreifen kann. Vgl. dazu auch *Gusy/Lührmann*, StV 2001, 53.

738 Vgl. dazu oben Teil 3 C)I.2., S. 172 f. Vgl. auch *Wolff/Bachof/Stober*, Verwaltungsrecht, Band 3, 5. Aufl. 2004, § 90 a Rn. 1 ff., 21; *Ehlers*, Verwaltung und Verwaltungsrecht, in: Erichsen/Ehlers, Allgemeines Verwaltungsrecht, 13. Aufl. 2006, § 1 Rn. 17; *Burgi*, Verwaltungsorganisationsrecht, in: Erichsen/Ehlers, Allgemeines Verwaltungsrecht, 13. Aufl. 2006, § 9 Rn. 32; *Calliess/Müller-Dietz*, Strafvollzugsgesetz, 10. Aufl. 2005, § 155 Rn. 7; *Bonk*, JZ 2000, 441; *Krölls*, GewArch 1997, 446 f.; *Scholz*, NJW 1997, 16; *Stober*, ZRP 2001, 265.

739 *Kulas*, Die gesetzlichen Grundlagen der Privatisierung im Strafvollzug, in: Stober, Privatisierung im Strafvollzug?, 2001, S. 35 ff., sieht durch die Schaffung einer geeigneten Beleihungsgrundlage eine Möglichkeit, Strafvollzugsanstalten gänzlich privat zu betreiben. Seiner Ansicht nach seien sogar staatliche Kernaufgaben einer Privatisierung zugänglich, „wo die Praktikabilität es erfordert“. Dies ist wohl kaum

leihung liegt nach allgemeinem Verständnis dann vor, wenn einer natürlichen oder juristischen Person des Privatrechts die Kompetenz zur selbständigen hoheitlichen Wahrnehmung von Staatsaufgaben in eigenem Namen übertragen worden ist.[740] Über die Rechtsfigur der Beleihung ist es demnach möglich, hoheitsrechtliche Tätigkeiten im Rahmen der Erfüllung der staatlichen Aufgaben auf Private auszulagern, die sich in ihrem übertragenen Aufgabenbereich des öffentlich-rechtlichen Instrumentariums bedienen dürfen.[741] Als Beispiele werden herkömmlich der TÜV-Sachverständige, der Notar und der Bezirksschornsteinfeger angeführt.

Entscheidend ist also, ob mittels einer Beleihung beispielsweise privater Sicherheitskräfte hoheitsrechtliche Tätigkeiten im Strafvollzug wie die Bewachung der Gefangenen ausgelagert werden können.

aa) Das Rechtsinstitut der Beleihung als Privatisierungsform

Zunächst ist schon umstritten, ob die Beleihung überhaupt eine Form der Privatisierung der ausführenden Hand darstellt.

Einige Autoren verneinen diese Frage. Manche sind der Ansicht, die Beleihung sei eine Spielart der Privatisierung der Organisationsform, da dabei Staatsaufgaben von privaten Rechtssubjekten in eigenem Namen ausgeführt werden.[742]

---

vertretbar. *Kulas* führt als Beispiel die Telekommunikation an, die mittlerweile privatisiert sei, „ohne dass die Staatsqualität gelitten" habe. Daß der Bereich des Strafvollzugs nicht ohne weiteres mit dem der Telekommunikation gleichgesetzt werden kann, sollte nicht schwer zu erkennen sein. Telekommunikation hat primär nichts mit physischer Zwangsanwendung zu tun – das staatliche Gewaltmonopol ist nicht tangiert. Ganz anders verhält es sich beim Strafvollzug. Dieser ist geprägt von Befehl und Zwang, von Handlungen, vor denen – wenn sie von gesellschaftlichen Kräften herrühren – der Staat seine Bürger grundsätzlich schützen muß, um sich selbst legitimieren zu können. Zu einem Vergleich mit zulässigen Fällen einer Beleihung s. weiter im Text unter bb) und cc), S. 193 ff.

740 *Maurer*, Allgemeines Verwaltungsrecht, 16. Aufl. 2006, § 23 Rn. 56; *Burgi*, Verwaltungsorganisationsrecht, in: Erichsen/Ehlers, Allgemeines Verwaltungsrecht, 13. Aufl. 2006, § 9 Rn. 24; *Wolff/Bachof/Stober*, Verwaltungsrecht, Band 3, 5. Aufl. 2004, § 90 Rn. 4.

741 *Burgi*, Verwaltungsorganisationsrecht, in: Erichsen/Ehlers, Allgemeines Verwaltungsrecht, 13. Aufl. 2006, § 9 Rn. 24.

742 *Burgi*, Verwaltungsorganisationsrecht, in: Erichsen/Ehlers, Allgemeines Verwaltungsrecht, 13. Aufl. 2006, § 9 Rn. 25; *ders.*, Funktionale Privatisierung und Verwaltungshilfe, 1999, S. 79 f.; *Peine*, DÖV 1997, 362; *Scholz*, NJW 1997, 15.

Nach einer anderen Ansicht stellt eine Beleihung gar keine Privatisierung, sondern „das Spiegelbild der Privatisierung der Organisationsform“[743] dar, da der Staat nicht im Gewand des Privatrechts tätig werde, sondern einem Privatrechtssubjekt die Kompetenz zuweise, in den öffentlich-rechtlichen Formen Staatsaufgaben zu erledigen, mithin also der Private im Gewand des Staates tätig werde.[744]

Wieder eine andere Meinung stellt sich auf den Standpunkt, daß die Beleihung sehr wohl eine Form der Privatisierung der ausführenden Hand – oder in der verbreiteten Terminologie: der funktionalen Privatisierung – sei.[745] Für diese Meinung ist anzuführen, daß im Rahmen der staatlichen Aufgabenerfüllung private Rechtssubjekte herangezogen werden und der Staat damit durch Privatrechtssubjekte handelt, die ausführende Hand also ein privates Rechtssubjekt ist.

Im Ergebnis kann dieser (ohnehin rein theoretische) Streit allerdings offenbleiben. Ist zwar die Einordnung der Beleihung umstritten, so muß man bei der Suche nach den Grenzen der Beleihungsmöglichkeiten in jedem Fall wieder auf Art. 33 Abs. 4 GG zurückkommen.[746] Wenn nämlich eine verfassungsrechtliche Pflicht besteht, daß bestimmte Aufgaben von Beamten zu erledigen sind, so kommt ein Einsatz Beliehener nicht in Betracht, da Beliehene Private und eben keine Beamten sind.

bb) Keine Beleihung privater Sicherheitskräfte im Strafvollzug

Fraglich ist also, ob eine Beleihung privater Dienstkräfte im Strafvollzug zur Wahrnehmung bestimmter Aufgaben der Gefangenenbewachung mit Art. 33 Abs. 4 GG vereinbar ist. Welche Spielräume der Funktionsvorbehalt für den Vollzugsbereich gewährt, wurde oben schon erörtert.[747] Auch für den Fall einer Beleihung ergeben sich keine Unterschiede. Aufgrund der elementaren Bedeutung der Bewachung der Gefangenen im Hinblick auf die innere Sicherheit und aufgrund der sehr hohen Grundrechtsempfindlichkeit des Strafvollzugs kommt auch eine Beleihung mit einzelnen hoheitlichen Befugnissen nicht in Betracht.

---

743 *Gregor Kirchhof*, Rechtsfolgen der Privatisierung, AöR Bd. 132 (2007), S. 223.

744 *Gregor Kirchhof*, Rechtsfolgen der Privatisierung, AöR Bd. 132 (2007), S. 222 f.

745 *Jachmann/Strauß*, ZBR 1999, 295; *Tams*, NVwZ 2006, 1227; *Mösinger*, BayVBl. 2007, 418; *Bonk*, JZ 2000, 437; StGH Bremen NordÖR 2002, 61.

746 So auch *Burgi*, Verwaltungsorganisationsrecht, in: Erichsen/Ehlers, Allgemeines Verwaltungsrecht, 13. Aufl. 2006, § 9 Rn. 28; *ders.*, Privatisierung, in: Isensee/Kirchhof, HStR, Bd. IV, 3. Aufl. 2006, § 75 Rn. 21; *ders.*, Statement „Beleihung im Strafvollzug“, in: Stober, Privatisierung im Strafvollzug?, 2001, S. 50; *Jarass/Pieroth*, Grundgesetz, 9. Aufl. 2007, Art. 33 Rn. 40.

747 Vgl. dazu oben Teil 3 C)I.3.b)aa), S. 180 ff.

Der Unterschied zu anderen Bereichen der Erfüllung staatlicher Aufgaben durch Beliehene kann dieses Ergebnis noch verdeutlichen.

(1) Vergleich mit dem bayerischen Modell der Sicherheitswacht

Als erstes Beispiel soll die Sicherheitswacht in Bayern dienen. Gemäß Art. 1 des Gesetzes über die Sicherheitswacht in Bayern (SWG) wirken Bürger in der Sicherheitswacht an der Aufrechterhaltung der öffentlichen Sicherheit und Ordnung mit. Die Aufrechterhaltung der öffentlichen Sicherheit ist eine zwingende Staatsaufgabe; staatliche Maßnahmen zur Aufrechterhaltung dieser Sicherheit sind wie auch polizeiliche Maßnahmen grundsätzlich als hoheitlich zu qualifizieren. Gleichwohl wurde in Bayern für die Sicherheitswacht eine Ausnahme vom Beamtenvorbehalt des Art. 33 Abs. 4 GG im Wege der Beleihung Privater getroffen. Da die Einrichtung einer Sicherheitswacht nicht zeitlich begrenzt ist, darf sich diese Ausnahme anhand qualitativer Merkmale beurteilt nur im Randbereich der hoheitlichen Tätigkeit im Rahmen der Staatsaufgabe der inneren Sicherheit entfalten. Dem wird das SWG auch gerecht. Die Befugnisse der Angehörigen der Sicherheitswacht sind im SWG abschließend geregelt. Angehörige der Sicherheitswacht dürfen beispielsweise Personen nach deren Wahrnehmung zu tatsächlichen Ereignissen oder Personen befragen (Art. 4 SWG). Die befragten Personen sind aber zur Beantwortung der Fragen über ihre Personalien hinaus nur verpflichtet, wenn für sie diesbezüglich gesetzliche Handlungspflichten bestehen. Die Anfrage seitens der Sicherheitswacht begründet keine derartige gesetzliche Verpflichtung. Weiter dürfen Angehörige der Sicherheitswacht unter engen Voraussetzungen die Identität einer Person feststellen (Art. 5 SWG). Kann die Identität auf andere Weise nicht festgestellt werden, kann die betreffende Person bis zum Eintreffen der Polizei festgehalten werden. Erhobene personenbezogene Daten sind an die Polizei zu übermitteln (Art. 7 SWG). Schließlich dürfen Angehörige der Sicherheitswacht zur Abwehr einer Gefahr einen Platzverweis gemäß Art. 6 SWG erteilen. Im Rahmen ihrer Tätigkeit dürfen die Angehörigen der Sicherheitswacht weder Schuß-, Hieb- noch Stoßwaffen mit sich führen.

Die Befugnisse der Sicherheitswacht und die damit verbundenen möglichen Einschränkungen der Bürger sind nach all dem doch als sehr gering einzustufen und den Verhältnissen im Strafvollzug nicht vergleichbar. Das Instrumentarium der Beamten des Strafvollzugs zugunsten der Sicherheit und eines ordnungsgemäßen Ablaufs des Strafvollzugs reicht von der Durchführung des dauerhaften Freiheitsentzugs über besondere Sicherungsmaßnahmen und die Vollstreckung von Disziplinarmaßnahmen bis hin zum Schußwaffengebrauch als ultima ratio. Der Umgang mit Strafgefangenen hat sowohl für die den Staat legitimierende

Aufgabe der inneren Sicherheit als auch für die Grundrechtspositionen der Inhaftierten eine ganz andere Bedeutung als die Aufforderung eines Angehörigen der Sicherheitswacht, Angaben zur eigenen Person zu machen. Beleihungen mit Befugnissen in einer dem Modell der Sicherheitswacht vergleichbaren Form wären für den Strafvollzug umgekehrt auch wenig hilfreich. Wie ein Blick auf das vollzugsrechtliche Instrumentarium zeigt,[748] bedürfen Vollzugsbedienstete weit umfassenderer Befugnisse, um dem Anstaltsalltag gerecht werden zu können.

(2) Vergleich mit dem Luftfahrzeugführer

Ein zweites anschauliches Beispiel liefert ein Vergleich mit den Luftfahrzeugführern. Gemäß § 29 Abs. 3 des Luftverkehrsgesetzes (LuftVG) hat der Luftfahrzeugführer während des Flugs oder bei Start und Landung die geeigneten Maßnahmen zur Aufrechterhaltung der Sicherheit und Ordnung an Bord zu treffen. Alle an Bord befindlichen Personen haben entsprechenden Anordnungen Folge zu leisten. Bei diesen Maßnahmen zugunsten der Sicherheit und Ordnung handelt es sich wieder um hoheitsrechtliche Maßnahmen. Die einzelnen Anordnungen eines Luftfahrzeugführers können hier aber im Einzelfall weiter gehen als die den Angehörigen der Sicherheitswacht eingeräumten Befugnisse. Lediglich der Einsatz von Schußwaffen ist nach § 29 Abs. 3 S. 3 LuftVG Polizeibeamten vorbehalten.

Hier besteht der Unterschied zur Situation des Strafvollzugs im wesentlichen darin, daß sich die Passagiere eines Flugzeugs freiwillig der Bordgewalt des Luftfahrzeugführers unterstellen.[749] Die Insassen einer Vollzugsanstalt befinden sich nicht freiwillig im Vollzug, sondern sind zwangsweise zur Verbüßung einer gerichtlich angeordneten Freiheitsstrafe in der Anstalt untergebracht. Zudem ist die Wahrscheinlichkeit, daß ein Luftfahrzeugführer zur Aufrechterhaltung der Sicherheit und Ordnung an Bord physischen Zwang auf Passagiere ausüben muß, geringer als die „Wahrscheinlichkeit", daß es im Rahmen des Strafvollzugs zum Einsatz von Gewalt kommt. Der Vollzug einer Freiheitsstrafe kann gar nicht ohne physischen Zwang auskommen. Ungeachtet der verschiedenen Befugnisse zur Aufrechterhaltung der Sicherheit und Ordnung in der Anstalt – der Gebrauch von Schußwaffen eingeschlossen – stellt allein schon der Zwang gegen einen Häftling, sich in seiner Zelle oder zumindest im Anstaltsgelände aufhalten zu müssen, unüberwindbaren physischen Zwang und damit Gewalt dar.

748 Vgl. hier beispielsweise die verschiedenen Maßnahmen zur Aufrechterhaltung der Sicherheit und Ordnung in der Anstalt gemäß §§ 81 ff. StVollzG und insbesondere die besonderen Sicherungsmaßnahmen der §§ 88 ff. StVollzG.

749 Ähnlich auch *Laubenthal*, Strafvollzug, 4. Aufl. 2006, Rn. 47.

So ist der Strafvollzug von der täglichen Anwendung physischen Zwangs geprägt.[750]

Diese beiden Beispiele zeigen die gravierenden Unterschiede zwischen Fallkonstellationen, in denen Private mit hoheitsrechtlichen Befugnissen beliehen werden können, und solchen, bei denen eine Beleihung die Grenze des Art. 33 Abs. 4 GG überschreiten würde, auf.

cc) Zwischenergebnis

Eine Beleihung privater Sicherheitskräfte mit hoheitsrechtlichen Befugnissen des Strafvollzugs kommt nicht in Betracht.[751] Nach geltendem Recht existiert auch keine geeignete gesetzliche Beleihungsgrundlage. Das Vorliegen eines formellen Gesetzes wird aber vom Demokratieprinzip und vom Grundsatz des Vorbehalts des Gesetzes gefordert.[752] Einer ausreichenden demokratischen Legitimation der Beliehenen kann nur Rechnung getragen werden, wenn Art und Umfang der übertragenen Befugnisse im Einzelnen gesetzlich normiert sind. Insbesondere stellt § 155 StVollzG keine derartige Grundlage dar,[753] da er den Anforderungen des Bestimmtheitsgebots nicht genügen würde.[754] Aber auch eine diesbezügliche Änderung der Norm könnte keinen verfassungsmäßigen

750 Vgl. dazu oben Teil 3 B)II.2.a)bb)(1), S. 153 ff.

751 In diese Richtung auch *Burgi*, Statement „Beleihung im Strafvollzug", in: Stober, Privatisierung im Strafvollzug?, 2001, S. 53 f. Vgl. zum Maßregelvollzug *Willenbruch/Bischoff*, NJW 2006, 1777 f. und zum Ordnungswidrigkeitenrecht AG Berlin Tiergarten NStZ-RR 1996, 278.

752 So auch BVerwG BayVBl. 1985, 26 f.; *Peine*, DÖV 1997, 361; *Mösinger*, BayVBl. 2007, 423; *Stober*, DÖV 2000, 268; *Gusy/Lührmann*, StV 2001, 46.

753 Demgegenüber sehen *Gusy*, Zulässigkeit und Grenzen des Einsatzes privater Sicherheitsdienste im Strafvollzug, in: Stober, Privatisierung im Strafvollzug?, 2001, S. 13, und *Gramm*, Schranken der Personalprivatisierung bei der inneren Sicherheit, VerwArch. 90 (1999), S. 343, zwar in § 155 StVollzG eine Beleihungsgrundlage. Letzterer kommt aber im Wege einer Reduktion der Norm hinsichtlich Art. 33 Abs. 4 GG auch zu dem Ergebnis, daß – abgesehen von ganz engen und sachlich begründeten Ausnahmefällen – der „innere Bereich des Strafvollzuges und der Abschiebehaft (...) rechtlich überhaupt kein taugliches Feld für Privatisierungsmaßnahmen im Wege der Beleihung" ist.

754 So zu Recht auch *Feest/Lesting*, in: Feest, StVollzG, 5. Aufl. 2006, Vor § 1 Rn. 12; *Burgi*, Statement „Beleihung im Strafvollzug", in: Stober, Privatisierung im Strafvollzug?, 2001, S. 49; *Bonk*, JZ 2000, 441; *Mösinger*, BayVBl. 2007, 423, der zusätzlich anführt, daß sich schon der Wortlaut des § 155 StVollzG („vertraglich verpflichtete Personen") nur auf Personen beziehe, die im Namen der Behörde handeln und von daher die Beleihung gar nicht erfasse.

Beleihungstatbestand schaffen, da für den Bereich des Strafvollzugs der Funktionsvorbehalt des Art. 33 Abs. 4 GG entgegenstehen würde.

4. Zwischenergebnis zum Bereich des allgemeinen Vollzugsdienstes

Von den Tätigkeiten, die üblicherweise von den Dienstkräften des allgemeinen Vollzugsdienstes wahrgenommen werden, können nur solche Aufgaben abgespalten und auf Private übertragen werden, bei denen entweder kein unmittelbarer Kontakt mit den Gefangenen zu erwarten ist oder für deren Erledigung die privaten Notrechte ausreichen würden. Ein Einsatz privater Sicherheitskräfte kommt in diesem Bereich ansonsten nur in absoluten Notfällen in Betracht, wenn ohne die Unterstützung Privater beispielsweise wegen einer Massenerkrankung des Vollzugspersonals ein ordnungsgemäßer Strafvollzug nicht mehr aufrechterhalten werden könnte.

II. Der Werkdienst

Nach dem allgemeinen Vollzugsdienst stellt der Werkdienst die nächstgrößte Gruppe der im Strafvollzug Beschäftigten dar.[755] Im Bereich des Werkdienstes sind grundsätzlich nur solche Mitarbeiter beschäftigt, die die Meisterprüfung in einem Handwerk abgelegt haben oder über einen vergleichbaren Berufsabschluß verfügen.[756] Dieses besondere Qualifikationserfordernis leitet sich aus den ihnen übertragenen Aufgaben im Strafvollzug ab.

1. Tätigkeitsbeschreibung

Zu ihrem Aufgabenbereich gehören vor allem die technische Abwicklung des Arbeitsbetriebswesens, die Aufsicht, Anleitung und Ausbildung der Gefangenen sowie die Arbeitsorganisation in den Betrieben.[757] Sie erbringen durch die Stei-

---

755 Vgl. dazu die Tabelle bei *Laubenthal*, Strafvollzug, 4. Aufl. 2006, Rn. 257: Von insgesamt 4980 Stellen in bayerischen Justizvollzugsanstalten im Jahr 2005 fielen 451 auf den Werkdienst. Das entspricht in etwa 9 % der zur Verfügung stehenden Stellen. Diese Zahl ist bis heute gleich geblieben, vgl. dazu die Angaben der bayerischen Justizvollzugsverwaltung, abrufbar unter http://www.justizvollzug-bayern.de/JV/Berufe/Personal (zuletzt abgerufen am 9.11.2007).

756 *Böhm*, Strafvollzug, 3. Aufl. 2003, Rn. 94; *Schöch*, in: Kaiser/Schöch, Strafvollzug, 5. Aufl. 2002, § 11 Rn. 18; *Laubenthal*, Strafvollzug, 4. Aufl. 2006, Rn. 274.

757 *Laubenthal*, Strafvollzug, 4. Aufl. 2006, Rn. 274; *Schöch*, in: Kaiser/Schöch, Strafvollzug, 5. Aufl. 2002, § 11 Rn. 18; *Böhm*, Strafvollzug, 3. Aufl. 2003, Rn. 94.

gerung der beruflichen Qualifikation der Gefangenen einen wichtigen Beitrag zur Erreichung des Vollzugsziels, indem sie die spätere Wiedereingliederung in die Gesellschaft erleichtern. Eine genauere Aufzählung der verschiedenen Tätigkeiten des Werkdienstes enthält Nr. 13 Abs. 2 der Dienst- und Sicherheitsvorschriften für den Strafvollzug (DSVollz). Unter anderem fallen die Aufgaben der „rechtzeitigen Zuleitung der Arbeit, der Rohstoffe und der Arbeitsgeräte an die Gefangenen, die Abnahme der Arbeit und der Arbeitsgeräte am Ende der täglichen Arbeitszeit, die Feststellung des Maßes der von den Gefangenen an jedem Tage geleisteten Arbeit sowie die Prüfung der abgegebenen Arbeit auf ihre Güte" und die berufliche Aus- und Weiterbildung der Gefangenen in den Zuständigkeitsbereich des Werkdienstes. Nicht zu übersehen ist aber, daß auch die Angehörigen des Werkdienstes die Inhaftierten allgemein beaufsichtigen und an der Aufrechterhaltung der Sicherheit und Ordnung in der Anstalt mitwirken müssen.[758]

2. *Einfachgesetzliche Regelung*

Im Abschnitt über den inneren Aufbau der Justizvollzugsanstalten ist für den Werkdienst keine zu § 155 StVollzG speziellere Vorschrift vorgesehen. Die Beurteilung der Frage, ob und wenn ja inwieweit für einzelne Tätigkeiten aus diesem Bereich auch Private eingesetzt werden können, wird sich daher wie auch für den allgemeinen Vollzugsdienst grundsätzlich wieder an § 155 StVollzG und an Art. 33 Abs. 4 GG orientieren. Zusätzlich regelt § 149 Abs. 3 StVollzG hinsichtlich der beruflichen Bildung und der arbeitstherapeutischen Beschäftigung der Gefangenen, daß diese auch in geeigneten Einrichtungen privater Unternehmen erfolgen dürfe. In Abs. 4 dieser Vorschrift heißt es, daß in privaten Betrieben die technische und fachliche Leitung Angehörigen privater Unternehmen übertragen werden könne.[759] Liegen die Voraussetzungen für Freigang oder Außenbeschäftigung vor, so soll dem Gefangenen nach §§ 39 Abs. 1 und 11 Abs. 1 StVollzG gestattet werden, einem freien Beschäftigungsverhältnis außerhalb der Anstalt nachzugehen. Der Fall des Freigangs soll im folgenden aber außer Be-

---

758 Vgl. dazu insbesondere Nr. 11, 13 Abs. 2 a.E. und 20 DSVollz und *Laubenthal*, Strafvollzug, 4. Aufl. 2006, Rn. 274; *Schöch*, in: Kaiser/Schöch, Strafvollzug, 5. Aufl. 2002, § 11 Rn. 19.

759 Das BayStVollzG sieht in Art. 39 Abs. 5 i.V.m. Abs. 1 eine ähnliche Regelung vor. Danach ist es in Bayern künftig möglich, daß Arbeit, arbeitstherapeutische Beschäftigung, Ausbildung und Weiterbildung „in von privaten Unternehmen unterhaltenen Betrieben und sonstigen Einrichtungen durchgeführt werden. Hierbei kann die technische und fachliche Leitung Angehörigen dieser Unternehmen übertragen werden".

tracht bleiben, da es sich hier um den Sonderfall von Vollzugslockerungen handelt, die in erster Linie auch von der Person des Gefangenen abhängig sind.

Die speziellen gesetzlichen Vorkehrungen beziehen sich demnach nur auf einen Ausschnitt des Tätigkeitsbereichs des Werkdienstes. Im übrigen bleibt es bei § 155 StVollzG und bei Art. 33 Abs. 4 GG.

3. Zur Privatisierbarkeit

Bei der Beantwortung der Frage der Privatisierbarkeit einzelner Tätigkeiten aus dem Bereich des Werkdienstes bietet es sich aufgrund der einfachgesetzlichen Vorgaben an, zwischen der technischen und fachlichen Leitung der Gefangenen und den sonstigen, insbesondere den sicherheitsbezogenen Aufgaben des Werkdienstes zu unterscheiden.

a) Die technische und fachliche Leitung der Gefangenen

aa) Die gesetzliche Ausgangslage

Nach geltendem Recht verrichten die Gefangenen die ihnen zugewiesene Arbeit in Eigenbetrieben der Anstalt oder in Unternehmerbetrieben.[760] Letztere stellen eine Möglichkeit dar, Private in den Vollzugsablauf miteinzubeziehen.[761] Bei einem Unternehmerbetrieb liegt das wirtschaftliche Risiko bei einem privaten Arbeitgeber.[762] Der Betrieb wird in von der Vollzugsanstalt zur Verfügung gestellten Räumen anstaltsintern eingerichtet.[763] Maschinen, Geräte und Material

---

760 In der JVA Straubing stehen ausweislich eines (anstaltsgefertigten) Informationsheftes von 2005 beispielsweise ca. 610 Arbeitsplätze zur Verfügung. Es existieren derzeit 23 Anstaltsbetriebe und 7 Unternehmerbetriebe. Anstaltsbetriebe sind unter anderem eine Bäckerei, eine Buchbinderei, eine EDV-Möbelfertigungseinrichtung, ein Elektrobetrieb, eine Gärtnerei, eine Getränkeherstellung, ein Heizungsbau- und ein Installationsbetrieb, eine KFZ-Werkstätte, eine Polsterei, eine Schneiderei und eine Schuhmacherei. In den Unternehmerbetrieben werden Autoteile verpackt, Sportmatten gefertigt, Duschkabinen montiert, Reitsättel genäht und Geschenkartikel aus Holz gefertigt. Außerdem unterhält eine große Maschinenfabrik unter anderem eine moderne Produktionsstätte für Vorrichtungsbau und ein CAD-Konstruktionsbüro. Nähere Informationen über die Arbeitsbetriebe der bayerischen Justizvollzugsanstalten stehen auch im Internet unter http://www.jva.de zur Verfügung (zuletzt abgerufen am 24.11.2007).

761 Vgl. dazu auch *Kruis*, ZRP 2000, 3, 5.

762 *Laubenthal*, Strafvollzug, 4. Aufl. 2006, Rn. 406.

763 *Böhm*, Strafvollzug, 3. Aufl. 2003, Rn. 300; *Calliess/Müller-Dietz*, Strafvollzugsgesetz, 10. Aufl. 2005, § 149 Rn. 2.

werden vom privaten Unternehmer beigebracht. Nach § 149 Abs. 4 StVollzG kann die technische und fachliche Leitung in einem solchen Unternehmerbetrieb auf Angehörige dieses privaten Betriebs übertragen werden.

Hervorzuheben ist diesbezüglich, daß den privaten Unternehmern keine Aufsichtsbefugnisse, die über eine technische und fachliche Anweisungskompetenz hinausgehen, oder sonstige hoheitlichen Befugnisse im Rahmen des Strafvollzugs zuteil werden. Die Aufgaben der Bewachung der Gefangenen während einer Beschäftigung in einem Unternehmerbetrieb und der Zuweisung einer Arbeit verbleiben beim Anstaltspersonal.

bb) Die verfassungsrechtliche Unbedenklichkeit

Diese Form der Einbeziehung Privater in den Vollzugsablauf begegnet keinen verfassungsrechtlichen Bedenken.

Zum einen besteht kein Konflikt mit dem Funktionsvorbehalt des Art. 33 Abs. 4 GG. Bei der lediglich technischen und fachlichen Leitung der Gefangenen handelt es sich weder um eine für die Staatlichkeit notwendige Handlung, noch hat die allein fachliche Anleitung besondere Grundrechtsrelevanz. Diese liegt sicherlich bei der verpflichtenden Zuweisung einer Arbeit vor, welche aber nicht von den privaten Unternehmern, sondern gemäß § 37 Abs. 2 StVollzG von der Vollzugsbehörde vorgenommen wird.[764]

Dieses Modell des Unternehmerbetriebs ist auch hinsichtlich der Gewährleistungen des Art. 12 GG nicht zu beanstanden. Insbesondere liegt hier kein Fall verbotener Zwangsarbeit nach Art. 12 Abs. 2 GG vor. Gemäß Art. 12 Abs. 3 GG ist Zwangsarbeit bei einer gerichtlich angeordneten Freiheitsentziehung zulässig, solange der in einem Unternehmerbetrieb beschäftigte Gefangene unter der öffentlich-rechtlichen Verantwortung der Vollzugsbehörden bleibt, was bei einer bloßen Übertragung der fachlichen Leitung der Fall ist.[765]

b) Die sonstigen Tätigkeiten des Werkdienstes

Wenn die Arbeitsbeschäftigung der Gefangenen im Rahmen von Eigenbetrieben durchgeführt wird, bieten sich aber dennoch einige Tätigkeiten für eine Übertragung auf private Hilfskräfte an. Zu denken wäre hier beispielsweise an die In-

---

764 Auch wenn man die fachliche Anweisung bei einer Arbeit im Hinblick auf die Steigerung der beruflichen Qualifikation des Gefangenen noch als eine Handlung mit grundrechtswesentlicher Bedeutung ansehen will, so ist hier eine Ausnahme möglich, da jedenfalls nur der Randbereich der Berufsfreiheit betroffen ist.

765 Vgl. dazu auch BVerfGE 98, 169, 209; *Laubenthal*, Strafvollzug, 4. Aufl. 2006, Rn. 406.

standhaltung der Arbeitsgeräte und Maschinen gemäß Nr. 13 Abs. 2 Nr. 9 DSVollz. Bei dieser rein technischen Aufgabe handelt es sich nicht um eine hoheitliche Tätigkeit. Einer Übertragung auf private Unternehmen stehen daher keine Bedenken gegenüber. Ebenso dürfen das Führen „von Büchern, Listen und Nachweisungen sowie die Entgegennahme von Anträgen" gemäß Nr. 13 Abs. 2 Nr. 10 DSVollz im Sinne einer organisatorischen Betriebsverwaltung in private Hände gelegt werden.

Aufgaben der Bewachung der Gefangenen hingegen dürfen jedoch nicht privaten Unternehmern übertragen werden. Hierfür verbleibt es bei den allgemeinen Vorschriften des § 155 Abs. 1 StVollzG und Art. 33 Abs. 4 GG.[766] Wie schon bei den Aufgaben des allgemeinen Vollzugsdienstes kann eine kurzfristige Übertragung von Bewachungsaufgaben nur in absoluten Ausnahmefällen wie beispielsweise einer Massenerkrankung des staatlichen Personals rechtmäßig sein.

Auch die Aufgabe der verpflichtenden Zuweisung einer Arbeit kann nicht Privaten anvertraut werden. Die Anordnung einer Arbeitspflicht betrifft das grundrechtlich verbürgte Verbot des Arbeitszwangs gemäß Art. 12 Abs. 2 GG. Dieses steht in enger Beziehung mit dem Grundsatz der Menschenwürde.[767] Nur wenn die zwangsweise Arbeit im Rahmen der Verbüßung einer gerichtlich angeordneten Freiheitsentziehung zugewiesen wird und nur soweit die Strafvollzugsbehörden die öffentlich-rechtliche Verantwortung behalten, ist gemäß Art. 12 Abs. 3 GG ausnahmsweise mit einem Arbeitszwang kein Grundrechtsverstoß gegeben.[768] Abgesehen von diesem grundrechtlichen Aspekt birgt die Entscheidung, welcher Gefangene welche Arbeiten – wann, an welchem Ort und mit welchen Werkzeugen und Materialien – verrichten wird, stets auch Sicherheitsrisiken.[769]

c) Zwischenergebnis

Schon nach geltendem Recht können für einzelne Tätigkeiten aus dem Bereich des Werkdienstes Private in den Arbeitsablauf miteinbezogen werden. Aufgaben der Bewachung der Gefangenen stehen aber auch hier nicht zur Disposition.

Da die Sicherheit und Ordnung in der Anstalt aber ohnehin immer sichergestellt werden muß und dafür auch immer Vollzugsbeamte anwesend sein müs-

766 Vgl. dazu oben Teil 3 C)I.3.b)aa), S. 180 ff., und *Burgi*, Privatisierung, in: Isensee/Kirchhof, HStR, Bd. IV, 3. Aufl. 2006, § 75 Rn. 21 am Ende.
767 BVerfGE 74, 102, 120.
768 BVerfGE 98, 169, 209; *Jarass/Pieroth*, Grundgesetz, 9. Aufl. 2007, Art. 12 Rn. 96.
769 Vgl. dazu auch *Schöch*, in: Kaiser/Schöch, Strafvollzug, 5. Aufl. 2002, § 11 Rn. 19.

sen, die im Ernstfall zum (notfalls gewaltsamen) Einschreiten berechtigt sind, ist im Einzelfall genau abzuwägen, ob eine Einbeziehung Privater überhaupt sinnvoll erscheint. Der Werks*beamte* kann zwei Aufgaben in einer Person erfüllen. Er verfügt über eine qualifizierte fachliche Kompetenz und kann die Gefangenen beruflich ausbilden und anweisen. Zusätzlich ist er aber auch befugt, im Konfliktfall Sicherheitsmaßnahmen zu ergreifen, was Privaten wiederum verwehrt ist.

Weiterhin gilt es zu bedenken, daß es bei der Schaffung von Unternehmerbetrieben zu einem Spannungsverhältnis zwischen den Anstaltsinteressen und der Erreichung des Vollzugsziels der einzelnen Gefangenen kommen kann.[770] *Böhm* berichtet hierzu aus eigener Erfahrung, daß „Bildungsmaßnahmen für Gefangene nicht begonnen werden konnten, weil der Unternehmerbetrieb bei Abziehen dieser am Band eingearbeiteten ordentlichen Kräfte mit Kündigung drohte, was wegen der weitergehenden Folgen nicht von der Anstalt in Kauf genommen werden konnte."[771] Um privaten Unternehmern einen derartig großen faktisch-mittelbaren Einfluß auf den Strafvollzug zu nehmen, könnte man daran denken, mittels zeitlich befristeter Verträge das ordentliche Kündigungsrecht im Rahmen des gesetzlich zulässigen auszuschließen. Allerdings kann auch auf diese Weise nicht verhindert werden, daß der private Unternehmer nach Ablauf der Vertragsdauer seinen Betrieb aus der Anstalt abzieht und für die betroffenen Gefangenen diese Arbeitsmöglichkeiten nun zwar nicht aufgrund einer Kündigung, sondern aufgrund eines nicht zu einer Vertragsverlängerung bereiten Privatunternehmers wegfallen.

III. Soziale Dienste

Unter der zusammenfassenden Bezeichnung „soziale Dienste" sind die Berufsfelder zu verstehen, die weder primär noch zu einem wesentlichen Teil kustodiale Funktionen erfüllen. Es sind dies insbesondere die Psychologen, Pädagogen, Sozialarbeiter, Ärzte und Seelsorger.[772] Ihnen ist gemeinsam, daß sie sich in erster Linie um das geistige oder körperliche Wohl der Gefangenen, um deren Betreuung und Behandlung kümmern. Aufgrund ihrer fachlichen Qualifikation

---

770 *Böhm*, Strafvollzug, 3. Aufl. 2003, Rn. 301.

771 *Böhm*, Strafvollzug, 3. Aufl. 2003, Rn. 300.

772 Vgl. dazu *Böhm*, Strafvollzug, 3. Aufl. 2003, Rn. 95 ff.; *Laubenthal*, Strafvollzug, 4. Aufl. 2006, Rn. 275 ff.; *Schöch*, in: Kaiser/Schöch, Strafvollzug, 5. Aufl. 2002, § 11 Rn. 20 ff.

und einer weitgehenden Auslastung des allgemeinen Vollzugsdienstes[773] mit Wach- und Sicherheitsaufgaben ist die Erreichung des Vollzugsziels der Resozialisierung gerade auf diese Fachleute angewiesen.[774]

1. Psychologen, Sozialarbeiter, Pädagogen

Diese in § 155 Abs. 2 StVollzG ausdrücklich genannten Berufsgruppen haben keine über die bloße Nennung hinausgehende Funktionsbeschreibung erfahren. Die Aufzählung in § 155 Abs. 2 StVollzG ist nicht abschließend. Ebenso ist es daher möglich, beispielsweise Stellen für Arbeitstherapeuten, Soziologen oder auch für neue Berufstypen zu schaffen, wenn von ihnen eine der Erreichung des Vollzugsziels dienende Tätigkeit zu erwarten ist.

---

773 Nach § 154 Abs. 1 StVollzG sind auch die Mitarbeiter des allgemeinen Vollzugsdienstes verpflichtet, an der Erreichung des Vollzugsziels mitzuwirken. Auf reine Bewachungsfunktionen beschränkte Bedienstete darf es nicht mehr geben. Dieses gewandelte Verständnis dieser Berufsgruppe kann in der Praxis zu einer Überbelastung der Beamten des allgemeinen Vollzugsdienstes und zu einem Spannungsverhältnis führen: Die Beamten des allgemeinen Vollzugsdienstes tragen durch die Erfüllung ihrer kustodialen Funktionen die Verantwortung für die Sicherheit der Durchführung des Strafvollzugs. Diese Aufgaben nehmen schon den Großteil ihrer Dienstzeit in Anspruch. In dieser Sicherheitsfunktion müssen sie laufend für die Gefangenen belastende Maßnahmen treffen und führen ihnen somit täglich die Beeinträchtigungen durch den Freiheitsentzug vor Augen. Für erfolgversprechende Behandlungsmaßnahmen ist hingegen eine gewisse Vertrauensbasis erforderlich, die sich aber vor dem Hintergrund der von den Gefangenen als negativ empfundenen Kontroll- und Bewachungsaufgaben des allgemeinen Vollzugsdienstes nur schwer entwickeln kann. Langfristig kann diesem Problem nur durch eine Personalaufstockung und durch eine qualifizierte Aus- und Weiterbildung des allgemeinen Vollzugsdienstes – wie in manchen Vollzugsanstalten schon praktiziert – begegnet werden, so daß die kustodialen Funktionen auch in der Praxis nicht mehr den weit überwiegenden Großteil einer Dienststelle des allgemeinen Vollzugsdienstes ausmachen und sich so auch im Vollzugsalltag der vom Gesetz vorgegebene Funktionswandel nachzeichnen kann. Vgl. dazu auch *Laubenthal*, Strafvollzug, 4. Aufl. 2006, Rn. 272 f.; *Calliess/Müller-Dietz*, Strafvollzugsgesetz, 10. Aufl. 2005, § 154 Rn. 1; *Schöch*, in: Kaiser/Schöch, Strafvollzug, 5. Aufl. 2002, § 11 Rn. 16.

774 *Laubenthal*, Strafvollzug, 4. Aufl. 2006, Rn. 276; *Schöch*, in: Kaiser/Schöch, Strafvollzug, 5. Aufl. 2002, § 11 Rn. 20.

a) Tätigkeitsbeschreibungen

Die Tätigkeit der **Psychologen** spielt sich in allen Stadien des Anstaltsaufenthalts der Gefangenen ab.[775] So erbringen sie psychodiagnostische und prognostische Leistungen, indem sie in den Aufnahmeabteilungen in die Erarbeitung der Vollzugspläne miteinbezogen werden und die Anstaltsinsassen hinsichtlich ihrer Eignung für die Gewährung von Vollzugslockerungen oder ihrer Entlassungsweise beurteilen. Darüber hinaus leiten sie verschiedene Behandlungsgruppen und bieten Einzeltherapien (beispielsweise Gesprächs- oder Verhaltenstherapie) an. Hier obliegt ihnen oft die anspruchsvolle Aufgabe der Betreuung selbstmordgefährdeter oder drogenabhängiger Gefangener. Sie beteiligen sich aber auch an der Fortbildung des Anstaltspersonals und tragen eigene Überlegungen zur Art und Weise der Anstaltsorganisation bei.

Die **Sozialarbeiter** beschäftigen sich in erster Linie mit der persönlichen Beratung der Gefangenen in Einzelgesprächen, versuchen lern- und arbeitsunwillige Insassen zu motivieren, vermitteln bei Streitigkeiten unter den Gefangenen oder zwischen den Gefangenen und dem Vollzugspersonal, kümmern sich um Kontakte zur Außenwelt, beraten die Angehörigen der Inhaftierten und unterstützen die Gefangenen bei der Entlassungsvorbereitung und der Gestaltung der Freizeit, wobei sie die Inhaftierten zu Gruppenaktivitäten animieren sollen.[776] Sie können auch als Leiter einer Wohngruppe eingesetzt werden. Für diese breitgefächerten Aufgaben sollten sie einen Überblick über die Sozialgesetzgebung haben und den Gefangenen Beratungs- und Anlaufstellen auch für die Zeit nach deren Entlassung nennen können.

Den **Pädagogen** obliegt in erster Linie die Aufgabe der Unterrichtung der Gefangenen, die Verwaltung der Gefängnisbibliothek, die Organisation des Unterrichts durch neben- und ehrenamtliche Kräfte und die Vermittlung von Fernlehrgängen.[777]

b) Zur Privatisierbarkeit

Mangels spezialgesetzlicher Regelung ergibt sich der rechtliche Prüfungsmaßstab für die Frage, inwieweit Privatpersonen soziale Aufgaben im Strafvollzug übertragen werden dürfen, ebenfalls aus § 155 Abs. 1 S. 2 StVollzG und Art. 33 Abs. 4 GG.

775 *Böhm*, Strafvollzug, 3. Aufl. 2003, Rn. 95; *Laubenthal*, Strafvollzug, 4. Aufl. 2006, Rn. 285 f.

776 *Böhm*, Strafvollzug, 3. Aufl. 2003, Rn. 97; *Laubenthal*, Strafvollzug, 4. Aufl. 2006, Rn. 288 ff.

777 *Böhm*, Strafvollzug, 3. Aufl. 2003, Rn. 96.

aa) Hoheitsrechtliche Tätigkeit

Zunächst muß geklärt werden, ob die auf Resozialisierung ausgerichteten (therapeutischen) Behandlungen, Beratungen und sonstigen Hilfestellungen durch Psychologen oder Sozialarbeiter oder die Unterrichtung der Gefangenen durch Pädagogen als hoheitliche Tätigkeiten einzustufen sind.

(1) Grundrechtswesentlichkeit

Da das Vollzugsziel der Resozialisierung im allgemeinen Persönlichkeitsrecht der Inhaftierten aus Art. 2 Abs. 1 in Verbindung mit Art. 1 Abs. 1 GG seine verfassungsrechtliche Grundlage findet,[778] ist die Annahme naheliegend, daß im Rahmen dieser Tätigkeiten für die Gefangenen grundrechtswesentliche Entscheidungen und Maßnahmen getroffen werden und aus diesem Grund eine hoheitliche Tätigkeit anzunehmen ist.

Das Bundesverfassungsgericht hob schon im Jahre 1977 den engen Bezug dieses Anspruchs mit der Garantie der Unantastbarkeit der Menschwürde aus Art. 1 Abs. 1 GG besonders hervor.[779] Die Vollzugsanstalten seien verpflichtet, schädlichen Auswirkungen des Freiheitsentzugs „und damit auch und vor allem deformierenden Persönlichkeitsveränderungen entgegenzuwirken".[780]

Einige Jahre später erweiterte das Bundesverfassungsgericht seine Beurteilung bezüglich der Vorgaben des Grundgesetzes für die resozialisierende Behandlung der Gefangenen. Es stellt nun nicht mehr nur darauf ab, daß negativen Persönlichkeitsveränderungen durch den Freiheitsentzug – also einer Verschlechterung der Situation des Straftäters durch den Vollzug der Freiheitsstrafe – vorgebeugt werden müsse. Bei sämtlichen den Gefangenen belastenden Maßnahmen sei das Ziel der Resozialisierung vielmehr dahingehend zu verfolgen, daß dem Inhaftierten „die Fähigkeit und der Wille zu verantwortlicher Lebensführung vermittelt" werde.[781] Dieses erweiterte Verständnis der Resozialisierung hat richtigerweise auch diejenigen Fallgestaltungen im Blick, in denen Straftäter ihre Lebenssituation im Vergleich zur Zeit vor dem Vollzug nicht nur nicht verschlechtern, sondern sogar verbessern sollten, daß sie also nicht nur re-

778 BVerfGE 35, 202, 235 f.; 45, 187, 239; 98, 169, 200. Vgl. auch *Feest/Lesting*, in: Feest, StVollzG, 5. Aufl. 2006, § 2 Rn. 9; *Calliess/Müller-Dietz*, Strafvollzugsgesetz, 10. Aufl. 2005, § 2 Rn. 6, 13; *Mösinger*, BayVBl. 2007, 424. Vgl. dazu auch oben Teil 3 B)II.1.c)aa), S. 146 f., und Teil 3 B)II.2.b)bb), S. 164 ff.

779 BVerfGE 45, 187, 238.

780 BVerfGE 45, 187, 238.

781 BVerfGE 98, 169, 200.

sozialisiert, sondern überhaupt sozialisiert werden sollten.[782] Der Gefangene soll sich nach seiner Entlassung – unabhängig von seiner früheren Situation – „in Zukunft unter den Bedingungen einer freien Gesellschaft ohne Rechtsbruch behaupten, ihre Chancen wahrnehmen und ihre Risiken bestehen können".[783]

Den Gefangenen steht damit also ein grundrechtlich gewährleisteter Anspruch auf (Re-)sozialisierung zu, der nicht allein durch persönlichkeitsschädigenden Vollzugsfolgen vorbeugende Maßnahmen erfüllt wird, sondern daneben auch alle anderen betreuenden Maßnahmen umfaßt, die zu einer positiven Entwicklung des Inhaftierten beitragen wie beispielsweise allgemeinbildender Unterricht oder das betreute Erarbeiten von Strategien zur gewaltlosen Konfliktbewältigung. Da die Freiheitsstrafe als dauerhafter Freiheitsentzug eine den Gefangenen permanent belastende Maßnahme darstellt, erstreckt sich das Resozialisierungsgebot auch über die gesamte Dauer des Freiheitsentzugs.

Bezüglich der Verwirklichung dieses umfassenden Anspruchs auf resozialisierende Behandlung besteht daher ein verfassungsrechtliches Gebot.[784] Das bedeutet, daß von den oben beschriebenen Betreuungsmöglichkeiten durch Psychologen, Sozialarbeiter, Pädagogen und Angehörige anderer sozial geprägter Berufe jeweils geeignete Angebote für einen konkreten Gefangenen auszuwählen sind. Im Strafvollzug bestimmt die staatliche Gewalt den Tagesablauf der Gefangenen, viele Grundrechtspositionen sind allein durch den Aufenthalt in der totalen Institution beeinträchtigt.[785] Die Kehrseite dieser belastenden Maßnahmen bildet der Anspruch auf resozialisierende Behandlung. Entscheidungen und Maßnahmen hinsichtlich der Behandlung der Gefangenen stellen damit wesentliche Akte bezüglich des allgemeinen Persönlichkeitsrechts der Inhaftierten dar.

(2) Sicherheitsaspekt

Auch hier wieder spielt der Aspekt der Sicherheit eine nicht zu vernachlässigende Rolle. Geht es bei den sozialen Diensten zwar im wesentlichen nicht um kustodiale Funktionen, so dient es letztendlich doch der inneren Sicherheit, wenn ehemalige Straftäter nach einer erfolgreichen resozialisierenden Behand-

782 Vgl. dazu auch *Schöch*, in: Kaiser/Schöch, Strafvollzug, 5. Aufl. 2002, § 6 Rn. 12; vgl. auch *Böhm*, Strafvollzug, 3. Aufl. 2003, Rn. 18; *Laubenthal*, Strafvollzug, 4. Aufl. 2006, Rn. 139 f.

783 BVerfGE 98, 169, 200.

784 So auch *Gusy*, Zulässigkeit und Grenzen des Einsatzes privater Sicherheitsdienste im Strafvollzug, in: Stober, Privatisierung im Strafvollzug?, 2001, S. 12, und *ders./Lührmann*, StV 2001, 47.

785 Vgl. dazu oben unter Teil 3 C)I.3.a)aa), S. 176 ff., und b)aa)(1), S. 180 ff.

lung nicht wieder rückfällig werden.[786] Zudem bestimmt die psychologische Beurteilung eines Inhaftierten bezüglich seiner Entlassungsweise oder hinsichtlich der Gewährung von Vollzugslockerungen die Intensität der Vollzugsgewalt gegenüber den Gefangenen mit und erweist sich gegenüber der Allgemeinheit als unmittelbar sicherheitsrelevant. Die Prognose, ob „zu befürchten ist, daß der Gefangene sich dem Vollzug der Freiheitsstrafe entziehen oder die Lockerungen des Vollzuges zu Straftaten mißbrauchen werde", stellt gemäß § 11 Abs. 2 StVollzG das maßgebliche Kriterium für die jeweilige Einzelfallentscheidung dar.

Zusammenfassend läßt sich festhalten, daß sich die Tätigkeit der Psychologen, Sozialarbeiter und Pädagogen als Wahrnehmung hoheitsrechtlicher Aufgaben darstellt.[787]

bb) Dauer der Aufgabe

Grundsätzlich ist der Bedarf nach diesen Dienstkräften auch dauerhaft gegeben. Etwas anderes kann zusätzlich zu den schon beim allgemeinen Vollzugsdienst erwähnten Personalausfällen ausnahmsweise nur gelten, wenn für einen einzelnen Gefangenen oder eine abgrenzbare Gruppe von Gefangenen eine sehr spezielle Therapie erforderlich wäre, die von den allgemeinen Bediensteten dieser Berufsgruppen nicht durchgeführt werden kann und absehbar ist, daß eine derartige Dienststelle nicht dauerhaft geschaffen werden muß.

cc) Das Schwergewicht der hoheitlichen Tätigkeit

Letztlich kommt es also entscheidend darauf an, ob alle diese vorbeschriebenen sozial geprägten Tätigkeiten zum Schwergewicht der hoheitlichen Vollzugstätigkeit rechnen oder ob einzelne Handlungen nur von untergeordneter Bedeutung sind und daher dem Randbereich zugeordnet und folglich in private Hände übergeben werden können.

Dabei sind Aufgaben der Behandlung Gefangener im Rahmen einer Therapie, bei deren Aufnahme und Entlassung oder bezüglich der Entscheidung über die Gewähr von Vollzugslockerungen aufgrund ihres engen Bezuges zum grundrechtlich gewährleisteten Anspruch auf Resozialisierung, ihrer unmittelbaren

786 BVerfGE 98, 169, 200; *Calliess/Müller-Dietz*, Strafvollzugsgesetz, 10. Aufl. 2005, § 2 Rn. 6 f.; *Suhrbier*, Privatisierung im Justizvollzug, in: Stober, Privatisierung im Strafvollzug?, 2001, S. 73; *Merk*, ZfStrVo 2007, 198; *Bachl*, ZfStrVo 2007, 200.

787 So auch *Gusy*, Zulässigkeit und Grenzen des Einsatzes privater Sicherheitsdienste im Strafvollzug, in: Stober, Privatisierung im Strafvollzug?, 2001, S. 11, 28; *Bachl*, ZfStrVo 2007, 200.

Auswirkung auf die Intensität der Vollzugsgewalt gegenüber den Gefangenen und ihrer Bedeutung für die Sicherheit der Allgemeinheit einer Privatisierung nicht zugänglich.[788]

Bei den betreuenden Aufgaben kann hingegen differenziert werden:

Hinsichtlich des verfassungsrechtlichen Resozialisierungsgebots sind auch betreuende Tätigkeiten grundsätzlich von verbeamtetem Vollzugspersonal auszuführen.[789] Tätigkeiten von lediglich untergeordneter Bedeutung können hier aber Aufgaben von rein durchführendem Charakter darstellen. Das bedeutet, daß beispielsweise die Entscheidung, ob und in welchem Umfang den Gefangenen Freizeit zugebilligt wird, noch als grundrechtswesentliche und sicherheitsrelevante Entscheidung dem staatlichen Dienstpersonal vorbehalten bleiben muß. Ist dies aber erst einmal entschieden, so können einzelne Maßnahmen der Freizeit*gestaltung* durchaus auf Private übertragen werden. In Betracht käme hier beispielsweise die vertragliche Indienstnahme fachlich qualifizierter privater Dienstleister, die mit den Gefangenen Sport treiben,[790] mit ihnen musizieren oder malen. Diese Tätigkeiten sind hinsichtlich der Erreichung des Vollzugsziels nur von untergeordneter Bedeutung. Wichtig ist, *daß* die Gefangenen überhaupt betreut werden und daß die Entscheidung *ob* und *welche* Freizeitbetätigungen erlaubt werden, von staatlichen Bediensteten getroffen werden. Die Gestaltung einzelner Freizeitangebote stellt hingegen eine weniger grundrechtsintensive Frage dar.

Ein weiteres Beispiel wäre die Beratung und Unterstützung der Inhaftierten bei der Regulierung ihrer Schulden.

Freilich dürfen diese Dienstleister den Gefangenen keine verbindlichen Anweisungen geben oder Entscheidungen bezüglich der Gestaltung des Anstaltsaufenthaltes einzelner Inhaftierter treffen. Erst recht dürfen sie – von einem konkreten Angriff abgesehen – keine Sicherungsmaßnahmen vornehmen. Die Sicherheitsfrage ist allein vom staatlichen Dienstpersonal zu verantworten. Entweder dürfen einzelne Gefangene aus Sicherheitsgründen an einem speziellen Freizeitprogramm gar nicht teilnehmen, oder es mag bei geringeren Sicherheitsrisiken ausreichend sein, wenn Beamte des allgemeinen Vollzugsdienstes bewachend bei der jeweiligen Freizeitmaßnahme anwesend sind und im Ernstfall jederzeit einschreiten können.

788 Vgl. dazu *Mösinger*, BayVBl. 2007, 427.

789 So auch *Merk*, ZfStrVo 2007, 198; *Bachl*, ZfStrVo 2007, 200.

790 Derzeit werden Sportveranstaltungen grundsätzlich noch von Beamten durchgeführt: In der Jugendstrafanstalt Berlin sind für knapp 600 Gefangene nur 4 Sportvollzugsbeamten zuständig. Vgl. dazu und insbesondere auch zu den positiven Auswirkungen sportlicher Betätigung auf die Gefangenen den Bericht von *Haselbauer*, ZfStrVo 2007, 196 f.

dd) Ehrenamtliche Vollzugshelfer

Nicht zu verwechseln ist die vorstehend beschriebene Einbeziehung privater Dienstleister mit der Tätigkeit ehrenamtlicher Vollzugshelfer. Letztere engagieren sich freiwillig und unentgeltlich zugunsten Strafgefangener oder Entlassener. Sie pflegen Briefkontakte mit Inhaftierten, organisieren Freizeitprogramme, begleiten Gefangene bei ihrem Hafturlaub, unterstützen Entlassene oder betreiben öffentliche Aufklärung über Probleme im Strafvollzug und bei der Rückkehr in die Freiheit nach der Entlassung aus dem Gefängnis.[791] Dieser sozial motivierte Einsatz mindert nicht die staatlichen Verpflichtungen aus dem verfassungsrechtlichen Resozialisierungsgebot. Die freiwilligen Leistungen der ehrenamtlichen Vollzugshelfer stellen vielmehr zusätzliche Angebote der Gesellschaft dar, die der Staat zwar fördern aber nicht fordern kann.

c) Zwischenergebnis

Im Rahmen der resozialisierenden Behandlung und Betreuung der Gefangenen bestehen – wenn auch wieder nur wenige – Spielräume für den Einsatz privater Hilfskräfte. So ist dies möglich, wenn aus therapeutischen Gründen eine bei dem festen Anstaltspersonal nicht vorhandene spezielle fachliche Qualifikation erforderlich wird und absehbar ist, daß dieser Bedarf nur zeitlich beschränkt bestehen wird. Zum anderen können Betreuungsmaßnahmen rein durchführenden Charakters in private Hände gelegt werden, solange diese nur von untergeordneter Bedeutung für die Erreichung des Vollzugsziels sind.

2. Ärzte

Der Handlungsbereich der Ärzte in Strafvollzugsanstalten ist durch ihre fachliche Kompetenz geprägt. Sie kümmern sich ebenso wie die Angehörigen dieser Berufsgruppe außerhalb der Anstalt primär um die Gesundheit der Inhaftierten. Darüber hinaus kontrolliert der Arzt im Strafvollzug unter anderem die hygienischen Verhältnisse in der Anstalt,[792] überwacht die Anstaltsverpflegung,[793] wirkt bei medizinischen Zwangsmaßnahmen[794] auf dem Gebiet der Gesundheitsfürsorge mit und überwacht besondere Sicherungsmaßnahmen[795] und den Vollzug des Arrestes.[796]

791 *Laubenthal*, Strafvollzug, 4. Aufl. 2006, Rn. 293; *Schöch*, in: Kaiser/Schöch, Strafvollzug, 5. Aufl. 2002, § 11 Rn. 24; *Böhm*, Strafvollzug, 3. Aufl. 2003, Rn. 108.

792 *Böhm*, Strafvollzug, 3. Aufl. 2003, Rn. 100.

793 Vgl. dazu § 21 StVollzG.

794 Vgl. dazu § 101 StVollzG.

795 Vgl. dazu § 92 StVollzG.

a) Grundsatz der hauptamtlichen Beschäftigung

§ 158 Abs. 1 StVollzG regelt als lex specialis zu § 155 Abs. 1 StVollzG, daß die ärztliche Versorgung durch hauptamtliche Ärzte sicherzustellen ist. Nur wenn besondere Gründe vorliegen, können nebenamtliche oder vertraglich verpflichtete Ärzte einbezogen werden. Hinsichtlich der privatisierungsrelevanten Möglichkeit, auf vertraglich verpflichtete Personen zurückzugreifen, ergibt sich zur Grundnorm des § 155 StVollzG kein Unterschied. Es kommt auf das Vorliegen besonderer Gründe an. Auch hier kann wieder eine verfassungskonforme Auslegung der Norm anhand der zu Art. 33 Abs. 4 GG entwickelten Kriterien vorgenommen werden. Denn wenn der grundgesetzliche Funktionsvorbehalt eine Beamtenstelle fordert, kann sich aus § 158 Abs. 1 StVollzG nichts anderes ergeben. Läßt Art. 33 Abs. 4 GG hingegen für die Beschäftigung von nichtverbeamtetem Personal Raum, kann nach dem Wortlaut des § 158 Abs. 1 StVollzG prinzipiell jede an sich rechtmäßige Abweichung vom Normalfall als ein besonderer Grund eine Beschäftigung nur vertraglich Verpflichteter rechtfertigen.

Die Regel, daß auch im Bereich der ärztlichen Versorgung grundsätzlich staatliche Dienstkräfte gefordert werden, erklärt sich auch hier aus den Grundrechten der Gefangenen. Strafgefangene vollständig staatlicher Vollzugsgewalt auszuliefern, ohne zugleich für deren gesundheitliche Betreuung zu sorgen, wäre schon mit der Garantie der Menschenwürde aus Art. 1 Abs. 1 GG nicht vereinbar, da die Betroffenen dann nur noch als Objekte des staatlichen Strafvollstreckungsanspruchs behandelt würden. Zudem stünde Art. 2 Abs. 2 S. 1 GG einer solchen Ausgestaltung des Strafvollzugs entgegen. Man könnte auch sagen, wenn zugunsten der Strafgefangenen ein verfassungsrechtliches Resozialisierungsgebot gilt, so muß erst recht eine staatliche Verpflichtung dahingehend bestehen, Inhaftierte in Gesundheitsfragen nicht sich selbst und ihren Leiden zu überlassen. Die ärztliche Versorgung muß daher als hoheitliche Aufgabe für jeden Gefangenen während der gesamten Vollzugsdauer stets gesichert sein.

b) Ausnahmsweiser Einsatz vertraglich verpflichteter Personen

aa) Bedarf an Fachärzten

Eine Ausnahme rechtfertigende besondere Gründe für den Einsatz bloß vertraglich verpflichteter Personen können hingegen insbesondere dann vorliegen, wenn ein dauerhafter Bedarf an Ärzten mit einer besonderen fachlichen Spezialisierung nicht besteht. So verhält es sich mit den Fachärzten verschiedener

796 Vgl. dazu § 107 StVollzG.

Richtungen und zumindest in kleineren und mittleren Anstalten auch mit den Zahnärzten.

bb) Ärztemangel

Ferner kommt hier eine Einbeziehung privater Dienstkräfte in Betracht, wenn sich keine geeigneten Personen für eine hauptamtliche Beschäftigung zur Verfügung stellen. Nicht immer findet sich für eine freie Stelle sofort ein Bewerber. Die belastenderen Arbeitsbedingungen im Strafvollzug im Vergleich zu einer Anstellung in einem Krankenhaus oder zur Tätigkeit in der eigenen allgemeinärztlichen Praxis und die geringere finanzielle Attraktivität mögen ausschlaggebende Gründe für diese Situation sein.[797] Darüber hinaus mag der zuweilen primär juristisch-absichernde und einer helfenden Tätigkeit widersprechende Charakter einzelner Maßnahmen wie der Beurteilung der Vollzugstauglichkeit oder der Mitwirkung an Zwangsmaßnahmen eher abschreckend wirken. Bevor eine Stelle über längere Dauer unbesetzt bleiben muß und dadurch die ärztliche Versorgung nicht permanent gewährleistet werden kann, ist es besser, auf freie Dienstverhältnisse mit nur vertraglich verpflichteten Ärzten zurückzugreifen. Diese stehen dann allerdings nur stundenweise zur Verfügung und müssen ihre Tätigkeit aus Zeitgründen auf die rein medizinische Behandlung beschränken.[798] Eine weitere Einbindung in den auf Resozialisierung gerichteten Behandlungsprozeß ist nicht möglich. Für vertraute Gespräche mit den Gefangenen, die über die rein medizinische Behandlung hinausgehen, wird es regelmäßig keine Gelegenheit geben. Es ist daher schwer vorstellbar, daß Gefangene zu nur kurzfristig anwesenden und wechselnden Ärzten eine Vertrauensbeziehung aufbauen können, die aber nicht allein für den körperlichen Heilungs-, sondern für den gesamten Resozialisierungsprozeß sehr wichtig sein kann.

Zu überlegen ist, ob es nicht möglich wäre, die vom Gesetz geforderten hauptamtlichen staatlichen Dienststellen für Ärzte im Strafvollzug attraktiver zu gestalten. Anfänge könnten schon die Eingruppierung in höhere Besoldungsklassen, die Zubilligung von mehr Eigenverantwortlichkeit und bessere Vorbereitungsmöglichkeiten hinsichtlich der Verhältnisse in Justizvollzugsanstalten und deren Rahmenbedingungen darstellen.

---

797 Vgl. dazu auch *Boetticher/Stöver*, in: Feest, StVollzG, 5. Aufl. 2006, § 158 Rn. 1; *Laubenthal*, Strafvollzug, 4. Aufl. 2006, Rn. 281; *Schöch*, in: Kaiser/Schöch, Strafvollzug, 5. Aufl. 2002, § 11 Rn. 22.

798 *Laubenthal*, Strafvollzug, 4. Aufl. 2006, Rn. 281; *Schöch*, in: Kaiser/Schöch, Strafvollzug, 5. Aufl. 2002, § 11 Rn. 22.

cc) Tätigkeiten lediglich durchführenden Charakters

Schließlich sind auch im medizinischen Bereich wieder Tätigkeiten lediglich durchführenden Charakters und von untergeordneter Bedeutung zu erledigen. In diesen Bereich fallen beispielsweise krankenpflegerische Leistungen wie das regelmäßige Verbinden einer Wunde oder das Messen der Temperatur. Entscheidend ist, daß die Gefangenen bei Bedarf nach Maßgabe einer ärztlichen Anweisung überhaupt fachlich qualifiziert pflegerisch betreut werden. Maßnahmen der bloßen Durchführung müssen aber nicht zwingend von hauptamtlichem Personal geleistet werden, sondern könnten prinzipiell ebenso gut von privaten Dienstleistern erbracht werden. Diesem Gedanken trägt auch § 158 Abs. 2 StVollzG Rechnung, der bezüglich der Krankenpflege nur fordert, daß diese von beruflich qualifizierten Personen ausgeführt wird. Hinsichtlich der Art des Beschäftigungsverhältnisses trifft die Norm keine Aussage. Vor dem Hintergrund des § 158 Abs. 1 StVollzG und Art. 33 Abs. 4 GG wäre hier grundsätzlich eine Möglichkeit zur Beschäftigung freier Dienstkräfte anzuerkennen.

Allerdings weist § 158 Abs. 2 S. 2 StVollzG darauf hin, daß auch entsprechend vorgebildete Bedienstete des allgemeinen Vollzugsdienstes miteinbezogen werden können. Gerade im Hinblick auf den zu vollziehenden Funktionenwandel des allgemeinen Vollzugsdienstes von reinen Aufsichtsbeamten zu voll in die resozialisierende Behandlung miteinzubeziehenden Dienstkräften ist diese Alternative zu bevorzugen.

3. Seelsorger

Gemäß § 53 Abs. 1 StVollzG hat jeder Gefangene einen Anspruch auf religiöse Betreuung. Diese Bestimmung zeichnet die grundrechtlichen Gewährleistungen aus Art. 4 GG einfachgesetzlich nach.

a) Grundsatz

In organisatorischer Hinsicht regelt § 157 Abs. 1 StVollzG, daß Seelsorger im Einvernehmen mit der jeweiligen Religionsgemeinschaft im Hauptamt bestellt oder vertraglich verpflichtet werden. Auffällig ist hier, daß für einen Einsatz vertraglich verpflichteter Personen das Vorliegen besonderer Gründe nicht gefordert wird. Angesichts des vielseitigen Einsatzbereichs der Seelsorger und der großen Bedeutung für die grundrechtlichen Gewährleistungen aus Art. 4 GG mag dies verwundern.

Denn zum einen kommt der Rolle des Seelsorgers hinsichtlich der Erreichung des Vollzugsziels eine tragende Rolle zu. Dies resultiert unter anderem daraus, daß Geistliche durch die Aufrechterhaltung von familiären Kontakten, durch die Leitung von Freizeitveranstaltungen, Einrichtungen der Erwachsenenbildung und Gruppengesprächen, durch Öffentlichkeitsarbeit und Hilfe bei der Arbeits- und Wohnungssuche für die Zeit nach der Entlassung aus der Anstalt tatkräftige Unterstützungsarbeit leisten können.[799] Dabei kann der Kontakt zur jeweiligen Ortsgemeinde hilfreich sein. Die Stellung der Anstaltsgeistlichen zeichnet sich aber insbesondere dadurch aus, daß die religiöse Betreuung der Inhaftierten nicht von Weisungen seitens der Anstaltsleitung beeinflußt werden darf[800] und daß die Inhalte seelsorgerischer Gespräche der Verschwiegenheitspflicht des Geistlichen unterliegen.[801] Darauf aufbauend werden sich zu Anstaltsgeistlichen leichter Vertrauensbeziehungen entwickeln als zu anderen Vollzugsbediensteten.

Zum anderen handelt es sich bei der religiösen Betreuung der Gefangenen um Handlungen, die elementar für den praktischen Glauben der Inhaftierten sind. In einer totalen Institution wie einer Strafvollzugsanstalt haben Gefangene keine Möglichkeit, frei einen Geistlichen ihrer Glaubensrichtung aufzusuchen, wenn ihnen nicht von der Anstalt ein entsprechender Kontakt und die Teilnahme an Veranstaltungen einer Glaubensgemeinschaft ermöglicht werden.

Dies alles spricht vor dem Hintergrund des Art. 33 Abs. 4 GG für den eindeutigen Vorrang einer staatlichen Beschäftigung vor einer bloß freien vertraglichen Verpflichtung seelsorgerischen Personals.

Doch ist hier zu bedenken, daß die eingesetzten Geistlichen oft als Kirchenbeamte im Dienst der Kirche stehen. Eine gebräuchliche Konstruktion ist dann die, daß die Anstaltsgeistlichen im Dienst der Kirche verbleiben und diese sie auf vertraglicher Basis in den staatlichen Bereich entsendet.[802] So kann auch die

---

799 *Huchting/Koch*, in: Feest, StVollzG, 5. Aufl. 2006, § 157 Rn. 3; *Böhm*, Strafvollzug, 3. Aufl. 2003, Rn. 102; *Laubenthal*, Strafvollzug, 4. Aufl. 2006, Rn. 279.

800 Dies ergibt sich aus Art. 141 der Weimarer Verfassung, der über Art. 140 GG Bestandteil des Grundgesetzes ist. Art. 141 der Weimarer Verfassung lautet: „Soweit das Bedürfnis nach Gottesdienst und Seelsorge im Heer, in Krankenhäusern, Strafanstalten oder sonstigen öffentlichen Anstalten besteht, sind die Religionsgesellschaften zur Vornahme religiöser Handlungen zuzulassen, wobei jeder Zwang fernzuhalten ist.".

801 *Böhm*, Strafvollzug, 3. Aufl. 2003, Rn. 102; *Schöch*, in: Kaiser/Schöch, Strafvollzug, 5. Aufl. 2002, § 11 Rn. 23; *Laubenthal*, Strafvollzug, 4. Aufl. 2006, Rn. 279; zu den verschiedenen Formen der Verschwiegenheit *Huchting/Koch*, in: Feest, StVollzG, 5. Aufl. 2006, § 157 Rn. 13.

802 *Huchting/Koch*, in: Feest, StVollzG, 5. Aufl. 2006, § 157 Rn. 8; *Böhm*, Strafvollzug, 3. Aufl. 2003, Rn. 102.

Wortfassung des § 157 StVollzG erklärt werden. Wenn aber eine derartige Konstruktion im Einzelfall nicht in Betracht kommt, so sind Anstaltsseelsorger aus den oben angeführten Gründen in der Regel zu verbeamten.

b) Ausnahmen

Ausnahmen ergeben sich wie bei den anderen Berufsgruppen, wenn eine Betreuung in einer besonderen Glaubensrichtung erforderlich wird und absehbar ist, daß ein Betreuer dieses Glaubens nicht dauerhaft benötigt werden wird. In diese Richtung geht auch § 157 Abs. 2 StVollzG, der erlaubt, seelsorgerische Betreuung auf andere Weise als durch die Bestellung eines Geistlichen zuzulassen, wenn die geringe Zahl der Angehörigen einer Religionsgemeinschaft dies rechtfertigt. Für durchführende (Hilfs-)Tätigkeiten regelt § 157 Abs. 3 StVollzG, daß die Anstaltsseelsorger sich freier Seelsorgehelfer bedienen dürfen und Seelsorger von außen zuziehen dürfen.

IV. Der Verwaltungsdienst

Die Angehörigen des Verwaltungsdienstes unterstützen den Anstaltsleiter bei der Bewältigung seiner Führungs- und Verwaltungstätigkeit.[803] Sie organisieren die Arbeitsverwaltung, indem sie für die Beschäftigung der Gefangenen sorgen und sich um die Einrichtung entsprechender Werkstätten kümmern und Verträge mit Auftraggebern schließen.[804] Andere kümmern sich um den Bereich der Hauswirtschaft, insbesondere um die Ausstattung der Anstalt und um die von den Gefangenen eingebrachten Gegenstände. Wieder andere sind für die Koordination der Vollzugsabläufe zuständig. Sie erledigen oder verwalten die Korrespondenz mit Gerichten und anderen Behörden, führen Buch über die Gefangenenakten und überwachen die Strafzeiten. Dazu kommen noch Mitarbeiter des Verwaltungsdienstes, denen der Bereich Sicherheit und Ordnung übertragen ist, wobei sie die Anordnung und Durchführung besonderer Sicherungs- und Zwangsmaßnahmen überwachen. Sie können auch die direkten Vorgesetzten des allgemeinen Vollzugsdienstes sein. Die Entscheidung über Vollzugslockerungen oder die Anordnung von Disziplinarmaßnahmen kann Angehörigen des Verwaltungsdienstes übertragen sein.

---

803 *Schöch*, in: Kaiser/Schöch, Strafvollzug, 5. Aufl. 2002, § 11 Rn. 14; *Laubenthal*, Strafvollzug, 4. Aufl. 2006, Rn. 270.

804 Auch zum folgenden *Böhm*, Strafvollzug, 3. Aufl. 2003, Rn. 92; *Schöch*, in: Kaiser/Schöch, Strafvollzug, 5. Aufl. 2002, § 11 Rn. 14.

Aus der Vielschichtigkeit der Tätigkeits- und Verantwortungsfelder der Mitarbeiter des Verwaltungsdienstes ergibt sich auch eine differenzierte Antwort auf die Frage der Privatisierbarkeit einzelner Bereiche. Eine Spezialnorm für den Verwaltungsdienst existiert nicht, so daß wieder auf das zu § 155 Abs. 1 StVollzG und Art. 33 Abs. 4 GG entwickelte Prüfungsschema zurückgegriffen werden kann.

All diejenigen Aufgaben, die sich unmittelbar auf die Sicherheit der Anstalt oder auf die Vollzugsgestaltung für die Gefangenen auswirken, sind einer Privatisierung nicht zugänglich. Entscheidungen mit Sicherheitsrelevanz, Entscheidungen, die die Beschäftigung der Gefangenen betreffen oder beispielsweise Entscheidungen hinsichtlich der Gewährung von Vollzugslockerungen dürfen nicht von Privaten getroffen werden. Das ergibt sich aus ihrem hoheitsrechtlichen Charakter. Ihnen ist große Bedeutung für die innere Sicherheit, die Intensität der Vollzugsgewalt und damit letztlich auch für die Grundrechte der Gefangenen zuzumessen.

Auf der anderen Seite sind keine Gründe ersichtlich, wieso beispielsweise Teilbereiche der Hauswirtschaft wie die Einkaufsplanung oder rein organisationstechnische Aufgaben wie das Erstellen von Statistiken[805] zwingend von Beamten vorgenommen werden müßten. Hierbei handelt es sich um Tätigkeiten, bei denen es zu keinem Kontakt mit den Gefangenen kommt. Es geht weder unmittelbar um Sicherheitsfragen noch um Maßnahmen von Grundrechtsrelevanz. Jedoch wird sich im Einzelfall die Frage nach der Wirtschaftlichkeit einer Ausgliederung stellen. Diese Problematik läßt allerdings die aus Rechtsgründen bestehende Möglichkeit einer Privatisierung unberührt.

V. Versorgende Tätigkeiten

Bisweilen wird die Ansicht vertreten, daß bestimmte Aufgaben mit reinem Versorgungscharakter unproblematisch an private Anbieter übergeben werden könnten.[806] Zu denken wäre hier insbesondere an die Gefängnisküche, die Gärtnerei, die Wäscherei oder den Reinigungsdienst. Auf den ersten Blick lassen sich hier

805 Hierbei ist allerdings zu beachten, daß zur Auswertung und Erstellung bestimmter Statistiken keine Gefangenenakten an Dritte weitergegeben werden. Dies verbietet das allgemeine Persönlichkeitsrecht der Gefangenen aus Art. 2 Abs. 1 i.V.m. Art. 1 Abs. 1 GG. Eine Auslagerung kommt somit nur in dem Umfang in Betracht, wie die jeweilige Tätigkeit mittels anonymer Daten durchgeführt werden kann.

806 *Krölls*, GewArch 1997, 454; *Mösinger*, BayVBl. 2007, 427; *Gusy/Lührmann*, StV 2001, 52; *Gusy*, Zulässigkeit und Grenzen des Einsatzes privater Sicherheitsdienste im Strafvollzug, in: Stober, Privatisierung im Strafvollzug?, 2001, S. 29.

in der Tat keine Probleme hinsichtlich der Privatisierbarkeit vermuten (solange nicht gleichzeitig mit der rein versorgenden Tätigkeit auch Bewachungsaufgaben verbunden würden)[807]. Es handelt sich weder um besonders sicherheitsrelevante Aufgaben noch um Tätigkeiten, die für die Grundrechte der Gefangenen von unmittelbarer Relevanz zu sein scheinen.

Dennoch ist hier zu bedenken, daß gerade diese Bereiche ein typisches Beschäftigungsfeld für die Gefangenen darstellen. Werden (Teil-)Bereiche ausgelagert, besteht die Gefahr, daß nicht nur Arbeits-, sondern auch Ausbildungsmöglichkeiten für die Inhaftierten wegfallen.[808] Auch für den Fall, daß die betreffenden Tätigkeiten weiterhin in der Form von Unternehmerbetrieben in der Anstalt fortgeführt und einzelne Anstaltsinsassen dort beschäftigt und von Privaten fachlich angeleitet werden können, steht zu befürchten, daß sich die Zahl der Arbeitsplätze verringern wird. Zum einen werden Privatunternehmer zu einem gewissen Anteil auch eigene Dienstkräfte einsetzen. Zum anderen sind sie als freie Marktteilnehmer auf wirtschaftliche Rentabilität angewiesen und werden nicht mehr Dienstkräfte einsetzen, als zwingend für die Erledigung der anfallenden Arbeit erforderlich ist.[809]

Nun ist der Staat aber gerade zur Schaffung und Erhaltung von Arbeits- und Ausbildungsplätzen verpflichtet. Dies ergibt sich einfachgesetzlich aus den §§ 37 ff. in Verbindung mit § 149 StVollzG. Die dahinterstehende verfassungsrechtliche Grundlage ist wieder das allgemeine Persönlichkeitsrecht der Gefangenen, das ihnen einen grundrechtlich gewährleisteten Anspruch auf Resozialisierung einräumt.[810] Denn nach heutigem Verständnis steht die Arbeit im Strafvollzug ganz im Dienste des Vollzugsziels der Resozialisierung, indem sie zur beruflichen und sozialen Integration der Gefangenen beitragen soll.[811] Auf dieses Ziel verweist § 37 Abs. 1 StVollzG sogar ausdrücklich hinsichtlich der Förderung beruflicher Fähigkeiten, um den Inhaftierten zu ermöglichen, nach deren Entlassung eine Erwerbstätigkeit aufzunehmen.

---

807 Hierzu auch *Burgi*, Privatisierung, in: Isensee/Kirchhof, HStR, Bd. IV, 3. Aufl. 2006, § 75 Rn. 24.

808 Darauf weisen auch *Calliess/Müller-Dietz*, Strafvollzugsgesetz, 10. Aufl. 2005, § 155 Rn. 11 und *Böhm*, Strafvollzug, 3. Aufl. 2003, Rn. 87, hin, die jedoch unterschiedliche Schlußfolgerungen ziehen.

809 Die privaten Unternehmer müssen der Justizvollzugsanstalt für jeden arbeitenden Gefangenen entweder einen nach Stunden oder nach Arbeitsleistung bemessenen festen Betrag zahlen. Zudem wird die Arbeitszeit der aufsichtführenden Beamten in Rechnung gestellt. Vgl. dazu *Böhm*, Strafvollzug, 3. Aufl. 2003, Rn. 300.

810 Nicht zuletzt kann in einer interessanten Berufstätigkeit auch eine Möglichkeit liegen, sich selbst zu verwirklichen.

811 BVerfGE 98, 169, 201 ff.; *Laubenthal*, Strafvollzug, 4. Aufl. 2006, Rn. 398; *Böhm*, Strafvollzug, 3. Aufl. 2003, Rn. 293.

Für die Frage der Privatisierbarkeit bedeutet dies, daß eine Auslagerung mancher versorgender Tätigkeiten nur in Betracht kommt, wenn die entsprechenden Arbeits- und Ausbildungsplätze hinsichtlich des Resozialisierungsauftrages nicht mehr benötigt werden oder wenn sichergestellt werden kann, daß durch die Schaffung eines Unternehmerbetriebes immer noch ausreichend Beschäftigungsplätze für Gefangene zur Verfügung stehen werden. Eine Privatisierung ist daher nur möglich, wenn die betreffenden Dienste von Gefangenen gar nicht verrichtet werden können (beispielsweise die Errichtung von Justizvollzugsanstalten oder die Wartung der technischen Sicherheitsgeräte[812]), die vorhandenen restlichen Arbeitsplätze ausreichen oder ersatzweise andere neue Stellen für Gefangene geschaffen werden.

VI. Ergebnis zur Frage der Privatisierbarkeit einzelner Tätigkeiten im Rahmen der Staatsaufgabe des Strafvollzugs

Zusammenfassend ist festzuhalten, daß im Wege der Privatisierung der ausführenden Hand zwar einzelne, eng begrenzte Teilbereiche der Aufgabenerfüllung im Strafvollzug ausgegliedert werden können. Die Privatisierungsmöglichkeiten stellen jedoch die Ausnahme dar. Insgesamt betrachtet verbleibt nur wenig Raum für den Einsatz Privater.

Im Rahmen dieser Untersuchung konnte nicht auf jeden einzelnen für das Strafvollzugswesen relevanten Beruf eingegangen werden. Vielmehr sollte durch die vorstehenden Ausführungen gezeigt werden, daß durch die Entwicklung und Anwendung eines allgemeinen Prüfungsschemas nicht auf jeweils gesondert betrachtete Einzelfälle zurückgegriffen werden braucht. Stattdessen ist es möglich, für jede konkrete Tätigkeit im Rahmen der Durchführung des Strafvollzugs eine begründete Antwort hinsichtlich der Frage ihrer Privatisierbarkeit abzuleiten.

Zunächst ist eine exakte Aufgabenbeschreibung bezüglich der zu untersuchenden Dienststelle vorzunehmen. Ausgehend vom einfachen Recht (Spezialregelung oder § 155 Abs. 1 StVollzG) und dem verfassungsrechtlichen Funktionsvorbehalt des Art. 33 Abs. 4 GG ist zu fragen, ob es sich bei der relevanten Tätigkeit um eine hoheitsrechtliche Tätigkeit handelt. Dies beurteilt sich nach der jeweiligen Relevanz entweder für die Staatlichkeit (insbesondere hinsichtlich der inneren Sicherheit zugunsten derer alle physische Zwangsgewalt beim Staat monopolisiert ist) oder für die Gewährleistungen der Grundrechte.

---

812 Vgl. dazu auch *Kruis*, ZRP 2000, 2.

Wird das Vorliegen einer hoheitsrechtlichen Tätigkeit bejaht, kann sich eine Möglichkeit für die Einbeziehung privater Dienstleistungen daraus ergeben, daß für eine bestimmte Funktion kein dauerhafter Bedarf besteht. Doch auch bei einem fortbestehenden Bedürfnis nach einer Tätigkeit darf eine Privatisierung ausnahmsweise in Betracht gezogen werden, wenn die betreffende Aufgabe nicht gerade den Kernbereich der hoheitsrechtlichen Tätigkeit bei der Erfüllung der Staatsaufgabe des Strafvollzugs (mit)bestimmt. Je bedeutender sich eine bestimmte Funktion für die innere Sicherheit und damit für die Staatlichkeit erweist, je gewichtiger sie für die freiheitliche Betätigung im grundrechtlichen Gewährleistungsbereich ist, um so kleiner ist der Spielraum für die Möglichkeit einer Privatisierung. Oft wird sich daher im Strafvollzug das grundsätzlich bestehende Regel-Ausnahmeverhältnis zu einem Privatisierungsverbot verdichten.

Kommt man nach dieser Prüfung zu dem Ergebnis, daß sich aus verfassungsrechtlichen Gründen kein Zwang zur staatlichen Ausführung einer Tätigkeit ergibt, kann nach geltendem Recht jeder besondere Grund, also jede Abweichung vom Normalfall, ausnahmsweise eine Auslagerung in den gesellschaftlichen Bereich rechtfertigen.

Einer Änderung des einfachen Rechts dahingehend, die Notwendigkeit des Vorliegens *besonderer* Gründe abzuschaffen und ein schlichtes Regel-Ausnahmeverhältnis nach dem Vorbild des Art. 33 Abs. 4 GG einzuführen, stünde nichts entgegen.[813] Die grundgesetzliche Schranke des Art. 33 Abs. 4 GG würde weiterhin Geltung beanspruchen und als bei der Auslegung des einfachen Rechts zu beachtende Verfassungsnorm dafür Sorge tragen, daß Privaten zu sicherheits- und grundrechtsempfindlichen Bereichen die Türen verschlossen bleiben.

D) Privatisierung der Organisationsform

Wollte der Staat die Organisationsform einer Justizvollzugsanstalt privatisieren, wäre diese nachfolgend statt als Anstalt als privatrechtliche Gesellschaft – bei-

---

813 Insbesondere wäre es dann möglich, ein Privatisierungsvorhaben mit finanziellen Erwägungen zu begründen. Nach geltendem Recht ist darin kein die Ausnahme rechtfertigender *besonderer* Grund zu sehen, da es sich bei der dauerhaft schlechten Finanzlage der öffentlichen Hand nicht um einen vom Normalfall abweichenden Grund handelt. So auch *Gusy/Lührmann*, StV 2001, 48; *Gusy*, Zulässigkeit und Grenzen des Einsatzes privater Sicherheitsdienste im Strafvollzug, in: Stober, Privatisierung im Strafvollzug?, 2001, S. 15; a.A. insoweit *Mösinger*, BayVBl. 2007, 426, *Lange*, DÖV 2001, 904 und *Bonk*, JZ 2000, 441.

spielsweise als GmbH – fortzuführen.[814] Als Handlungsmittel stünden nicht mehr das öffentlich-rechtliche Instrumentarium, sondern nur noch die privatrechtlichen Formen zur Verfügung.[815] Damit es sich wirklich nur um eine Verschiebung der Organisationsform vom staatlichen in den gesellschaftlichen Bereich handelte, wäre entscheidend, daß der Staat über die Gesellschaft noch bestimmenden Einfluß hätte. Andernfalls würden materielle Gehalte in den gesellschaftlichen Bereich übergehen. Den nötigen Einfluß auf die Geschäfte der Gesellschaft sichert sich der Staat regelmäßig dadurch, daß er alle Anteile der privatrechtlichen Gesellschaft hält.[816]

Auch wenn man diesen staatlich beeinflußten Gesellschaften die Grundrechtsberechtigung abspricht[817] und sie im Gegenteil als grundrechtsverpflichtete Rechtssubjekte ansieht,[818] so kommt diese Privatisierungsform für den Bereich des Strafvollzugs dennoch nicht in Betracht.

I. Öffentlich-rechtliche Handlungsformen als Instrument der Eingriffsverwaltung

Erstens bedarf die klassische Eingriffsverwaltung der öffentlich-rechtlichen Handlungsformen. In einem Gefängnis ließe sich beispielsweise mit einem Vertragsangebot an einen Inhaftierten, eine besondere Sicherungsmaßnahme anzunehmen, nicht viel erreichen.[819] Der Strafvollzug gehört auch dann, wenn man

---

814 Nicht hierher gehören die Fälle, in denen einzelne Dienste einer Gesellschaft in Anspruch genommen werden. Diese Konstellationen wurden oben unter C) bei der Privatisierung der ausführenden Hand untersucht.

815 *Burgi*, Verwaltungsorganisationsrecht, in: Erichsen/Ehlers, Allgemeines Verwaltungsrecht, 13. Aufl. 2006, § 9 Rn. 11 f.

816 Steigen auch Private als Gesellschafter mit ein, handelt es sich um ein gemischtwirtschaftliches Unternehmen, vgl. dazu *Jarass/Pieroth*, Grundgesetz, 9. Aufl. 2007, Art. 1 Rn. 39 f.; *Dreier*, in: Dreier, Grundgesetz-Kommentar, Bd. 1, 2. Aufl. 2004, Art. 1 Abs. 3 Rn. 70 f.; *Starck*, in: v. Mangoldt/Klein/Starck, GG I, 5. Aufl. 2005, Art. 1 Abs. 3 Rn. 231.

817 *P. M. Huber*, in: v. Mangoldt/Klein/Starck, GG I, 5. Aufl. 2005, Art. 19 Abs. 3 Rn. 281 f.

818 *Dreier*, in: Dreier, Grundgesetz-Kommentar, Bd. 1, 2. Aufl. 2004, Art. 1 Abs. 3 Rn. 69; *Ehlers*, Verwaltung und Verwaltungsrecht, in: Erichsen/Ehlers, Allgemeines Verwaltungsrecht, 13. Aufl. 2006, § 3 Rn. 85.

819 *Gregor Kirchhof*, Rechtsfolgen der Privatisierung, AöR Bd. 132 (2007), S. 242, verwendet in diesem Zusammenhang das Beispiel der staatlichen Steuererhebung. So auch *Schlette*, in: v. Mangoldt/Klein/Starck, GG III, 5. Aufl. 2005, Art. 108 Abs. 1 Rn. 39.

sich mit Recht vom besonderen Gewaltverhältnis verabschiedet hat,[820] zur typischen Eingriffsverwaltung.[821] Ein System, das von der grundsätzlichen Gleichordnung der Parteien ausgeht und auf freiwilligen Willensentschlüssen basiert, kann den Anforderungen im Strafvollzug nicht gerecht werden, in welchem die Inhaftierten regelmäßig mit Befehl und Zwang konfrontiert werden (müssen).

II. Dienstherreneigenschaft des Staates

Zweitens kann eine privatrechtliche Gesellschaft nicht auf Dauer Beamte beschäftigen, da Beamte im Dienst des Staates stehen. Dienstherr eines Beamten kann nur eine juristische Person des öffentlichen Rechts sein. Daß die meisten Tätigkeiten im Rahmen des Strafvollzuges hoheitsrechtlichen Charakter haben und daher regelmäßig von Beamten wahrgenommen werden müssen, wurde bei der vorangehenden Privatisierungsform ausführlich dargelegt. Auch hieraus folgt ein Verbot einer Privatisierung der Organisationsform. Im Zuge der Bahn- und Post-Privatisierungen wurden zwar aufgrund von Verfassungsänderungen durch Art. 143 a GG und Art. 143 b GG extra entsprechende Übergangsvorschriften in das Grundgesetz aufgenommen, nach denen Beamte der Bundeseisenbahnen beziehungsweise Beamte der Deutschen Bundespost bei den privaten Unternehmen eingesetzt werden können. Diese Vorschriften enthalten allerdings nur Übergangsrecht, das auf die Rechtsverhältnisse der im Zeitpunkt des Entstehens der Nachfolgeunternehmen schon beschäftigten Beamten beschränkt ist.[822] Neue Bahn- oder Postbeamten wird es nicht mehr geben.[823]

III. Kein Rechtsschein erlaubter privater Gewalt

Als drittes kann abschließend noch eine Art „Rechtsschein"-Argument angeführt werden. Das Gewaltmonopol des Staates verbietet jede originäre private Gewalt. Private Gewalt kommt nur in einer vom Staat abgeleiteten Form der gesetzlich zugelassenen Fälle der Notrechte oder der Beleihung Privater mit hoheitsrechtli-

---

820 Spätestens seit BVerfGE 33, 1 ff.

821 Vgl. z.B. dazu oben unter Teil 3 B)II.2.a)bb)(1), S. 153 ff.

822 *Jarass/Pieroth*, Grundgesetz, 9. Aufl. 2007, Art. 143 b Rn. 4; *Battis*, in: Sachs, Grundgesetz, 4. Aufl. 2007, Art. 143 a Rn. 7 ff. und Art. 143 b Rn. 9 f.; *Gersdorf*, in: v. Mangoldt/Klein/Starck, GG III, 5. Aufl. 2005, Art. 143 a Abs. 1 Rn. 5 und Art. 143 b Abs. 3 Rn. 17. Diesen Punkt übersieht wohl *Lange*, DÖV 2001, 899.

823 So auch *Gersdorf*, in: v. Mangoldt/Klein/Starck, GG III, 5. Aufl. 2005, Art. 143 a Abs. 1 Rn. 5 und Art. 143 b Abs. 3 Rn. 17.

chen Befugnissen in Betracht. Wenn nun hinter den privaten Gesellschaften nach einer Privatisierung nur der Organisationsform doch wieder der grundrechtsverpflichtete Staat steht, könnte man ihm auch die von der Folgegesellschaft auszuübende Vollzugsgewalt zurechnen. Formal jedoch würden Private privater Gewalt ausgeliefert werden. Die Aussagen des staatlichen Gewaltmonopols verbieten jegliche Privatgewalt, die über die Fälle der Notrechte und der Gewalt der Beliehenen hinausgeht. Und wenn einem Gefangenen die staatliche Vollzugsgewalt in privatrechtlichem Gewand begegnet, sieht er sich gesellschaftlicher Gewalt ausgesetzt. Davor soll der Staat aber gerade schützen. Ob sich hinter der potentiellen Gefängnis-GmbH tatsächlich nur der Staat befindet, ist für einen Inhaftierten – wenn überhaupt – nicht leicht erkennbar. Aus seiner Perspektive wird er sich der Gewalt einer privaten Gesellschaft ausgeliefert fühlen. Es schiene so, als gäbe es Fälle jenseits der Notrechte und der Beleihung, in denen zivile Gewalt rechtmäßig ist. Anstatt derartige Eindrücke in der Gesellschaft hervorzurufen, muß der Staat hinsichtlich der Gewöhnung an private Gewalt und daraus resultierender schrittweiser Akzeptanz jeglichen schleichenden Prozessen und damit auch schon dem ersten Anschein entgegenwirken.[824]

E) Privatisierung der Handlungsform

Die Frage der Privatisierung der Handlungsform im Strafvollzug wirft keine vollzugsspezifischen Probleme auf. Hinsichtlich der Wahl öffentlich-rechtlicher Instrumentarien oder privatrechtlicher Handlungsformen verbleibt es prinzipiell beim Grundsatz der Formenwahlfreiheit der öffentlichen Hand.[825] Da das Verhältnis zwischen der Justizvollzugsanstalt und den Gefangenen aber als klassische Eingriffsverwaltung auf Ordnungs- und Zwangsmittel angewiesen ist, kann auf die hoheitlichen Befugnisse des öffentlichen Rechts nicht verzichtet wer-

824 In diese Richtung auch *Schmitt Glaeser*, Individuelle Verhaltenssteuerung im Bereich der inneren Sicherheit, in: Kirchhof/Lehner/Raupach/Rodi, Staaten und Steuern, Festschrift für Klaus Vogel, 2000, S. 357 ff. und 363 ff.; *Merten*, Rechtsstaatsdämmerung, in: Schreiber, Polizeilicher Eingriff und Grundrechte, Festschrift für Rudolf Samper, 1982, S. 42 ff., kritisiert anhand vieler Beispiele, daß „durch eine geschickte Sprachregie und Sprachstrategie die unzulässige Gewaltausübung durch Private vernebelt und verharmlost und mit der Sprach- und Begriffsentfremdung eine Rechts- und Gesetzesentfremdung bezweckt und bewirkt" wird. Er stellt fest, daß dadurch der Eindruck entstehe, Gewalt sei allgegenwärtig. Diese Kritik an gesellschaftlichen Prozessen läßt den Schluß zu, daß der Staat diesen Gewöhnungseffekt erst recht nicht durch eigenes Handeln fördern darf.

825 *Maurer*, Allgemeines Verwaltungsrecht, 16. Aufl. 2006, § 3 Rn. 9; *Detterbeck*, Allgemeines Verwaltungsrecht, 4. Aufl. 2006, Rn. 895 ff.

den.[826] Auch im Rahmen der resozialisierenden Behandlung der Inhaftierten kann sich aufgrund der hohen grundrechtlichen Relevanz nichts anderes ergeben. Unabhängig von der finanziellen Leistungsfähigkeit der einzelnen Inhaftierten sind ihnen gleichwertige Therapieangebote zu machen.[827] Für die das Preis-Leistungsverhältnis betreffenden Vertragsverhandlungen ist kein Raum.

Anders verhält es sich bei fiskalischen Hilfsgeschäften mit Dritten. Im Rahmen der eigenen Bedarfsdeckung – angefangen beim Erwerb von Schreibgeräten und Papier bis hin zum Kauf oder der Anmietung geeigneter Räumlichkeiten für den Strafvollzug[828] – kann der Staat unproblematisch in privatrechtlicher Form tätig werden.[829]

F) Zusammenfassung in Thesen

I. Die Bundesrepublik Deutschland ist gerade als Verfassungsstaat auf eine effektive Behauptung des Gewaltmonopols angewiesen. Der Grundsatz des staatlichen Gewaltmonopols besagt, daß die Anwendung physischen Zwangs prinzipiell nur dem Staat gestattet ist. Das Gewaltmonopol hält für den Staat aber nicht nur Kompetenzen, sondern auch Pflichten bereit.

1. Die Organisation Staat ist durch das Ziel, Frieden und Sicherheit für ihre Bürger zu gewährleisten, gerechtfertigt. Diese Gewährleistung spiegelt sich in einer grundlegenden und zwingenden Staatsaufgabe wider.

2. Innere Sicherheit setzt voraus, daß es neben der staatlichen Macht weder ebenso starke noch übergeordnete gesellschaftliche Kräfte gibt. Nur wenn die Staatsgewalt die höchste Macht im Staat ist, kann sie ihre auf das Allgemeinwohl gerichteten Ziele und Entscheidungen wirksam verfolgen.

---

826 Allgemein *Maurer*, Allgemeines Verwaltungsrecht, 16. Aufl. 2006, § 3 Rn. 9. S. auch oben zur Privatisierung der Organisationsform.

827 Vgl. dazu auch Fn. 659.

828 Vgl. hierzu den Bericht der vom hessischen Justizminister Wagner am 01.02.2000 eingesetzten Arbeitsgruppe „Privatisierung des Strafvollzugs", teilweise abgedruckt in ZfStrVo 2000, 249 f., und *Gusy*, Zulässigkeit und Grenzen des Einsatzes privater Sicherheitsdienste im Strafvollzug, in: Stober, Privatisierung im Strafvollzug?, 2001, S. 6.

829 Auch bei einem privatrechtlichen Tätigwerden sind aber die Grundrechte zu beachten, insbesondere ist den vergaberechtlichen Anforderungen zu genügen, vgl. dazu *Maurer*, Allgemeines Verwaltungsrecht, 16. Aufl. 2006, § 3 Rn. 7; *Detterbeck*, Allgemeines Verwaltungsrecht, 4. Aufl. 2006, Rn. 895 ff.; *Burgi*, Privatisierung, in: Isensee/Kirchhof, HStR, Bd. IV, 3. Aufl. 2006, § 75 Rn. 26.

3. Das staatliche Gewaltmonopol dient der Verwirklichung dieser staatlichen Vorgaben und damit auch der Durchsetzung des staatlichen Sicherheitsauftrags. Eine rein ideelle Überordnung des Staates wäre nutzlos. Regeln, die der Staat seinen Bürgern zur Lenkung des gesellschaftlichen Lebens aufgibt, um gewaltsame Auseinandersetzungen zu verhindern, erhalten erst durch die potentielle Durchsetzbarkeit mittels körperlichen Zwangs ihre Stringenz. Der Staat muß daher auch hinsichtlich seiner Durchsetzungsmittel übergeordnet sein. Nach dem Grundsatz des staatlichen Gewaltmonopols ist die Anwendung physischen Zwangs – wenn überhaupt – nur dem Staat gestattet. Private dürfen sich lediglich ausnahmsweise und nur dann gewaltsamer Handlungsmittel bedienen, wenn diese ausdrücklich vom Staat erlaubt und gesetzlich normiert sind.

4. Das Gewaltmonopol konstituiert für den Staat auch Pflichten. Er muß aktiv und erforderlichenfalls selbst mit dem Mittel der Gewalt für Frieden und Sicherheit eintreten. Diese Aufgabe darf er niemand anderem übertragen, da er sich sonst seiner eigenen Legitimation begeben würde.

5. In personeller Hinsicht gewährleistet das Berufsbeamtentum eine von gesellschaftlichen Kräften unabhängige, neutrale, kontinuierliche und rechtsstaatlichen Grundsätzen genügende Ausübung der Staatsgewalt. Art. 33 Abs. 4 GG stellt auf der Ebene der Verfassung sicher, daß bestimmte Funktionen im Rahmen der staatlichen Aufgabenerfüllung Beamten vorbehalten bleiben müssen.

II. Allen Formen der Privatisierung ist gemeinsam, daß eine ehemals staatliche Angelegenheit in private Hände übergeben wird. Die Unterscheidung zwischen der Privatisierung der Verantwortung, der Privatisierung der Aufgabe, der Privatisierung der ausführenden Hand, der Privatisierung der Organisationsform und der Privatisierung der Handlungsform verhilft zu einer klaren Abgrenzung, die sich am jeweiligen Privatisierungsobjekt orientiert.

III. Im Bereich des Strafvollzugs sind nur wenige Funktionen einer Privatisierung zugänglich.

1. Eine Privatisierung der Verantwortung für den Strafvollzug und deren Überantwortung an die Kräfte der Gesellschaft bzw. des Marktes verbietet schon der grundlegende Staatszweck der inneren Sicherheit. Im Falle eines Marktversagens fehlte dem materiellen Strafrecht jegliche praktische Wirksamkeit, da eine gerichtlich verhängte Strafe nicht vollzogen würde. Ohne eine effek-

tive Strafgewalt ließe sich aber kein friedliches und sicheres, gemeinschaftliches Zusammenleben erreichen.

2. Ähnlich verhält es sich mit der Aufgabe des Strafvollzugs. Der Vollzug einer gerichtlich verhängten Freiheitsstrafe ist auf die Resozialisierung des Täters und auf die Sicherheit der Allgemeinheit gerichtet. Der Strafvollzug gliedert sich damit in die staatliche Pflichtaufgabe der inneren Sicherheit ein.

a) Der Grundsatz des staatlichen Gewaltmonopols fordert, daß der Staat weiterhin Träger der Aufgabe des Strafvollzugs bleibt. In Justizvollzugsanstalten werden die Gefangenen täglich mit physischem Zwang konfrontiert. Sie können sich nicht nach eigenem Wunsch frei bewegen. In Störfällen werden ihnen gegenüber Ordnungs- und Sicherungsmaßnahmen verhängt und durchgeführt. Da das staatliche Gewaltmonopol zivile Gewalt grundsätzlich verbietet, die Inhaftierung aber letztlich auf physischem Zwang beruht, kann der Strafvollzug nur als staatliche Aufgabe geführt werden.

b) Auf der Basis privater Notrechte als Ausnahmen vom staatlichen Gewaltmonopol kann der Vollzug von Freiheitsstrafen nicht durchgeführt werden. Die Jedermannrechte erlauben zivile Gewalt unter bestimmten Voraussetzungen nur, um sich oder Dritte aus einer akuten Gefahrenlage zu befreien, oder wenn jemand bei der Begehung einer Straftat unmittelbar betroffen wird. Sie berechtigen außerdem nicht zu einer dauerhaften Einwirkung auf das Gegenüber. Vor dem Hintergrund des staatlichen Gewaltmonopols kommt auch eine Ausweitung der Notrechte durch den Gesetzgeber nicht in Betracht.

c) Die Gefangenen haben einen in ihrem allgemeinen Persönlichkeitsrecht aus Art. 2 Abs. 1 i.V.m. Art. 1 Abs. 1 GG begründeten Anspruch auf Resozialisierung. Diesem verfassungsrechtlich gewährleisteten Gegenrecht der Gefangenen würde eine Beschränkung des Staates auf eine bloße Reserveverantwortung für den Strafvollzug nicht gerecht. Darüber hinaus steht das verfassungsrechtliche Resozialisierungsgebot mitunter im Dienst der inneren Sicherheit. Die Gefangenen sollen im Rahmen ihrer Resozialisierungsbehandlung lernen, ein verantwortliches Leben in der staatlichen Gemeinschaft ohne Übergriffe auf die Rechtsgüter der Mitbürger zu führen.

d) Eine Privatisierung der Aufgabe des Strafvollzugs kommt daher weder nach geltendem Recht in Betracht noch wäre sie durch Gesetzesänderungen erreichbar.

3. In der Form der Privatisierung der ausführenden Hand sind einzelne wenige Funktionen der Staatsaufgabe des Strafvollzugs einer Übertragung auf gesellschaftliche Kräfte zugänglich. Eine wichtige verfassungsrechtliche Schranke für derartige Privatisierungen bildet der Funktionsvorbehalt aus Art. 33 Abs. 4 GG. Die grundgesetzlichen Wertungen dieser Bestimmung müssen auch für die Auslegung des einfachen Rechts, insbesondere des § 155 Abs. 1 StVollzG, herangezogen werden.

a) Gemäß Art. 33 Abs. 4 GG sind hoheitsrechtliche Tätigkeiten auf Dauer regelmäßig von Beamten wahrzunehmen. Als hoheitsrechtlich sind insbesondere solche Funktionen einzuordnen, die für die Staatlichkeit von elementarer Bedeutung sind und deren effizienter Erfüllung das staatliche Gewaltmonopol dient. Darüber hinaus zählt der Bereich des staatlichen Tätigwerdens, bei dem für den grundrechtlich gewährleisteten Rechtskreis der Bürger wesentliche Entscheidungen getroffen werden, zu den der Privatisierung grundsätzlich entzogenen hoheitsrechtlichen Funktionen.

b) Ausnahmen von diesem Grundsatz sind zum einen möglich, wenn bestimmte Tätigkeiten nicht auf Dauer wahrgenommen werden müssen. Zum anderen gilt der Funktionsvorbehalt des Art. 33 Abs. 4 GG nur „in der Regel“. Es ist daher denkbar, die Ausübung hoheitsrechtlicher Befugnisse auch dauerhaft auf Nichtbeamte und somit gegebenenfalls auf Private zu übertragen, solange das Regel-Ausnahmeverhältnis noch gewahrt ist. Das Schwergewicht hoheitlicher Tätigkeit muß von Beamten wahrgenommen werden. Je intensiver im Rahmen des Tätigkeitsbereichs einer Dienststelle in Grundrechte der Bürger eingegriffen werden kann oder je wichtiger ein Tätigkeitsfeld für die Funktionstüchtigkeit des Staates ist, desto weniger kann ein Einsatz von Nichtbeamten in Betracht kommen. Im Einzelfall kann sich auf diese Weise das grundgesetzlich bestehende Regel-Ausnahme-Verhältnis zu einem Privatisierungsverbot verdichten. In solchen Fällen ist auch eine Beleihung Privater mit Hoheitsaufgaben unzulässig.

c) Vor diesem Hintergrund können die typischerweise vom allgemeinen Vollzugsdienst wahrgenommenen Aufgaben der Bewachung der Gefangenen und die sonstigen Sicherungsmaßnahmen nicht auf Private übertragen werden.

aa) Als einzige, zeitlich befristete Ausnahme wäre hier der Fall denkbar, daß – beispielsweise aufgrund einer gravierenden Krankheitswelle – ohne den zeitweisen Einsatz privater Sicherheitskräfte ein ordnungsgemäßer Strafvollzug nicht aufrechterhalten werden könnte.

bb) Neben diesen Bewachungs- und Sicherungsaufgaben, bei denen die Dienstkräfte mit den Gefangenen in Kontakt treten, gibt es noch verschiedene andere Sicherheitsaufgaben ohne direkten Kontakt mit den Inhaftierten wie beispielsweise die Bewachung des Außengeländes, der Gebäude und Anlagen einer Justizvollzugsanstalt. Einer Übertragung dieser Tätigkeiten auf Private stehen keine rechtlichen Bedenken entgegen. Im Rahmen dieses Einsatzes können den privaten Kräften auch noch andere, untergeordnete Hilfsdienste anvertraut werden.

d) Im Rahmen der Abwicklung des Arbeitsbetriebswesens, der Anleitung und Ausbildung der Gefangenen sowie der Arbeitsorganisation in den Betrieben einer Justizvollzugsanstalt können Private mit in die grundsätzlich von den Beamten des Werkdienstes zu erfüllenden Aufgaben eingebunden werden.

aa) Die Gefangenen verrichten die ihnen zugewiesene Arbeit in Eigenbetrieben der Anstalt oder in privaten Unternehmerbetrieben. Nach § 149 Abs. 4 StVollzG kann dabei die technische und fachliche Leitung in einem solchen Unternehmerbetrieb auf Angehörige dieses privaten Betriebs übertragen werden. Darüber hinaus können die Wartung der Arbeitsgeräte oder das Betriebsmanagement im Sinne einer Auftragsverwaltung als nichthoheitliche Tätigkeiten Privaten übertragen werden. Da die Einrichtung von Unternehmerbetrieben jedoch nicht nur Vorteile mit sich bringt, muß im Einzelfall genau geprüft werden, ob sich auch aus anstaltspolitischen Gründen eine Einbeziehung Privater als sinnvoll erweist.

bb) In diesem Bereich dürfen privaten Unternehmern keine Aufsichtsbefugnisse, die über eine technische und fachliche Anweisungskompetenz hinausgehen, oder sonstigen hoheitlichen Befugnisse im Rahmen des Strafvollzugs übertragen werden. Die Aufgaben der Bewachung der Gefangenen während einer Beschäftigung in einem Unternehmerbetrieb müssen beim staatlichen Anstaltspersonal verbleiben. Ebenso verhält es sich mit der Zuweisung einer Arbeit.

e) Auch die in einer Justizvollzugsanstalt zu verrichtenden sozialen Dienste wie insbesondere die der Psychologen, Sozialarbeiter und Ärzte sind primär wegen ihrer hohen Grundrechtsrelevanz als hoheitsrechtlich einzustufen. Eine Einbeziehung Privater kann hier ausnahmsweise dann in Betracht kommen, wenn aus therapeutischen Gründen eine bei dem festen Anstaltspersonal nicht vorhandene spezielle fachliche Qualifikation erforderlich wird und wenn absehbar ist, daß dieser Bedarf nur zeitlich beschränkt bestehen wird.

Ebenso können Betreuungsmaßnahmen rein durchführenden Charakters – wie beispielsweise im Freizeitbereich – in private Hände gelegt werden, solange diese nur von untergeordneter Bedeutung für die Erreichung des Vollzugsziels sind.

f) Einzelne Tätigkeitsbereiche aus dem Dienstspektrum des allgemeinen Verwaltungsdienstes wie beispielsweise die Einkaufsplanung oder die Buchführung können Privaten übertragen werden. Soweit aber Dienststellen in Rede stehen, auf denen Verwaltungsentscheidungen getroffen oder grundlegend vorbereitet werden, die sich unmittelbar auf die Sicherheit der Anstalt oder auf die Vollzugsgestaltung für die Gefangenen auswirken, kommt auch hier eine Privatisierung grundsätzlich nicht in Betracht.

g) Einer Auslagerung mancher versorgender Tätigkeiten wie beispielsweise der Wäscherei, der Küche oder der Gärtnerei stehen keine rechtlichen Bedenken entgegen, wenn durch die Privatisierung keine für die Erreichung des Resozialisierungsziels erforderlichen Arbeits- und Ausbildungsplätze für die Gefangenen wegfallen oder wenn ein angemessener Ersatz geschaffen wird.

4. Eine Privatisierung der Organisationsform muß schon deswegen als Privatisierungsmöglichkeit für den Strafvollzug ausscheiden, weil dieser als klassische Eingriffsverwaltung auf die öffentlich-rechtlichen Handlungsformen angewiesen ist. Der allgemeine Grundsatz der Wahlfreiheit des Staates bei der Organisationsform gilt hier nicht.

Im Gegensatz dazu kann eine Justizvollzugsanstalt im Rechtsverkehr mit Dritten auch auf privatrechtliche Handlungsformen zurückgreifen. Insofern ergeben sich keine vollzugsspezifischen Probleme.

Literaturverzeichnis

Bachl, Anton, Stellungnahme Bund der Strafvollzugsbediensteten, ZfStrVo 2007, 200

Badura, Peter, Staatsrecht, Systematische Erläuterung des Grundgesetzes für die Bundesrepublik Deutschland, 3. Auflage 2003

Battis, Ulrich/Schlenga, Hans-Dieter, Die Verbeamtung der Lehrer, ZBR 1995, 253

Bauer, Hartmut, Privatisierung von Verwaltungsaufgaben, in: Veröffentlichungen der Vereinigung der Deutschen Staatsrechtslehrer, Heft 54, 1995, S. 243

Bauer, Hartmut, Verwaltungsrechtliche und verwaltungswissenschaftliche Aspekte der Gestaltung von Kooperationsverträgen bei Public Private Partnership, DÖV 1998, 89

Bayer, Hermann-Wilfried, Aussprache und Schlußworte, in: Veröffentlichungen der Vereinigung der Deutschen Staatsrechtslehrer, Heft 54, 1995, S. 345

Bernsmann, Klaus, Privatisierung der Justiz? – Ein Fallbeispiel, in: Schriftenreihe der Strafverteidigervereinigungen, 1999, S. 151

Bethge, Herbert, Das Staatsgebiet des wiedervereinigten Deutschlands, in: Isensee/Kirchhof, Handbuch des Staatsrechts, Band 8, 1995, § 199

Bethge, Herbert, Der Grundrechtseingriff, in: Veröffentlichungen der Vereinigung der Deutschen Staatsrechtslehrer, Heft 57, 1998, S. 7

Bethge, Herbert, Die Demonstrationsfreiheit – ein mißverstandenes Grundrecht?, ZBR 1988, 205

Bethge, Herbert, Die Grundrechtsberechtigung juristischer Personen nach Art. 19 Abs. 3 Grundgesetz, 1985

Bethge, Herbert, Die verfassungsrechtliche Problematik der Grundpflichten, JA 1985, 249

Bethge, Herbert, Grundpflichten als verfassungsrechtliche Dimension, NJW 1982, 2145

Bethge, Herbert, Modernisierung der Verwaltung durch Abbau von Verwaltungsmonopolen?, in: Heckmann, Modernisierung von Justiz und Verwaltung, Gedenkschrift für Ferdinand O. Kopp, 2007, S. 300

Bethge, Herbert, Staatszwecke im Verfassungsstaat, DVBl. 1989, 841

Bethge, Herbert, Verfassungsrecht, Eine Einführung für Studenten des Verfassungsrechts als Nebenfach, 3. Auflage 2007

Bethge, Herbert, Zur Problematik von Grundrechtskollisionen, 1977
Bleckmann, Albert, Staatsrecht I – Staatsorganisationsrecht, 1993
Böhm, Alexander, Strafvollzug, 3. Auflage 2003
Bonk, Heinz Joachim, Fortentwicklung des öffentlich-rechtlichen Vertrags unter besonderer Berücksichtigung der Public Private Partnerships, DVBl. 2004, 141
Bonk, Heinz Joachim, Rechtliche Rahmenbedingungen einer Privatisierung im Strafvollzug, JZ 2000, 435
Bracher, Christian-Dietrich, Gefahrenabwehr durch Private, 1987
Braum, Stefan, Strafrechtliche Grenzen der Privatisierung, in: Schriftenreihe der Strafverteidigervereinigungen, 1999, S. 161
Brockhaus Enzyklopädie in 30 Bänden, 21. Auflage 2006, Band 22
Bull, Hans Peter, Die Staatsaufgaben nach dem Grundgesetz, 1973
Bull, Hans Peter, Staatszwecke im Verfassungsstaat, NVwZ 1989, 801
Burgi, Martin, Funktionale Privatisierung und Verwaltungshilfe, Staatsaufgabendogmatik, Phänomenologie, Verfassungsrecht, 1999
Burgi, Martin, Privatisierung, in: Isensee/Kirchhof, Handbuch des Staatsrechts, Band 4, 3. Auflage 2006, § 75
Burgi, Martin, Statement „Beleihung im Strafvollzug", in: Stober, Privatisierung im Strafvollzug?, 2001, S. 43
Burgi, Martin, Verwaltungsorganisationsrecht, in: Erichsen/Ehlers, Allgemeines Verwaltungsrecht, 13. Auflage 2006, § 9
Calliess, Rolf-Peter/Müller-Dietz, Heinz, Strafvollzugsgesetz, Kommentar, 10. Auflage 2005
Calliess, Rolf-Peter, Strafvollzugsrecht, 3. Auflage 1992
Cornel, Heinz, Resozialisierung, Übersichtskarten Strafvollzug von A-Z, ZfStrVo 2007
Degenhart, Christoph, Staatsrecht I, Staatsorganisationsrecht, 23. Auflage 2007
Denninger, Erhard/Hoffmann-Riem, Wolfgang/Schneider, Hans-Peter/Stein, Ekkehart, Kommentar zum Grundgesetz für die Bundesrepublik Deutschland, Reihe Alternativkommentare, 3. Auflage, 2. Aufbaulieferung, Stand August 2002
Detterbeck, Steffen, Allgemeines Verwaltungsrecht, 4. Auflage 2006
Detterbeck, Steffen, Vorrang und Vorbehalt des Gesetzes, Jura 2002, 235
Di Fabio, Udo, Privatisierung und Staatsvorbehalt, JZ 1999, 585
Di Fabio, Udo, Sicherheit in Freiheit, NJW 2008, 421
Dirnberger, Franz, Grundrechtliche Schutzpflicht und Gestaltungsspielraum, DVBl. 1992, 879

von Doemming, Klaus-Berto/Füßlein, Rudolf Werner/Matz, Werner, Entstehungsgeschichte der Artikel des Grundgesetzes, Jahrbuch des öffentlichen Rechts der Gegenwart, Band 1, 1951

Dreier, Horst, Dimensionen der Grundrechte, 1993

Dreier, Horst, Grundgesetz-Kommentar, Band 1, 2. Auflage 2004, Band 2, 2. Auflage 2006

Drosdowski, Günther/Grebe, Paul, Duden, Das Herkunftswörterbuch, Die Etymologie der deutschen Sprache, 1963

Ehlers, Dirk, Verwaltung und Verwaltungsrecht im demokratischen und sozialen Rechtsstaat, in: Erichsen/Ehlers, Allgemeines Verwaltungsrecht, 13. Auflage 2006, § 1 und § 3

Eifert, Martin, Regulierungsstrategien, in: Hoffmann-Riem/Schmidt-Aßmann/Voßkuhle, Grundlagen des Verwaltungsrechts, Band 1, 2006, § 19

Feest, Johannes, StVollzG, Kommentar zum Strafvollzugsgesetz, 5. Auflage 2006

Fixson, Wolfgang, Bundesvereinigung der Anstaltsleiter, ZfStrVo 2007, 202

Fleiner, Fritz, Institutionen des Deutschen Verwaltungsrechts, 8. Auflage 1928

Flügge, Christoph, Das Geschäft mit der Sicherheit: Moderne Technik im Justizvollzug, Technische Überwachung von Menschen, Privatisierung der Strafanstalten, ZfStrVo 2000, 259

Flügge, Christoph, Wofür brauchen wir noch den Staat?, ZfStrVo 2007, 229

Franz, Einiko Benno, Der Bundeswehreinsatz in Innern und die Tötung Unschuldiger im Kreuzfeuer von Menschenwürde und Recht auf Leben, Der Staat, Band 45, 2006, S. 501

Friauf, Karl Heinrich/Höfling, Wolfram, Berliner Kommentar zum Grundgesetz, Band 2, 20. Ergänzungslieferung, Stand April 2007

Götz, Volkmar, Innere Sicherheit, in: Isensee/Kirchhof, Handbuch des Staatsrechts, Band 3, 2. Auflage 1996, § 79

Gramm, Christof, Schranken der Personalprivatisierung bei der inneren Sicherheit, Verwaltungs-Archiv, Zeitschrift für Verwaltungslehre, Verwaltungsrecht und Verwaltungspolitik, Band 90, 1999, S. 329

Gusy, Christoph/Lührmann, Olivia, Rechtliche Grenzen des Einsatzes privater Sicherheitsdienste im Strafvollzug, StV 2000, 46

Gusy, Christoph, Privatisierung als Herausforderung an Rechtspolitik und Rechtsdogmatik, in: Gusy, Privatisierung von Staatsaufgaben: Kriterien – Grenzen – Folgen, 1998, S. 330

Gusy, Christoph, Zulässigkeit und Grenzen des Einsatzes privater Sicherheitsdienste im Strafvollzug, in: Stober, Privatisierung im Strafvollzug?, 2001, S. 5

Haas, Evelyn, Sondervotum zu BVerfGE 104, 92 ff., 116
Haas, Evelyn, Sondervotum zu BVerfG JZ 2006, 906 ff., 915
Haselbauer, Torsten, „Sport fällt im Knast genauso oft aus wie in der Schule", ZfStrVo 2007, 196
Haug, Volker, Funktionsvorbehalt und Berufsbeamtentum als Privatisierungsschranke, NVwZ 1999, 816
von Heimburg, Sibylle, Verwaltungsaufgaben und Private, 1982
Heintzen, Markus, Beteiligung Privater an der Wahrnehmung öffentlicher Aufgaben und staatliche Verantwortung, in: Veröffentlichungen der Vereinigung der Deutschen Staatsrechtslehrer, Heft 62, 2003, S. 220
Herzog, Roman, Ziele, Vorbehalte und Grenzen der Staatstätigkeit, in: Isensee/Kirchhof, Handbuch des Staatsrechts, Band 4, 3. Auflage 2006, § 72
Hesse, Konrad, Grundzüge des Verfassungsrechts der Bundesrepublik Deutschland, 20. Auflage 1995
Hessische Arbeitsgruppe „Privatisierung des Strafvollzugs", Bericht vom 1.2.2000, teilweise abgedruckt in ZfStrVo 2000, 249
Hilf, Meinhard, Europäische Union: Gefahr oder Chance für den Föderalismus in Deutschland, Österreich und der Schweiz?, in: Veröffentlichungen der Vereinigung der Deutschen Staatsrechtslehrer, Heft 53, 1994, S. 8
Hillgruber, Christian, Der Staat des Grundgesetzes – nur bedingt abwehrbereit? Plädoyer für eine wehrhafte Verfassungsinterpretation, JZ 2007, 209
Hobbes, Thomas, De Cive, Ausgabe von Warrender, 1983
Hobbes, Thomas, Leviathan, or The Matter, Forme, & Power of a Commonwealth Ecclesiasticall and Civill, 1651
Hoffmann-Riem, Wolfgang, Das Grundgesetz – zukunftsfähig?, DVBl. 1999, 657
Hoffmann-Riem, Wolfgang, Justizdienstleistungen im kooperativen Staat, JZ 1999, 421
Hoffmann-Riem, Wolfgang, Tendenzen in der Verwaltungsrechtsentwicklung, DÖV 1997, 433
Hoffmann-Riem, Wolfgang, Verfahrensprivatisierung als Modernisierung, DVBl. 1996, 225
Höfling, Wolfram/Augsberg, Steffen, Luftsicherheit, Grundrechtsregime und Ausnahmezustand, JZ 2005, 1080
Isensee, Josef, Das Grundrecht als Abwehrrecht und staatliche Schutzpflicht, in: Isensee/Kirchhof, Handbuch des Staatsrechts, Band 5, 2. Auflage 2000, §111
Isensee, Josef, Das Grundrecht auf Sicherheit, Zu den Schutzpflichten des freiheitlichen Verfassungsstaates, 1983

Isensee, Josef, Das staatliche Gewaltmonopol als Grundlage und Grenze der Grundrechte, in: Franßen/Redeker/Schlichter/Wilke, Bürger – Richter – Staat, Festschrift für Horst Sendler, 1991, S. 39
Isensee, Josef, Der Verfassungsstaat als Friedensgarant, in: Mellinghoff/Morgenthaler/Puhl, Die Erneuerung des Verfassungsstaates, Symposion aus Anlass des 60. Geburtstages von Professor Dr. Paul Kirchhof, 2003, S. 7
Isensee, Josef, Die alte Frage nach der Rechtfertigung des Staates, JZ 1999, 265
Isensee, Josef, Gemeinwohl und Staatsaufgaben im Verfassungsstaat, in: Isensee/Kirchhof, Handbuch des Staatsrechts, Band 3, 2. Auflage 1996, § 57
Isensee, Josef, Öffentlicher Dienst, in: Benda/Maihofer/Vogel, Handbuch des Verfassungsrechts der Bundesrepublik Deutschland, 2. Auflage 1994, § 32
Isensee, Josef, Staat und Verfassung, in: Isensee/Kirchhof, Handbuch des Staatsrechts, Band 2, 3. Auflage 2004, § 15
Isensee, Josef, Verfassungsrecht als „politisches Recht", in: Isensee/Kirchhof, Handbuch des Staatsrechts, Band 7, 1992, § 162
Jachmann, Monika, Das Berufsbeamtentum – Säule der Rechtsstaatlichkeit?, ZBR 2000, 181
Jachmann, Monika/Strauß, Thomas, Berufsbeamtentum, Funktionsvorbehalt und der Kaperbrief für den Landeinsatz, ZBR 1999, 289
Jahn, Joachim, Privatgefängnis mit Erfolg, Frankfurter Allgemeine Zeitung, 09.01.2007, S. 11
Jähnke, Burkhard/Laufhütte, Heinrich W./Odersky, Walter, Strafgesetzbuch, Leipziger Kommentar, Band 2, 11. Auflage 2003
Jarass, Hans/Pieroth, Bodo, Grundgesetz für die Bundesrepublik Deutschland, Kommentar, 9. Auflage 2007
Jeand'Heur, Bernd, Von der Gefahrenabwehr als staatlicher Angelegenheit zum Einsatz privater Sicherheitskräfte, Archiv des öffentlichen Rechts, Band 119, 1994, S. 107
Jellinek, Georg, Allgemeine Staatslehre, unveränderter Nachdruck des 5. Neudrucks der 3. Auflage, 1976
Joecks, Wolfgang/Miebach, Klaus, Münchener Kommentar zum Strafgesetzbuch, Band 1, 2003
Jungholt, Thorsten/Kässner, Frank, Die Welt, 07.12.2006, abrufbar unter http://www.welt.de/print-welt/article700752/Die_Privatisierung_macht_Schule.html, zuletzt abgerufen am 04.01.2008
Jung, Jörg, Die Zweispurigkeit des öffentlichen Dienstes, 1971
Kägi, Werner, Die Verfassung als rechtliche Grundordnung des Staates, 1945
Kahl, Wolfgang, Die Privatisierung der Entsorgungsordnung nach dem Kreislaufwirtschafts- und Abfallgesetz, DVBl. 1995, 1327

Kaiser, Günther, Vollstreckungsplan und Anstaltsarten, in: Kaiser/Schöch, Strafvollzug, 5. Auflage 2002, § 10
Kämmerer, Jörn Axel, Verfassungsstaat auf Diät?, JZ 1996, 1042
Katz, Alfred, Staatsrecht, Grundkurs im öffentlichen Recht, 16. Auflage 2005
Kirchhof, Gregor, Rechtsfolgen der Privatisierung, Archiv des öffentlichen Rechts, Band 132, 2007, S. 215
Kirchhof, Paul, Die Identität der Verfassung, in: Isensee/Kirchhof, Handbuch des Staatsrechts, Band 2, 3. Auflage 2004, § 21
Kirchhof, Paul, Mittel staatlichen Handelns, in: Isensee/Kirchhof, Handbuch des Staatsrechts, Band 5, 3. Auflage 2007, § 99
Klein, Hans H., Die grundrechtliche Schutzpflicht, DVBl. 1994, 489
Kloepfer, Michael, Versammlungsfreiheit, in: Isensee/Kirchhof, Handbuch des Staatsrechts, Band 6, 2. Auflage 2001, § 143
Kniesel, Michael, „Innere Sicherheit" und Grundgesetz, ZRP 1996, 482
König, Michael, Die Privatisierung im Landesorganisationsrecht – Umsetzung, Folgen, Alternativen, DÖV 1999, 322
Krölls, Albert, Die Privatisierung der inneren Sicherheit, GewArch 1997, 445
Kruis, Konrad, Haftvollzug als Staatsaufgabe, ZRP 2000, 1
Kruse, Niels, Geiz jetzt auch bei Gefängnissen geil, Stern, Artikel vom 08.12.2005, abrufbar unter http://www.stern.de/politik/panorama/551165.html?nv=cb, zuletzt abgerufen am 04.01.2008
Kulas, Axel, Die gesetzlichen Grundlagen der Privatisierung im Strafvollzug, in: Stober, Privatisierung im Strafvollzug?, 2001, S. 35
Landau, Herbert, Die Pflicht des Staates zum Erhalt einer funktionstüchtigen Strafrechtspflege, NStZ 2007, 121
Lange, Meik, Privatisierungspotentiale im Strafvollzug, DÖV 2001, 898
Laubenthal, Klaus, Strafvollzug, 4. Auflage 2006
Lecheler, Helmut, Die Beamtenaufgaben nach dem Funktionsvorbehalt des GG, 1986
Leisner, Walter, Der Beamte als Leistungsträger, in: Leisner, Das Berufsbeamtentum im demokratischen Staat, 1975, S. 121
Leisner, Walter, Privatisierungen – eine große „Flucht des Staates ins Privatrecht", in: Heldrich/Prölss/Koller, Festschrift für Claus-Wilhelm Canaris zum 70. Geburtstag, Band 2, 2007, S. 1181
Lindenlaub, Bernd-Axel, PPP im Justizvollzug, ZfStrVo 2007, 201
Maihofer, Werner, Prinzipien freiheitlicher Demokratie, in: Benda/Maihofer/Vogel, Handbuch des Verfassungsrechts der Bundesrepublik Deutschland, 2. Auflage 1994, § 12
von Mangoldt, Hermann/Klein, Friedrich/Starck, Christian, Grundgesetz, Kommentar, Bände 1, 2 und 3, 5. Auflage 2005

Maunz, Theodor/Dürig, Günter, Grundgesetz, Kommentar, Bände 2, 3 und 4, 50. Ergänzungslieferung, Stand Juni 2007

Maunz, Theodor/Schmidt-Bleibtreu, Bruno/Klein, Franz/Bethge, Herbert, Bundesverfassungsgerichtsgesetz, Kommentar, 26. Ergänzungslieferung, Stand Februar 2007

Maurer, Hartmut, Allgemeines Verwaltungsrecht, 16. Auflage 2006

Mayen, Thomas, Privatisierung öffentlicher Aufgaben: Rechtliche Grenzen und rechtliche Möglichkeiten, DÖV 2001, 110

Merk, Beate, Pressemitteilung der Bayerischen Staatskanzlei, abrufbar unter http://text.bayern.de/imperia/md/content/stk/mrat/2007/070320_ministerrat.pdf, zuletzt abgerufen am 28.08.2007

Merk, Beate, Privatisierung – Königsweg, Sackgasse oder dritter Weg?, Strafvollzug als staatliche Kernaufgabe, ZfStrVo 2007, 198

Merten, Detlef, Rechtsstaatsdämmerung, in: Schreiber, Polizeilicher Eingriff und Grundrechte, Festschrift zum 70. Geburtstag von Rudolf Samper, 1982, S. 35

Moersch, Karl, Regierungserklärung, ZaöRV Heft 35, 1975, S. 777

Möschel, Wernhard, Privatisierung, Deregulierung und Wettbewerbsordnung, JZ 1988, 885

Mösinger, Thomas, Privatisierung des Strafvollzugs, BayVBl. 2007, 417

von Münch, Ingo/Kunig, Philip, Grundgesetz-Kommentar, Band 2, 5. Auflage 2001

Ossenbühl, Fritz, Staatshaftungsrecht, 5. Auflage 1998

Otto, W., Der Beamte als Träger der Staatshoheit, ZBR 1956, 233

Palandt, Otto, Bürgerliches Gesetzbuch, 67. Auflage 2008

Peilert, Andreas, Police Private Partnership, DVBl. 1999, 282

Peine, Franz-Joseph, Der Funktionsvorbehalt des Berufsbeamtentums, Die Verwaltung, Zeitschrift für Verwaltungswissenschaft, Band 17, 1984, S. 415

Peine, Franz-Joseph, Grenzen der Privatisierung – verwaltungsrechtliche Aspekte, DÖV 1997, 353

Pieper, Siegmund, Staatsmonopole im Wandel, VR 1996, 12

Pieroth, Bodo/Schlink, Bernhard, Staatsrecht II, Grundrechte, 23. Auflage 2007

Pitschas, Rainer, Innere Sicherheit und internationale Verbrechensbekämpfung als Verantwortung des demokratischen Verfassungsstaates, JZ 1993, 857

Pommerehne, Werner W., Genügt bloßes Reprivatisieren?, in: Aufderheide, Deregulierung und Privatisierung, 1990, S. 27

Randelzhofer, Albrecht, Staatsgewalt und Souveränität, in: Isensee/Kirchhof, Handbuch des Staatsrechts, Band 2, 3. Auflage 2004, § 17

Ronellenfitsch, Michael, Der Beitrag der Eisenbahnunternehmen zur Terrorismusabwehr, DVBl. 2005, 65

Rose, Richard, On the Priorities of Government: A Developmental Analysis of Public Policies, European Journal of Political Research, Band 4, 1976, 247
Roxin, Claus, Strafrecht Allgemeiner Teil, Band 1, 3. Auflage 1997
Rudolf, Walter, Der öffentliche Dienst im Staat der Gegenwart, in: Veröffentlichungen der Vereinigung der Deutschen Staatsrechtslehrer, Heft 37, 1979, S. 175
Rupp, Hans Heinrich, Die Unterscheidung von Staat und Gesellschaft, in: Isensee/Kirchhof, Handbuch des Staatsrechts, Band 2, 3. Auflage, 2004, § 31
Sachs, Michael, Grundgesetz, Kommentar, 3. Auflage 2003 und 4. Auflage 2007
Sachs, Michael, Verfassungsrecht II, Grundrechte, 2. Auflage 2003
Sandmann, Johannes, Status Quo und Perspektiven der Aufgabenübertragung an Freie/Private Träger im Bereich der Strafjustiz Schleswig-Holstein, ZfStrVo 2007, 224
Schmidt-Bleibtreu, Bruno/Klein, Franz, Kommentar zum Grundgesetz, 10. Auflage 2004
Schmitt Glaeser, Walter, Die Beurteilung politisch motivierter Privatgewalt durch das Bundesverfassungsgericht, in: Maurer, Das akzeptierte Grundgesetz, Festschrift für Günter Dürig zum 70. Geburtstag, 1990, S. 91
Schmitt Glaeser, Walter, Individuelle Verhaltenssteuerung im Bereich der inneren Sicherheit, in: Kirchhof/Lehner/Raupach/Rodi, Staaten und Steuern, Festschrift für Klaus Vogel zum 70. Geburtstag, 2000, S. 353
Schmitt, Peter-Philipp, Wieder mehr hinter Gittern, Frankfurter Allgemeine Zeitung, 12.12.2006, S. 11
Schoch, Friedrich, Privatisierung von Verwaltungsaufgaben, DVBl. 1994, 962
Schöch, Heinz, Allgemeine Grundlagen des Strafvollzugs, in: Kaiser/Schöch, Strafvollzug, 5. Auflage 2002, § 5
Schöch, Heinz, Personelle Organisation des Strafvollzugs, in: Kaiser/Schöch, Strafvollzug, 5. Auflage 2002, § 11
Schöch, Heinz, Ziele und Gestaltungsgrundsätze des Strafvollzugs, in: Kaiser/Schöch, Strafvollzug, 5. Auflage 2002, § 6
Scholz, Rupert, Verkehrsüberwachung durch Private?, NJW 1997, 14
Schönke, Adolf/Schröder, Horst, Strafgesetzbuch, Kommentar, 27. Auflage 2006
Schulze-Fielitz, Helmut, Grundmodi der Aufgabenwahrnehmung, in: Hoffmann-Riem/Schmidt-Aßmann/Voßkuhle, Grundlagen des Verwaltungsrechts, Band 1, 2006, § 12
Schuppert, Gunnar Folke, Jenseits von Privatisierung und „schlankem" Staat: Vorüberlegungen zu einem Konzept von Staatsentlastung durch Verantwortungsteilung, in: Gusy, Privatisierung von Staatsaufgaben: Kriterien – Grenzen – Folgen, 1998, S. 72

Schuppert, Gunnar Folke, Rückzug des Staates? – Zur Rolle des Staates zwischen Legitimationskrise und politischer Neubestimmung, DÖV 1995, 761
Schwind, Hans-Dieter/Böhm, Alexander, Strafvollzugsgesetz, Kommentar, 2. Auflage 1991
Seidl, Otto/Söllner, Alfred/Haas, Evelyn, Sondervotum zu BVerfGE 92, 1 ff., 22
Siekmann, Helmut, Staat und Staatlichkeit am Ende des 20. Jahrhunderts, in: Burmeister, Verfassungsstaatlichkeit, Festschrift für Klaus Stern, 1997, S. 341
Smend, Rudolf, in: Herzog/Kunst/Schlaich/Schneemelcher, Evangelisches Staatslexikon, Band 1, 3. Auflage 1987, zu Integration
Sodan, Helge/Ziekow, Jan, Grundkurs Öffentliches Recht, 2. Auflage 2007
Starck, Christian/Schmidt, Thorsten Ingo, Staatsrecht, 2003
Steegmann, Christoph, Die Privatisierung polizeilicher Aufgaben, in: Gusy, Privatisierung von Staatsaufgaben: Kriterien – Grenzen – Folgen, 1998, S. 237
Stein, Ekkehart/Frank, Götz, Staatsrecht, 20. Auflage 2007
Stelkens, Paul/Bonk, Heinz Joachim/Sachs, Michael, Verwaltungsverfahrensgesetz, 6. Auflage 2001
Stern, Klaus, Das Staatsrecht der Bundesrepublik Deutschland, Band 1, Grundbegriffe und Grundlagen des Staatsrechts, Strukturprinzipien der Verfassung, 2. Auflage 1984
Stern, Klaus, Das Staatsrecht der Bundesrepublik Deutschland, Band 2, Staatsorgane, Staatsfunktionen, Finanz- und Haushaltsverfassung, Notstandsverfassung, 1980
Stern, Klaus, Das Staatsrecht der Bundesrepublik Deutschland, Band 3/1, Allgemeine Lehren der Grundrechte, 1988
Stern, Klaus, Das Staatsrecht der Bundesrepublik Deutschland, Band 3/2, Allgemeine Lehren der Grundrechte, 1994
Stober, Rolf, Deregulierung im Wirtschaftsverwaltungsrecht, DÖV 1995, 125
Stober, Rolf, Penal-Private-Partnership? – zur Kooperation zwischen Staat und Privat im Strafvollzug, in: Stober, Privatisierung im Strafvollzug?, 2001, S. 1
Stober, Rolf, Police-Private-Partnership aus juristischer Sicht, DÖV 2000, 261
Stober, Rolf, Private Sicherheitsdienste als Dienstleister für die öffentliche Sicherheit?, ZRP 2001, 260
Stober, Rolf, Staatliches Gewaltmonopol und privates Sicherheitsgewerbe, NJW 1997, 889
Strauß, Thomas, Funktionsvorbehalt und Berufsbeamtentum, 2000
Suhrbier, Wolfgang, Privatisierung im Justizvollzug, in: Stober, Privatisierung im Strafvollzug?, 2001, S. 71
Tams, Christian, Art. 87 d Abs. 1 GG und die Neuordnung der Flugsicherung, NVwZ 2006, 1226

Tiemann, Burkhard, Privatisierung öffentlicher Verwaltungstätigkeit, BayVBl. 1976, 261
Tröndle, Herbert/Fischer, Thomas, Strafgesetzbuch und Nebengesetze, Kommentar, 54. Auflage 2007
Umbach, Dieter C./Clemens, Thomas, Grundgesetz, Mitarbeiterkommentar und Handbuch, Band 1, 2002
Volkmann, Uwe, Relativität des Staates – Staatsbegriff und Staatsverständnis im Spiegel der jüngeren Geschichte, JuS 1996, 1058
Voßkuhle, Andreas, Beteiligung Privater an der Wahrnehmung öffentlicher Aufgaben und staatliche Verantwortung, in: Veröffentlichungen der Vereinigung der Deutschen Staatsrechtslehrer, Heft 62, 2003, S. 268
Voßkuhle, Andreas, Neue Verwaltungsrechtswissenschaft, in: Hoffmann-Riem/Schmidt-Aßmann/Voßkuhle, Grundlagen des Verwaltungsrechts, Band 1, 2006, § 1
Voßkuhle, Andreas, „Regulierte Selbstregulierung" – Zur Karriere eines Schlüsselbegriffs, in: Berg/Fisch/Schmidt Glaeser/Schoch/Schulze-Fielitz, Regulierte Selbstregulierung als Steuerungskonzept des Gewährleistungsstaates, Die Verwaltung, Beiheft 4, 2001, S. 197
Waechter, Kay, Die Organisation der Verkehrsüberwachung, NZV 1997, 329
Wagner, Christean, Privatisierung im Justizvollzug – Ein Konzept für die Zukunft?, ZRP 2000, 169
Wahl, Rainer, Die Einschaltung privatrechtlich organisierter Verwaltungseinrichtungen in den Straßenbau, DVBl. 1993, 517
Wais, Edgar, Entlastung öffentlicher Haushalte durch Privatisierung?, DÖV 1982, 181
Wallerath, Maximilian, Der ökonomisierte Staat, JZ 2001, 209
Walter, Michael, Abkehr von der Resozialisierung im Strafvollzug?, in: Britz/Jung/Koriath/Müller, Grundfragen staatlichen Strafens, Festschrift für Heinz Müller-Dietz zum 70. Geburtstag, 2001, S. 961
Walter, Michael, Strafvollzug, 2. Auflage 1999
Weiner, Bernhard, Privatisierung von staatlichen Sicherheitsaufgaben, 2001
Wessels, Johannes/Beulke, Werner, Strafrecht Allgemeiner Teil, Die Straftat und ihr Aufbau, 37. Auflage 2007
Willenbruch, Klaus/Bischoff, Kristina, Verfassungsrechtliche Zulässigkeit der Privatisierung des Maßregelvollzugs, NJW 2006, 1776
Wissenschaftlicher Beirat beim Bundesministerium der Finanzen, Zur Lage und Entwicklung der Staatsfinanzen in der Bundesrepublik Deutschland, Bulletin des Presse- und Informationsamtes der Bundesregierung 1975, Nr. 103, S. 1007

Wohlgemuth, Rüdiger, Vom Segen der Konkurrenz, in: Stober, Privatisierung im Strafvollzug?, 2001, S. 87
Wolff, Hans J./Bachof, Otto/Stober, Rolf, Verwaltungsrecht, Band 3, 5. Auflage 2004
Würtenberger, Thomas, Legitimationsmuster von Herrschaft im Laufe der Geschichte, JuS 1986, 344
Zacharias, Diana, Die sog. Ewigkeitsgarantie des Art. 79 Abs. 3 GG, in: Thiel, Wehrhafte Demokratie, 2003, S. 57
Zippelius, Reinhold, Allgemeine Staatslehre, 15. Auflage 2007

Studien und Materialien zum Öffentlichen Recht

Herausgegeben von Herbert Bethge

Band 1 Hans-Georg Kamann: Die Mitwirkung der Parlamente der Mitgliedstaaten an der europäischen Gesetzgebung. National-parlamentarische Beeinflussung und Kontrolle der Regierungsvertreter im Rat der Europäischen Union im Spannungsfeld von Demokratie und Funktionsfähigkeit des gemeinschaftlichen Entscheidungsverfahrens. 1997.

Band 2 Gerhard Spieß: Der Grundrechtsverzicht. 1997.

Band 3 Stefan Hepach: Der Grundrechtsstatus der Landesmedienanstalten. 1997.

Band 4 Michael Fraas: Sicherheitsrat der Vereinten Nationen und Internationaler Gerichtshof. Die Rechtmäßigkeitsprüfung von Beschlüssen des Sicherheitsrats der Vereinten Nationen im Rahmen des VII. Kapitels der Charta durch den Internationalen Gerichtshof. 1998.

Band 5 Friedrich Loschelder: Die Durchsetzbarkeit von Weisungen in der Bundesauftragsverwaltung. 1998.

Band 6 Gunila Dieterich: Rechtsschutz der deutschen Bundesländer vor dem Bundesverfassungsgericht in Angelegenheiten der Europäischen Union. 1998.

Band 7 Wolfgang Weiß: Die Personenverkehrsfreiheiten von Staatsangehörigen assoziierter Staaten in der EU. Eine vergleichende Analyse der Assoziationsabkommen. 1998.

Band 8 Christian Bamberger: Verfassungswerte als Schranken vorbehaltloser Freiheitsgrundrechte. Vom Verfassungs- zum Gegenseitigkeitsvorbehalt. 1999.

Band 9 Andreas Rohde: Freier Kapitalverkehr in der Europäischen Gemeinschaft. 1999.

Band 10 Herbert Bethge: Rechtsberatung im privaten Rundfunk. Rechtsgutachten, erstattet auf Ansuchen von SAT 1, unter Mitwirkung von Christian von Coelln. 2000.

Band 11 Marcel Vachek: Das Religionsrecht der Europäischen Union im Spannungsfeld zwischen mitgliedstaatlichen Kompetenzreservaten und Art. 9 EMRK. 2000.

Band 12 Kerstin Ebock: Der Schutz grundlegender Menschenrechte durch kollektive Zwangsmaßnahmen der Staatengemeinschaft. Vom Interventionsverbot zur Pflicht zur humanitären Intervention? 2000.

Band 13 Christiane Gucht: Das Zensurverbot im Gefüge der grundrechtlichen Eingriffskautelen. 2000.

Band 14 Markus Ruttig: Der Einfluß des EG-Beihilferechts auf die Gebührenfinanzierung der öffentlich-rechtlichen Rundfunkanstalten. 2001.

Band 15 Jochen Murach: Die Haftung der öffentlichen Hand im Verwaltungsschuldrecht. 2002.

Band 16 Holger Schäfer: Die ungeschriebenen Freiheitsrechte in der schweizerischen Bundesverfassung von 1874 im Vergleich mit dem Grundgesetz. 2002.

Band 17 Alexander Glos: Die deutsche Berufsfreiheit und die europäischen Grundfreiheiten. Ein Strukturvergleich. 2003.

Band 18 Georg Blasberg: Verfassungsgerichte als Ersatzgesetzgeber. Entscheidungsaussprüche bei Normenkontrollen von Bundesverfassungsgericht und Corte Costituzionale. 2003.

Band 19 Artur Müller-Wewel: Souveränitätskonzepte im geltenden Völkerrecht. 2003.

Band 20 Helmut Wirner: Kommunale Wohnungsunternehmen als öffentliche Auftraggeber im Sinne der EG-Vergaberichtlinien. 2003.

Band 21 Christian Abt: Die Mitwirkung der deutschen Bundesländer bei völkervertraglichen Handlungen im Rahmen der Europäischen Union. 2003.

Band 22 Wolfram Wormuth: Die Bedeutung des Europarechts für die Entwicklung des Völkerrechts. 2004.

Band 23 Sonja Rademacher: Diskriminierungsverbot und „Gleichstellungsauftrag". Zur Auslegung des Art. 3 Abs. 2 Satz 2 GG. 2004.

Band 24 Thomas Lennarz: Die Rechtsprechung des Europäischen Gerichtshofs und des Gerichts erster Instanz zu prozessualen Fragen des Verfügungsgrundsatzes und der Fristen. 2004.

Band 25 Florian Niewöhner: Elektronische Benutzerführungssysteme und chancengerechter Zugang zum digitalen Fernsehen. Eine Untersuchung unter besonderer Berücksichtigung der Position des öffentlich-rechtlichen Rundfunks. 2004.

Band 26 Oliver Glück: § 24c KWG und das Recht auf informationelle Selbstbestimmung. Eine Untersuchung der Verfassungsmäßigkeit des automatisierten Abrufs von Kontoinformationen. 2005.

Band 27 Siegfried Kwanka: Die Einwirkungen des Europarechts auf den vorläufigen Rechtsschutz im nationalen Verwaltungsprozess. 2006.

Band 28 Christian von Coelln: Spielräume des Gesetzgebers für die Erweiterung des Zugangs der Zeitungsverlage zum Rundfunk in Bayern. Rechtsgutachten, erstattet auf Ansuchen des Verbandes Bayerischer Zeitungsverleger e.V. 2006.

Band 29 Christoph Schultes: Die verfassungsändernde Volksgesetzgebung in Bayern. Eine Untersuchung zur Revision der Bayerischen Verfassung durch Volksbegehren und Volksentscheid. 2006.

Band 30 Kai Thum: Einfachgesetzliche Präzisierung des verfassungsrechtlichen Funktionsauftrags des öffentlich-rechtlichen Rundfunks. Zugleich ein Beitrag zur Dogmatik der Rundfunkfreiheit. 2007.

Band 31 Stefan Remmert: Wirtschaftssanktionen zum Schutz der Menschenrechte. Zur Frage ihrer Vereinbarkeit mit dem allgemeinen Zoll- und Handelsabkommen (GATT). 2008.

Band 32 Anna-Mirjam Frey: Die Romanfigur wider Willen. 2008.

Band 33 Eva Maria Schimpfhauser: Das Gewaltmonopol des Staates als Grenze der Privatisierung von Staatsaufgaben. Dargestellt am Beispiel des Strafvollzuges. 2009.

Band 34 Torben Frank: Der Schutz von Unternehmensgeheimnissen im Öffentlichen Recht. 2009.